Schüchternheit ist mehr als nur die Angst, vor anderen zu sprechen, das Unwohlsein, sich unter Fremden zu befinden, oder ein geringes Selbstwertgefühl: Sie prägt das Denken, die Gefühle und das Auftreten der gesamten Person.
Wer von Schüchternheit betroffen ist – und das ist schätzungsweise jeder zweite, 95 Prozent waren zumindest schon einmal in bestimmten Situationen schüchtern –, erlebt oft, daß sich die anderen vor ihm zurückziehen, statt auf ihn einzugehen und ihm über seine Hemmungen hinwegzuhelfen.
Schüchternen hingegen erscheint ihre Umwelt brutal und unsicher, andererseits verfügen sie über die Fähigkeit, Zwischentöne wahrzunehmen, die »normalen« Menschen verborgen bleiben: Schüchternheit macht uns menschlich.
Bernardo Carducci beschäftigt sich seit 20 Jahren mit diesem Thema. In »Erfolgreich schüchtern« untersucht er das Phänomen der Schüchternheit in all seinen Ausprägungen im physischen, mentalen und emotionalen Bereich und wie ihre negativen Auswirkungen auf die verschiedensten Bereiche des Lebens (Schule, Partnerschaft, Arbeitswelt, Elternschaft, Alter) korrigiert werden können. Carduccis Anliegen ist es dabei nicht, schüchterne Menschen zu extrovertierten zu erziehen, sondern zu zeigen, wie man mit Schüchternheit erfolgreich und selbstbewußt durchs Leben gehen kann.

Bernardo Carducci, Professor für Psychologie, ist Gründer und Leiter des Shyness Research Institute der Indiana University Southeast und Mitglied der American Psychological Association. Er hat bereits zahlreiche Artikel zum Thema Schüchternheit veröffentlicht.

Unsere Adresse im Internet: www.fischer-tb.de

Bernardo J. Carducci
mit Susan K. Golant

Erfolgreich schüchtern

Der Weg zu einem neuen Selbstwertgefühl

Aus dem Amerikanischen von
Ebba D. Drolshagen

Forschung in Zusammenarbeit mit
Lisa Kaiser

Fischer Taschenbuch Verlag

Veröffentlicht im Fischer Taschenbuch Verlag,
ein Unternehmen der S. Fischer Verlag GmbH,
Frankfurt am Main, Mai 2002

Lizenzausgabe mit Genehmigung des
Krüger Verlages, Frankfurt am Main
Die amerikanische Originalausgabe erschien 1999
unter dem Titel ›Shyness‹
im Verlag HarperCollins Publishers, New York

Redaktion: Tanja Reindel
Druck und Bindung: Clausen & Bosse, Leck
Printed in Germany
ISBN 3-596-15213-5

Ich widme dieses Buch
meinem Vater Edward,
dem Andenken an meine Mutter Mary,
meiner Frau Jan sowie
meiner Tochter Rozana.
Sie alle haben sich niemals gescheut,
mir ihre Liebe und Unterstützung zu schenken.

Inhalt

Einführung

Wenn Sie Schüchternheit plagt, sind Sie nicht allein. Wer schüchtern ist, glaubt zwar meist, das gehe nur ihm so, aber das stimmt nicht. Fast jeder zweite Mensch bezeichnet sich als schüchtern, und fast alle Menschen wissen aus eigener Erfahrung, was es bedeutet, in bestimmten Situationen schüchtern zu sein. Wir wissen auch, daß Schüchternheit nicht nur, wie es früher hieß, »das Unvermögen ist, in sozialen Situationen angemessen zu reagieren«. Schüchternheit ist etwas anderes, und sie ist mehr als kein Wort herausbringen zu können, Lampenfieber zu haben, zurückhaltend oder ein Mauerblümchen zu sein. Dieses Buch wird sich mit diesen und vielen anderen Mythen und Mißverständnissen über Schüchternheit befassen und überprüfen, was an ihnen wahr ist. Es wird alles zusammentragen, was wir heute über Schüchternheit wissen, damit Sie dieses Wissen in Ihrem Alltag nutzen können. Es will Menschen, die unter dem Gefühl leiden, von der Welt abgeschnitten zu sein, helfen, ein besseres Verständnis für ihre Situation und einen größeren Handlungsspielraum zu gewinnen.

Ich möchte Schüchterne dazu ermuntern, ihre Stimme zu erheben. Auf den kommenden Seiten berichten viele schüchterne Menschen von ihren Erfahrungen, ich selbst werde erläutern, was Schüchterne tun können, um sich in alltäglichen, scheinbar banalen und dabei so wichtigen Kommunikationssituationen wohler zu fühlen als bisher, sei es mit den eigenen Kindern, im Umgang mit dem anderen Geschlecht, bei Reden vor Publikum, im Beruf, auf Reisen und im Internet.

Im ersten Teil des Buches geht es ganz allgemein um die Erfahrung, schüchtern zu sein. Er widmet sich den häufigsten Fragen über Schüchternheit, hilft Ihnen, Ihre eigene Schüchternheit besser einzuschätzen, räumt mit verbreiteten Mythen und falschen Vorstellungen über Schüchternheit auf. Er zeichnet ein neues, ein anderes Bild von Schüchternheit, mit dem Sie sich selbst besser verstehen werden, und gibt Ihnen Strategien an die Hand, wie Sie mit und trotz Ihrer Schüchternheit aktiv und erfolgreich leben können.

Der zweite Teil geht darüber hinaus und zeigt, wie Schüchternheit den Körper und das Denken beeinflußt: Es geht um die körperlichen Symptome der Schüchternheit, um die vielen gedanklichen Irrtümer, denen ein schüchterner Mensch zum Opfer fallen kann, darum, mit welchen falschen Etiketten und Zuschreibungen sich der Schüchterne das Leben erschwert, und es geht natürlich auch darum, wie Sie diese Aspekte von Schüchternheit erkennen und meistern können.

Der dritte Teil widmet sich der Schüchternheit in verschiedenen Lebensaltern. Er geht der Frage nach, ob man bereits schüchtern geboren wird, wie sich Schüchternheit in der Kindheit und der Pubertät äußert und auf welche Weise sie einen Erwachsenen behindern kann. Hier werden Sie erfahren, wie Sie Ihrem schüchternen Kind zur Seite stehen, schüchterne Heranwachsende verstehen und ihnen helfen können, wie Sie sich als Erwachsener in sozialen Situationen verhalten sollten, die geradezu dazu einladen, daß man scheu und unsicher wird.

Der vierte Teil weitet den Blick erneut. Er betrachtet Schüchternheit im Rahmen von Liebe und Beruf, ihre Rolle in den modernen Technologien, zeigt, wie Sie Liebesbeziehungen aufbauen und pflegen können, wie Sie im Alltag mit Ihren Mitarbeitern und Mitarbeiterinnen agieren und kommunizieren können, wie Sie den Anforderungen genügen können, die die neuen Technologien an Sie stellen.

Dieses Buch handelt also, wie Sie sehen, nicht nur von Schüchternheit. Es geht um viele Facetten von Schüchternheit, vor allem aber geht es um *Ihre* Schüchternheit sowie darum, wie Sie als schüchterner Mensch Erfolg haben können: in Ihrem Privat- und Ihrem Berufsleben, in unterschiedlichen Altersstufen und unter den verschiedensten Lebensumständen.

Ob Sie selbst schüchtern sind, mit einem schüchternen Menschen zusammenleben, zusammenarbeiten oder ihn lieben: Dieses Buch handelt von Ihnen und Ihrer persönlichen Lebenserfahrung.

Teil I
Ihr schüchternes Leben

»Wenn ich mich mit jemandem unterhalte, bin ich immer nervös und fühle ich mich unwohl. Ich rede sehr schnell, murmele, stottere. Ich spreche zu leise, darum kann man mich schlecht verstehen, und ich muß mich ständig wiederholen.«

»Ganz selbstbezogen bilde ich mir ein, daß andere mein Verhalten viel stärker wahrnehmen und bewerten, als sie es vermutlich tun. Ich stelle absurd hohe Anforderungen an mich, erwarte von mir in Gesprächen eine Gelassenheit, Brillanz und Mühelosigkeit, die ein nicht-schüchterner Mensch nicht im Traum von sich erwarten würde.«

»Als ich jünger war, war ich mit Fremden und in sozialen Situationen sehr still. Mit meinen Freunden und meiner Familie war ich ein völlig anderer Mensch. Ich habe viel Humor und weiß genau, was ich will, aber all das scheint völlig zu verschwinden, sobald ich in der Öffentlichkeit bin. Jetzt fühle ich mich in sozialen Situationen unablässig innerlich zerrissen und beschimpfe mich selbst.«

»Das Leben ist die Hölle, wenn man aus Angst, etwas Dummes zu sagen, gar nichts zu sagen wagt.«

»Als ich jünger war, dachten die Leute, ich sei arrogant, und sie mochten mich nicht. Das hat mich sehr verletzt.«

»Vor einigen Jahren hatte ich eine Kieferoperation. Das hat mir weniger ausgemacht, als zu einer Party zu gehen, die etwa zur gleichen Zeit gegeben wurde.«

Das sind Äußerungen von Menschen, die unter ihrer

Schüchternheit leiden und deren Handlungsspielraum dadurch eingeengt ist. Aber Schüchternheit ist ein Charakterzug mit vielen Dimensionen und vielen Facetten. Nicht zwei Schüchterne sind völlig gleich, es kann also sein, daß Sie selbst Ihre Schüchternheit nicht als so belastend empfinden. In diesem Buch werden Sie immer wieder Menschen begegnen, die, wie Sie, ihre Schüchternheit besser verstehen möchten, um ein konstruktiv schüchternes Leben führen zu können.

Wie führt man ein erfolgreiches schüchternes Leben? Die Antwort lautet nicht: Man muß extravertiert werden! Sie müssen vielmehr verstehen, wie Schüchternheit wichtige Aspekte Ihres Alltagslebens beeinflußt und was Sie tun können. Ein konstruktives und erfolgreiches schüchternes Leben zu führen, unterscheidet sich nicht von anderen Erfolgen; es steckt voller Risiken und Chancen, neuen Erfahrungen und Niederlagen, Herausforderungen und Belohnungen.

Im ersten Teil dieses Buches wird es darum gehen, was Schüchternheit überhaupt ist und wie Sie Ihre eigenen Erfahrungen einordnen können. Im ersten Kapitel behandeln wir einige häufig gestellte Fragen über Schüchternheit, um uns so schon ein wenig mit ihren Mythen vertraut zu machen. Im zweiten Kapitel werden Sie mit einem Fragebogen zur Schüchternheit die besonderen Schwerpunkte Ihrer eigenen Schüchternheit testen können; Selbsterkenntnis ist auch hier der erste Schritt zu mehr Selbstvertrauen und einem erfolgreichen schüchternen Leben.

Im dritten Kapitel werden wir die gängigsten Mythen und Irrmeinungen über Schüchternheit näher betrachten und als solche entlarven. Ich habe immer wieder festgestellt, daß gerade Schüchterne solchen Behauptungen bereitwillig Glauben schenken, was es ihnen sehr schwer macht, eine Änderung ihrer Situation auch nur für möglich zu halten.

Das vierte Kapitel zeichnet ein neues Bild von Schüchternheit, die auf drei Grundprinzipien beruht. Diese Prinzipien sollen Ihnen helfen, künftig einfacher und souveräner entscheiden zu können, was gut für Sie ist.
Ziel dieses Buches ist es keinesfalls, Sie zu einem anderen Menschen zu machen, sondern Ihnen zu helfen, Ihre ganz persönliche Facette von Schüchternheit zu verstehen. Die Lektüre kann Ihr Leben verändern – wie eine neue Stellung, eine Auslandsreise, der Umzug in eine andere Stadt, eine neue Liebe. Es ist wie die Reise in eine ferne Gegend – Sie fühlen sich unsicher, sind aber auch erregt und voller Hoffnung. Ich möchte Ihnen die Karte dieses unbekannten Terrains reichen und Ihr Reiseleiter sein.

1. Kapitel
Die Geheimnisse der Schüchternheit verstehen

Schüchternheit ist ein sehr verbreitetes Gefühl und doch voller Rätsel. Überdenken Sie nur die folgenden, wenig bekannten Tatsachen:

- Schüchterne Kinder haben schmalere Gesichter als Gleichaltrige, die extravertierter sind.
- Schüchterne erkranken häufiger an Allergien und Heuschnupfen als Nichtschüchterne. Sie haben auch einen besser ausgebildeten Geruchssinn.
- Schüchterne wurden statistisch signifikant häufiger im August und September gezeugt, wenn die Tage kürzer werden und die Nächte länger.
- Schüchterne weißhäutige Kinder haben häufiger blaue als braune Augen, bei extravertierten weißhäutigen Kindern ist es umgekehrt.
- Nicht nur Menschen sind schüchtern, inzwischen steht fest, daß es auch schüchterne Kühe, schüchterne Katzen, Fische und Hunde gibt.
- Schüchternheit ist selten offensichtlich. Nur wenige Schüchterne leiden so offensichtlich, daß andere es bemerken. Wer die eigene Schüchternheit vertuschen kann, leidet allerdings deswegen nicht weniger.
- Ganz unterschiedliche Menschen haben sich selbst als schüchtern bezeichnet: Eleanor Roosevelt, Bob Dole, Al Gore, Carol Burnett, Johnny Mathis, Barbara Walters, Johnny Carson, David Letterman, Jennifer Jason Leigh, Sting, Prinz Albert von Monaco und die ver-

storbene Prinzessin Diana – die Klugen, die Wagemutigen, die Schönen, die Reichen, die Aristokraten und die Berühmten.

Das sind einige der verblüffenden und faszinierenden Aspekte dieses vielschichtigen Charakterzuges. Wir alle haben uns irgendwann und irgendwo schon einmal schüchtern gefühlt – wir waren verzweifelt über die ersten Tage im Kindergarten, verschanzten uns als Teenager unglücklich in unserem Zimmer, weil wir es nicht wagten, ein Mädchen oder einen Jungen anzusprechen, brachten keinen Ton heraus, wenn wir jemanden kennenlernten, waren vor einer wichtigen Besprechung mit unserem Chef völlig am Ende. Schüchternheit beeinflußt uns alle: Fast fünfzig Prozent der Bevölkerung bezeichnen sich selbst als schüchtern, 75 bis 95 Prozent sagen, sie seien irgendwann einmal in ihrem Leben schüchtern gewesen.
Die Neigung zu Schüchternheit ist universell, weil es in der Natur des Menschen liegt, vorsichtig zu sein, Zurückweisung zu fürchten, sich nach Liebe, Zuneigung und Akzeptanz zu sehnen, sich zurückzuziehen, sobald die Anforderungen der Außenwelt zu bedrängend werden. Viele Schüchterne führen trotz ihrer Zurückhaltung ein erfolgreiches Leben, während andere nichts gegen ihre Schüchternheit tun und darüber klagen, daß ihr soziales Leben nicht zufriedenstellend sei.
Schüchternheit kann zwar entfremden, sie macht uns aber nicht zu Außerirdischen. Im Gegenteil: Schüchternheit ist so verbreitet, daß sie schon lange nicht mehr als »Störung im Sozialverhalten« gilt. Sie ist ein Wesenszug, der zu unserem Menschsein gehört.
Aber so verbreitet sie auch sein mag, sie ist immer noch von Rätseln und oft auch Kummer begleitet. Egal, wo ich bin – ob bei einem Hochzeitsempfang, in einem Flugzeug oder bei einem privaten Abendessen –, sobald jemand erfährt, daß ich über Schüchternheit arbeite, gesteht er

oder sie, selbst schüchtern zu sein, und bestürmt mich mit Fragen: Was ist Schüchternheit? Wodurch wird sie ausgelöst? Kommen wir schüchtern zur Welt, oder werden wir es erst später? Kann ich etwas dagegen tun?

Was ist Schüchternheit?

Trotz vieler Theorien weiß niemand genau, was Schüchternheit ist. Und obwohl ich mich schon seit zwei Jahrzehnten mit Schüchternheit befasse, sehe ich immer noch mit Verblüffung und Staunen, welche Macht sie hat. Sie kann sich im Laufe eines Lebens herausbilden und alle Lebensbereiche durchdringen: Berufspläne und Karriere; Verliebtheit und Ehe; Kindererziehung; selbst Ihren Umgang mit den neuen Medien. Sie verändert sich, wenn Sie älter werden und neuen Herausforderungen begegnen, und für viele Menschen gehört sie einfach zu ihrem Leben dazu.

Was wir gemeinhin als Schüchternheit bezeichnen, sind in der Regel das Unbehagen und die Hemmungen, die durch die Anwesenheit anderer Menschen ausgelöst werden. Üblicherweise äußert sie sich als Schweigen. Verlegenheit. Erröten. Stottern. Beklemmung. Das Wort »gehemmt« beschreibt ein offen unsicheres Verhalten, das wir klar als solches erkennen: Der oder die Betreffende schweigt, scheut Menschen und jede Art von Geselligkeit.

Der Forscher Jerome Kagan sieht die Ursache solcher Hemmungen darin, daß Schüchterne die Fremdheit und Unvertrautheit einer neuen Situation nicht überwinden. Sie sorgen sich, ob sie bestehen werden und wie Unbekannte sie in dieser unkontrollierbaren, unvorhersagbaren Situation wahrnehmen. Viele Schüchterne befolgen deswegen strikte, selbstauferlegte Regeln, halten sich an das Bewährte und Akzeptierte, um das Unsichere und

Neue aus ihrem täglichen Leben fernzuhalten. Diese Ausweichstrategie schafft Sicherheit, beschneidet aber auch mögliche Erfahrungen und lindert die Schüchternheit nicht.

Weitere Merkmale von Schüchternheit sind Nervosität und Angst in sozialen Situationen. Damit ist unter anderem die Anspannung gemeint, die Sie vor einer sozialen Situation spüren, wenn Sie auf ein tatsächliches oder phantasiertes Publikum einen guten Eindruck machen möchten, aber nicht glauben, daß Ihnen das gelingen wird. Diese Ängste – eine Art soziales Lampenfieber – sind zwar Teil der Schüchternheit, diese aber geht weiter und betrifft auch Ihr Verhalten, Ihre Gedanken und Gefühle während und nach dem gefürchteten Ereignis.

Schüchternheit wird oft mit Introversion verwechselt, aber Introvertierte sind nicht unbedingt schüchtern. Sie verfügen über die erforderlichen Konversationstalente und das Selbstwertgefühl, um sich mühelos mit anderen unterhalten zu können, sind aber einfach lieber allein. Sie ziehen Kraft aus dem Alleinsein und werden nicht nervös oder über alle Maßen selbstkritisch, wenn sie mit anderen Menschen zusammen sind. Das Lampenfieber, die Befangenheit und die selbstkritischen inneren Monologe, die bei Schüchternen so üblich sind, können bei Introvertierten völlig fehlen. Schüchterne hingegen möchten nichts lieber als bemerkt und akzeptiert werden, aber es fehlen ihnen die nötigen Fähigkeiten, Gedanken, Gefühle und Einstellungen, um ihre sozialen Interaktionen erfolgreich zu gestalten.

Den Wunsch, mit anderen Menschen zusammen zu sein, nennt man Geselligkeit. Daß Sie schüchtern sind, bedeutet keineswegs, daß Sie nicht gesellig wären; im Grunde ist genau das der Grund für viele Ihrer Probleme. Sie leiden unter dem Zwiespalt zwischen Ihrem Wunsch nach sozialen Kontakten einerseits und Ihren Hemmungen andererseits. Ihre Geselligkeit steuert, wie gern Sie mit

anderen zusammen *wären*, nicht aber, wie Sie mit diesem Kontakt umgehen.
Schüchternheit ist auch keine Krankheit, wie Sozialphobien oder Autismus es sind. Das sind schwere Beeinträchtigungen des täglichen Lebens; wer daran erkrankt ist, kann nicht mit anderen zusammensein und muß in aller Regel medikamentös und psychotherapeutisch behandelt werden. Schüchternheit ist ein normaler Charakterzug, denn Schüchterne scheuen andere Menschen ja nicht, sie suchen vielmehr ihre Gesellschaft. Es fällt ihnen nur schwer, Kontakte zu knüpfen.
In Wirklichkeit ist Schüchternheit viel mehr als nur die Unfähigkeit, mit Fremden ein belangloses Gespräch zu führen, sich vor einem öffentlichen Auftritt zu fürchten oder zu wenig Selbstvertrauen zu haben. Sie beeinflußt viele Verhaltensweisen, Gedanken und Gefühle, sie reicht viel tiefer und berührt viel mehr als ihr relativ einfacher Endpunkt – Zurückhaltung – vermuten läßt.
Schüchternheit beeinflußt Ihr ganzes Leben – Ihren Körper, Ihren Geist, Ihr Selbst. Wenn Sie gehemmt sind, rast Ihr Puls, werden Ihre Hände kalt und feucht, Ihr Gesicht brennt vor Verlegenheit, Ihr Magen stülpt sich um. Auch Ihr Gehirn leistet Schwerstarbeit, denn Ihre Gedanken kreisen zwanghaft darum, wie Sie die momentane Kommunikationssituation bewältigen können – und zwar so sehr, daß Sie nicht mehr auf das Gespräch achten und sich daher auch nicht daran beteiligen können. Schüchternheit beeinflußt, was Sie über sich selbst denken, Ihre Identität. Sie errichtet eine Mauer zwischen Ihnen und der Welt. Sie wird zu etwas, was Sie definiert, ein Teil Ihres Wesens.
Jenny, eine kanadische Hausfrau und Mutter, schrieb auf, welche schmerzlichen Erfahrungen sie mit ihrer Schüchternheit gemacht hat:

> Meine Schüchternheit äußert sich auf ganz furchtbare Arten. Ich würde gern auf Menschen zugehen, Verbin-

dung zu ihnen aufnehmen, einfach nur wahrgenommen werden, aber ich schaffe es nicht, diese Barriere zu durchbrechen. Selbst wenn jemand freundlich und entgegenkommend ist, schaffe ich es kaum, den Blickkontakt zu halten. Sobald ein freundlich-banales Gespräch in Gang kommt, fällt mir absolut nichts mehr ein. Ich stehe schweigend da und leide furchtbar. Wenn ich es doch schaffe, ein paar Worte herauszubringen, murmele oder stottere ich. Also sage ich meistens gar nichts, und wenn ich dann nach Hause komme, könnte ich platzen vor lauter Sachen, die ich nicht gesagt habe. Manchmal bin ich einfach unsäglich frustriert.

Schüchternheit und die Seele des Menschen hängen so eng zusammen, daß Wissenschaftler sie mit ihren herkömmlichen Methoden vermutlich niemals ganz erforschen können. Vielleicht können wir sie aber verstehen, wenn wir schüchternen Menschen wie Jenny zuhören. Die beste Definition von Schüchternheit ist vermutlich ganz subjektiv: *Wenn Sie glauben, daß Sie schüchtern sind, dann sind Sie es.* Wenn es um Schüchternheit geht, sind Einschätzung und Realität eins, und jede Einschätzung ist ebenso einzigartig, wie jeder Mensch es ist.

Was verursacht Schüchternheit?

Schüchternheit hat nicht eine einzige, sondern viele Ursachen: Vorgänge im Gehirn und im Bereich der Reaktionsfähigkeit (das können wir uns als angeborene Charakterzüge vorstellen); grobe Behandlung durch Lehrer oder Mitschüler, überängstliche Eltern, unzutreffende Selbstwahrnehmung, mangelnde Anpassungsfähigkeit, keine Ambivalenztoleranz, das körperliche Erscheinungsbild, schwierige Lebensphasen (wie der Beginn einer Schulaus-

bildung, eine Scheidung, eine neue Stelle). Außerdem machen sich manche Menschen über ihr eigenes Verhalten einfach mehr Gedanken als andere und sind leichter zu verunsichern – ich nenne das den Verunsicherungsfaktor.
Schüchternheit entsteht aus einer Verbindung von Vererbung, Erziehung und Gesellschaft; sie verändert sich, wenn wir älter werden und auf neue Gegebenheiten und Aufgaben treffen. Manche Menschen sind nur in einer bestimmten Phase ihres Lebens schüchtern und später nicht mehr; andere verlieren jede Hoffnung und ziehen sich noch mehr zurück, weil sie Enttäuschungen, Verluste oder andere verletzende Erlebnisse nicht überwinden können.

Wird man schüchtern geboren?

Keinesfalls. Und es gibt auch kein »Gen für Schüchternheit«. Schüchternheit hat etwas mit Selbstbewußtsein zu tun und kann erst entstehen, wenn sich ein Kind als eigenständiges Wesen wahrnimmt – also nach dem zweiten Lebensjahr. Psychologen bezeichnen das als »Ich-Bewußtsein«. Säuglinge haben kein Ich-Bewußtsein und können daher auch nicht schüchtern sein.
Einige Säuglinge reagieren allerdings sehr stark und sehr sensibel auf äußere Reize. Zu viele unbekannte Menschen, Dinge oder Situationen überfordern sie und machen sie unglücklich. Doch auch eine solche angeborene Neigung zu Schüchternheit bedeutet nicht, daß das Kind zu einem Leben sozialer Schwierigkeiten verdammt wäre. Viel hängt von den Eltern und den Erfahrungen ab, die es machen wird. Schüchternheit hat ihre Wurzeln in der Neurobiologie – der Funktionsweise des Gehirns. Bei der Aktivierung der körperlichen Symptome von Schüchternheit, die man sich als übergeneralisierte Angstreaktion

vorstellen kann, sind mindestens drei Areale des Gehirns aktiviert. Darum wird es im fünften und im achten Kapitel gehen.

Gibt es ein Gegenmittel?

Es gibt weder Pillen noch Wunderkuren gegen Schüchternheit, da sie keine Krankheit ist. Schüchternheit ist weder ein Charakterfehler, der behoben werden müßte, noch gibt es einen und nur einen Auslöser für Schüchternheit, den man benennen und beseitigen könnte. Dennoch können Sie Schüchternheit überwinden, und dafür müssen Sie sich weder ärztlich diagnostizieren noch behandeln lassen – und das selbst dann, wenn Sie glauben, daß niemand so schlimm betroffen sei wie Sie. Sobald Sie Ihre Schüchternheit mit etwas Distanz betrachten können, werden Sie sich eher zutrauen, selbst etwas zu unternehmen.

Im schlimmsten Fall verursacht Schüchternheit persönliches Mißbehagen, und das ist die Folge von Entscheidungen, die Sie getroffen haben. Es wird im folgenden viel um die Frage gehen, wie Sie Entscheidungen fällen können, die Ihre Schüchternheit und das dadurch verursachte Unbehagen mindern können, und wie Sie auch Ihren Kindern, Familienangehörigen, Freundinnen und Freunden, Kolleginnen und Kollegen helfen können, falls diese unter Schüchternheit leiden.

Um Schüchternheit wirklich verstehen zu können, müssen wir ihre Folgen betrachten – ihren Preis und ihre Vorteile.

Schüchternheit scheint nicht in unsere Gesellschaft zu passen. Schließlich leben wir in einer Zeit, die angeblich den Ungehemmten und Mutigen gehört. Unsere Gesellschaft schätzt ungezähmten Individualismus sehr. Zu den hochgeschätzten Charakterzügen zählen Führungsqualitäten, Selbstsicherheit, Dominanz, Charisma, Unabhängigkeit und Mut. Schüchternheit ist stigmatisiert.

Unsere Gesellschaft schenkt die meiste Aufmerksamkeit jenen Menschen, die sich gut ausdrücken können, aktiv und gesellig sind. Unsere Helden und Heldinnen sind Sportler, Politiker, Fernsehgrößen, Rockstars – Menschen, die auf sich aufmerksam machen: Madonna, Howard Stern, Roseanne, Dennis Rodman. Die größte Aussicht auf Erfolg haben Menschen, denen es nichts ausmacht, Aufmerksamkeit zu erregen, die es sogar genießen.

Was Schüchterne am wenigsten wollen, ist, Mittelpunkt der Aufmerksamkeit zu sein. Der schüchterne Grundschüler mag die Lehrerin nicht um Hilfe bitten. Die schüchterne Gymnasiastin scheut sich, im Unterricht eine Frage zu stellen. Als Erwachsene ist die Schüchterne zu gehemmt, um ihrem Vorgesetzten, der sie bei einer Beförderung bedenken müßte, einen Vorschlag zu unterbreiten, und der schüchterne Verliebte traut sich nicht, die Frau seiner Träume zum Tanzen aufzufordern. In jedem dieser Beispiele kann der/die Betreffende wegen seiner/ihrer Schüchternheit nicht die Aufmerksamkeit der Menschen wecken, die ihm zum Erfolg verhelfen könnten. In einer Gesellschaft, in der alle nur die Gewinner lieben, bedeutet schüchtern sein, bei den wichtigsten Wettrennen mit Bleisohlen anzutreten.

Professor Thomas Harrell von der Stanford Business School ist der Frage nachgegangen, welcher Faktor am eindeutigsten einen späteren beruflichen Erfolg vorherzusagen vermag. Grundlage seiner Studien waren Unterlagen von Absolventen und Absolventinnen der Harvard Business School, die zehn Jahre nach dem Examen aufgrund ihrer erreichten beruflichen Position von »sehr erfolgreich« bis »gar nicht erfolgreich« eingestuft wurden.

Der einzige Faktor, der immer und signifikant Erfolg vorhersagte (allerdings bei samt und sonders überdurchschnittlichen Studentinnen und Studenten), war Wortgewandtheit – ausgerechnet das, worüber der typischerweise um Worte verlegene Schüchterne nicht verfügt. Die Wortgewandten können sich selbst, ihr Können, ihre Firmen verkaufen – wichtige Fähigkeit für die Führung einer Firma. Die Schüchternen bleiben eher hinter den Kulissen und entwerfen Autos, Programme und Computer – beeindruckende Leistungen, aber Jobs, die nicht so gut bezahlt werden wie der des Konzernchefs.

Schüchternheit indes kostet mehr als nur materiellen Erfolg, und sie taucht im Laufe Ihres Lebens in immer anderen Formen auf.

Eine schüchterne Kindheit kann eine Abfolge versäumter Gelegenheiten sein. Stellen Sie sich einen Jungen vor, der gern Fußball spielen würde, aber nicht den Mumm aufbringt, Mitglied der Mannschaft zu werden. Wenn seine Eltern es nicht schaffen, ihm zu helfen, die Anlaufschwierigkeiten mit anderen zu überwinden, vergräbt er sich vielleicht immer mehr in einsamen Beschäftigungen, obwohl er gern mit anderen zusammen wäre. Und wenn es so weit gekommen ist, kann er natürlich erst recht weder soziale Fertigkeiten lernen noch Selbstvertrauen bekommen. Schüchterne Kinder müssen oft Hänseleien und Zurückweisungen ertragen. Weil sie so sensibel sind, sind sie perfekte Zielscheiben für Rowdies. Wer ließe sich besser schikanieren als jemand, der sofort eingeschüchtert ist und gleich weint.

Schüchternheit verzerrt das Denken und die Wahrnehmung. Einsame Menschen lassen ihre Ängste und andere negative Gefühle schwären und eskalieren, weil in ihrem

Leben niemand ist, der ihre gedanklichen Irrwege korrigieren könnte. Wenn man jahrzehntelang Angst vor Menschen hatte und sie mied, *muß* die Isolierung zu Einsamkeit führen, und sie *kann* zu geistigem und körperlichem Verfall führen. Neuere Studien haben sogar gezeigt, daß ein reiches soziales Leben das Immunsystem stärken und sogar Erkältungen vorbeugen kann!

Schüchternheit macht anfällig für die Gefahr, Alkohol und Drogen als »Stimmungsmacher« zu mißbrauchen. Der bekannte Schüchternheitsforscher Philip Zimbardo von der Stanford University hat herausgefunden, daß schüchterne Heranwachsende den Druck von Gleichaltrigen, zu trinken oder Drogen zu nehmen, viel stärker empfinden als nicht-schüchterne Altersgenossen. Sie greifen zu den Rauschmitteln, um ihre Befangenheit zu bekämpfen und sich akzeptierter zu fühlen.

Schüchternheit ist mit sexuellen Schwierigkeiten verbunden. Da Schüchterne sich nur schwer äußern können, ist es für sie besonders schwierig, sexuelle Bedürfnisse und Wünsche zu formulieren. Die Angst, nicht zu genügen, kann selbst die Vorstellung von Sex unerträglich werden lassen. Da Schüchterne ungern Rat und Hilfe suchen, ist es sehr wahrscheinlich, daß Probleme, die aus ihren Hemmungen oder Selbstzweifeln resultieren, unbehandelt bleiben.

Schüchterne verlieren in sozialen Situationen Zeit, weil sie abwägen und zögern. Ein Postbeamter Mitte Vierzig beschrieb das mit den Worten: »Wenn ich schüchtern bin, kann ich nicht denken. Wenn mir endlich etwas einfällt, was ich sagen könnte, möchte ich es genau im richtigen Augenblick sagen, aber bis ich soweit bin, ist der richtige Augenblick vorbei.« Nach Zimbardos Ansicht liegt das unter anderem daran, daß Schüchterne nicht in der Gegenwart leben, sondern daß ihre Gedanken geradezu besessen um Vergangenheit und Zukunft kreisen. Eine Schüchterne denkt in einer Unterhaltung vermutlich dar-

an, daß frühere Gespräche vielversprechend begannen und dann völlig mißlangen. Dr. Zimbardo dazu: »Solche Menschen können den Moment nicht genießen, weil sie alles in Sorgen aus der Vergangenheit einhüllen und damit die Gegenwart umdeuten.« Auch die künftigen Folgen ihres Handelns beunruhigen sie: »Wenn ich ihn jetzt frage, woher er kommt, wird er sich dann langweilen und mich für blöd halten?«
Leider geben sich viele Schüchterne mit weniger zufrieden, als sie vom Leben haben könnten, weil sie nicht wissen, wie sie es anders machen könnten. Eine Fünfzigjährige schrieb mir: »Ich habe Angst, eine neue Stelle anzutreten, weil ich mich dann beweisen müßte, und ich habe Angst, daß der Arbeitgeber und die Kollegen mich nicht mögen. Und weil ich glaube, daß ich sowieso keine andere Stelle bekomme, bleibe ich in einem Job, der mich langweilt und nicht ausfüllt. Mir ist, als müsse ich ersticken.«
Und eine junge Psychologiestudentin aus Kanada klagte: »Schüchternheit macht alle meine Hoffnungen zunichte, glücklich und erfolgreich zu sein, eine gute Stelle zu bekommen und zu heiraten. Das deprimiert und schmerzt mich.«
Ein »ersticktes« oder vernichtetes Leben ist ein furchtbarer Preis für einen Persönlichkeitszug, der verändert werden kann. Und wer sich für andere Alternativen entscheidet, *kann* ihn verändern. Eine im Ruhestand lebende Sekretärin aus New York weiß das: »Das Alter hat mir die Weisheit geschenkt, meine Schüchternheit fast völlig zu überwinden. Vor vielen Jahren habe ich begriffen, daß ich mit einem Engel von einem Ehemann, einer wunderbaren Familie und großartigen Freunden gesegnet bin, daß ich gesund, gut aussehend, reinlich, ehrlich, anständig, intelligent und loyal bin. Also zur Hölle mit dieser Schüchternheit!«

Der versteckte Wert der Schüchternheit

Trotz des Kummers, den sie verursacht, muß Schüchternheit in der Evolution der Menschheit auch etwas Positives bewirkt haben, sonst hätte sie sicher nicht so lange existieren können.

Manche Forscher verbinden Schüchternheit mit dem Instinkt, zu kämpfen oder zu fliehen, also mit unserer körperlichen Reaktion auf Bedrohung. Vor Urzeiten half uns dieser Instinkt, auf eine konkrete Gefahr zu reagieren – einen angreifenden Büffel, einen fauchenden Bären. Unsere Vorfahren hatten zwei Alternativen: Sie konnten den Speer schleudern oder wegrennen. Während aggressivere Menschen dazu neigten, das bedrohliche Tier anzugreifen, hat die Vorsicht, die in Flucht mündet, eine wichtige Überlebensfunktion. Schüchternheit mag uns aus so mancher Begegnung mit gefährlichen Tieren gerettet haben.

Dieser Fluchtinstinkt hilft dem hochentwickelten Menschen auch heute noch, denn er warnt uns vor modernen Gefahren für unser Leben wie ein außer Kontrolle geratenes, schlingerndes Auto, andererseits beeinflußt er auch unsere Reaktionen auf intellektuelle oder emotionale Bedrohungen, die unsere persönliche Identität oder unser Selbstwertgefühl beschädigen könnten. Wir können einen schlecht gelaunten Chef als bedrohlich empfinden, eine schöne Frau in einem Nachtclub, einen überheblichen Kellner in einem eleganten Restaurant oder eine neue Kollegin. Wir fürchten, daß diese Menschen uns zurückweisen oder spüren lassen, daß wir ihren Ansprüchen nicht genügen, daher sind wir mit ihnen vorsichtig. Instinktiv spüren wir, daß der Umgang mit ihnen unser Selbstbild und unsere Würde gefährden könnte.

Nach Meinung des Psychologen Jonathan Cheek vom Wellesley College kann eine situationsbedingte Schüchternheit (wenn man beispielsweise einen neuen Kollegen oder eine schöne Frau kennenlernt) »das soziale Leben erleichtern, weil sie nicht akzeptables Verhalten blockiert«. Kurz gesagt: Sie hält uns in Schach. Wir erleben fast alle hin und wieder soziale Hemmungen; wir überlegen im voraus, was wir sagen oder tun werden, welche Folgen das haben wird. Damit verhindern wir, daß wir uns zum Narren machen oder andere verletzen.

Schüchterne achten sehr auf ihre Fehler sowie auf die Wirkung ihres Verhaltens und ihrer Worte, was durchaus gute Seiten hat. Überlegen Sie nur, was geschieht, wenn Menschen dafür kein Gespür haben: Sie verletzen andere, reißen das Gespräch an sich, geben zuviel über ihre Intimsphäre preis. Manche lügen und sehen Ihnen dabei fest in die Augen, weil ihnen die Folgen ihres Tuns egal sind. Ehrlich gesagt, unsere Gesellschaft wäre ein Catcher-Ring, wenn wir nicht ein gewisses Maß an persönlichem Verantwortungsgefühl und eine gesunde Angst vor Blamage hätten.

Nach einem Fauxpas neigt ein schüchterner Mensch dazu, den Rückzug anzutreten. Auch das kann von Vorteil sein, vor allem wenn er es tut, um die Gesellschaft von Menschen zu suchen, mit denen er sich wohl fühlt und die ihn vorbehaltlos akzeptieren. Wenn er mit ihnen vertrauensvoll über seine Fehler und Unsicherheiten spricht, schafft das Nähe. Er kann um Rat bitten, eine Entschuldigung oder ein anderes Verhalten einüben, vielleicht einfach seine Realitätswahrnehmung überprüfen. Wer weiß – vielleicht ist der Freund oder die Freundin der Ansicht, daß dieser »Fehler« gar kein Fehler war. Ein Rückzug ist vernünftig, wenn er klug und konstruktiv genutzt wird, um einen Fehler allein zu überdenken, daraus zu lernen, Kraft zu schöpfen und zu überlegen, was man anders machen könnte. Niemand möchte einen Fehler zweimal machen. Der Rückzug sollte allerdings nicht dazu da sein, um sich mit Vorwürfen zu überschütten.

Schüchterne sind oft begabte Zuhörer. Wenn sie sich von

dem inneren Zwang befreien können, immer eine geistreiche Antwort parat haben zu müssen, können sie wunderbare Gesprächspartner sein, weil sie tatsächlich zuhören. (Schwierig wird es erst, wenn eine Antwort erwartet wird.) Doreen Arcus von der Harvard University erklärt, daß schüchterne Kinder oft besonders empfänglich sind. Die Eltern der von ihr untersuchten Kinder erzählten, daß »das schüchterne Kind schon vor der Einschulung empfindsam, mitfühlend, ein guter Zuhörer war. Sie schließen enge Freundschaften, und ihre Freunde und Freundinnen halten zu ihnen und schätzen sie sehr.«

Eine zweiunddreißigjährige Bibliotheksangestellte aus Indiana findet sogar, daß Schüchternheit ein wünschenswerter Charakterzug ist: »An mir mag ich sie zwar nicht, aber an anderen finde ich sie geradezu attraktiv. Ich mag Schüchterne, vielleicht weil es mir leichter fällt, mich ihnen zu nähern und eine Beziehung zu ihnen aufzubauen.«

Eine Gesellschaft kann nur funktionieren, wenn in ihr eine Vielzahl von Rollen Platz habt, auch die ruhigen, eher nachdenklichen Schüchternen, die nicht durchs Leben stürmen oder versuchen, anderen die Show zu stehlen. Wir können nicht alle Führungspersönlichkeiten oder Abenteurer sein – die meisten bleiben im Hintergrund. Schüchterne bilden einen nennenswerten Teil jener vernünftigen, vorsichtigen Mehrheit, die die überschwenglichen Strömungen der Gesellschaft bremsen.

Ein bißchen Schüchternheit mag Ihnen und der Gesellschaft guttun. Aber zuviel nutzt niemandem.

Wie dieses Buch helfen kann

Dieses Buch handelt von den Alternativen und Chancen, Möglichkeiten und Gelegenheiten, Risiken und Belohnungen, die nicht nur für Schüchterne, sondern für uns alle zum Leben gehören. Ich werde von Entscheidungen sprechen, die es Ihnen erleichtern, auf erfolgreiche Weise schüchtern zu leben. Wir müssen unterscheiden zwischen »sich selbst ändern« und »Ihre Entscheidungen ändern«. Ich erwarte nicht, daß Sie Ihre Instinkte mißachten oder in der Öffentlichkeit eine Maske tragen. Ich möchte allerdings, daß Sie Ihre Alternativen klug abwägen. Gegenwärtig lenkt vielleicht die Schüchternheit Ihr Leben; sie entscheidet für Sie. Das ist weder fair noch ehrlich. Und was wichtiger ist: So kann man sein Leben nicht führen.

Es ist kein leichtes Ziel, eine lebenslang eingeübte Unsicherheit ablegen zu wollen, es wird Sie anfangs Mühe kosten. Aber Erfolg ist möglich, das habe ich unzählige Male gesehen. Mit den richtigen Strategien werden Sie klügere Entscheidungen treffen können, die Ihnen in den kleinen Dingen des Alltags helfen und Ihnen auch den Mut geben, Ihre Träume für eine ferne Zukunft zu verfolgen.

Das Rüstzeug hierfür sind die folgenden vier Schritte: Sie müssen das Problem als solches erkennen, sich darüber informieren, es in Ihr Leben integrieren und schließlich das Erkannte umsetzen.

Erkennen

Wenn Sie zu einem Automechaniker gehen und einfach sagen: »Mein Auto ist kaputt«, wird er es nicht reparieren können. »Kaputt« kann alles sein, vom Getriebe über den Vergaser bis zur Lenksäule. Wie kann er beheben, was er nicht versteht oder erkennt? Wenn Sie allerdings sagen, daß der Wagen nicht anspringt, weiß er schon viel

mehr und kann gezielt suchen – beispielsweise Batterie, Anlasser und Elektronik überprüfen.
Das gleiche gilt auch, wenn Sie Ihre Schüchternheit überwinden wollen. Wie können Sie verändern, was Sie nicht verstehen? Bevor Sie anfangen, müssen Sie sicher sein, daß Sie das Richtige »reparieren«. Der erste Schritt ist, zu erkennen, welchen Einfluß Schüchternheit auf Ihr Leben und Ihre Persönlichkeit hat.
Ein schüchterner Mann sagte mir, »Ich bin sozial inkompetent. Mir gelingt nichts. Frauen habe ich völlig aufgegeben«, und erklärte dann lang und breit, wie furchtbar das für ihn sei: Wenn er sich mit einer Frau unterhalte, werde sie unweigerlich nach wenigen Minuten unruhig und beginne, sich im Raum umzuschauen. Keine wolle sich ein zweites Mal mit ihm verabreden, er sei einsam. Als ich ihm zuhörte, wie er über Probleme redete, die er für angeboren und unveränderbar hielt, fiel mir auf, daß er keineswegs sozial inkompetent war. Er konnte im Beruf gut mit Menschen reden, er hatte viele männliche Freunde und schien mit anderen gut auszukommen. Er konnte nur nicht mit Frauen reden, die er attraktiv fand. In solchen Situationen war er wie besessen davon, sie zu beeindrucken, und wurde zu einem ebenso aufdringlichen wie plumpen Aufschneider. Kein Wunder, daß keine Frau ihn wollte.
Ich sagte ihm, daß es mir vorkomme, als bemühe er sich zu sehr darum, einen guten Eindruck zu machen. »Sie wollen einem Ideal entsprechen, damit man Sie mag, aber dann bekommen Sie große Angst, daß man Sie bewerten könnte. Sie sind angespannt und finden sich sozial inkompetent, weil Sie *schauspielern*. Wenn Sie sich eine Rolle überstülpen, um Ihr Gegenüber zu beeindrucken, müssen Sie die ganze weitere Beziehung über schauspielern. Das lohnt sich nicht und ist außerdem völlig unmöglich. Sie können nicht ständig schauspielern.«

Mit dem Fragebogen zur Schüchternheit im zweiten Kapitel werden Sie eingrenzen können, welche Bereiche Ihres Lebens von Schüchternheit besonders betroffen sind – das ist ein erster Schritt auf dem Weg, sich selbst zu verstehen und etwas zu verändern.

Informieren

Sie brauchen verläßliche Informationen wie z.B. die Forschungsergebnisse, die Sie in diesem Buch finden werden. Schüchternheit ist nicht statisch – Sie können daran arbeiten und Ihr Verhalten, Ihr Denken und Ihr Empfinden verändern. Wenn Sie mehr über die Schüchternheitsmythen wissen, können Sie besser einschätzen, was an Ihrer Situation real ist und was nicht. Und die richtigen Informationen werden Ihnen bei den Entscheidungen helfen, wie Sie Ihr Verhalten verändern können.

Integrieren

Als nächstes müssen Sie die Wahrheit über Schüchternheit bei den – großen oder kleinen – Entscheidungen berücksichtigen, die Sie fällen. Das bedeutet, daß Sie bewußter leben, daß Sie Ihre Schüchternheit nicht leugnen, vor ihr fliehen, von ihr besessen sind. Statt dessen sollten Sie Ihre Schüchternheit in Ihr Selbstbild integrieren. Wenn Sie ein Bewußtsein davon erlangt haben, was und wer Sie sind, fallen Ihnen die richtigen Entscheidungen nicht mehr schwer.

Umsetzen

Wenn Sie das Problem erkannt, zuverlässige Informationen eingeholt und mögliche Strategien entwickelt haben, sind Sie bereit für den letzten Schritt – Sie handeln, um Ihre Schüchternheit in den Griff zu bekommen. Denn Sie müssen nicht nur wissen, was zu tun ist und wie es zu tun ist; Sie müssen auch Veränderung ertragen. Das kann anfangs recht schwierig sein, aber ich werde im folgenden immer wieder darüber sprechen, wie Sie handeln können. Ich werde Sie auch auf die Relevanz der vier Schritte für Situationen hinweisen, die Sie im Beruf, bei Festen, im Unterricht und in Liebesbeziehungen als schwierig erleben.

Ein Wort über Veränderung

Wenn wir unser Leben verändern – das Rauchen aufgeben, abnehmen, eine neue Stelle antreten –, beginnen wir meist sehr schwungvoll, müssen dann aber feststellen, daß dieser Elan binnen Stunden oder Tagen nachläßt. Das Verlangen nach einer Zigarette, der Schokoladengibber oder die Angst kommen wieder, und wir greifen nach der Zigarette, nach einem Schokoriegel oder flüchten uns in unsere Arbeitsecke. Ein solches regressives Verhalten ist einfach, aber meist falsch.
Seien Sie deshalb darauf gefaßt, daß Verhaltensweisen oder Gefühle schlimmer werden können, bevor sie besser werden. Es ist ganz natürlich, daß es Ihnen nicht gutgeht, wenn Sie versuchen, anders als bisher zu leben. Wenn wir zum ersten Mal wagen, mit Fremden ein Gespräch zu führen, fühlen wir uns vielleicht noch verlegener als sonst, weil wir etwas ganz Anderes und Neues ausprobieren. Wir fallen nicht einfach deshalb in alte Verhaltensweisen zurück, weil wir keine Willensstärke hätten oder nicht wüßten, was wir tun sollen. Wir haben lediglich nicht damit gerechnet, daß der neue Weg so steil und steinig sein würde. Unsere Erwartungen waren unrealistisch, darum sind wir auf die Probleme, die auftauchen, nicht vorbereitet und haben für den Augenblick, in dem es schwierig wird, keine Strategien. Daher geben wir auf, sobald uns ein heftiges Unbehagen befällt, und flitzen in die relative Sicherheit unserer bisherigen Verhaltensweisen zurück.

Wenn Sie aber nach diesen ersten Rückschlägen nicht aufgeben und Geduld mit sich haben, werden Sie feststellen, daß Ihnen die Veränderungen leichter fallen. Wenn Sie fest entschlossen sind, etwas gegen Ihre Schüchternheit zu unternehmen, werden Sie vielleicht das erste Gespräch mit einem Unbekannten ohne erstickende Angstgefühle durchstehen, das zweite oder dritte Treffen geht dann vielleicht viel schlechter als alle zuvor. Geben Sie nicht auf, denn gerade jetzt haben Sie das Schlimmste hinter sich. Vielleicht wird die vierte Unterhaltung einfacher, aber das werden Sie erst wissen, *wenn Sie sie führen*. Viele Schüchterne geben leider auf, bevor sie so weit gekommen sind.

2. Kapitel
Wie schüchtern sind Sie? und Wie sind Sie schüchtern?

Führen Sie während der Lektüre dieses Buches ein Schüchternheitstagebuch. Damit können Sie herausfinden, in welchen Situationen Sie sich besonders schüchtern fühlen und was Sie dann tun. Sie können Situationen analysieren, andere Verhaltens- und Denkweisen einüben und Ihre Siege auf dem Weg zu einem erfolgreichen schüchternen Leben notieren. Ich werde Ihnen hin und wieder Vorschläge für schriftliche Übungen machen. Bitte beginnen Sie, indem Sie den folgenden Schüchternheits-Fragebogen beantworten.

Schüchternheit ist viel zu umfassend, komplex und individuell, um in solcher Kürze abgehandelt werden zu können. Sinn des Fragebogens ist daher nur, daß Sie Ihre Schüchternheit und die Anlässe verstehen, in denen Sie schüchtern werden – Sie sollen aber nichts bewerten, kategorisieren oder klassifizieren.

Der Fragebogen erschien erstmals (in kürzerer Form) in einem Artikel, den ich 1995 mit Philip Zimbardo für *Psychology Today* geschrieben habe. Wir trugen die neuesten Forschungsergebnisse über Schüchternheit zusammen und baten die Leserinnen und Leser, den Fragebogen ausgefüllt an mich zurückzuschicken. Der Artikel traf einen Nerv. Zwischen 1979 und 1994 hatte ich von etwa 1.800 Menschen Daten über Schüchternheit erhoben. Binnen eines Monats nach Erscheinen des Artikels strömten nun mehr als 1.000 Antwortbriefe in mein Büro. Sie waren voller unerwarteter, überwältigender Informationen, und viele waren von sehr persönlichen Briefen begleitet, die um Hilfe baten. Die Auswertung dieser Daten bildet das Rückgrat des Buches.

Der Fragebogen zur Schüchternheit ist Ihr erster Schritt, um mit Ihrer Schüchternheit besser zurechtzukommen. Wenn Sie die Fragen ehrlich beantworten, sehen Sie klarer, wie Schüchternheit Ihr Leben und Ihre Person beeinflußt. Kehren Sie während der Lektüre dieses Buches immer wieder zu diesem Fragebogen zurück, er wird Ihnen helfen, Ihre Probleme zu erkennen und Lösungen in Ihr Leben zu integrieren und umzusetzen. *Erkennen, Informieren, Integrieren und Umsetzen.*

Fragebogen zur Schüchternheit

Bitte beantworten Sie alle Fragen so ehrlich wie möglich.

1. Teil

Kreuzen Sie die Antwort an, die am ehesten auf Sie zutrifft.

1. Halten Sie sich für schüchtern?
   Ja Nein

2. Wenn ja: Waren Sie schon immer schüchtern (waren Sie früher schüchtern, und sind Sie es noch)?
   Ja Nein

3. Falls Sie die erste Frage mit »nein« beantwortet haben: Gab es in Ihrem Leben eine Zeit, in der Sie schüchtern waren?
   Ja Nein

4. Wie oft fühlen Sie sich schüchtern (oder haben Sie sich schüchtern gefühlt)?
   a) Jeden Tag
   b) Fast jeden Tag

c) Oft, etwa jeden zweiten Tag
d) Ein- oder zweimal die Woche
e) Gelegentlich, seltener als einmal die Woche
f) Selten, einmal im Monat oder seltener

5. Wenn Sie sich mit Menschen vergleichen, die Ihnen gleichen (gleiches Alter, Geschlecht und sozialer Hintergrund): Wie schüchtern sind Sie?
a) Viel schüchterner
b) Schüchterner
c) Etwa gleich schüchtern
d) Nicht so schüchtern
e) Viel weniger schüchtern

6. Wie erstrebenswert ist es für Sie, schüchtern zu sein?
a) Überhaupt nicht erstrebenswert
b) Nicht erstrebenswert
c) Weder erstrebenswert noch nicht erstrebenswert
d) Erstrebenswert
e) Sehr erstrebenswert

7. Ist (oder war) Ihre Schüchternheit jemals ein Problem für Sie?
a) Ja, oft
b) Ja, manchmal
c) Ja, gelegentlich
d) Selten
e) Nie

8. Welche Menschen machen Sie schüchtern? Kreuzen Sie alle an, die in Frage kommen.
a) Meine Eltern
b) Meine Geschwister
c) Andere Verwandte
d) Freundinnen und Freunde
e) Fremde

f) Ausländer
g) Menschen, die aufgrund ihres Wissens Autorität haben (Menschen, die gebildeter sind als ich, Fachleute)
h) Menschen, die aufgrund ihrer Rolle Autorität haben (Polizisten, Lehrer, Vorgesetzte)
i) Ältere Menschen (die viel älter sind als ich)
j) Kinder (die viel jünger sind als ich)
k) Menschen des anderen Geschlechts, in Gruppen
l) Menschen des anderen Geschlechts, als einzelne
m) Menschen des eigenen Geschlechts, in Gruppen
n) Menschen des eigenen Geschlechts, als einzelne

9. Was halten Sie für die Ursache Ihrer Schüchternheit? Kreuzen Sie alle an, die in Frage kommen.
a) Schüchtern geboren
b) Emotionaler Mißbrauch
c) Körperlicher Mißbrauch
d) Überängstliche Eltern
e) Falsche/inkonsequente Erziehung durch die Eltern
f) Negative emotionale Erfahrung(en) mit Gleichaltrigen in der Kindheit
g) Negative emotionale Erfahrung(en) mit Autoritätspersonen (Lehrer, Sporttrainer, usw.) in der Kindheit
h) Der Zwang, als Kind an bestimmten öffentlichen Aktivitäten teilzunehmen (Tanz- oder Musikdarbietungen, Sport, Theateraufführungen)
i) Brüche in der Kindheit (Tod eines Elternteils, häufige Umzüge)
j) Andere Geschwister
k) Scheidung der Eltern
l) Wiederverheiratung eines oder beider Elternteile
m) Negative emotionale Erfahrungen als junge/r Erwachsene/r mit Gleichaltrigen (Mitschüler, Vereinsfreunde, Kollegen, usw.)
n) Bin leicht in Verlegenheit zu bringen

o) Negative emotionale Erfahrungen als junge/r Erwachsene/r mit Autoritätspersonen (Professoren, Vorgesetzten)
p) Mangelnde soziale Fertigkeiten
q) Mangelndes Selbstbewußtsein
r) Lasse mich leicht überrumpeln
s) Schüchterne Eltern
t) Extreme Befangenheit
u) Perfektionistische, kritische oder fordernde Eltern
v) Verschlossener oder desinteressierter Elternteil des anderen Geschlechts
w) Verschlossener oder desinteressierter Elternteil des eigenen Geschlechts
x) Andere Gründe, die nicht genannt wurden:

____

____

____

10. In welchen Bereichen Ihres Privatlebens war/ist Schüchternheit ein Problem für Sie?
a) Neue Bekanntschaften schließen
b) Freundschaften schließen
c) Verabredungen mit dem anderen Geschlecht
d) Beim Aufnehmen sexueller Beziehungen
e) In anderen Bereichen meines Privatlebens:

____

____

____

11. In welchen Bereichen Ihres schulischen oder studentischen Lebens war/ist Schüchternheit ein Problem für Sie?
a) Aktive Teilnahme an Unterricht
b) Mitgliedschaft in schulischen/universitären Organisationen oder Sportvereinen
c) Teilnahme an schulischen/universitären Freizeit-

veranstaltungen wie Tanzabenden, Meisterschaften usw.

d) Um Empfehlungsschreiben bitten
e) Lehrer oder Professoren außerhalb des Unterrichts um Rat oder Hilfe bitten
f) Während des Unterrichts Fragen stellen
g) Mich an Diskussionen und Arbeitsgruppen beteiligen
h) Vor der Klasse/dem Seminar einen Vortrag halten
i) Mich mit Klassenkameraden/Kommilitonen anfreunden
j) Klassenkameraden/Kommilitonen um Hilfe bitten
k) Mit Klassenkameraden/Kommilitonen Arbeitsgruppen bilden
l) Andere Bereiche meines schulischen oder studentischen Lebens:

____

____

____

12. In welchen Bereichen Ihres Berufslebens war/ist Schüchternheit ein Problem für Sie?

a) Mit Kollegen sprechen
b) Bei Konferenzen das Wort ergreifen
c) Um Beförderung oder Gehaltserhöhung bitten
d) Während der Mittagspause oder nach der Arbeit mit Kollegen zusammensein
e) Mit Kunden zusammensein
f) Im privaten Gespräch mit Kollegen oder Kunden meine Gedanken äußern
g) Vor Kollegen oder Kunden einen Vortrag halten
h) Teilnahme an Berufsorganisationen und/oder beruflichen Netzwerken
i) Public Relations. Mein Unternehmen oder meine Dienste weiter bekannt zu machen und dafür zu werben

j) Andere Bereiche meines Berufslebens:

____

____

____

13. Glauben Sie, daß Sie Ihre Schüchternheit überwinden können?
    Ja　　　Nein　　　Weiß nicht

14. Sind Sie bereit, ernsthaft an ihrer Überwindung zu arbeiten?
    a) Ja, unbedingt
    b) Ja, vielleicht
    c) Bin nicht sicher
    d) Nein

15. Was haben Sie bisher getan, um Ihre Schüchternheit zu überwinden?
    a) Habe versucht, auszugehen, um Menschen kennenzulernen (Discos, Tanzveranstaltungen, Veranstaltungen für Singles, Partys, Cafés, Buchhandlungen)
    b) Habe versucht, mich mit Menschen zu unterhalten, die ich nicht kenne, aber gern kennenlernen würde
    c) Habe Selbsthilfe-Bücher gelesen
    d) Habe eine Einzeltherapie gemacht
    e) Bin einem Fitness-Studio oder Sportklub beigetreten (Tennisklub, Handballteam, Segelklub, Wandergruppe usw.)
    f) Habe eine Gruppentherapie gemacht
    g) Habe mich an Internet-Chatrooms und/oder Diskussionsforen beteiligt
    h) Habe Alkohol getrunken und/oder illegale Drogen genommen
    i) Habe versucht, anders über mich zu denken
    j) Habe mein Aussehen verändert

k) Habe Seminare oder Workshops über Schüchternheit besucht
l) Habe eine ehrenamtliche Arbeit übernommen
m) Bin einer Organisation beigetreten, die mit meinem Beruf oder meiner gegenwärtigen Arbeitsstelle zu tun hat
n) Habe die Dienste eines Bekanntschafts- oder Heiratsinstituts in Anspruch genommen
o) Habe mich einer religiösen oder spirituellen Gruppe angeschlossen
p) Habe Seminare oder Workshops zur Stärkung des Selbstwertgefühls besucht
q) Habe Entspannungsübungen, Meditation oder Biofeedback erlernt
r) Habe rezeptpflichtige Medikamente genommen
s) Habe Methoden der Streß-Bewältigung erlernt
t) Sonstiges:

____

____

____

2. Teil
Bitte denken Sie genauer über Ihre Erfahrungen mit Schüchternheit nach, und beantworten Sie die folgenden Fragen in Ihrem Tagebuch oder auf einem getrennten Blatt Papier so ausführlich wie möglich:

1. Beschreiben Sie, welche Faktoren Ihrer Ansicht nach zu Ihrer Schüchternheit beigetragen haben.

2. Beschreiben Sie, wie sich Ihre Schüchternheit äußert.

3. Beschreiben Sie, welche Probleme Sie wegen Ihrer Schüchternheit im privaten, sozialen und/oder beruflichen Leben haben.

4. Beschreiben Sie, was Sie versucht haben, um Ihre Schüchternheit zu überwinden.

5. Beschreiben Sie, ob und wie Sie das Internet zur Bekämpfung Ihrer Schüchternheit benützt haben.

6. Gibt es an Ihrer Schüchternheit etwas, über das Sie gern mehr wüßten?

7. Gibt es noch etwas anderes, was Sie über Ihre Schüchternheit sagen möchten?

3. Kapitel
Mythen und Mißverständnisse über Schüchternheit

Es erstaunt mich nach so vielen Jahren Forschungsarbeit immer noch, wie viele Schüchterne sich durch völlig falsche Annahmen selbst behindern. Ihr Denken verläuft etwa in folgenden Bahnen: »Ich bin schüchtern, ich kann nur bestimmte Dinge auf bestimmte Weise tun, und ich kann nichts ändern. Es ist mein Schicksal, im Umgang mit Menschen ängstlich und nervös zu sein. Ich habe keine andere Wahl, als schüchtern zu sein, ich bin ausgeschlossen aus der Gesellschaft der Menschen und unfähig, mit ihnen zusammenzusein. Niemals kann ich neue Bekanntschaften schließen! Mit Fremden bin ich wie gelähmt, ich darf nicht zeigen, wie ich wirklich bin. Das ist zu gefährlich, also bleibe ich lieber allein. Warum soll ich mich der Zurückweisung aussetzen, die unweigerlich kommen muß, wenn andere bemerken, daß ich kein guter Gesellschafter bin? Da ist es doch am besten, ich ziehe mich gleich zurück.«

Das ist einfach nicht wahr. Sie haben, auch wenn Sie schüchtern sind, die Wahl – *Sie haben auch die Wahl, Ihre Schüchternheit nicht zu beachten.* Sie sind kein unsozialer Verrückter; Sie entscheiden sich lediglich, Ihren schüchternen Neigungen zu folgen und die vielen Mythen über Schüchternheit zu glauben, die es in unserer Gesellschaft gibt.

Diese Mythen führen uns alle in die Irre, wenn es um Schüchternheit geht. Wichtiger aber ist, daß sie Ihnen viel Schmerz und Unbehagen bereiten werden, wenn Sie sie

glauben und in Ihr Selbstbild integrieren. Diese Mythen können aus Ihnen einen »schüchternen Menschen« machen, denn Sie werden auf bestimmte Weise leben und sich auf bestimmte Weise verhalten müssen, um diesem Bild treu zu bleiben. Und das schadet Ihnen, denn es ist unehrlich und engt Sie ein.
Wenn wir die gängigsten Schüchternheitsmythen aufdecken, werden wir den Schaden, den sie verursacht haben, langsam reparieren und an ihre Stelle die Wahrheit setzen können.

»Stille, selbstzufriedene Babys sind schüchtern. Sie werden ihr Leben lang schüchtern sein, denn so sind sie auf die Welt gekommen.«

Vielleicht tauchen jetzt vor Ihrem inneren Auge Bilder von sanftmütigen, braven Babys auf, die Sie für schüchtern halten. Aber sie sind es nicht. Im Gegenteil: Am ehesten werden Kinder schüchtern, die sehr lebhaft und laut sind. Außerdem gibt es »geborene Schüchterne« nicht. Jemand kann *eine Anlage* zur Schüchternheit haben, aber sie ist kein unausweichliches Schicksal.
Wie ich im ersten Kapitel erwähnte, gibt es Schüchternheit nur in Verbindung mit dem Bewußtsein der eigenen Person, das man auch Selbstkonzept, Identität oder Selbstwahrnehmung nennt. Sie können nur schüchtern sein, wenn Sie eine Identität haben, die Sie mit anderen Menschen vergleichen können. Das ist eine komplexe intellektuelle Aufgabe mit etwa folgenden Gedankengängen: »Ich bin ich, ich habe bestimmte Charakterzüge, die manche Menschen haben und andere nicht; du bist du, manche deiner Charakterzüge sind wie meine, andere sind es nicht.«
Diese Vorstellung eines eigenständigen Selbst muß sich

erst herausgebildet haben, bevor ein Kind schüchtern sein kann, ja bevor es irgendwelche erkennbaren Charakterzüge haben kann. Das geschieht im Alter von etwa fünfzehn bis achtzehn Monaten. Dann schaut es in den Spiegel und begreift, daß das Bild, das es sieht, in Wahrheit es selbst ist. Es begreift sich nicht mehr als Erweiterung seiner Eltern oder Geschwister.

Aber ein Bewußtsein des eigenen Selbst zu haben und Vergleiche anstellen zu können, ist ein erster Schritt zur Schüchternheit. Befangenheit – also die Sorge darüber, was andere über Sie und Ihr Handeln denken – entsteht zwischen dem dritten und vierten Lebensjahr. Davor wird ein Kind rülpsen, wann immer es möchte, oder weinen, wenn es traurig oder enttäuscht ist. Es ist ihm egal, wie andere auf seine Ausbrüche reagieren, es tobt einfach los, wenn ihm danach ist. Kleinkinder sind keine kleinen Wilden, sie sind einfach Menschen ohne ein Bewußtsein ihrer selbst.

Alle Eltern wissen aus leidvoller Erfahrung, daß Zweijährige ins Trotzalter kommen. Aber im Grunde ist das Kind nicht trotzig, sondern es beginnt ein Bewußtsein seines Selbst zu haben. Sobald Zweijährigen bewußt wird, wie andere auf ihr Verhalten reagieren, wollen sie ihren Willen kundtun und selbst bestimmen, was sie tun. Sie gewöhnen sich nun daran, ihr Leben nach den Regeln anderer zu führen.

Nachdem ein Kind dieses Bewußtsein seiner selbst und so auch die Fähigkeit zur Befangenheit erlangt hat, kann man es schüchtern nennen, wenn es unbekannte Menschen oder Orte scheut, wenn es nicht sagt, was es will, weil sein Denken, sein Körper und seine Seele ihm diktieren, so zu reagieren.

»Schüchterne Kinder werden zwangsläufig zu schüchternen Erwachsenen.«

Schüchtern sein ist nicht wie blaue Augen haben oder so groß werden wie die anderen Familienmitglieder. Größe und Augenfarbe sind ausschließlich körperliche Merkmale und genetisch festgelegt, während Schüchternheit körperlich, geistig und emotional ist. Diese Verschränkung von Körper, Geist und Seele bedeutet, daß Schüchternheit kein Schicksal ist.

Wir alle haben unterschiedliche Eigenschaften, die untrennbar zu uns, unserer Art, in der Welt zu sein, und unserer Weltanschauung zu gehören scheinen. Bei genauerem Hinsehen stellt man fest, daß einige dieser Eigenschaften veränderbar sind, auch wenn sie zunächst untilgbar und vorherbestimmt schienen.

Stellen Sie sich einen Olympialäufer vor. Dank seiner körperlichen Leistungsfähigkeit hat er das Potential, die Goldmedaille zu gewinnen, aber dieses Potential kann nichts ausrichten ohne Ehrgeiz und Zielstrebigkeit (seine Persönlichkeit) und die Fähigkeit, den Anweisungen seines Trainers zu folgen (sein Geist). Ein Läufer besteht nicht nur aus langen Beinen und Adrenalinstößen, die besten Sportler sind auch klug und zielstrebig.

Das gleiche gilt für Schüchternheit. Selbst wenn man zu Schüchternheit neigt, muß etwas dazukommen – wie das schüchterne Denken –, damit aus einem offenbar schüchternen Kind ein schüchterner Erwachsener wird.

»Die Schüchternheit ist stärker als ich.«

Viele tausend schüchterne Menschen, die unseren Fragebogen beantwortet haben, haben gesagt, sie litten sehr darunter, daß Schüchternheit ihr Leben kontrolliere. Hier einige wenige Auszüge aus diesen traurigen, schmerzlichen Erfahrungsberichten:

- »Sie schränkt mich und meine Möglichkeiten ein. Ich habe Angst und weiß zugleich, wie albern das ist, aber ich kann dieses Angstgefühl nicht kontrollieren.«
- »Schüchternheit ist wie eine Käseglocke, aus der ich nicht herauskomme.«
- »Manchmal habe ich das Gefühl, in einem geistigen Gefängnis eingesperrt zu sein.«
- »Es ist ein großes Unglück, daß Schüchternheit in unserer Gesellschaft so verachtet wird. Wir können doch nichts dafür, wie wir erschaffen oder erzogen wurden.«

Viele Schüchterne glauben nicht nur, daß sie gegen ihre Schüchternheit nichts ausrichten können, sie glauben auch, daß es nur ihnen so geht oder mit ihnen etwas grundlegend nicht in Ordnung sei. Vor allen Dingen aber glauben sie, sich nicht ändern zu können.
Aber eine schüchterne Geschäftsfrau hat es durchaus geschafft, ihre Schüchternheit und ihre Ängste zu kontrollieren: »Um meine Schüchternheit zu überwinden, habe ich mich selbständig gemacht und angefangen, zu Retreats und Workshops zu gehen. Ich habe keine Angst, solange ich etwas tue, was ich gern mache. Dann achte ich nicht auf meine Schüchternheit und leide nicht sehr darunter. Wenn ich mich unwohl fühle, suche ich nach einer Schutzzone. Wenn ich richtig nervös werde und erröte, lächele ich und sage, daß ich ein bißchen schüchtern bin. Wenn ich das gesagt habe, komme ich mir nicht mehr so hilflos vor.«
Sie sind stärker als Ihre Schüchternheit. Sie können sie, wenn es sein muß, bezwingen, indem Sie Ihr Denken, Fühlen und Verhalten verändern.

»Ich kenne niemanden, der so schüchtern ist wie ich.«

Schüchternheit ist außerordentlich verbreitet. Etwa jeder zweite sagt von sich, er oder sie sei schüchtern, und dieser Prozentsatz ist in den letzten zwanzig Jahren gestiegen. Noch erstaunlicher sind Forschungsergebnisse, wonach 75 bis 95 Prozent von uns sagen, sie seien irgendwann einmal in ihrem Leben schüchtern gewesen. Wie der Anlaß oder die Definition auch sein mag, fast jeder von uns hat Schüchternheit schon einmal am eigenen Leib erlebt. Als schüchterner Mensch sind Sie also keineswegs allein. Stellen Sie es sich so vor: Wenn Sie in einem vollen Bus oder im Kino sitzen, ist vermutlich entweder Ihr Nachbar zur Rechten oder der zur Linken ebenfalls schüchtern. Aus meinen Unterlagen habe ich einige statistische Zahlen über die Verbreitung von Schüchternheit zusammengestellt:

- Fast 50 Prozent aller Amerikaner bezeichnen sich als schüchtern.
- Etwa 89 Prozent aller Schüchternen behaupten, Zeit ihres Lebens schüchtern gewesen zu sein.
- 75 Prozent der Menschen, die nicht schüchtern sind, waren früher einmal schüchtern.
- Nur 11 Prozent aller Amerikaner sagen, sie seien weder jetzt schüchtern noch seien sie jemals in ihrem Leben schüchtern gewesen.
- Fast 21 Prozent aller Schüchternen sind täglich oder fast täglich schüchtern, während fast 60 Prozent der Menschen, die sich als schüchtern bezeichnen, sagen, sie seien es mindestens einmal wöchentlich.
- Etwa 78 Prozent aller Schüchternen glauben, sie könnten ihre Schüchternheit überwinden, nur 3 Prozent sagen, das könnten sie nicht.

Die Allgegenwart von Schüchternheit in unserer geschäftigen Gesellschaft ist verblüffend, weil sie oft unerkannt bleibt. Dies sind die drei Situationen, die am häufigsten Schüchternheit auslösen:

- Mit Fremden zusammensein
- Mit Menschen zusammensein, die aufgrund ihrer Position oder ihres Wissens Autoritätspersonen sind.
- Begegnungen mit Angehörigen des anderen Geschlechts, ob zu mehreren oder allein.

Sie denken vielleicht, Sie seien der einzige schüchterne Mensch auf der Welt, weil Ihre Schüchternheit dazu geführt hat, daß Sie sich isolieren. Aber wenn Sie mit Ihren Freunden nicht über Ihre Zweifel und Ängste sprechen, erkennen Sie nicht, daß es vielen anderen genauso geht wie Ihnen. Und weil Sie sich nicht öffnen, werden Sie nicht von den Menschen unterstützt, die Ihnen am nächsten stehen.

Und bedenken Sie auch folgendes: Wenn Sie sich in einem Raum voll fremder Menschen umsehen, fallen Ihnen die zurückhaltenden Anwesenden vermutlich gar nicht auf. Ihnen springen die Lebhafteren und angeregt Plaudernden ins Auge, die offenbar überall und jederzeit mit allen ein Gespräch führen können. Sie vergleichen sich mit diesen Extravertierten und fühlen sich wie ein Versager. Dann ziehen Sie sich noch mehr in sich zurück, können sich nicht entspannen und fühlen sich in Gesellschaft neuer Menschen immer unwohl.

Solche irrigen Annahmen und falschen Vergleiche können Sie stark belasten, sie sind aber die Folge einer *Entscheidung*. Sie *entscheiden,* was Sie denken, Sie *entscheiden,* mit welchen Menschen Sie sich vergleichen wollen. Wenn Sie anders denken und anders handeln, wird Ihre Schüchternheit Sie weniger bedrängen.

»Schüchternheit ist nichts als Einbildung.«

Schüchternheit ist kein geistiger Defekt, kein Charakterfehler, keine Neurose und auch keine Bewußtseinsstörung. Sie ist ein Charakterzug, der sich auf Körper, Denken und Seele eines jeden schüchternen Menschen auswirkt. In nicht überschaubaren Situationen kann sie den ganzen Menschen in Aufregung versetzen, bis in die kleinste Nervenzelle des Gehirns. Weil es Ihnen bei einem Schüchternheitsanfall schlechtgeht, zweifeln Sie an sich und haben widerstreitende Gefühle. Sie fragen sich, wer Sie sind und ob Sie etwas wert sind.

Gäbe es Schüchternheit nur in Ihrer Einbildung, wäre sie leicht zu beheben. Sie müßten nur andere Gedanken denken, um Ihrem Elend ein Ende zu bereiten. Aber weil Schüchternheit so tief reicht, können Blitzkuren wie Atemübungen oder die Zuflucht zu positiven Vorstellungen (»Stell Dir vor, Du bist an einem ruhigen, sicheren Ort.«) nicht helfen, weil sie an der Oberfläche bleiben und nicht die Wurzel Ihrer Gedanken und Gefühle erreichen.

Sie brauchen eine langfristige Methode, mit der Sie auch schwierige Zeiten überstehen können. Sie brauchen einen Plan, den Sie in Ihr Denken, Ihren Körper, Ihr Selbstbild aufnehmen können und der auf das zugeschnitten ist, was *Sie* brauchen.

»Alle Schüchternen sind gleich.«

Die meisten Menschen glauben, sie wüßten genau, was ein schüchterner Mensch ist: das Mauerblümchen beim Schulabschlußfest; der Kollege, der immer Ihrem Blick ausweicht; vielleicht Sie selbst in der Sekunde, bevor Sie die Tür zu einer Party öffnen, die bereits in vollem Gang ist. Aber Schüchternheit hat viele Facetten.

Sie können sich schüchtern fühlen, aber der Welt ein völlig anderes Gesicht zeigen, wie diese Dreißigjährige es tut: »Ich bin mal mehr und mal weniger schüchtern, je nach Situation. Von meinen Bekannten glaubt kaum jemand, daß ich schüchtern bin, aber ich kenne mich gut – besser als sie jedenfalls. Manchmal ist es schwierig, aber ich kann damit umgehen und es ziemlich gut vertuschen. Wenn ich zu jemandem sage, ›Ich war mit den Nerven völlig am Ende‹, lautet die Antwort unweigerlich, ›Du hast überhaupt nicht nervös gewirkt‹. Man hat es mir vielleicht nicht angesehen, aber mir drehte sich der Magen um.«

Viele Schüchterne berichten, sie seien in einer öffentlichen Situation sehr nervös, hätten aber keinerlei Probleme bei ihrer Arbeit oder mit ihren Kindern. Nur in sozialen Situationen geraten sie unweigerlich ins Schwimmen.

Sie erzählen auch, daß andere sie oft fälschlicherweise für unnahbar, versnobt, kalt, zickig oder arrogant halten. Solche negativen Interpretationen können es schwieriger machen, einem Unbekannten unbefangen entgegenzutreten. Ein Student aus Hawaii schrieb: »Die Leute sagen, daß ich ihnen beim Kennenlernen das Gefühl gebe, sie nicht zu mögen. Sie merken nicht, daß ich schüchtern bin.«

Und eine Collegestudentin aus Nebraska berichtete: »Ich weiß, daß man mich für unfreundlich oder sogar versnobt hält. Ich höre immer wieder, ich sei attraktiv und sähe aus, als ob ich offen und kontaktfreudig sei, aber so bin ich in Wirklichkeit überhaupt nicht. Ein Snob ist für mich jemand, der sich für etwas Besseres hält als alle anderen, und ein schüchterner Mensch wie ich selbst ist für mich jemand, der alle anderen für besser hält als sich selbst.«

Wir wissen, daß Schüchterne durchaus forsch auftreten können, denn es gibt zahlreiche Beispiele von »schüchternen Extravertierten«, ein Begriff, den Philip Zimbardo geprägt hat. Der berühmte amerikanische Talk-Show-Gastgeber David Letterman beispielsweise wirkt bei seinen Live-Auftritten vor Publikum im Studio und vor einem Millionenpublikum an den Fernsehern locker und spontan. Es ist aber bekannt, daß er jeden seiner abendlichen Auftritte geradezu perfektionistisch plant und koordiniert. Seine freie Zeit verbringt er mit wenigen engen Freunden, gesellschaftliche Anlässe gleich welcher Art besucht er äußerst selten.

Unangemessene Dreistigkeit ist eine bevorzugte Strategie mancher Schüchterner, mit ihrem Handicap umzugehen. Ein Mann berichtete: »Ich versuche, meine Schüchternheit zu verbergen, indem ich feindselig auftrete. Ich mache oft etwas Dämliches oder Spektakuläres.« Viele Schüchterne haben sich für Strategien entschieden, die ihnen eigentlich nur schaden, die verbreitetste ist die, wie ich sie nenne, erzwungene Extravertiertheit: Sie zwingen sich, zu einer Party zu gehen oder mit Menschen zusammenzusein, ohne sich zuvor überlegt zu haben, wie sie das erfolgreich bewältigen wollen.

Ein sechsundzwanzigjähriger Collegestudent scheiterte mit solchen kopflosen Versuchen: »Ich wollte meine Schüchternheit überwinden und bin daher Vereinen beigetreten, habe Discos besucht, bin mit erhobenem Haupt durch die Straßen gegangen. Nichts hat funktioniert. Wenn ich versuche, meiner Schüchternheit zu entfliehen, fängt irgend etwas in mir mich wieder ein.«

Das kurzfristige Ergebnis einer erzwungenen Extraversion ist oft kontraproduktiv. Der Besuch einer Party bringt Sie zwar unter Leute, gibt Ihnen aber nichts an die Hand, wie Sie dort mit Ihrer Schüchternheit fertig werden. Die Folge davon kann sein, daß Sie noch schüchterner werden und den Schauplatz mit dem Gefühl von Desillusionierung und Versagen verlassen. Es kann sein, daß Sie danach überhaupt nicht mehr auf Feste gehen und denken, daß Sie eben kein soziales Leben haben können.

Es gibt mehrere Typen von Schüchternen, die sich in ihrem Denken, ihren Gefühlen und ihrem Verhalten unterscheiden.

Der öffentlich Schüchterne

»Ich war schon immer so«, sagte Chrissie, verheiratete Mutter von zwei Kindern und Datatypistin aus dem Mittleren Westen. »Seit ich ganz klein war, ist mir Reden immer schwergefallen. Plötzlich ist mein Kopf völlig leer, und mir fällt nichts ein, was ich sagen könnte.«

Chrissie fühlt sich am wohlsten, wenn sie im Hintergrund bleiben kann. »Ich gelte als ruhig. Es würde sehr auffallen, wenn ich etwas sagen würde, also sage ich lieber nichts. In Gruppen fühle ich mich unwohl und nervös, ich kann nicht stillsitzen und mich entspannen.«

Chrissie räumt auch ein, daß sie schlecht erträgt, was passieren könnte, wenn sie doch einmal etwas sagt. »Ich habe Angst, jemandem zu widersprechen oder ihn zu verletzen. Ich habe wohl Angst, anzuecken. Und es fällt mir sehr schwer, zu telefonieren. Ich muß mich richtig dazu zwingen.«

Chrissie führt ein Leben, das ihre Schüchternheit im Grunde fördert, denn ihr Ehemann ist recht extravertiert, und obwohl sie sich unwohl fühlt, wenn sie mit seinen Freunden zusammen sind, schätzt sie seine Geselligkeit: »Ich brauche jemand, der mir ein wenig hilft und dafür sorgt, daß ich gesprächiger bin und mehr auf andere zu gehe.«

Sie verbringt ihre Tage mit ihren Kindern, die extravertiert sind – darüber ist sie sehr froh. Sie arbeitet in der Spätschicht und ist auch dort eine Einzelgängerin: »Bei der Arbeit brauche ich nicht auf Leute zuzugehen, ich sitze an meinem Schreibtisch und muß mich nicht mit anderen befassen. Wir dürfen bei der Arbeit Kopfhörer tragen und Musik oder das Fernsehprogramm hören. Ich unterhalte mich nicht viel. Die anderen kennen das schon und erwarten nicht, daß ich mich zu ihnen setze.«

Öffentlich schüchterne Menschen wie Chrissie sind erkennbar angespannt. Sie entscheiden sich dafür, nicht zu sprechen, führen vernichtende innere Monologe, meiden Augenkontakt und benutzen ihre Schüchternheit als Entschuldigung, Anforderungen aus dem Weg zu gehen. Man kann sie aus drei Kilometern Entfernung erkennen. Es ist sehr interessant, daß öffentlich schüchterne Menschen viel mit aufmerksamkeitsheischenden Extravertierten gemeinsam haben, da beide extrem um sich und die eigenen Bedürfnisse kreisen. Warum das so ist, werde ich im sechsten Kapitel erklären.

Der chronisch Schüchterne

Man könnte auch sagen, daß Chrissie chronisch schüchtern ist. Als chronisch schüchtern bezeichne ich Menschen, die sagen, sie seien schüchtern, solange sie zurückdenken können. Mehr noch: sie sagen, daß sie gar nicht anders leben können. Erinnerungen dieser Art nähren den Mythos, daß Menschen schüchtern geboren werden. Die chronisch Schüchternen sind immer und in nahezu allen gesellschaftlichen Situationen schüchtern, und sie werden auch von Lehrern, Eltern, Freunden und Partnern als schüchtern bezeichnet. Ein Leben ohne diese Befangenheit ist für sie völlig unvorstellbar, weil sie alles überschattet, was sie tun, vom Schlangestehen an der Supermarktkasse bis zu Entscheidungen im Beruf.

Chronisch Schüchterne leiden darunter, wie sie leben. Sie sind viel häufiger und in viel mehr Situationen schüchtern als andere Menschen, die sich selbst als schüchtern bezeichnen, und sagen, sie seien viel schüchterner als andere. Sie empfinden das als persönliches Problem und glauben, daß sie gegen ihre Schüchternheit weniger tun können als andere Menschen.

Doch obwohl viele chronisch Schüchterne meinen, sich niemals verändern zu können, habe ich das Gegenteil erlebt.

Der privat Schüchterne

Patrick ist ein Pfundskerl. Er hat viele Freunde, einen schnellen Witz und ein breites Lachen. Er war im College Studentensprecher, bekam eine gute Stelle und ist obendrein ein begabter Swingtänzer.

Patrick kann sehr gut reden; er verdient seinen Lebensunterhalt damit, in Schulen Vorträge zu halten. Aber wenn er nicht am Podium steht, fehlen ihm manchmal die Worte. »Ich habe nichts zu sagen«, erzählte er mir. »Das heißt nicht, daß ich die Leute nicht mag. Ich mag einfach nicht reden, wenn ich mich schüchtern fühle. Ich frage mich, ›Warum sollten sie sich mit mir unterhalten wollen? Ich habe nichts zu sagen, was sie interessieren könnte‹.«

Patricks Schüchternheitsanfälle, wie er sie nennt, folgen bestimmten Gesetzen. Er vergleicht sie mit den Gefühlen von Basketballspielern, die wissen, daß sie verlieren werden. Sie spielen lustlos und schlecht, um der anderen Mannschaft die Freude am Sieg zu nehmen. Patrick zieht sich zurück, wenn er sich selbst den Spaß verderben möchte, den er sonst in der Gesellschaft anderer hat. »Ich ziehe mich zurück, wenn ich einen schlechten Tag habe«, erklärte er. »Ich rutsche in so eine schüchterne Stimmung hinein, wenn bei der Arbeit etwas schiefläuft, dann denke ich ständig darüber nach und kann es nicht mehr abstellen.«

Er versteht zwar durchaus, warum ihm das mitunter passiert, dennoch verblüfft es ihn. Einerseits behauptet er, er sei »immer extravertiert« gewesen, andererseits weiß er, daß er schüchtern ist. Auch seine Freunde wissen nichts über seine wahren Gefühle, vermutlich, weil er sie verbirgt.

»Wenn ich in einer solchen Stimmung bin und jemand sagt, ich sei ja gar nicht so lustig und gesprächig wie sonst, sage ich, ›Ich bin furchtbar müde‹. Wenn ich mit mehreren Freunden zusammen bin, ist es nicht so schwierig, weil ich dann nicht viel sagen muß. Ich habe immer etwas zu lesen dabei, und weil alle wissen, daß ich liebend gern lese, sehen sie mir das nach. Wenn ich bei jemandem zu Besuch bin, schaue ich mir dessen Bücherregal an oder fange sogar ein Buch an, das mir interessant vorkommt. Das ist unhöflich, ich weiß, aber ich mache es trotzdem.«

Privat Schüchterne wie Patrick – die bereits erwähnten schüchternen Extravertierten – können geradezu ausgelassen sein, solange sie nicht in einem Schüchternheitsanfall stecken. Niemand, der sie kennt, würde vermuten, daß sie schüchtern sind, aber sie selbst spüren es genau. Viele Schauspieler und Schauspielerinnen, Talk-Show-Gastgeber, Politiker, Lehrer und Komödianten sind insgeheim schüchtern und fühlen sich nur wohl, wenn sie eine Rolle mit vorgegebenem Dialog spielen.

Die privat Schüchternen haben gelernt, sich extravertiert zu geben – solange sie die Situation kontrollieren können. Ein Politiker, der bei Wahlkampfveranstaltungen vorbereitete Reden halten kann, mag bei den anschließenden Fragen aus dem Publikum wortkarg werden. Eine Professorin fühlt sich wohl, solange sie über ihr Fachgebiet spricht, erstarrt aber bei einer Fakultätssitzung. Ein Laienschauspieler erzählte mir: »Wenn ich nicht auf der Bühne stehe, bin ich völlig verschlossen. Ich kann einfach diese panische Angst nicht abschütteln und bin nervlich völlig fertig. Kaum stehe ich auf der Bühne, bin ich überschwenglich und berste vor Selbstbewußtsein.«

Der vorübergehend Schüchterne

Diese Menschen berichten, sie seien zu bestimmten Zeiten ihres Lebens schüchtern gewesen, wobei es sich dabei meist um Übergangsphasen zwischen zwei Lebensabschnitten handelt, sei es der Wechsel von der Schule in eine Berufsausbildung, der Antritt einer neuen Stelle oder die ersten erotischen Gehversuche nach einer Scheidung.

Das ist eine verbreitete und normale Art, auf ungewisse, verunsichernde und unvorhersehbare Situationen zu reagieren. Bis sie in der neuen Umgebung Fuß gefaßt haben, verhalten sie sich wie öffentlich Schüchterne, aber sobald sie sich an das Neue gewöhnt und gelernt haben, wie sie sich behaupten können, legen sie die Schüchternheit ab und gewinnen wieder ihr früheres Vertrauen in sich selbst und in ihre Fähigkeiten.

Steve ist vorübergehend schüchtern, und er erklärt das wie folgt: »Ich kann durchaus interagieren«, erklärte er. »Es fällt mir nur schwer, ich kann mich nicht Knall auf Fall darstellen. So bin ich nicht.«

Schüchternheit ist für ihn ebenso ein altes wie ein neues Problem. Er war schon immer schüchtern, aber das hatte ihm viele Jahre lang nichts ausgemacht. Als wir miteinander sprachen, war er allerdings verunsichert. Er verarbeitete gerade eine Trennung und fand es noch schwierig, sich mit Frauen zu verabreden und dann, wenn er sie traf, er selbst zu sein – was ja für niemanden ganz einfach ist.

> So eine erste Verabredung kann mich aus der Bahn werfen. Gestern abend zum Beispiel. Ich habe mich mit einer Frau getroffen, die ich kaum kannte. Erst war ich ungeheuer nervös, weil ich immer nur denken konnte: ›Ich kriege keinen Draht zu ihr.‹ Manchmal hatte ich bei solchen Verabredungen das Gefühl, daß ich einen Draht zu der Frau bekomme, dachte dann aber sofort, daß sie es nicht spürt oder mich nicht attraktiv findet. Ich habe überhaupt den Eindruck, als könnte ich mich zur Zeit nicht so auf eine Frau einlassen, wie ich es sollte, selbst wenn ich weiß, daß wir viel gemeinsam haben, jedenfalls oberflächlich.
>
> Aber irgendwann ließ die Nervosität nach, ich wurde etwas entspannter und fühlte mich wohl. Und ich glaube, Wendy hat sich auch entspannt.

Menschen, die vorübergehend schüchtern sind, sind nur so lange schüchtern, bis sie sich in einer unbekannten Situation besser zurechtfinden.

Der erfolgreich Schüchterne

Der erfolgreich Schüchterne hat sein Leben im Griff. Er weiß, daß er schüchtern ist, läßt sich aber davon nicht beherrschen. Er baut die Schüchternheit in sein Leben ein, weil er vorher weiß, in welchen Situationen er schüchtern sein wird, er akzeptiert, daß das gelegentlich passiert, und begegnet seinen Gefühlen, wenn es schwierig wird, mit erprobten Strategien. Seine Schüchternheit belastet ihn nicht, und er läßt sich von ihr schon gar nicht davon abhalten, seine Träume zu verwirklichen.

Matthew, ein Schriftsteller Anfang Dreißig, ist solch ein erfolgreich Schüchterner. Er ist, wie er selbst sagt, seit jeher schüchtern: »Ich weiß nicht, ob ich das schon so lange glaube, daß es einfach irgendwann wahr geworden ist, oder ob ich so zur Welt gekommen bin. Meine Mutter behauptet, daß ich schon im Kindergarten lieber allein bleiben, in einer Ecke sitzen und nicht mit anderen Kindern spielen mochte. Ich wurde ein Jahr später als üblich eingeschult, denn als sie mich das erste Mal zur Schule brachte, bekam ich einen solchen Tobsuchtsanfall, daß sie mich ein Jahr zurückstellten.«

Aber Matthews Freude am Alleinsein ließ mit den Jahren nach. Als Teenager mußte er ausbrechen. Aus dem, wie seine Mutter ihn nannte, »pflegeleichten Schätzchen« wurde ein wilder und rebellierender Kerl, und das nur, um seine Schüchternheit loszuwerden. »Wenn ich betrunken war, führte ich mich auf wie ein Verrückter«, sagt er, »und es sah ganz so aus, als ob die anderen mich dann lieber mochten. In der High School hatte ich den Ruf, daß ich völlig durchknallte, sobald ich etwas getrunken hatte, also kehrte ich eine Seite von mir heraus, die vorher niemand gesehen hatte.«

Matthews Partyzeiten waren zwar unterhaltsam, dauerten aber nicht ewig. Im College entdeckte er, daß er gern schrieb; so konnte er seine Gefühle ausdrücken. »Schreiben war wie Trinken, aber ohne Alkohol. Es war wie ein Ventil für mich, aber nicht so selbstzerstörerisch wie Saufen – jedenfalls körperlich nicht«, sagt er lachend.

Obwohl er meint, daß er jetzt, als Erwachsener, immer noch schüchtern ist, kann er inzwischen auch heikle Situationen meistern. Er war ein herausragender Student und wurde für seine literarischen Texte ausgezeichnet, inzwischen hat er eine sehr gute Stelle im Verlagswesen, die seinem Können und Charakter entspricht, ist immer noch mit den alten Freunden zusammen, mit denen er im gleichen Stadtteil aufgewachsen ist, und lebt seit seiner Studentenzeit in festen, monogamen Beziehungen. Schüchternheit hat in seinem Privatleben selten eine Rolle gespielt, und wenn er nicht schreibt, ist er mit Leuten zusammen, die ihn verstehen und so akzeptieren, wie er ist.

Er hat auch gelernt, wie er sich auf Augenblicke der Schüchternheit vorbereiten kann, besonders wichtig war das vor seiner ersten öffentlichen Lesung: »Ich habe wochenlang zu Hause geübt, ich habe diese Kurzgeschichte immer wieder laut vorgelesen«, vertraute er mir an. »Einmal morgens, einmal abends. Ich habe sie auch Freunden vorgelesen und war furchtbar. Aber die Lesung selbst lief großartig, jedenfalls im Vergleich. Nach der ersten Seite war ich nicht mehr nervös. Eigentlich war diese Lesung die tollste Erfahrung des ganzen Jahres. Nur in den ersten paar Minuten war ich wie gelähmt vor Angst.«

Matthew war sehr überrascht, wie positiv das Publikum auf ihn reagierte, denn er selbst glaubte, seine Sache nicht gut gemacht zu haben. »Ich denke nicht, daß ich diese Nervosität irgendwann völlig ablegen kann, aber die Lesung war nicht schlecht, und wenn ich Schriftsteller sein will, gehört das einfach dazu.«

Ebenso philosophisch sieht er seine Schüchternheit und

deren Bedeutung für sein Selbstbild: »Sie ist nicht so wichtig, daß sie mein Leben beherrschen oder gar ruinieren könnte. Ich habe akzeptiert, daß ich eben so bin. Das ist keine Katastrophe. Es gibt Schlimmeres auf der Welt.«
Matthew kann seiner Schüchternheit sogar etwas Gutes abgewinnen: Er meint, daß er als schüchterner Mensch manches erlebt, was ihm hilft, Menschen besser zu verstehen und besser zu schreiben. »Ich glaube, das macht mich reflektierter und selbstkritischer, und das ist gut so. Vielleicht hat mich diese Schüchternheit sogar einfühlsamer gemacht.«
Matthews Lehre ist ebenso einfach wie wichtig: Selbst wenn Sie hin und wieder schüchtern sind, muß Schüchternheit Ihr Leben weder bestimmen noch einengen, und sie ist auch kein Fluch, der Sie bis ans Ende Ihrer Tage verfolgt.

»Der Grund für meine Schüchternheit ist mangelndes Selbstwertgefühl.«

Eine New Yorker Künstlerin schrieb mir: »Ich glaube, daß mein mangelndes Selbstbewußtsein sehr viel mit meiner verheerenden Schüchternheit zu tun hat. Ich gäbe alles darum, wenn ich ein aufgeschlossener, finanziell und sozial erfolgreicher Mensch sein könnte.«
Eine fünfundzwanzigjährige Kassiererin aus Georgia denkt ganz ähnlich: »Meine Schüchternheit ist schuld daran, daß ich mich immer furchtbar schlecht und allein gefühlt habe. Nichts möchte ich lieber als das Selbstvertrauen und das Selbstwertgefühl, um jederzeit und überall mit jedermann ein Gespräch beginnen zu können. Ich glaube, ich wäre nicht nur glücklicher, mein Leben wäre auch ausgefüllter.«
Schüchterne nennen als Ursache ihres Unglücks oft ihr

mangelndes Selbstwertgefühl. Dieses niedrige Selbstwertgefühl taucht erneut auf, wenn sie über ihre sozialen Fertigkeiten sprechen. Dabei ist es nicht ungewöhnlich, daß sie sich dieses negative Selbstbild selbst zurechtzimmern.

So fällt mir immer wieder auf, daß Schüchterne unmögliche Ansprüche an sich stellen. Wenn Sie absurd hohe Erwartungen haben, ist es für Sie möglicherweise bereits ein Mißerfolg, wenn Sie auf einer Party nicht der Mittelpunkt sind – entweder bezaubern Sie die Massen, oder Sie sind ein Versager. Sie bewerten Ihr Auftreten extrem kritisch und können nicht entspannt in ein Gespräch hineingehen. Mehr noch: Sie verstricken sich so sehr in Ihre Selbstkritik und Ihren inneren Monolog, daß Sie niemandem mehr zuhören können, eine Erfahrung, die sich in folgender Äußerung spiegelt: »Manchmal kriege ich ein paar Worte heraus, aber sie passen nicht, weil die anderen inzwischen von etwas völlig anderem reden.«

Manchmal ist es nicht mangelndes, sondern ein riesig aufgeblähtes Selbstbewußtsein, das Schüchterne davon abhält, mit anderen zu sprechen. Ich habe lernen müssen, daß die meisten keineswegs glauben, sie seien es nicht wert, daß sich jemand mit ihnen unterhält, sondern darüber klagen, daß niemand erkennt, wie wunderbar und interessant sie sind. Sie erwarten, daß andere die verborgenen, aber faszinierenden Tiefen ihrer Persönlichkeit entdecken – *sie* sollen den ersten Schritt machen, ein Gespräch in Gang bringen, in sozialen Situationen die Beziehungsarbeit leisten. Die Schüchternen finden es schwierig, anderen entgegenzukommen – den ersten Schritt zu tun und etwas zum Gelingen der Unterhaltung beizutragen. Das Ölen der sozialen Maschinerie überlassen sie anderen.

»Schüchternheit ist ein lebenslanger Fluch.«

Ein Gärtner Mitte Dreißig schrieb mir folgenden traurigen Brief:

> Ich lebe ein ziemlich einsames und vergleichsweise isoliertes Leben. Ich habe Angst davor, bei meinen Eltern auszuziehen und allein zu leben, denn ich habe zwar keine sehr enge Bindung an sie, fühle mich aber mit ihnen relativ wohl und nicht so allein. Wegen dieser verfluchten Schüchternheit habe ich auch die größten Hemmungen, meinen Traum, Lehrer zu werden, in die Tat umzusetzen. Kurz gesagt, Schüchternheit zerstört praktisch jeden Aspekt meines Lebens, der etwas mit Menschen zu tun hat.

Viele Schüchterne sagen: »Ich kann nichts dagegen tun! Ich bin schüchtern geboren, ich kann nichts daran ändern!« Das stimmt einfach nicht. Schüchternheit ist kein lebenslanger Fluch oder ein unauslöschliches Geburtsmal. *Sie ist das Ergebnis einer Abfolge von Entscheidungen, die mit der Zeit zu einem Lebensstil erstarrt sind.* Dieser junge Mann zum Beispiel hat sich entschlossen, bei seinen Eltern wohnen zu bleiben, die Gesellschaft anderer zu meiden und seinen Traum vom Lehrerberuf aufzugeben. Diese Entscheidungen wurden ihm nicht vom Schicksal diktiert.

Schüchternheit wird zu einer festgefahrenen Angewohnheit, wenn Sie ihr zu oft nachgegeben haben. Wenn Sie glücklicher leben möchten, müssen Sie nicht Ihre Persönlichkeit umkrempeln, sondern nur andere Entscheidungen fällen, um nicht in die immer gleichen Fallen zu laufen.

Erfolgreich Schüchterne wissen, wie Schüchternheit ihr Leben beeinflußt. Sie überlegen vorher, welchen Situationen sie sich aussetzen, und bauen Widerstandskräfte auf, indem sie ihr Selbstbewußtsein stärken. Sie können ihr Leben planen, weil sie in Betracht ziehen, welche Rolle die Schüchternheit darin spielt. Sie akzeptieren ihre Schüchternheit – mit Körper, Geist und Seele.

Das Geheimnis ihres Erfolges sind ihre Entscheidungen. Statt in laute Discos oder zu Parties zu gehen, »weil das *in* ist«, verbringen sie mehr Zeit im kleinen Kreis: bei Freunden zu Hause, in einem Café oder einer Kneipe in ihrem Stadtteil, in einem Verein, der ihren Interessen entspricht. Sie isolieren sich nicht zu Hause mit ihrer Arbeit oder vor dem Fernseher. Erfolgreich Schüchterne bauen Freundschaften langsam auf, so daß sie sich dabei immer wohl fühlen und das gegenseitige Vertrauen langsam wachsen kann. Sie übernehmen Verantwortungen, die ihren Fähigkeiten entsprechen, statt sich von ihren Ängsten und Selbstzweifeln zurückhalten zu lassen.

»Nur Extravertierte sind glücklich.«

Der wahrscheinlich einflußreichste dieser Mythen behauptet, daß nur gesellige, aufgeschlossene Menschen glücklich sein und ein erfülltes Leben führen können. Typisch dafür ist der Stoßseufzer einer schüchternen Schülerin aus Florida: »Ich möchte ausbrechen und allen zeigen, daß es mich gibt! Ich möchte wie meine verrückten Freundinnen sein, mit ihren tollen Noten, tollen Kerlen, tollen Freundinnen, *die einfach mit allem, was sie sagen und tun, Erfolg haben!* Das ist das Glück!«

Wer diesen Mythos glaubt, sieht die Schüchternheit als Grund, warum sie/er nicht das Leben führt, das sie/er führen möchte:

»Wenn ich nicht schüchtern wäre, könnte ich ...«

»Wenn ich nicht schüchtern wäre, würde ich ...«

»Wenn ich nicht schüchtern wäre, hätte ich ...«

Wie Chrissie und der unglückliche Gärtner glauben diese Menschen, daß man sie zu einem Leben in stiller Abgeschiedenheit verdammt hat. Sie glauben, weniger interessant oder kompetent zu sein als Leute, die nicht schüchtern sind. Sie entziehen sich dem Leben, indem sie Einladungen ablehnen, Risiken meiden und jede soziale Situation fliehen, in der sie sich nicht gleich wohl fühlen. Sie sehen ihre Schüchternheit als Krankheit oder ererbte Veranlagung, die sich ihrer Kontrolle entzieht. Sie wissen mit Sicherheit, daß Schüchternheit sie bis ans Ende ihrer Tage verfolgen wird.

Erfolgreich Schüchterne hingegen durchschauen solche Mythen. Sie wissen, daß sich fast alle Menschen gelegentlich schüchtern fühlen, daß solche Gefühle normal sind und vorübergehen. Sie weigern sich, der Schüchternheit Macht über sich einzuräumen, weil sie sich auf das konzentrieren, was sie tun müssen – das kann eine relative Lappalie sein wie die Begrüßung eines neuen Kollegen oder eine ausgesprochen ängstigende Aufgabe wie nach dem Umzug in eine andere Stadt einen neuen Freundeskreis finden zu müssen. Vor allem aber verbeißen sie sich nicht in die Probleme und Symptome der Schüchternheit, sondern suchen nach Lösungen und Strategien. Erfolgreich Schüchterne sind ehrlich mit sich. Sie sehen ihre Ängste und Unsicherheiten und tun etwas, um sie in Schach zu halten. Wer hingegen seiner Schüchternheit nachgibt, kann sich nicht klar und unverzerrt sehen, sondern verfängt sich in einem Gestrüpp falscher Wahrnehmungen.

Sobald man einen Mythos für wahr hält, folgen andere. Vielleicht sagen Sie sich, daß Sie einfach nicht mit Menschen umgehen können, und versuchen nie, das zu widerlegen. Irgendwann werden die Mythen wahr. Sie können nicht mehr auf Freunde und Familienangehörige zugehen, weil diese Mythen Sie zum Schweigen gebracht haben. Sie verstehen sich selbst nicht und denken nur noch daran,

Ihre Schüchternheit zu vertuschen, darum glauben Sie auch nicht, daß jemand anders Sie verstehen oder akzeptieren kann.
Solche Mythen trennen Sie nicht nur von anderen, sie trennen Sie auch von Ihrem wahren Ich; Ihre mythengelenkte Wahrnehmung Ihrer selbst unterscheidet sich drastisch von dem Menschen, der Sie gern wären. Sie würden beispielsweise gern unbefangen mit Unbekannten reden, halten sich selbst aber für unfähig, mit ihnen auch nur einen Satz zu wechseln. Der Psychologe Carl Rogers hat festgestellt, daß diese Kluft zwischen dem idealen und dem realen Selbst dazu führt, daß man ständig angespannt ist. Wenn Sie diese Anspannung als Angst und Selbstzweifel interpretieren, werden Sie künftig alles unterlassen, was Ihnen dieses Gefühl bescheren könnte. Aber Anspannung ist nicht *per se* etwas Schlechtes. Rogers versteht sie sogar als Warnsignal, das heißt, daß man etwas unternehmen muß, um sie zu beenden. Am besten geschieht das, indem Sie Ihr wahres Ich leben.
Aber wie sollen Sie das tun, da Sie doch im gesellschaftlichen Umgang so nervös, angespannt und schüchtern sind? Sie könnten zum Beispiel Menschen beobachten, die gute Gesprächspartner sind, und sie imitieren. Denken Sie an frühere soziale Erfolge, und gehen Sie nicht in Gedanken immer wieder Ihre Niederlagen durch. Außerdem könnten Sie Ihre Schüchternheit nicht immer nur als unüberwindliches Hindernis, sondern als Anreiz sehen, sich selbst besser kennenzulernen.
Um die Mythen loszuwerden, die Sie beengen und Ihr Potential unterdrücken, müssen Sie alles, was Sie über sich und über Ihre Schüchternheit glauben, radikal überprüfen. Menschen, die unter ihrer Schüchternheit leiden, unterscheiden sich in der Art, wie sie darüber denken, drastisch von jenen, die ich als erfolgreiche Schüchterne bezeichne:

Was unglücklich Schüchterne denken

- Es macht mich nervös, mit Menschen zusammenzusein, die ich nicht kenne, weil sie über mich urteilen.
- Ich rede nicht viel. Je weniger ich sage, desto weniger kann ich kritisiert werden.
- Ich wäre gern mit Leuten zusammen, aber ich habe nichts zu sagen.
- Niemand außer mir ist angespannt oder nervös – auf Partys fühle nur ich mich mies. Alle amüsieren sich, nur ich nicht.
- Alle hier sehen mir an, wie unwohl ich mich fühle.
- Es ist meine Schuld, wenn eine Unterhaltung ins Stocken gerät oder völlig versandet.
- Ich kann mich nicht in ein Gespräch einklinken, das andere führen. Sobald ich etwas sage, hören alle auf zu reden und starren mich an.
- Es fällt mir schwer, mit Unbekannten zu sprechen, also bin ich überhaupt ein Versager.
- Ich habe mich früher schon bei Gesprächen blamiert; wenn ich damals X gesagt hätte statt Y ...

Sie sehen schon, daß ein derartiger innerer Druck es geradezu unmöglich macht, sozial erfolgreich zu sein – oder glücklich. Übergeneralisierungen schaffen Untergangsszenarien und blähen den kleinsten Patzer zu grotesker Größe auf. Wenn Sie so denken, nehmen Sie alles auf Ihre Kappe, was in einer Kommunikation schiefgehen kann, ob es nun tatsächlich an Ihnen lag oder nicht. Sie setzen sich dermaßen unter Druck, bloß nichts Falsches zu sagen, daß Sie sich immer mehr wie ein Diplomat aufführen, der einen äußerst heiklen Waffenstillstand auszuhandeln versucht.

Nicht nur lassen solche Annahmen jedes geräusperte »Ähm« zu einer Katastrophe werden, sie machen auch jedes Gespräch zu einer Bewährungsprobe. Auf dem Prüfstand steht nicht, was Sie sagen – sondern Ihre Person. Sie führen nie ein belangloses Gespräch, Sie müssen sich in jeder Interaktion beweisen. Jedesmal, wenn Sie den Mund öffnen, stehen Sie als ganze Person auf dem Spiel. Statt freundlich darüber zu plaudern, wie stickig es im Zimmer ist, denken Sie vielleicht: »Ich möchte unbedingt, daß du mich magst, wenn ich mich mit dir über die mikroklimatischen Gegebenheiten hier austausche.« Erfolgreich Schüchterne denken, wie Sie gleich sehen werden, ganz anders über ihre sozialen Interaktionen.

Was erfolgreich Schüchterne denken

- Ich habe etwas Interessantes zu sagen, und die meisten Menschen merken das.
- Die meisten Menschen haben nichts gegen mich, und sie denken nicht schlecht von mir, wenn ich rot werde, ein bißchen stottere oder nicht sehr schlagfertig bin.
- Ich muß nicht alle Menschen, die ich kennenlerne, für mich einnehmen, und ich muß auch nicht der Mittelpunkt einer Party sein, um mich zu amüsieren.
- Eigentlich sind alle ein wenig gehemmt, wenn sie neue Leute kennenlernen oder in der Öffentlichkeit sprechen müssen. Wahrscheinlich sind die meisten hier auch nervös.
- Ich kann mit einer unangenehmen Situation so umgehen, daß ich mich wohler fühle.
- Ich klinke mich gern in ein Gespräch ein, das schon im Gang ist. Es gibt bei einer Diskussion immer viel zu lernen.
- Ich bin ein guter Zuhörer, und ich versuche, mich nicht ablenken zu lassen, wenn ich rot werde, mich angespannt oder unter Druck fühle, weil ich glaube, daß mein Gesprächspartner mir irgendwie überlegen ist.
- Wenn ich meinem Gegenüber sage, daß ich schüchtern oder nervös bin, mindert das diese Gefühle.
- Eine normale Konversation ist ein ständiges Hin und Her, und es ist ganz normal, daß Pausen auftreten, ein

anderes Thema angeschnitten wird und man sich manchmal auch mißversteht.

- Ich erwarte nicht, daß ich zu allen Menschen sofort einen Draht finde. Ich bin bereit, jemanden kennenzulernen, indem ich Fragen stelle, etwas über mich selbst erzähle und einer Beziehung Zeit gebe, sich zu entwickeln.
- Wenn ich mich mit jemandem nicht so gut verstehe, denke ich nicht weiter darüber nach. Man kann nicht mit allen gut Freund sein.
- Ich bereite mich auf neue Begegnungen auch dadurch vor, daß ich nichts Unrealistisches von mir erwarte.
- Ich versuche, meinem Herzen zu folgen, weil ich gelernt habe, daß meine Träume für mein Glück sehr wichtig sind.

Erfolgreich Schüchterne haben eine realistischere, fairere, nachsichtigere und zutreffendere Vorstellung von Schüchternheit und der Kontrolle, die sie über sie haben. Sie wissen, daß sie sich praktikable Strategien erarbeiten müssen, um bestimmte Situationen zu verändern. Sie lassen ihre Ängste und Unsicherheiten nicht ins Uferlose wachsen, weil sie wissen, daß sie wählen können.
Daher sehen sich erfolgreich Schüchterne nicht mehr als Opfer ihrer Schüchternheit oder einer grausamen Welt, die sie nicht versteht. Sie sind einfach Menschen, die ihre Stärke gefunden haben.

Übungen für Ihr Tagebuch

Überlegen Sie, welchen Mythen Sie im Verlauf der Jahre Glauben geschenkt haben. Wie könnten Sie mit dem, was Sie jetzt dazugelernt haben, Ihre Meinung über Schüchternheit verändern? Wie können Sie sich selbst helfen, erfolgreich schüchtern zu werden?

4. Kapitel
Ein anderer Blick auf Schüchternheit

Viele große Denker haben versucht, das Rätsel der Schüchternheit zu verstehen. Charles Darwin, der geniale Begründer der Evolutionstheorie, sah den Grund für die körperlichen Reaktionen der Schüchternheit wie zum Beispiel das Erröten in Scham. Er meinte, wenn wir schüchtern seien, wollten wir uns »in die Schatten des Schweigens und der Abgeschiedenheit zurückziehen«, um zu verbergen, daß wir etwas falsch gemacht haben und uns schämen.

Es ist interessant, daß Darwin sich liebevoll um seine kleine Tochter sorgte, die verschüchtert auf ihn reagierte, als er von einer langen Expeditionsreise zurückkehrte. Er meinte, es werde ihr helfen, wenn niemand – weder er noch andere Angehörige des Haushalts – dies erwähnten, da jedes Aufheben sie nur noch verlegener und damit unfähiger machen werde, sich frei zu äußern. Statt dessen empfahl er, Verständnis für sie zu zeigen und ihr Zeit zu lassen, sich an ihn zu gewöhnen.

Auch Freud interessierte sich für das Phänomen der Schüchternheit. Nach Ansicht der Psychoanalyse ist das Problem der Schüchternen nicht, daß sie zuwenig, sondern daß sie zuviel an sich denken. Freud hielt sie für Narzißten – sie beziehen alles, was geschieht, auf sich. Sie reden nicht, weil sich ihre Aufmerksamkeit nach innen richtet und nicht auf jene, mit denen sie sich unterhalten sollten. Sie bilden sich ein, daß alle Augen sie anstarren, und begreifen nicht, daß sie nur ein Gesicht unter vielen sind.

Den Ursprung der narzißtischen Schüchternheit sieht die Psychoanalyse darin, daß unbewußte, primäre Bedürfnisse nach Nahrung, Sexualität, Nähe und Liebe in der Kindheit unerfüllt blieben. Schüchterne bekamen von ihren Eltern nicht, was sie brauchten, also vergöttern sie sich selbst, um diese frühe emotionale Entbehrung wettzumachen. Sie schweigen nur deswegen, weil sie so damit beschäftigt sind, sich selbst zu lieben und dafür zu sorgen, daß sie stets und immer makellos sind. Daher findet ihr Leben nur in ihrem eigenen Kopf statt – auch, wenn sie sich mitten in einer Menschenmenge befinden.
Auch C. G. Jung, der sich von Freud abwandte und eine eigene Persönlichkeitstheorie entwickelte, befaßte sich mit der Selbstdarstellung von Menschen. Er meinte, daß Menschen zwei unterschiedliche »Grundeinstellungen« zu ihrer Umwelt haben: Sie sind »introvertiert« und »extravertiert«. Diese Neigungen treten nicht in Reinform, sondern in Abstufungen auf, manche Menschen neigen stärker zu Extraversion, andere mehr zur Introversion.
Nach Jungs Ansicht können wir nur dann seelisch gesund sein, wenn es uns gelingt, zwischen beiden Haltungen eine Balance herzustellen, die es uns ermöglicht, beides zu leben. Es überrascht nicht, daß Schüchterne stärker zur Introversion neigen und ihre Energien sich nicht auf andere, sondern auf sich selbst richten. Aber sie sind selten gänzlich introvertiert, denn sie möchten wie alle Menschen auch Teil der sozialen Welt sein.

Das Dilemma der Schüchternheit

Darwin, Freud und Jung versuchten, das Grunddilemma der Schüchternheit zu lösen: Warum sehnen sich manche Menschen danach, mit anderen zusammenzusein, und können es doch nicht? Nachdem ich mich so viele Jahre mit diesem Thema befaßt habe, finde ich alle Antworten faszinierend, aber nicht umfassend genug. Schüchternheit folgt nicht entweder aus Scham, Narzißmus *oder* Introversion, sondern sie verbindet sie. Das zeigen Berichte von Betroffenen ebenso deutlich wie Forschungsergebnisse, die auch helfen, folgende Erkenntnisse über typisch schüchterne Interaktionsformen zu verstehen:

1. Schüchterne bleiben in einem Annäherungs-/Vermeidungskonflikt stecken.
2. Schüchterne gewöhnen sich nur schwer an neue Menschen, Orte und Situationen.
3. Schüchterne müssen sich in ihrem Alltag Schutzzonen schaffen und sie ausweiten.

Diese drei Beobachtungen erklären selbstunsicheres Verhalten in zwischenmenschlicher Kommunikation. Sie treffen auf Banalitäten wie den Schwatz mit einem Kollegen ebenso zu wie auf lebensverändernde Entscheidungen, als Beispiele seien die Gründung einer Familie oder die Berufswahl genannt. Dies sind die drei Grundregeln, an die Sie denken müssen, wenn Sie in eine schwierige soziale Situation hineingeraten.
Selbstunsicheres Verhalten folgt bestimmten Regeln und tritt häufig in vorhersehbaren Situationen auf. Wenn Sie das wissen, können Sie planen, sich über mögliche Strategien informieren und sich von den Mythen befreien, an die Sie möglicherweise noch glauben. Sehen wir uns die drei Punkte genauer an.

Manche Menschen sind sehr gern mit anderen zusammen. Sie können auf Bekannte, Nachbarn, sogar Fremde zugehen, weil sie Menschen generell interessant finden und neugierig auf sie sind, sie fühlen sich auch unter vielen Menschen wohl, sie lernen viel über sich und die Welt, weil sie in ständigem sozialen Austausch sind.
Andere sammeln Informationen, indem sie ihre Nachbarn beobachten. Sie haben kaum Kontakte zu anderen, weil sie am liebsten allein sind. Diese klassischen Introvertierten genießen ihre Abgeschiedenheit. Ein introvertierter Collegestudent aus Pennsylvania schrieb mir: »Ich lege keinen Wert auf gesellschaftliche Zusammenkünfte. Ich finde es schrecklich, auf Parties Small talk zu machen. Ich bleibe lieber zu Hause und lese oder treffe mich mit ein paar Freunden.«
Manchmal aber treffen sich beide Wünsche – die Gesellschaft anderer suchen und meiden – im gleichen Menschen (vor allem bei ungewohnten Aufgaben wie die Suche nach einer neuen Stelle, die Präsentation eines neuen Projektes, das Zugehen auf unbekannte Menschen), und das führt zu einem inneren Widerstreit. Ihr Herz sagt Ihnen, Sie sollen sich anderen nähern, während Ihr Verstand Ihnen befiehlt, ihnen aktiv aus dem Weg zu gehen. Sie brauchen soziale Kontakte, bezweifeln aber, daß Sie sie aufbauen können. Sie möchten akzeptiert und verstanden werden, scheuen aber davor zurück, sich zu öffnen, sich so zu zeigen, wie Sie sind. Sie fürchten, bewertet zu werden, und vermeiden es daher, überhaupt etwas von sich zu zeigen. Sie erstarren zwischen diesen beiden widersprüchlichen Wünschen. Sie bleiben im Annäherungskonflikt stecken, der, wollte man ganz korrekt sein, eigentlich Annäherungs-/Vermeidungskonflikt heißen müßte – das Dilemma, wenn der Wunsch nach Annäherung und der Wunsch nach Vermeidung gleich stark sind.

Amy geriet auf der Hochzeit ihrer Freundin in diese unbehagliche Klemme. Sie wußte, daß sie sich mit den anderen Gästen unterhalten sollte, wußte aber nicht, wie. Erst suchte sie im Raum nach einem bekannten Gesicht und war sehr enttäuscht, als sie keines fand. Sie wußte aber, daß sie mit Sicherheit den ganzen Abend allein verbringen würde, wenn sie es nicht fertigbrächte, mit wenigstens einem dieser Fremden ins Gespräch zu kommen. Sie wollte natürlich nicht allein sein, hatte aber auch Angst, was geschehen würde, wenn sie einfach den gutaussehenden Mann anspräche, der in der Schlange der Gratulanten neben ihr stand. Die folgenden Gedanken ratterten ihr durch den Kopf: *Wie sehe ich aus? Wie ist meine Frisur? Mein Kleid? Ich hätte andere Schuhe anziehen sollen. Die sind alt und machen dicke Beine. Ich wüßte gern, ob er das gemerkt hat. Soll ich ihn ansprechen? Was soll ich sagen? Ich glaube, er ist dieser super erfolgreiche Cousin des Bräutigams, angeblich hat er viel Geld. Warum sollte sich so ein Mann überhaupt mit jemandem wie mir abgeben? Was in aller Welt soll ich sagen? Ich bin bloß Kathys Schulfreundin. Mir fällt im Leben nichts ein, was ihn auch nur eine Minute lang interessieren könnte. Ich würde gern mit ihm reden; er sieht eigentlich ziemlich gut aus. Vielleicht sollte ich ihn um ein paar Börsentips bitten. Ach, der findet mich sowieso nur lästig.*
Dieser innere Monolog hielt Amy davon ab, auch nur ein Wort zu sagen, nicht nur, weil sie so mit diesen Gedanken beschäftigt war, sondern weil sie sie auch beeinflußten. Unsicher, nervös und voller Selbstzweifel kreiste sie viel zu sehr um ihre eigene Gemütsverfassung, um ein Gespräch beginnen zu können. Sie schwieg, weil sie fürchtete, sich zum Narren zu machen. Nach außen wirkte sie verlegen und verkrampft, tatsächlich war sie völlig durcheinander.
Mehrere Wissenschaftler sehen die Ursache für Schüchternheit in diesem Annäherungskonflikt. Um Ihre ange-

spannte Beschäftigung mit diesem inneren Streitgespräch zu beenden, werden Sie vielleicht ganz ruhig und distanziert. Aber ein solcher Rückzug kann Ihnen sehr schaden, weil andere ihn nicht als Selbstschutz, sondern als Arroganz oder Unnahbarkeit deuten könnten. Eine Frau schrieb mir: »Ich bin ein sehr freundlicher Mensch, sobald mich jemand kennt, und das ist das Problem. Ich habe immer Angst, daß man mich für einen Snob oder Schlimmeres hält, weil ich nicht viel rede. Ich mache keinen besonders guten ersten Eindruck und bekomme leider selten eine zweite Chance zu beweisen, wie nett ich eigentlich bin.«
Diese Frau ist nicht allein. Die größten Ängste gelten der ersten Begegnung mit Fremden, den Überlegungen, wie man ein Gespräch anknüpfen könnte. Bei einer Studie zu Schüchternheit sagten über fünfzig Prozent, dieser Schritt bereite ihnen Schwierigkeiten, aber weniger als zehn Prozent sagten, daß Schüchternheit in ihren Liebesbeziehungen ein Problem darstelle. Ich schließe daraus, daß es den meisten Schüchternen kein Problem mehr bereitet, sie selbst zu sein, sobald sie diesen Anfangskonflikt überwunden haben.

Der Risikofaktor

Warum gerät überhaupt jemand in einen Annäherungskonflikt? Es liegt, wie mir scheint, zum Teil an der Angst, etwas zu wagen.
Wenn Sie schüchtern sind, finden Sie andere Menschen vielleicht gefährlich, ihre Gesellschaft birgt Risiken, die Sie nicht eingehen können. Sie werden Ihnen nicht körperlich schaden, aber Sie waren mit diesem bestimmten Menschen noch nie in dieser Situation und wissen daher nicht, was auf Sie zukommt. Wie Amy rechnen Sie vielleicht mit einer Zurückweisung, dann würden Sie sich noch schlechter fühlen. Schlimmer noch: Ebensowenig, wie Sie vorhersehen können, was die anderen machen

werden, können Sie wissen, wie *Sie* reagieren werden. Sie fürchten, Sie könnten etwas Dummes oder Beleidigendes sagen, um eine schlagfertige Antwort verlegen sein, stottern oder sich auf zahllose andere Arten zum Gespött machen. Warum ein solches Wagnis eingehen? Reden kann sehr riskant sein, also meiden Sie es, indem Sie einen Bogen um Unbekannte machen und nur mit Leuten Kontakte pflegen, die Sie bereits gut kennen. Wie mir eine Sprechstundenhilfe schrieb: »Auf Festen beispielsweise stehe ich meist die ganze Zeit in einer Ecke und rede nur mit Leuten, die mich ansprechen, oder mit denen, die ich schon gut kenne.«

Das Vermeiden von Risiken kann für Sie zu einem Prinzip werden, um das Sie Ihr Leben organisieren: Sie kaufen immer beim gleichen Gemüsehändler ein, Sie treffen sich immer mit den gleichen Freunden, Sie reden immer mit denselben Kollegen und so weiter, und dieser Schutz vor Unwägbarem kann Ihnen wichtiger werden als Ihre persönliche und soziale Entwicklung. Ein Buchhalter in New York, der von seiner Angst vor Risiken und Zurückweisung regelrecht beherrscht wird, schrieb: »Ich habe sehr viel reale Zurückweisung erlebt und gut überstanden, und trotzdem setzt im gleichen Moment, wenn ich jemand sehe, der Zeit und Lust haben könnte, sich mit mir zu unterhalten, sofort diese große Angst vor Zurückweisung ein. Die Furcht bleibt die ersten zwei oder mehr Jahre einer Bekanntschaft erhalten.«

In Wahrheit birgt jede Leistung, jede neue Aufgabe gewisse Risiken und löst Ängste aus. Jeder Schritt, den Sie auf dem Weg zu Ihrer persönlichen Verwirklichung machen, kann bedeuten, daß Sie einen, manchmal sogar zwei Schritte zurück machen müssen. Und während Sie Ihre Zeit damit verbringen, neue soziale Anforderungen ängstlich zu meiden, sind Sie allzu beschäftigt, um darüber nachdenken zu können, wie Sie sich selbst helfen könnten. Angst umschlingt Sie und zieht Sie langsam hinab.

Es ist ganz natürlich, daß man sich ersehnt, was man fürchtet, und fürchtet, was man sich ersehnt, aber es ist nicht gesund, sich immer nur zu sehnen, ohne etwas gegen die Ängste zu unternehmen, wie ein Rechtsanwalt aus North Carolina es tut: »Ich habe kein soziales Leben und hatte nie eines. Wenn ich eine Frau sehe, die mir gefällt, versuche ich nicht, sie tatsächlich kennenzulernen. Ich tauche ab in meine Phantasiewelt, da bin ich dann mit ihr zusammen. Das ist einfacher als eine reale Begegnung.«

Wenn Sie immer nur Ihrem Hang zur Vermeidung nachgeben, werden Ihre Angst, Ihr Mangel an erlebten Erfolgen und Ihr Schutzpanzer dazu führen, daß Ihr wahres Ich langsam zerfällt. Außerdem kann es für Sie von größtem Nutzen sein, angemessene Risiken einzugehen. Dazu eine Studentin aus dem Staate New York, die ihre Angst vor Risiken gemeistert hat: »Ich begebe mich manchmal gezielt in Situationen, von denen ich weiß, daß sie für mich schwierig sind. Wenn ich etwas sagen will und anfange zu stottern, mache ich langsam und entspanne mich. Ich habe wirklich Fortschritte festgestellt. Es ist ein wunderbares Gefühl der Befreiung, wenn die Schüchternheit langsam nachläßt.«

Alles im Leben ist riskant; nur der Tod ist sicher und spannungsfrei. Mit den folgenden Fragen können Sie Ihre eigene Risikobereitschaft im zwischenmenschlichen Bereich besser einschätzen:

Wie risikobereit sind Sie?

Kreuzen Sie auf der Skala von 1 (ganz untypisch für mich) bis 5 (sehr typisch für mich) das an, was Ihrer Ansicht nach am ehesten auf Sie zutrifft:

1. Ich gehe bei einem Fest, einer Konferenz usw. ohne Schwierigkeiten auf Unbekannte zu und beginne ein Gespräch.
   Untypisch 1 2 3 4 5 Sehr typisch

2. Ich stehe gern im Mittelpunkt.
   Untypisch 1 2 3 4 5 Sehr typisch

3. Wenn ich anderer Meinung bin, sage ich das auch.
   Untypisch 1 2 3 4 5 Sehr typisch

4. Ich finde nichts dabei, als erste/r auf die Tanzfläche zu gehen.
   Untypisch 1 2 3 4 5 Sehr typisch

5. Ich mache mir selten Sorgen, daß ich wegen etwas, das ich in der Öffentlichkeit sage oder tue, zurückgewiesen werden könnte.
   Untypisch 1 2 3 4 5 Sehr typisch

6. Wenn mir jemand gefällt, dann sage ich das auch.
   Untypisch 1 2 3 4 5 Sehr typisch

7. Ich finde nichts dabei, allein zu Festen, Veranstaltungen, usw. zu gehen.
   Untypisch 1 2 3 4 5 Sehr typisch

8. Ich freue mich darauf, bei solchen Gelegenheiten neue Bekanntschaften zu machen.
   Untypisch 1 2 3 4 5 Sehr typisch

9. Ich sorge mich nicht, daß ich einen Fauxpas begehen könnte, weil sich sowieso kaum jemand daran erinnern wird, was ich falsch gemacht habe.
   Untypisch 1 2 3 4 5 Sehr typisch

10. Im Umgang mit anderen mache ich aus meinen Gefühlen keinen Hehl.
    Untypisch 1 2 3 4 5 Sehr typisch

Je mehr Punkte Sie haben (25–50), desto risikobereiter sind Sie im Umgang mit anderen Menschen. Wenn Sie

eine niedrige Punktzahl erreicht haben, vermeiden Sie neue Begegnungen, vermutlich, weil sie Ihnen zu unkalkulierbar und gefährlich vorkommen.
Um Risiken kalkulierbar zu machen, müssen Sie sich auf neue Herausforderungen vorbereiten. Ich werde später erläutern, wie man das macht.

Angst ist ein mächtiger Lehrmeister
Solange Sie sich vor Risiken fürchten und im Annäherungskonflikt steckenbleiben, können Sie sich nicht beweisen, daß Sie tatsächlich neue Bekanntschaften schließen können. Der Konflikt löst sich nicht einfach dadurch, daß Sie ihm ausweichen und nichts mehr sagen.
Denn zu allen anderen Gefühlen gesellt sich noch Angst, die die Schüchternheit und Ihre Rückzugstendenzen verstärkt und künftige Interaktionen behindert.

Übungen für Ihr Tagebuch

Beschreiben Sie, was »ein Risiko eingehen« für Sie bedeutet. Denken Sie an Gelegenheiten – aus Ihrem Berufsleben oder beim Sport –, bei denen Sie etwas wagten, obwohl es Ihnen schwerfiel. Wie war das Ergebnis? Können Ihnen diese Beispiele Mut machen?
Beschreiben Sie, warum sich soziale Risiken lohnen. Denken Sie dabei an die vier Schritte – Erkennen, Informieren, Integrieren und Umsetzen. Was könnte das für Sie bedeuten, wenn es darum geht, neue Menschen kennenzulernen und alte Ängste zu besiegen?

- Erkennen: Versetzen Sie sich in Gedanken in eine »risikogeladene« Situation, die Sie normalerweise sehr nervös macht.
- Informieren: Schreiben Sie auf, was Sie wissen müßten, um in dieser Situation gut zu bestehen. Was müßten Sie tun? Wie würden Sie sich benehmen? Gibt es Dinge, über die Sie genau Bescheid wissen müßten?
- Integrieren: Wie wollen Sie die gewonnenen Informationen

in Ihr Leben integrieren? Was werden Sie in dieser Situation tun? Wie werden Sie auf Menschen zugehen? Mit welchem Verhalten fühlen Sie sich wohl? Wie würden Sie sich benehmen, wenn Sie keine Angst mehr hätten, ein Risiko einzugehen? Halten Sie sich dieses positive Bild vor Augen, und versuchen Sie, wenn Sie sich das nächste Mal in einer angstauslösenden Situation befinden, genau das zu tun.

- Umsetzen: Gehen Sie jetzt in die reale Situation hinein, und leben Sie, was Sie vorbereitet haben.

Angst funktioniert folgendermaßen: Thomas lädt seinen Arbeitskollegen Scott zu einer Party ein. Scott kommt allein und ist nervös, denn er kennt niemanden, und es fällt ihm schwer, sich mit Unbekannten zu unterhalten. Er steht den ganzen Abend allein in einer Ecke und redet mit niemandem außer mit Thomas, der als Gastgeber sehr beschäftigt ist. Scott steht also da, stumm und gehemmt, und hofft, daß jemand anders sich mit ihm bekannt machen und die Aufgabe übernehmen wird, ein Gespräch in Gang zu bringen. Diese Haltung nennt man gemeinhin »soziales Schmarotzen«.

Nach etwa einer Stunde wird Scott der Lärm, die vielen Fremden, das Chaos und seine eigene Angespanntheit zu viel, also nickt er Thomas zum Abschied kurz zu und geht. Anfangs ist er erleichtert, der Party entflohen zu sein, und fühlt sich sofort wohler. Aber auf dem Heimweg beginnt er, sich Vorwürfe zu machen, weil er es schon wieder nicht geschafft hat, auf jemanden zuzugehen. Er hat niemanden kennengelernt. Während er sich noch selbst beschimpft, kauft er ein paar Flaschen Bier, leiht sich einen Videofilm aus, geht nach Hause und hockt sich, immer noch wütend, vor den Fernseher.

Als Thomas ihn in der folgenden Woche zu einem Baseballspiel einlädt, behauptet Scott, keine Zeit zu haben. Er verbringt das Wochenende mit Surfen im Internet und

einer Retrospektive mit Filmen seines Lieblingsschauspielers Clint Eastwood.
Scotts Angst, durch drei grundlegende Stufen des Lernens gefestigt, hat seine Fähigkeit zur Annäherung geschwächt und seine Neigung zur Vermeidung gestärkt. Wir benutzen diese drei Lernschritte jedesmal, wenn wir auf ein Hindernis treffen und es überwinden müssen – sei es Bruchrechnen, Fahrrad fahren, tippen, Yoga üben. Scott wandte sie leider auf eine Weise an, die nichts anderes erreichte, als seinen Annäherungskonflikt am Leben zu halten.

Die drei Stufen des Lernens

1. *Positive Verstärkung.* Das bedeutet, daß Sie sich belohnen, wenn Sie getan haben, was Sie tun wollten. Scott belohnt sich dafür, seine Angespanntheit abgebaut zu haben, indem er sein Bier genießt, sich Filme ausleiht, die er mag, im Internet surft und sich keinen verunsichernden Situationen mehr aussetzt – dem Baseballspiel. Er beglückwünscht sich, daß er es schafft, sich die Zeit allein so angenehm zu machen.
2. *Negative Verstärkung.* Das bedeutet, daß Sie abstellen, was Sie stört. Scott befreite sein Leben von allen angstauslösenden Situationen, indem er Begegnungen mit Menschen meidet. Er entschied sich auf der Party für soziales Schmarotzen, ging früh und lehnte Thomas' Einladung zum Baseballspiel ab.
3. *Bestrafung.* Das bedeutet, mit sich hadern, weil man etwas falsch gemacht hat. Bestrafung schmerzt, ist aber hilfreich. Scott macht sich Vorwürfe, die Party so früh verlassen zu haben, weil ihm das erneut bewies, daß er in solchen Situationen ein Versager ist. Er entschied sich gegen die angenehmen Seiten des Kontakts mit anderen, so harmlos der Anlaß sein mochte (wie bedrohlich kann ein Baseballspiel sein?), weil er meint, er verdiene das nicht. Er glaubt, er werde jeden weiteren Versuch auch verpatzen.

Diese Strategien stärkten Scotts ausweichendes Verhalten, weil sie ihn lehrten, soziale Situationen zu meiden: Sie lohnen nicht das Maß an Unbehagen, das sie ihm bereiten, und sie mindern seine Fähigkeit, auf andere zuzugehen. Durch diese Mechanismen kann aus einer einzigen Vermeidungssituation ein festes Ritual schüchternen Verhaltens entstehen. Eine einzige schlechte Erfahrung wird zur Gewohnheit, weil Sie immer wieder fliehen, sobald Sie sich unsicher fühlen. Und weil Sie in sozialen Situationen bisher immer Ihres Selbsts unsicher waren und Sie sich Ihren brennenden Wunsch, auf jemanden zuzugehen, nie erfüllen können, bezeichnen Sie sich als schüchtern und handeln entsprechend.

Aber Sie können mit diesen drei Lernschritten auch andere Entscheidungen treffen. So hätte Scott mit diesen Strategien sein Annäherungsverhalten stärken und seine Vermeidungstendenzen schwächen können.

Mit der positiven Verstärkung könnte Scott erkennen, daß er auf einer Party nicht der Mittelpunkt sein muß, um Erfolg zu haben. Er könnte sich für jeden gemachten Schritt zu einer Kontaktaufnahme belohnen. Schon daß er eine Stunde lang auf einer Party war und nicht allein zu Hause auf dem Sofa saß, könnte Grund zum Feiern sein. Statt sich ständig vorzuwerfen, »Ich bin ein Versager, weil ich nach einer Stunde fortgelaufen bin«, könnte er denken, »Eine Stunde ist besser als nichts, oder? Vielleicht bleibe ich das nächste Mal anderthalb Stunden«.

Bei der negativen Verstärkung könnte er sich entscheiden, nicht das zu streichen, was ihm Unwohlsein bereitet, sondern das, was ihm Erleichterung verschafft: Vermeidung und kurzfristige Lösungen, die seine Angst besänftigen. Er könnte beschließen, jedes soziale Ereignis als Chance zu sehen und die Anfangszeit durchzustehen, da die Nervosität nachläßt, sobald er sich etwas akklimatisiert hat. Statt darauf zu warten, daß jemand sich ihm vorstellt, hätte er ans andere Ende der Raums gehen können, wo einige Gäste Karten spielten. Er hätte zusehen, vielleicht mitmachen oder auch nur eine Bemerkung fallenlassen können. Der Druck, sich mit einem Fremden unterhalten zu müssen, hätte nachgelassen, wenn er sich mit anderen über das Spiel ausgetauscht hätte.

Scott könnte seine Erwartungen auch verändern, wenn er dem, was er vermeiden wollte, weniger Gewicht beimessen würde. Wenn er verstünde, daß er nicht jedesmal, wenn er ausgeht, neue Bekanntschaften machen *muß*, würde das auch seine Angst reduzieren.

Scott könnte dann die Bestrafung reduzieren, indem er die einzelnen Interaktionen nicht so wichtig nimmt. Obwohl nicht jedes Mal, wenn er den Mund öffnet, seine ganze Existenz auf dem Spiel steht, benimmt er sich, als ginge es genau darum. Er könnte sich daran erinnern, daß es nicht wichtig ist, ob er bei einem Gespräch tatsächlich einen Fehler macht; Gesprächspartner vergessen dergleichen in der Regel sofort wieder.

Er könnte auch seinen negativen inneren Monolog stoppen, um seinem Selbstwertgefühl keinen Schaden zuzufügen. Diese destruktiven Endlos-Bänder sind sehr schwer zum Schweigen zu bringen, aber es muß – und kann – geschehen. (Wie, werde ich Ihnen im 6. Kapitel zeigen.)

Schüchternheit ist weder eine sich selbst erfüllende Prophezeiung noch ein unveränderliches Etikett, sondern ein dynamischer Prozeß. Der Annäherungskonflikt kann große Macht ausüben, aber lähmen kann er Sie nur, wenn er sich in Ihrem Körper, Ihrer Seele und Ihrem Denken einnisten kann. Scott war nicht von Natur aus schüchtern, er traf Entscheidungen, die sein schüchternes Verhalten bestärkten.

Neben den widerstreitenden Gefühlen, die der Annäherungskonflikt in Ihnen auslöst, sind Sie sich möglicherweise auch im unklaren darüber, ob und wieviel persönliche Kontrolle Sie haben. Einerseits scheint es Ihnen, als hätten Sie weder Kontrolle über sich noch darüber, was Ihr Gegenüber von Ihnen denkt, andererseits könnten Sie versuchen, alles zu kontrollieren, um so sicher sein zu können, daß Sie einen guten Eindruck machen.

Übungen für Ihr Tagebuch

Überlegen Sie, wie Sie mit positiver Verstärkung, negativer Verstärkung und Bestrafung umgehen und ob dieser Umgang dazu führt, daß Sie in Ihrem Annäherungskonflikt verharren. Wie könnten Sie positive und negative Verstärkung nutzen, um Ihr Leben zu verändern? Wie könnten Sie aufhören, sich zu bestrafen? Können Sie aufhören, jeder einzelnen sozialen Situation so furchtbar viel Bedeutung beizumessen?

Ich weiß zum Beispiel inzwischen, daß Schüchterne sich oft zu viel Verantwortung für einen geschmeidigen Gesprächsverlauf aufbürden. Sie versuchen die Kontrolle darüber zu behalten, was ihr Gegenüber von ihnen denkt, obwohl das nur bis zu einem bestimmten Grad möglich ist. Scheitert die Begegnung, empfinden sie das als Niederlage, oder sie versuchen eine Kontaktaufnahme erst gar nicht – mehr Kontrolle geht nicht! Eine Schriftstellerin gestand uns: »Wenn ich einen Mann attraktiv finde, wird er das nie erfahren, denn er ist der einzige Mann im ganzen Raum, mit dem ich weder sprechen noch gar flirten kann – das äußerste ist ein etwas längerer Blickkontakt.«
Falls Sie sich darin wiedererkennen, sollten Sie in den entsprechenden Situationen daran denken, was Sie kontrollieren können und was nicht.

Kontrollieren können Sie:

- Ihre Gedanken
- Ihre Gefühle
- Ihr Verhalten
- Ihre Einstellung
- Ihr Lebensziel
- Wie Sie Ihre Zeit verbringen
- Mit wem Sie Ihre Zeit verbringen
- Wie lange Sie in einer sozialen Situation bleiben

Nicht kontrollieren können Sie:

- Was andere über Sie denken
- Was jemand anders sagen wird
- Wie jemand Sie behandeln wird

Statt sich zurückzuziehen, um die Kontrolle nicht zu verlieren, sollten Sie sich vor Augen halten, daß jeder Mensch in einer neuen Situation erst einmal »fremdelt« und sich eingewöhnen muß. Niemand, ob schüchtern oder nicht, stürzt sich sofort in ein Gespräch; wir alle erkunden neues oder ungewisses Terrain erst einmal, hören auf unser Gefühl, überlegen, welches Verhalten angebracht ist, und akklimatisieren uns langsam. Diese Aufwärmphase gibt uns genug Zeit, das weitere Vorgehen zu planen.

Sie können sich diese Aufwärmphase besser vorstellen, wenn Sie daran denken, was geschieht, wenn auf einem Fest Tanzmusik gespielt wird. Die Musik beginnt, aber niemand tanzt. Beim nächsten Stück geht ein mutiges Paar auf die Tanzfläche. Die anderen sehen zu. Es folgt ein zweites Paar, dann ein drittes. Mit der Zeit füllt sich die Tanzfläche, und niemand achtet mehr darauf, was die anderen tun – die Tänzer gehen in der Musik auf. Ein paar Leute stehen vielleicht am Rand der wogenden Menge und schauen zu, aber mit der Zeit werden auch sie entspannter und amüsieren sich.

Übungen für Ihr Tagebuch

Denken Sie darüber nach, was Sie kontrollieren können und was nicht. Richten Sie Ihre Aufmerksamkeit dann nur auf das, was Sie tun können, und vergessen Sie alles andere einfach. Sie sind dem Leben als erfolgreich Schüchterne/r einen entscheidenden Schritt näher gekommen, wenn Sie erkennen, daß Sie Ihr Schicksal selbst bestimmen.

Jeder braucht in einer neuen Situation Zeit zum Aufwärmen, manche allerdings weniger als andere, wohingegen andere sich nur sehr schwer an neue Situationen gewöhnen. Sie wirken auf sie wie ein Schock. Diese Menschen sind in aller Regel schüchtern und brauchen mehr Zeit, den Annäherungskonflikt zu überwinden, viele verfügen nur über ein sehr begrenztes Verhaltensrepertoire, auf das sie sich verlassen können. Eine siebzehnjährige Schülerin skizziert diese Reaktionsweise sehr genau: »Ich habe viele Freunde, aber wenn ich mit anderen oder fremden Menschen zusammen bin, werde ich schüchtern. Ich will erst sehen, wie sie sich benehmen.«

Schüchterne gewöhnen sich zwar langsamer ein, aber wenn sie genug Zeit und Raum haben, um sich zu akklimatisieren, verlieren auch sie ihre Hemmungen. So hat die Schriftstellerin, die mit fremden Männern nur Augenkontakt aufnehmen kann, kaum Probleme, wenn sie sie kennt: »Wenn ich Männer regelmäßig sehe (an der Universität, in meiner Bürogemeinschaft, in dem Haus, in dem ich wohne), kann ich mich durchaus mit ihnen anfreunden und eine Beziehung aufbauen.«

Sich langsam einzugewöhnen ist kein Versagen; es ist menschlich. Schwierig wird es erst, wenn man das ignoriert, sich keine Zeit für die Aufwärmphase läßt oder nicht erträgt, daß sie so lange dauert. Schüchterne haben oft unrealistische Vorstellungen. Sie erwarten, daß sie zu einem Fest kommen und sich augenblicklich sozial »anknipsen« können.

Mir ist aufgefallen, daß viele Schüchterne sich keine Zeit für die Aufwärmphase nehmen, sondern diese hinter sich bringen mit, wie ich es nenne, »erzwungener Extraversion«, weil sie hochnervös sind und angesprochen, begrüßt und beachtet werden wollen, kaum daß sie irgendwo hinkommen. Sie sehen einige Menschen, die bereits in Grüppchen zusammenstehen, und hadern damit, daß sie nicht dazugehören. Sie müssen in ihrem Verhalten – und ihrer Person – bestätigt werden, indem sie an fesselnden Gesprächen teilnehmen. Sie übersehen, daß jeder dieser Gäste seine eigene Aufwärmphase bereits durchlaufen hat.

Wenn Sie sich dafür keine Zeit lassen, vertun Sie auch kostbare Momente damit, gedanklich um Nervosität, Selbstzweifel und eine unmittelbar bevorstehende soziale Katastrophe zu kreisen. Sie überlegen, wie Sie anderen am besten ausweichen können, statt in die Menge hineinzugehen. Oder Sie trinken, um sich zu entspannen. Diese kurzfristige Strategie ist kontraproduktiv und schadet Ihnen. Die Fröhlichkeit, die Alkohol beschert, ist künstlich. So schrieb mir eine furchtbar schüchterne Studentin: »Ich trinke gern mit meiner eigenen Clique, aber ich habe festgestellt, daß ich mich in Alkohol flüchte, um locker und unterhaltsam zu sein, wenn ich mit den Kumpels meines Freundes zusammen bin. Aber wenn ich sie nüchtern wiedersehe, fühle ich mich furchtbar, weil ich beim letzten Mal eine glückliche, redselige Säuferin war.« Außerdem entspannen Sie sich vermutlich nicht durch den Alkohol, sondern weil Sie Ihre Aufwärmphase durchlaufen haben.

Klüger ist es, wenn Sie sich angesichts Ihrer verlangsamten Aufwärmphase Freunde mit ähnlichem Rhythmus suchen. Statt auf einer Party allein herumzustehen, weil die Kommilitonin, mit der Sie gekommen sind, sich sofort strahlend ins Getümmel wirft, sollten Sie sich eine zurückhaltendere Gefährtin suchen, deren Tempo dem

Ihren gleicht. Oder nutzen Sie Ihre Aufwärmphase, um auf dem Fest nach Leuten Ausschau zu halten, die interessant, aber still wirken. Da sich etwa die Hälfte der Bevölkerung als schüchtern bezeichnet, sind sicher noch andere Gäste da, die etwas gehemmt sind. Das Schlüsselwort heißt Geduld.

Wenn Sie sich schwer eingewöhnen, brauchen Sie vielleicht auch etwas länger, um die großen Dinge im Leben in Angriff zu nehmen – Dinge wie eine feste Anstellung, eine Ehe oder Kinder. Solche Lebensveränderungen bereiten fast allen Schwierigkeiten, wir setzen uns damit intellektuell, körperlich und seelisch auseinander. Wir regen uns auf und mißtrauen unseren Fähigkeiten. Wir können nicht richtig schlafen, essen, zur Ruhe kommen. Unsere Gedanken rasen immer wieder um die Bewältigung dieser neuen Aufgabe.

Diese Anpassungsleistungen sind für Schüchterne oft noch schwieriger. Untersuchungen haben ergeben, daß Schüchterne diese Entwicklungsschritte häufig später tun als andere, und die verzögerte Anpassung gilt für alle Stadien des schüchternen Lebens. Denken Sie an den Erstkläßler, der die ersten Wochen in der Schule kaum erträgt, das junge Mädchen, das nie mit einem Jungen ausgeht, obwohl ihre Freundinnen das schon lange tun, den Studenten, der jedes Wochenende nach Hause fährt, um mit seinen alten Freunden zusammenzusein, oder die Sachbearbeiterin, die sich trotz ihrer Kompetenz nicht um eine Stelle mit mehr Eigenverantwortung bemüht, sondern weiterhin bei ihrem Chef bleibt.

Diese Schwierigkeiten sind normale Wachstumsschmerzen von Menschen, die langsam warm werden, aber sie verschwinden, sobald Sie sich an die neue Situation gewöhnt haben. Das Zögern gibt Ihnen auch mehr Zeit: Sie verändern nicht alles gleichzeitig, aber Sie passen sich an. Jeder hat seine eigene Toleranzschwelle für Veränderungen, jeder reagiert anders. Wenn Sie in solchen Dingen

Ihr Tempo kennen, können Sie sich in angstauslösenden Situationen so viel Raum und Zeit zugestehen, wie Sie brauchen.
Da diese Zögerlichkeit Ihrem Temperament entspricht, werden Sie solche Übergänge vielleicht ohne die Unterstützung Ihrer Altersgenossen schaffen müssen, die sie schneller und daher vor Ihnen absolviert haben. Alle Ihre Freundinnen haben schon geheiratet, als Sie noch nicht soweit waren. Wenn Sie dann Heiratspläne schmieden, sind diese bereits bei der nächsten Lebensphase angelangt, sie bekommen Kinder, kaufen ein Haus oder machen beruflich Karriere.
Wenn Sie hinterherhinken, fehlt es Ihnen an Vertrauten, mit denen Sie sich austauschen können. Das bedeutet aber nicht, daß Sie auf lange Sicht weniger erfolgreich sein werden. Sie können und werden alle Lebensphasen ebenso durchlaufen wie Ihre nicht-schüchternen Freunde; Sie werden es nur in Ihrem ureigenen Tempo und erst dann tun, wenn Ihnen die neuen Umständen und Erwartungen kein Unbehagen mehr bereiten.
Bei den ersten Schritten auf dem Weg zu einem erfolgreichen schüchternen Leben müssen Sie immer daran denken, daß Sie sich auf unbekanntes Terrain vorwagen. Da kann es geschehen, daß die Aufwärmphase zunächst nicht kürzer, sondern länger wird, weil Sie nun neue Situationen angehen, statt sie zu meiden. Aber das muß so sein. Denken Sie daran, daß Sie auch dann ankommen, wenn Sie langsam gehen. Langsamkeit entspricht einfach Ihrem Wesen.

Die Schutzzone

Eine geschützte Zone ist ein universelles Bedürfnis, das Ihren körperlichen, sozialen und psychischen Frieden wahren soll. Solange Sie Ihre Schutzzone nicht verlassen, sind Sie zufrieden und haben das Gefühl persönlicher Kontrolle. Sie wissen, was mit Ihnen geschehen wird, und fühlen sich verstanden. Nichts bedroht Sie – kein anderer Mensch, keine Situation, nicht einmal Ihre geheimsten Gefühle.

Wenn Sie verstehen, was diese Schutzzone ist, werden Sie leichter zu persönlicher Erfüllung und zu einem erfolgreichen schüchternen Leben finden. Diese Schutzzone besteht aus mehreren »Schichten«.

Die körperliche Schutzzone. Sie schaffen sich eine körperliche Schutzzone, wenn Sie Orte aufsuchen, an denen Sie sich ruhig fühlen – Ihre Arbeitsecke, Ihr Sofa, Ihren Stadtteil, Ihren Lieblingstisch in Ihrem Lieblingsrestaurant, wo Sie ganz entspannt sein können, weil Sie sicher sind.

Die soziale Schutzzone. Sie schaffen sich eine soziale Schutzzone, wenn Sie mit Menschen zusammen sind, die Sie verstehen und schätzen – Familienangehörige, enge Freunde, Kollegen, E-mail-Freunde, es kann auch ein Fremder in einem Zugabteil sein. Ihr Grad der Intimität mit diesen Menschen kann sehr unterschiedlich sein, aber wie diese Beziehungen auch sein mögen, sie fallen Ihnen leicht. Die Menschen in Ihrer sozialen Schutzzone sind Ihnen angenehm, sie haben Sie gern. Sie sind vielleicht nicht immer einer Meinung, aber Sie wissen, daß Sie von diesen Menschen nicht unfair beurteilt oder kritisiert werden.

Es dauert seine Zeit, bis neue Menschen zu Ihrer sozialen Schutzzone gehören; es bedarf einer Aufwärmphase, um Beziehungen aufzubauen.

Die persönliche Schutzzone. Ihre persönliche Schutzzone entsteht, wenn Sie Dinge tun oder Neigungen nachgehen, bei denen Sie sich sicher fühlen. Vielleicht Skilaufen, russische Literatur lesen, Witze erzählen, in Krisen die Ruhe bewahren oder Vertrauen in Ihre äußere Erscheinung haben – all das ist Teil Ihrer persönlichen Schutzzone, während Vorträge vor Publikum, Bungee-Springen, in einem Restaurant Spaghetti essen und Party-Geplauder nicht dazugehören. In Ihrer persönlichen Schutzzone können Sie sich frei und ohne Angst ausdrücken. Wenn Sie sie stärken, gibt Ihnen das in unvertrauten Situationen mehr Selbstvertrauen.

Man schafft eine Schutzzone, indem man sich das Unvertraute vertraut macht. Sie tun das, wenn Sie mit einem Freund zu einer Party gehen, um einem Raum voll Fremder nicht allein ausgesetzt zu sein, wenn Sie sich über ein Restaurant informieren, bevor Sie einen Tisch reservieren, wenn Sie mit jemandem telefonieren, bevor Sie sie (oder ihn) persönlich treffen, oder einfach nur, indem Sie während der Aufwärmphase Ihr eigenes Tempo akzeptieren. Einige Schüchterne und ihre Freunde schaffen instinktiv Schutzzonen, wenn sie der Schüchternheit Rechnung tragen und es normal finden, daß sie je nach Umständen mal stärker, mal schwächer ist.

Eine Doktorandin hat unter Menschen mit gleichen Interessen ihre Schutzzone gefunden: »Wegen meiner Schüchternheit hatte ich weder in der Schule noch an der Universität so etwas wie ein ›soziales Leben‹. Ich mied jede Art von Menschenansammlungen, weil ich nie wußte, was ich sagen sollte. Die Doktorandenseminare haben das sehr verändert. Alle Teilnehmer haben die gleichen Interessen, jetzt kann ich mich öffnen und esse manchmal sogar mit einigen zu Mittag, was ich früher niemals getan hätte.«

Ihre Schutzzone hat keine starren Grenzen und verändert ständig ihre Gestalt, sie nimmt neue Menschen und Situationen auf und läßt andere los, mit denen Sie seit einiger Zeit nichts mehr zu tun hatten. Manche Menschen können ihre Schutzzone relativ problemlos ausweiten, weil sie unternehmungslustig sind. Schüchternheit hingegen bewirkt leider eher das Gegenteil. Sie führt dazu, daß Ihre

Schutzzone Sie einzuengen beginnt, sie stagniert und wird inflexibel, im schlimmsten Fall schrumpft sie sogar. Wenn Sie sich in Ihrer kleinen Schutzzone aufhalten, fühlen Sie sich mit Ihrer Umgebung, Ihren Gefährten, mit sich selbst sehr gut. Aber es fällt Ihnen schwer, vielleicht sogar sehr schwer, diese Zone um neue Menschen oder Erfahrungen zu erweitern. Sie glauben vielleicht, daß Ihnen die psychischen Ressourcen fehlen – soziale Fertigkeiten, das Vertrauen in Ihre körperliche Attraktivität und Ihre besonderen Talente –, um sich auf neues Gebiet vorwagen zu können. Sie isolieren sich, damit man Sie nicht prüfen und verwerfen kann; Sie ziehen sich in Ihre schüchterne Schutzzone zurück, um dem Druck zu entgehen, der von kritischen Menschen ausgehen kann. Das Ende vom Lied könnte sein, daß Sie sich nur zu Hause sicher fühlen, wo außer Ihnen nur wenige Menschen und Beschäftigungen Platz finden. Je mehr Sie sich zurückziehen, um so starrer und enger wird Ihre Schutzzone werden, obwohl Sie eigentlich das Gegenteil wünschen. Sie fühlen sich eingesperrt und sind enttäuscht, weil das Leben an Ihnen vorüberzuziehen scheint.

Viele Schüchterne klagen darüber, daß sie nicht ausbrechen und der Welt zeigen können, wer sie wirklich sind. Ihre Schüchternheit wird zu ihrer Schutzzone. Am anderen Extrem stehen jene, die sich zwingen, ihre Schutzzone zu verlassen, und die dann in unvertraute Situationen hineingehen, die sie überfordern. Das geschieht beispielsweise, wenn man zu einem Fest geht, ohne sich vorher zu überlegen, was geschehen wird, sobald man dort ist. Aus meiner Arbeit weiß ich, daß solche forcierten Akte der Extraversion fast immer scheitern.

Sie wünschen sich zwar, daß Sie mit anderen Menschen sofort ins Gespräch kommen, müssen aber, wie alle, zunächst Ihre Eingewöhnungsphase durchleben, die Ihnen wenig ergiebig, unbehaglich und zeitaufwendig vorkommt. In Ihrem verzweifelten Wunsch nach Aufmerksamkeit und Nähe wollen und können Sie nicht so lange nichts tun, bis Sie sich wohler fühlen. Sie fallen sozusagen mit der Tür ins Haus, statt anzuklopfen und zu warten, bis sie von allein aufgeht.

Dieses Problem kennt der Schüler John sehr gut: »Ich zwinge mich, in Discos oder zu Parties zu gehen, mache aber immer einen Rückzieher, wenn ich wirklich jemanden ansprechen müßte. Ich rede mir wie einem Idioten zu, mit meinen Klassenkameraden zu reden, aber da kneife ich dann auch immer.« John hat löbliche Vorsätze, ist aber der Aufgabe nicht gewachsen, sein Verhalten sofort und von Grund auf zu verändern – und er zieht auch nicht in Betracht, daß andere Bedenken haben könnten, einem völlig Fremden Zutritt zu ihrer Schutzzone zu gewähren!

Ihre Erwartungen müssen realistisch sein. Freundschaften entstehen nicht im Handumdrehen, man muß mit anderen Menschen erst einmal Gemeinsamkeiten finden, bevor man Freundschaft schließen kann. Zum Glück hat John in der Schule viele solcher Möglichkeiten, so gibt es beispielsweise die gemeinsamen Erfahrungen im Unterricht. Ohne seinen Annäherungskonflikt und seine Aufwärmphase außer acht zu lassen, könnte er einen ersten Anfang machen, indem er mit dem Klassenkameraden spricht, der neben ihm sitzt. Sie könnten die Verbindung über das Schuljahr hinaus aufrechterhalten, sich zusammen auf Prüfungen vorbereiten und nach der Schule etwas zusammen unternehmen.

Er sollte nochmals darüber nachdenken, ob er sich in Discos und auf Parties wirklich wohl fühlt. Solange er nicht sicher ist, daß er mit solchen Situationen fertig wird, kann er sich nicht öffnen. Außerdem sollte er sich vor Augen halten, daß er bei solchen Anlässen vermutlich vor allem Leute trifft, die Parties und Diskotheken toll finden. Wenn solche Leute ihn nicht interessieren, sollte er andere suchen – und zwar an einem anderen Ort.

Ihr Ziel sollte es sein, Ihre Schutzzone zu erweitern, aber nicht, indem Sie zwanghaft versuchen, sich wie ein kontaktfreudiger, furchtloser Abenteurer aufzuführen, sondern indem Sie langsam Ihren Erfahrungshorizont ausweiten. Behutsam, aber beständig können Sie so manches ausprobieren, was Ihnen bislang Unbehagen bereitet hat. Sie erweitern Ihre Schutzzone, indem Sie sich vorsichtig an unvertraute Situationen, Orte und Menschen heranwagen, und zwar so langsam, daß Sie sich emotional und psychisch nicht übernehmen. Dabei empfiehlt es sich, auf dem aufzubauen, was Ihnen leichtfällt. Nehmen wir an, Sie machen Karate. Wenn nun eine Freundin Sie fragt, ob Sie mit ihr einen Boxkurs besuchen wollen, könnten Sie nach anfänglichem Zögern darauf eingehen, denn Sie denken sich: »Ich habe in Karate den blauen Gürtel, also reichen meine Kraft und Kondition sicher auch zum Boxen. Außerdem hat Jennifer mich gefragt, und die kenne ich recht gut. Sie will mir nichts Böses. Was also habe ich zu verlieren – außer einigen Pfund und viel Schweiß? Ich gehe einfach mit und schau mal, wie es mir gefällt.« So weiten Sie Ihre Schutzzone langsam aus, statt sofort alle Grenzen niederreißen zu wollen.

Bedenken Sie Ihre Aufwärmphase, und machen Sie langsame Veränderungen mit einer kontinuierlichen Entwicklung. Die kann durchaus minimal sein, auch der kleinste Schritt ist ein Fortschritt. Gehen Sie, statt zu Hause zu lesen, mit dem Buch in ein Café und lesen dort. Leihen Sie sich kein Video aus, sondern gehen Sie ins Kino. Beginnen Sie ein Gespräch mit jemandem, der jeden Morgen mit dem gleichen Bus fährt wie Sie. Das Wetter ist immer ein ungefährliches Thema. Wechseln Sie einige Worte mit dem Gemüsehändler. Bleiben Sie nicht zu Hause, sondern gehen Sie mit einer Freundin zu einem Straßenfest.

Spätestens wenn sich die positiven Erfahrungen häufen, werden Sie erkennen, daß Sie einige Ihrer Ziele erreichen können – Sie müssen nur ein Gespür dafür entwickeln, wann Ihre Schutzzone Sie zu sehr einengt, und dies dann verändern. Ein ehemals Schüchterner weiß, wie das geht: »Man muß kreativ sein und seine Phantasie walten lassen, um selbstsicherer und wagemutiger zu werden, und man darf sich von Mißerfolgen und Enttäuschungen nicht entmutigen lassen.«

Jeder Versuch wird Ihnen guttun. Wenn sich Ihre Schutzzone erweitert, werden Sie mehr über sich erfahren und Ihre Identität stärken. Sie werden Leistungen vollbringen, die Sie niemals für möglich gehalten haben. Sie werden sich mit Ihrem Mut und Ihrem Ehrgeiz selbst verblüffen und die Welt ein bißchen besser verstehen. Schüchternheit kann vergehen, wenn Sie voll und ganz ins Leben eintauchen.

Die Teile zusammenfügen

Schüchternheit ist eine Verhaltensweise, die Sie daran hindert, mit anderen Menschen in Kontakt zu treten, aber sie läßt sich mit Geduld, Verständnis und mehr Selbstvertrauen verändern. Wenn Sie verstehen, wie wichtig der Annäherungskonflikt, die Aufwärmphase und die Schutzzone sind, verstehen Sie auch, warum Sie in bestimmten Situationen schüchtern sind und wie Sie damit umgehen können. Diese drei Aspekte verstärken sich gegenseitig, aber Sie können sie auch gezielt einsetzen, um Ihre übergroße Scheu zu überwinden. So können Sie sich von dem Mythos befreien, daß Schüchternheit Ihr Leben bestimmt und Sie nichts tun können, um sich davon zu befreien.

Erinnern Sie sich an Ihre ersten Tage in der Schule. Viele Erwachsene sagen, ihre Schüchternheit sei ihnen zum ersten Mal zu Bewußtsein gekommen, als sie in einem unbekannten Gebäude in einem Raum voller Gleichaltriger saßen und der Obhut einer fremden Lehrerin übergeben wurden. Sie weinten, klammerten sich an ihre Mutter und bekamen am nächsten Tag Kopf- oder Magenschmerzen, um nicht mehr hingehen zu müssen. Dann aber gewöhnten sie sich an ihre neue Umgebung und schlossen, trotz ihrer Schüchternheit, neue Freundschaften.

Übungen für Ihr Tagebuch

Schreiben Sie auf, was, wo und wer zur Zeit Ihre körperlichen, sozialen und persönlichen Schutzzonen sind. Überlegen Sie dann, wie es vor fünf Jahren war. Vergleichen Sie die beiden Listen. Unterscheiden sich die jetzigen und die früheren Schutzzonen? Wenn sie sich deutlich unterscheiden, sind Sie für neue Erfahrungen relativ offen, wenn nicht, sollten Sie darüber nachdenken, auf welche Weise Sie Ihre jetzigen Schutzzonen behutsam erweitern könnten.

Betrachten wir die alltägliche Situation der Einschulung unter dem Aspekt der drei Komponenten der Schüchternheit. Der Annäherungskonflikt macht die Kinder unschlüssig: Einerseits sind sie auf die Schule neugierig, andererseits sind sie ängstlich und aufgeregt. Sie versuchen es mit Vermeidung, weil sie lieber zu Hause geblieben wären. Aber sie wollen auch etwas lernen, also setzt die Aufwärmphase ein. Sie gewöhnen sich an die Lehrerin, das Klassenzimmer und schließen Freundschaften. Sie schaffen sich eine neue, größere Schutzzone, indem sie sich immer wieder der Hilfe von Freunden und ihrer Familie versichern.
Das gilt auch für Teenager, die zum ersten Mal tanzen gehen (und ihre Garderobe bis ins letzte Detail genauestens geplant haben), Erwachsene, die sich verliebt haben, oder Angestellte, die sich wegen ihrer Versetzung Sorgen machen. Wenn Sie schüchtern sind, brauchen Sie länger, um sich an die neuen Gegebenheiten zu gewöhnen, aber wenn Sie geduldig genug sind, werden Sie sich eine neue Schutzzone schaffen können.

Aber bei Schüchternheit geht es nicht nur um Verhalten, sie wird auch von unserer Physiologie, unserem Intellekt und unseren Gefühlen beeinflußt. Ob und wie Sie diese inneren Einflüsse begreifen, hat großen Einfluß darauf, wie Sie mit diesem beobachtbaren Phänomen umgehen, das wir »Schüchternheit« nennen. Darum wird es im zweiten Teil gehen – um die Schüchternheit des Körpers und des Denkens.

Übungen für Ihr Tagebuch

Es ist wichtig, daß Sie wissen, wann Schüchternheit in Ihrem Leben eine Rolle spielt und wie Sie auf widerstreitende Gefühle reagieren. Noch wichtiger ist es, zu wissen, wie Sie Ihre Reaktionsweise verändern können, damit Sie sich trotz Ihrer Schüchternheit selbstsicher und erfolgreich – kurz gesagt: wohl fühlen. Bitte stellen Sie sich folgende Situationen vor:

1. Sie fühlen sich auf einer Party völlig fehl am Platz.
2. Sie sind bei der ersten Verabredung mit jemandem, den/die Sie sehr attraktiv finden, sehr angespannt.
3. Sie wissen nicht, wie Sie sich in ein Gespräch einklinken können.
4. Freunde bestürmen Sie, sich tätowieren zu lassen.
5. Sie wollen in der Schule oder in einem Fortbildungsseminar eine Frage stellen.
6. Sie sollen vor Ihrer Abteilung einen Vortrag halten.
7. Sie sehen in einer Buchhandlung eine/n attraktive/n Unbekannte/n.

Greifen Sie nun jene Situationen heraus, die für Ihr Leben wichtig sind:

- Schreiben Sie auf, wie Sie typischerweise auf den Annäherungskonflikt reagieren.
- Was steht Ihrer Meinung nach auf dem Spiel?

- Welche Vorteile könnte es haben, wenn Sie sich vorbehaltlos an dem beteiligen, was gerade passiert?
- Wie könnten Sie mit Ihrer Angst umgehen?
- Welche Folgen hätte ein solches Verhalten?
- Wie können Sie Ihre schüchterne Reaktionsweise verlernen?
- Gibt es andere Arten, mit der Situation umzugehen? Denken Sie immer an die Aufwärmphase, die Sie brauchen.
- Wie könnten Sie Schritt für Schritt Ihre Schutzzone ausdehnen?
- Was müßten Sie tun, um das Gelernte anzuwenden?

Teil II
Schüchternheit des Körpers und des Denkens

»Es ist, als wäre man immer allein«, sagt Diana, 31 Jahre alt, ledig und arbeitslos. »Ich weiß nicht, wie man mit anderen redet, und ich denke immer, daß ich anders bin.«

Das Gefühl, allein zu leiden, bedrängt Diana. Selbst der Gang zum Supermarkt beunruhigt sie stark. »Wenn ich in ein Geschäft gehen muß, mache ich das so schnell wie möglich. Ich sehe niemand an und gehe am liebsten, wenn wenig los ist. Wenn ich in einer Schlange warten muß, bin ich immer kurz vor einem Panikanfall. Dann muß ich sofort raus.«

Diana hatte bei ihren Arbeitsstellen große Probleme, weil die Anwesenheit anderer sie immer sehr ablenkte. Ihre Kollegen haben sie zwar gelegentlich interessiert, sie hielt aber stets Distanz zu ihnen. »Ich mußte bestimmte Situationen vermeiden, um nicht mit Menschen zusammensein zu müssen. Jetzt, wo ich das sage, sehe ich, daß das ein doppelter Streß ist. Ich arbeite und überlege gleichzeitig, wie ich mich von Menschen fernhalten kann; ich denke immer, daß sie mir irgendwie weh tun werden. Aber es gibt auch Zeiten, da wäre ich gern mit Menschen zusammen, aber sie wollen es nicht. Sie verstehen das nicht.«

Die Wurzel von Dianas Schüchternheit ist Furcht: »Sie fällen ein Urteil über mich, mögen mich nicht, finden mich komisch.«

Einsamkeit, Selbstkritik und Angst nagen an Dianas Selbstwertgefühl. »Meistens mag ich mich nicht«, räumt sie traurig ein.

Ich kenne viele Menschen wie Diana. Sie sind so in ihrer Schüchternheit vergraben, daß sie nicht wissen, wie sie ihr Leben wieder in den Griff bekommen können.

Schüchternheit kann Sie im Kern Ihres Wesens treffen, und das beeinflußt wirklich alles: Ihren Körper, Ihr Denken und Ihre Seele – Ihr Gefühl dafür, wer Sie sind. Diese Reaktionen beeinflussen und verstärken sich gegenseitig und können nur in ihrer Beziehung zueinander verstanden werden.

In Momenten der Schüchternheit reagiert Ihr Körper mit heftigem Herzklopfen, feuchten Händen und Magenbeschwerden. Ihr Gehirn deutet diese unangenehmen »Körpersymptome« als Anzeichen von Gefahr und produziert negative Gedanken, die Ihr Selbstwertgefühl und Ihr Selbstvertrauen beeinträchtigen. Mangelndes Selbstvertrauen löst weitere körperliche Reaktionen aus – und so dreht sich die Spirale immer weiter. Man kann das als Synergie von Körper, Geist und Seele bezeichnen.

Im zweiten Teil werden wir uns diesen Fragen detailliert zuwenden, zuerst wollen wir uns aber kurz ansehen, auf welche Weise Diana körperlich, geistig und seelisch von ihrer Schüchternheit bedrängt wird.

Schüchternheit des Körpers: Wenn Diana mit anderen Menschen zusammen ist, ob es ihre Kollegen sind oder völlig Fremde im Supermarkt, macht ihre Angst sie völlig handlungsunfähig. Aus Sicht der Evolution sollten ihr diese Symptome helfen, in Wahrheit aber wird sie von ihnen gelähmt. Im fünften Kapitel geht es darum, warum und wie der Körper solche Symptome erzeugt und was Sie dagegen tun können.

Schon jetzt aber möchte ich sagen, daß Versuche, die körperlichen Angstsymptome mit verschreibungspflichtigen Medikamenten, Alkohol, Tiefenatmung oder Entspannungstechniken zu bekämpfen, zwar Ihre körperliche

Erregung mildern und Ihnen helfen, sich in einer unangenehmen Situation wohler zu fühlen – aber sie beenden Ihre Schüchternheit nicht. Sie mögen auf einer Party körperlich entspannt sein, aber wenn Sie gedanklich und emotional noch mit Ihrer Schüchternheit kämpfen müssen, bleiben Sie scheu und unsicher.

Um Ihre Schüchternheit zu überwinden, müssen Sie verstehen, welche Wege Ihr Denken nimmt, warum es Ihnen an sozialen Fertigkeiten gebricht und wie Sie in sozialen Situationen Ihre eigene Rolle realistischer einschätzen können. Falls Ihre Angstgefühle außerordentlich stark sind, können vorübergehend angstreduzierende Medikamente helfen, damit ist es aber nicht getan.

Schüchternheit des Geistes, des Denkens: Diana hat Angst, daß sie von anderen Menschen ständig abschätzig beurteilt wird, aber der einzige Mensch, der ein abschätziges Urteil über sie fällt, ist Diana selbst. Das ist der größte »Denkfehler« der Schüchternen, der weitere Denkfehler nach sich ziehen kann. Das 6. Kapitel befaßt sich mit solchen Denkmustern und der Frage, wie Sie sie verändern können.

Ich bin vom Denken der Schüchternen immer wieder fasziniert, weil es so viel bewirkt. Wenn Sie dessen Negativität bekämpfen und einige wichtige soziale Fertigkeiten erlernen, werden Sie mit Ihrer Schüchternheit besser umgehen können. Kurse in sozialen Umgangsformen, Selbsthilfebücher und Gesprächstherapie können helfen, aber es reicht nicht aus. Wenn Sie nur verstehen, wie Sie denken, nicht aber, wie Ihr Körper und Ihre Seele reagieren, können die physischen Aspekte der Angst und der Selbstzweifel Sie unerwartet befallen.

Schüchternheit der Seele: Diana glaubt, daß niemand sie versteht oder mag. Ihre Schüchternheit beeinträchtigt ihr Selbstwertgefühl, aber wenn sie sich besser verstünde, könnte sie selbstbewußter werden. Darum geht es im 7. Kapitel.

Zu den üblichen Methoden, Schüchternen zu helfen, gehören Hypnose, positives Denken und Selbsthilfegruppen. Ich finde allerdings, daß diese Wege den Eindruck fördern, daß Schüchterne Opfer sind. Statt abzustellen, was an der Schüchternheit störend ist, akzeptieren diese Methoden die positiven Seiten der Schüchternheit ebenso wie die negativen. Aber ein Mensch kann nur wachsen, wenn er sich von den Mythen der Schüchternheit wirklich befreit, und nicht, indem er Sätze wiederholt wie: »Ich bin schüchtern, und ich bin stolz darauf.« Das nämlich kann zu folgenden Gedanken führen: Ich bin ein guter Mensch. Warum merken andere das nicht und erleichtern mir das Leben, indem sie auf mich zukommen und mich fragen, wer ich bin oder was ich mache? Ich muß nur Menschen finden, die sich die Zeit nehmen, mich aus meinem Schneckenhaus herauszulocken.

Der zweite Teil dreht sich also zum einen darum, was der schüchterne Mensch körperlich, geistig und seelisch erlebt, und zum anderen darum, wie Sie Ihr Unbehagen mindern und die gefürchteten Situationen mit neuen Strategien meistern können. Wenn Sie verstehen, wie Körper, Geist und Seele in Momenten der Schüchternheit synergetisch zusammenwirken, können Sie ihre Macht brechen.

5. Kapitel
Der schüchterne Körper

Im Laufe meiner Arbeit stieß ich auf einen einhundert Jahre alten Text des englischen Wissenschaftlers Harry Campbell, der die körperlichen Symptome der Schüchternheit sehr treffend beschreibt:

> Erröten, Hitzewallungen am ganzen Körper mit Erstickungsgefühlen, Erbleichen, auch der Lippen, ein Gefühl, als rinne kaltes Wasser den Rücken hinab; Störungen des Herzens wie Herzrasen, Flattern oder ein Gefühl der Schwere; Schwäche- und Schwindelgefühle; Schweißausbrüche, vor allem an den Händen; trockener Mund, Stottern, Kopfschmerz, verwirrtes Denkvermögen, falsche Wortwahl, Äußern lächerlicher Bemerkungen und Ausführen lächerlicher Handlungen; Schweigen, leeres Plappern; Herumrutschen und Körperzucken; Unfähigkeit, die Hände ungezwungen und still zu halten, was in fahrigem Hantieren mit denselben resultiert; unentwegtes Bewegen der Finger, Herumspielen mit und an Gegenständen, wie einem Bleistift oder einer Brosche, Nägelbeißen, allgemeines Zittern, Bewegen der Beine, wie häufiges Übereinanderschlagen und Nebeneinanderstellen – Unfähigkeit, wie bei Händen und Armen, sie in einer natürlichen Stellung zu halten; Kichern, ›nervöses Lachen‹, ›dümmlicher‹ Gesichtsausdruck, Unfähigkeit, dem Gegenüber direkt ins Gesicht zu sehen, wobei die Augen nach oben, nach unten, zur Seite oder entsetzt blicken.

Kommt Ihnen das bekannt vor? Schüchternheit gehört zur menschlichen Natur, ihre Symptome sind in den letzten einhundert, ja den letzten zehntausend Jahren gleichgeblieben, auch wenn wir sie heute etwas anders beschreiben würden. Ein vierzigjähriger Ingenieur tut dies beispielsweise wie folgt: »Überall auf meinem Kopf wird die Haut feuerrot und brennt. Ich schwitze furchtbar. Ich stottere. Es kommt mir vor, als würden alle nur noch mich anstarren, während ich immer verlegener werde.« Und eine Frau schreibt: »Wenn ich schüchtern werde, senke ich den Kopf und blicke auf (beides gleichzeitig), wenn ich mit anderen zusammen bin, sage ich gar nichts mehr, ich halte mich zurück und sondere mich von der Gruppe ab, werde leicht rot.«

Dr. Campbell und der Ingenieur beschreiben körperliche Erregungszustände, die wir als Streßreaktion kennen. Jeder dieser Zustände hat die Funktion, Sie vor Gefahren zu schützen. Schließlich ist Selbsterhaltung das wichtigste Ziel Ihres Körpers. Deswegen spüren Sie Hunger, wenn der Körper Energie braucht, er läßt Sie müde werden, wenn Ihre Energiespeicher aufgefüllt werden müssen, und er reagiert auf Bedrohungen, indem er versucht, der Gefahr zu entgehen. Die Körperreaktionen, die mit Ihrer Schüchternheit einhergehen, haben gute Gründe, und es liegt an Ihnen, einem hochentwickelten Menschen mit einem hochentwickelten Gehirn, diese Gründe zu entschlüsseln.

Ursprünglich dienten all diese unbehaglichen Empfindungen dazu, Sie auf eine unmittelbare Gefahr hinzuweisen und eine Kampf- oder Flucht-Reaktion auszulösen, die Sie schützt – wie bei den meisten Raubtieren. Sobald die Streßreaktion Sie alarmiert hat, können Sie auf den Feind zugehen (angreifen) oder sich verstecken, damit er Sie nicht bemerkt (flüchten). Die Reaktionen sollen Sie veranlassen, etwas zu tun, um die Gefahr abzuwenden.

Doch statt zu verstehen, daß diese Streßreaktionen Sie schützen sollen, könnten Sie sie so deuten, als sei mit

Ihnen etwas nicht in Ordnung. Oder Sie könnten glauben, daß Sie bestimmte Menschen meiden sollten, weil Ihr Körper Sie vor ihnen warnt. Vielleicht sind Sie sogar gänzlich unfähig, mit den körperlichen Begleiterscheinungen von Schüchternheit fertig zu werden, weil Sie gar nicht wissen, was überhaupt mit Ihnen geschieht.

Das Gefühl von Kontrollverlust

Wenn Sie sich in sozialen Situationen bedroht fühlen, reagiert als erstes Ihr Körper. Es mag Ihnen vorkommen, als verlören Sie die Kontrolle über ihn, er scheint eigenen Gesetzen zu folgen, errötet, wird zappelig und schwitzt. Zitternde Hände und Knie, auch Stottern sind Anzeichen einer hohen inneren Erregung, ausgelöst durch das, was im Zentrum Ihrer Aufmerksamkeit steht. Wenn Sie bei einer Rede Ihr Manuskript halten, fürchten Sie, daß Ihre Hände zittern könnten. Darum tun sie es dann auch. Sie betreten einen Raum voller Fremder und bemühen sich, besonders selbstsicher zu gehen, schon scheinen Ihre Knie weich zu werden. Wenn Sie etwas sagen, möchten Sie gern deutlich sprechen, aber wenn Sie sich zu sehr bemühen, stottern Sie.
Ihre schüchternheitsbedingten Streßreaktionen können so stark sein, daß Sie glauben, Sie könnten in Gesellschaft anderer Menschen einfach nicht Sie selbst sein. Die Symptome *scheinen* übermächtig, *aber sie sind es nicht.* All diese Reaktionen sind vorübergehend, sie sollen Sie wach und aufmerksam halten, während Sie sich an eine neue Situation gewöhnen. Sie können aber, auch wenn sie nur vorübergehend auftreten sollten, leicht zu einem Reaktionsmuster werden, das sich verfestigt und sich schließlich Ihrer Kontrolle entzieht. Wie? Indem Sie sich gestatten, darüber nachzugrübeln.

Ein junger Mann erklärte: »Für gewöhnlich beginnt es damit, daß mir ein paar Schweißperlen auf die Stirn treten, dann kann ich an nichts anderes mehr denken, und ich schwitze immer stärker.«
Wenn Sie verstehen, was es mit Ihren Streßreaktionen auf sich hat, können Sie sie kontrollieren, statt sich von ihnen kontrollieren zu lassen.

Ihre Streßreaktionen verstehen

Dank der Fortschritte in der biochemischen Forschung wissen wir, wie Schüchterne auf Bedrohungen körperlich reagieren. Es gibt vier Grundprinzipien der Streßreaktionen:

1. *Streßreaktionen sind umfassend.* Sie erfassen den ganzen Körper – Muskeln, Augen, Herz, Lunge, Mund, usw. – auf geordnete und sinnvolle Weise. Sie beeinflussen auch die Gehirnfunktion, wozu die Verarbeitung von Erinnerungen, Wahrnehmungen, Erklärungen und Gefühlen gehört. Streßreaktionen beginnen in der Amygdala, einem kleinen, mandelförmigen Areal im Hirnstamm, die Bedrohungen in der Umgebung entdeckt (siehe 8. Kapitel). Sobald die Amygdala eine Gefahr erkennt, sendet sie Warnsignale an die Großhirnrinde, die entscheidet, wie sie reagieren sollte, sowie an das autonome Nervensystem, das den Körper darauf vorbereitet, sich mit Gefahr zu befassen, noch bevor er genau weiß, worin sie besteht. Das Nervensystem reagiert mit Symptomen wie feuchten Händen, flacher Atmung, geröteten Wangen, Herzklopfen und trockenem Mund, die Sie als typische Reaktionen kennen. Ich werde später darauf eingehen, warum der Körper gerade so reagiert.
Manchmal ist Ihr Körper so sehr mit den Streßreaktionen

beschäftigt, daß Ihr Denken die eingehenden Informationen kaum verarbeiten kann. Ein Bankangestellter erzählte: »Wenn ich vor Kollegen sprechen muß, verliere ich gedanklich immer den Faden. Mein Verhalten verrät davon nichts. Ich behalte einen ruhigen Gesichtsausdruck und eine feste Stimme, aber in Wirklichkeit fühle ich mich furchtbar.« Es geschieht häufig, daß man jemandem vorgestellt wird und dabei so mit der eigenen Schüchternheit beschäftigt ist, daß man nicht einmal den Namen des Gegenübers versteht. Sie sind von der Empfindungsflut Ihrer Streßreaktion völlig in Anspruch genommen, so daß Sie nur noch daran denken können, wie Sie ihr auf vernünftige Art und Weise ein Ende bereiten können, während Sie gleichzeitig ein vernünftiges Gespräch führen sollen. Oft ist die Streßreaktion so vehement, daß sie alles andere verdrängt.

»Mir wird heiß«, denken Sie vielleicht, wenn Sie einem neuen Kollegen vorgestellt werden. »Ich werde gleich rot. Ob er es wohl sieht? Was soll ich nur machen, damit es aufhört? Fällt mir ein intelligenter Witz dazu ein? Vielleicht könnte ich die Hände vor das Gesicht schlagen und tun, als habe mich das, was er gerade gesagt hat, zutiefst schockiert. O mein Gott. Es wird immer schlimmer. Furchtbar. Und ich höre nicht einmal, was er sagt. Hat er mich gerade etwas gefragt?«

Wenn so etwas passiert, versuchen Sie, drei Dinge gleichzeitig zu tun: Sie erleben Ihr körperliches Unbehagen, suchen nach möglichen Abhilfen und führen ein Gespräch. Es ist nicht Ihre Schuld, wenn es Ihnen nicht gelingt, gedanklich drei unterschiedliche Handlungen gleichzeitig auszuführen; die Aufgabe ist nahezu unlösbar. (Wenn Sie mir nicht glauben, bitten Sie zwei Freunde, Ihnen gleichzeitig in jeweils ein Ohr eine Geschichte zu erzählen, während Sie selbst ein Lied singen. Es dürfte Ihnen kaum gelingen, den beiden Geschichten zu folgen und Ihren Liedtext richtig zu singen.)

Streßreaktionen sind nicht banal und kaum zu kontrollieren, solange Sie sie nicht richtig verstehen. Es gibt einige Strategien, die es Ihnen erleichtern, sich zu konzentrieren und Ihre Aufmerksamkeit von Ihrer körperlichen Befindlichkeit auf das zu lenken, was in der momentanen Situation von Ihnen erwartet wird.

- Denken Sie daran, daß Streßreaktionen immer eine kurzfristige Reaktion auf Angst sind. Wenn Sie lange über sie nachgrübeln, können daraus unkontrollierbare Panikattacken werden. Denken Sie also nicht darüber nach! Sagen Sie sich, daß sie vorübergehen werden, dann gehen sie auch vorüber.
- Sammeln Sie Ihre Aufmerksamkeit. Denken Sie nicht an Ihre feuchten Hände, wenn Sie sich auf das konzentrieren sollten, was Sie sagen und hören. Am besten zwingen Sie sich, Ihre Aufmerksamkeit auf etwas anderes zu lenken. Stellen Sie der neuen Kollegin eine Frage, oder machen Sie ihr ein Kompliment.
- Geben Sie sich in einer unvertrauten Situation genügend Zeit, um sich einzugewöhnen. Sie wissen, daß unvertraute Situationen Sie leicht nervös machen, also müssen Sie sich daran erinnern, daß Sie in der Aufwärmphase einer Begegnung sind. Diese Aufwärmphase und Ihre Streßreaktionen sollten allerdings nicht ewig andauern. Konzentrieren Sie sich auf die konkrete Situation.
- Seien Sie realistisch. Vermutlich ist Ihre Nervosität keineswegs so offensichtlich, wie Sie glauben. Selbst wenn Ihre Streßreaktionen sehr intensiv sind, ist das für andere nicht unbedingt erkennbar. Ihre Kollegen können nicht hellsehen, wie also sollen sie wissen, daß Sie ein flaues Gefühl im Magen haben?
- Üben Sie Nachsicht mit sich. Wenn Sie sich bei einem großen Fest unwohl fühlen, gönnen Sie sich eine Pause. Gehen Sie an die frische Luft, verschwinden Sie zur

Toilette und waschen sich die Hände, betrachten Sie ein Gemälde. Pendeln Sie in eine »bedrohliche« Situation hinein, aber auch wieder hinaus. Versuchen Sie es so einzurichten, daß sich weniger anstrengende Gespräche im Freundeskreis mit etwas Schwierigerem wie einem Gespräch mit einer Unbekannten abwechseln.

- Achten Sie auf Ihre Interpretationen. Deuten Sie Ihre Körpersignale keinesfalls als Beweis dafür, daß dies der falsche Ort für Sie ist oder es nicht Ihrem Wesen entspricht, mit anderen zusammenzusein. Streßreaktionen bedeuten nur, daß Sie äußerst wachsam sind und jede sich nähernde »Gefahr« erkennen werden. Das ist alles! Sagen Sie sich, daß Sie der wachsamste Mensch im Raum sind, nicht der unglücklichste.

2. *Streßreaktionen sind ökonomisch.* Sie sind in Krisenzeiten die einfachste Körperreaktion; sie beanspruchen am wenigsten Gedanken, Aufwand und Energie. Es mag Ihnen paradox erscheinen, daß ich eine Streßreaktion als ökonomisch bezeichne, schließlich kostet sie Sie so viel Kraft. Ihr Körper aber lenkt die Energie zu bestimmten Organen und zieht sie von anderen ab, um Sie vor der vermuteten Bedrohung zu schützen. Ihr Unbehagen ist die Folge dieser einseitigen Erregung. Aber jedes Symptom hat einen Sinn.

- Trockener Mund. Sie können kaum sprechen, weil Sie Durst haben, aber in einer Krise sollen Sie Ihren Mund weder zum Sprechen noch zum Essen benutzen. Der Speichel weicht die Nahrung auf und intensiviert deren Geschmack. Bei Streß stellen die Speicheldrüsen ihre Arbeit vorübergehend ein, damit Sie nichts dergleichen tun, wenn Sie kämpfen, flüchten oder (falls Sie sich verstecken) still sein sollten.
- Feuchte Hände. Ihre feuchten Hände sind Ihnen ver-

mutlich peinlich, vor allem, wenn Sie jemanden begrüßen und dabei die Hand geben müssen. Aber Ihre Hände und der übrige Körper schwitzen, weil Hitze ein Nebeneffekt der Streßreaktion ist. Auch wenn es schwer zu glauben ist: Feuchte Hände sollen Ihnen helfen, sich wohler zu fühlen.

- Magenschmerzen. Man kann nur schwer Selbstvertrauen ausstrahlen, wenn die Eingeweide sich verknoten. Aber in Streßsituationen produziert der Magen mehr Säure, damit der Inhalt schneller verdaut und so ein Energieschub erzeugt wird, der für Angriff oder Flucht benötigt wird. Dieses Unwohlsein sorgt auch dafür, daß Sie nichts essen, solange Sie sich um Wichtigeres kümmern sollten.
- Spannungskopfschmerzen. Bei einer streßauslösenden Begegnung spannen sich zum Schutz sofort alle Muskeln an. Ihre Stirnmuskeln werden überdehnt und beginnen schließlich zu schmerzen.
- Schwächegefühl. In Momenten extremer Schüchternheit kann es vorkommen, daß Sie sich schwindelig fühlen, weil das Blut aus dem Kopf in andere Körperteile fließt, wo es dringender benötigt wird. Eine Ohnmacht ist nichts anderes als eine schützende Abwehr. Um Streß zu vermeiden und sich zu regenerieren, reduziert der Körper alle Funktionen auf ein Minimum. Wer ohnmächtig ist, muß sich nicht mit Schmerzen oder schlechten Neuigkeiten befassen.
- Stottern, Zittern, weiche Knie. Diese Reaktionen signalisieren Ihnen, daß die Situation außer Kontrolle gerät. Wenn Sie nichts unternehmen, geraten Sie in Schwierigkeiten.
- Herzklopfen. Weil manche Organe wegen der Streßreaktion mehr Blut brauchen als sonst, muß das Herz stärker schlagen, damit das Blut dorthin gelangt.
- Dümmliches Lächeln, niedergeschlagene Augen, gesenkter Kopf. Diese körpersprachlichen Zeichen signa-

lisieren Unterwerfung und sind möglicherweise angeboren. Forschungen haben gezeigt, daß halbwüchsige Rhesusaffen grinsen, wenn sie sich bedroht fühlen. Vielleicht ist aus diesem Gesichtsausdruck mit der Zeit das Lächeln geworden, das Zeichen der Beschwichtigung und Zusammengehörigkeit, auch wenn manchmal noch ein Element der Nervosität darin erhalten geblieben ist. (Denken Sie nur daran, wie Ihre Grundschullehrerin immer »Hör auf, so blöde zu grinsen!« rief, wenn sie jemanden ermahnte.) Auch sich abwenden und zu Boden schauen sind Arten, Bedrohung zu vermindern. Diese Gesten schaffen eine psychische Barriere. Wenn Sie den Raum nicht verlassen können, obwohl Ihnen unbehaglich zumute ist, kreuzen Sie die Arme und schauen zu Boden. Auf diese Weise machen Sie sich klein und weichen aus.

- Schweigen. Die Unfähigkeit zu sprechen ist die Folge eines Signals der Amygdala an jene Hirnregion, die die Muskulatur und die Nerven des Gesichts steuert. Es führt dazu, daß die Gesichtsmuskeln erstarren und der Kiefer sich anspannt, was das Sprechen erschwert. Sie haben zwar nicht Ihre Zunge verschluckt, aber die Amygdala hat Ihren Kiefer gelähmt. Wenn Sie schweigen, haben Sie mehr Energie für andere, wichtigere Körperteile.
- Sprechen mit gepreßter Stimme. Auch dies ist das Resultat eines Amygdala-Signals, und zwar an das Areal, das Ihren Hals kontrolliert. Die Muskeln des Kehlkopfes und der Stimmbänder spannen sich an, was Ihre Stimme tonlos, flach und angestrengt klingen läßt. Sobald Sie bemerken, daß Sie gespreizt und ausdruckslos sprechen, macht Sie das noch verlegener und noch unwilliger, überhaupt etwas zu sagen.

Zu den letzten beiden Punkten möchte ich etwas hinzufügen. Schweigen setzt zwar Energien frei, die von anderen Körperteilen benötigt werden, deutet aber auch darauf hin, daß Sie sich den Streßreaktionen ergeben haben. Es ist eine kurzfristige Problemlösung, aber keine dauerhaft taugliche. Besser ist es, Ihre Reaktionen kürzer und ökonomischer zu gestalten als ursprünglich geplant. Das braucht etwas Zeit und Übung, und ich werde später erläutern, wie man es macht.

3. *Einige Streßreaktionen geschehen automatisch, andere halbautomatisch, manche sind strategisch.* Diese drei Reaktionsvarianten stehen Ihnen als Schutz gegen Streß zur Verfügung, und Sie brauchen alle drei, um soziale Kämpfe zu bestehen.
Manche Streßreaktionen geschehen automatisch: Eine höhere Adrenalinausschüttung, wenn Sie verfolgt werden, oder das stärkere Augenblinzeln bei einem Sandsturm lassen sich nicht beeinflussen, diese Reflexe sind die optimale Reaktion auf schwierige Situationen.
Andere Streßreaktionen wie Weinen, wenn Sie traurig sind, scheinen automatisch, sind aber nur halbautomatisch. Sie sind Ihre dominante Reaktion – Verhaltensweisen, zu denen Sie Zuflucht nehmen, wenn Sie nicht wissen, was Sie sonst tun sollen.
Eine schüchterne Sechsundzwanzigjährige erlebt ihre halbautomatischen Reaktionen wie folgt: »Wenn ich mich mit einem Unbekannten unterhalte, komme ich mir oft vor wie ein schüchternes kleines Kind. Mein Lächeln ist steif, die Aussprache undeutlicher als sonst, das Gesicht beginnt zu zucken, Hände und Stimme zittern. Ich kann ganz offen und freundlich sein, aber sobald ich das Gefühl habe, daß ich beobachtet oder bewertet werde (ob das nun stimmt oder nicht), werde ich ganz furchtbar verlegen.«
Schweigen ist oft die halbautomatische Reaktion von Schüchternen auf schwierige soziale Situationen. Es scheint weniger belastend, sich aus einer streßbeladenen

Begegnung zurückzuziehen als eine effektive, langfristige Strategie zur Milderung einer empfundenen Bedrohung zu entwickeln. Schweigen ist einfach; es kostet wenig Kraft und scheint instinktiv zu geschehen. Aber das ist es nicht. Sie wurden nicht schweigend geboren, sondern haben irgendwann gelernt, daß Schweigen eine einfache Art ist, mit der Pein fertig zu werden, die das Zusammensein mit anderen Ihnen bereitet.
Bedauerlicherweise ist Schweigen nicht sinnvoll, es kann sogar gegenteilige Wirkungen haben. Kurzfristig kann es Sie davon befreien, mit anderen ein Gespräch führen zu müssen, langfristig aber ist es äußerst frustrierend. Zahllose Schüchterne haben mir beschrieben, wie viele Enttäuschungen das Schweigen mit sich bringt. Eine Frau schrieb: »Ich kann nicht denken, und wenn mir endlich etwas einfällt, was ich sagen könnte, möchte ich es in genau dem richtigen Moment sagen, aber bis ich soweit bin, ist der richtige Moment vorbei.« Kaum sind sie wieder allein, fallen den Schüchternen eine Unzahl von wunderbaren Bemerkungen und Antworten ein, die sie in dieser Situation hätten äußern können. Oder sie fürchten, andere könnten sie für hochnäsig halten und nicht gern mit ihnen zusammensein.
Wenn Sie schweigen, lernen Sie weder neue Menschen kennen, noch lernen Sie etwas Neues über die Welt. Wenn Sie so damit beschäftigt sind, über sich, Ihre Nervosität und Ihre Enttäuschung nachzudenken, bleibt wenig Energie für Ihre Umwelt. (Daher der Vorwurf der Arroganz.) Wenn Sie so verschlossen sind, können nur wenige Menschen zu Ihnen durchdringen.
Nachdem Sie wieder einmal lange geschwiegen haben, werden Sie sich vielleicht Vorwürfe machen, auch dieses Mal niemanden kennengelernt zu haben. Schließlich werden Sie alle Gelegenheiten meiden, bei denen Sie Unbekannte treffen könnten, weil Ihr ständiges Schweigen zwar unproduktiv ist, Sie aber keine andere Strategie ken-

nen. Und wie wir bereits im vierten Kapitel sahen, wird eine gefürchtete Situation durch Vermeidung nur noch bedrohlicher.

Zum Glück können Sie solch halbautomatische Reaktionen verändern. Mit etwas Zeit und Übung können Sie andere, strategische Reaktionen erlernen, die das Schweigen ersetzen und Ihnen zur zweiten Natur werden können. Es liegt an Ihnen, mit anderen Kontakt aufzunehmen – hören Sie auf, nur auf sich zu achten, und achten Sie auf das, was um Sie herum vorgeht. Allein darin besteht die Kunst des sozialen Fingerspitzengefühls. Wenn Sie hart an sich arbeiten und sich wirklich verändern wollen, werden Ihnen diese neuen Verhaltensweisen selbstverständlich und mühelos:

- Machen Sie ein Kompliment. Das funktioniert immer, weil alle gern darüber sprechen, was andere attraktiv oder einzigartig finden. Selbst ein eher banaler Satz wie: »Das war ein großartiger Abschlußbericht!« bringt ein Gespräch in Gang.
- Benehmen Sie sich aufmerksam und höflich. Bringen Sie jemandem Kaffee, reichen Sie die Schale mit Chips weiter, öffnen Sie die Tür, tun Sie, was immer nötig ist, damit Ihr Gegenüber sich wohl fühlt. Zumindest sollten Sie sie fragen, ob sie etwas brauchen. Das schätzen alle Menschen.
- Stellen Sie Fragen. Offene Fragen sind besonders geschickt, denn sie bringen ein Gespräch in Gang, ermuntern andere, sich an einer Kommunikation zu beteiligen, und helfen auch Ihnen, an der Unterhaltung teilzunehmen. Einfache Fragen wie »Was machen Sie beruflich?«, »Woher kennen Sie den Gastgeber?« oder »Wie kommst Du mit dem Material für Deine Präsentation voran?« brechen das erste Eis.
- Haben Sie etwas zu sagen. Wenn Sie mehr sagen wollen, brauchen Sie ein Thema! Erweitern Sie Ihr Wissen

und Ihre thematischen Schutzzonen, indem Sie über Dinge Bescheid wissen, die auch andere interessieren könnten. Lesen Sie die Zeitung, achten Sie darauf, was in Ihrem engeren und weiteren Umfeld geschieht (die Eröffnung einer neuen Galerie, zum Beispiel), und informieren Sie sich über die Themen des Tages.

Es funktioniert immer, wenn Sie sich so auf Ihre Umgebung einstellen. Sie brechen damit nicht nur Ihr selbstauferlegtes Schweigen und lenken Ihre Aufmerksamkeit von Ihrer Unsicherheit ab, Sie bekunden auch Ihr Interesse an den anderen Anwesenden und dem Gespräch mit ihnen. Schon nach einigen wenigen Erfolgen können diese erlernten, strategischen Reaktionen halbautomatisch werden. Erfolg ist ein guter Lehrmeister!

4. *Streßreaktionen lösen Gefühle aus.* Weil auch Ihr Denken an den Streßreaktionen beteiligt ist, sucht es nach emotionalen Erklärungen für Ihre Körperempfindungen (das Schwitzen, Erröten, Stottern usw.). Wenn Sie gerade eine heftige Streßreaktion erleben, ziehen Sie daraus alle möglichen, irrigen Schlußfolgerungen. Beispiele dafür, wie Schüchterne ihre Streßreaktionen deuten, sind:

- Ich gehöre nicht hierher.
- Die Situation überfordert mich.
- Ich bin unattraktiv und keiner Aufmerksamkeit wert.
- Ich bin ein hoffnungsloser Fall, weil ich nicht einmal ein normales Gespräch mit der Kassiererin hinbekomme.
- Alle merken, wie nervös ich bin.
- Mein Körper gehorcht mir überhaupt nicht mehr.

Diese Gedanken sind zum einen alle negativ und zum zweiten alle falsch. Denn statt: »Ich wünschte, mein Herz würde nicht so rasen; es ist furchtbar, auf so eine Party zu gehen«, könnten Sie denken: »Whoww, mein Herz schlägt wie verrückt; ich will probieren, es *spannend* zu finden, daß ich auf dieser Party bin.« Nur Ihre Angst verhindert, daß Sie Ihre eingefahrenen schüchternen Denkmuster anders benennen.

Wir alle haben Etiketten für unsere Gefühle. »Nervosität« beispielsweise besteht aus Herzklopfen (körperliche Erregung) und dem Anblick eines attraktiven Menschen (der Auslöser für die Erregung). Aber auch »Attraktion« besteht aus Herzklopfen und dem Anblick eines attraktiven Menschen. Alles hängt davon ab, wie Sie Ihre Reaktion sehen.

Sie können die Symptome Ihrer Erregung so benennen, daß Negatives wie »Anspannung«, »Furcht« oder »Nervosität« positiv wird – »Aufregung«, »Erwartung« oder »Aufmerksamkeit«. Solche Etikettierungen sind nur vorübergehend, wirken sich aber deutlich auf Ihr Verhalten aus. Nennen Sie etwas Erwartung, folgt Annäherung; nennen Sie es aber Angst, folgt Vermeidung. Hier einige Ratschläge, wie Sie sich anders verhalten können:

Nennen Sie das Gefühl anders. Viele Streßreaktionen resultieren nicht aus Angst; sie sind die Folge davon, daß Sie etwas Neues ausprobieren. Warum sollten Sie sich als verängstigt bezeichnen, wenn Sie das Gefühl ebensogut »Erregung« nennen können?

Fragen Sie sich, wie aufgeregt Sie wirklich sind, und seien Sie realistisch. Kommt es Ihnen wirklich so vor, als hätten Sie jede Kontrolle verloren, oder ist Ihre momentane Befindlichkeit nicht doch etwas weniger dramatisch? Alles außer einer echten Panikattacke ist erträglich.

Finden Sie heraus, was Ihnen angst macht. Lernen Sie von Ihrer Angst, indem Sie ihre Ursache ergründen. Gibt es einen echten Grund zur Angst? Eine reale Bedrohung? Eine eingebildete Bedrohung? Welche Beweise haben Sie, daß die Bedrohung real ist? Warum ist diese Angst so stark?

Erregung schadet Ihnen nicht – im Gegenteil! Sie zeigt Ihnen, daß Sie Ihre Schutzzone erweitern und neue Lebenslektionen lernen. Wenn es in Ihrem Leben keine Spannungen gibt, gibt es auch kein Wachstum. Sie können nur erfolgreich schüchtern werden, wenn Sie Situationen aushalten lernen, die Sie etwas nervös machen – dafür müssen Sie an Ihren Reaktionen arbeiten und Ihre Angst als Ansporn sehen, zu wachsen und zu lernen.

Angst hat auch Vorteile

Eine Streßreaktion kann sehr unangenehm sein, unter bestimmten Umständen aber finde ich diese Erregung sehr gut. Selbst nach zwanzig Jahren Lehrtätigkeit freue ich mich immer noch auf diese gewisse Nervosität, die ich verspüre, bevor ich vor meine Studenten trete. Ich brauche die Anspannung, um eine gute Vorlesung halten zu können. Sie beweist mir auch, daß ich nach all diesen Jahren immer noch gern unterrichte.
Ich lasse allerdings nicht zu, daß mich die körperliche Erregung während der Vorlesung behindert. Ich habe von Schauspielern, Berufsrednern, Komödianten und Sportlern einige Tricks gelernt, sie alle *brauchen etwas Lampenfieber,* bevor es »ernst« wird, und ihre Lehre lautet: Bereite dich sehr gut vor, damit du nicht an deine Rede, deinen Text, deine Pointen oder deinen Einsatz denken mußt, wenn du nervös bist.
Ich bereite mich vor, indem ich meine Vorlesungen aufschreibe. Redner halten ihre Vorträge vor dem Spiegel. Schauspieler proben immer wieder. Berühmte Komödianten testen ihre neuen Witze erst einmal in kleinen Clubs. Sportler trainieren scheinbar ohne Ende. Wir alle freuen uns auf den Moment der ersten Anspannung, weil wir wissen, daß uns diese Nervosität vor dem Auftritt hilft,

gut zu sein. Die Erregung gibt uns im entscheidenden Moment mehr Pep.
Sie sollten das gleiche tun. Bereiten Sie sich vor. Achten Sie immer auf dieses Gefühl von Aufregung, bevor Sie zu einer Party gehen, eine Rede halten oder Ihren neuen Chef kennenlernen. Sehen Sie sie nicht als Angstreaktion, die Sie belasten wird, sondern lassen Sie sich davon beflügeln – es macht Sie wacher und lebendiger.

Was Schüchternheit mit Furcht und Angst zu tun hat

Furcht folgt aus einer konkreten Bedrohung – ein auf Sie zu rasendes Auto oder der Gedanke an eine bevorstehende Verabredung –, und sie vergeht, sobald die konkrete Situation vorüber ist. Angst hingegen ist unspezifischer und wird nicht durch eine konkrete Bedrohung ausgelöst. Sie entsteht viel langsamer, ist weniger intensiv und klingt viel langsamer ab.
Obwohl sie verschiedene Ursachen haben, erleben wir Furcht und Angst fast gleich: Der Körper wird erregt, wachsam und verteidigungsbereit. Aber eine Situation, die Furcht auslöst, erkennen Sie sofort, während der Grund für Angst unklar sein kann. Angstsymptome sind auch diffuser als Furchtreaktionen. Angst läßt Sie verkrampft, nervös oder unsicher wirken, weil Sie immer mit unsichtbaren Bedrohungen rechnen. Viele ängstliche Menschen können sich selbst dann nicht entspannen, wenn sie allein sind.
Manche Menschen wissen nicht, was zu solchen körperlichen Reaktionen führt. Ihre Symptome sind oft lästig – aber selten so intensiv, daß sie das tägliche Leben beeinträchtigen –, scheinen aber keine konkrete Ursache zu haben. Solche ständigen und milden Streßreaktionen deuten auf Angst hin, nicht auf Furcht.

Wir alle fühlen uns hin und wieder angespannt und ängstlich, aber es gibt drastische Unterschiede im Leiden und den Ursachen. Einige Menschen sind nur ängstlich, wenn ein sehr wichtiges Ereignis in ihrem Leben bevorsteht, ein Bewerbungsgespräch, ein wichtiger Abgabetermin oder eine Hochzeit. Dergleichen läßt fast alle Menschen mehr oder weniger nervös und ängstlich werden, aber wenn der große Tag überstanden ist, fällt auch das Angstniveau wieder.

Andere sind ängstlich, weil ihr Nervensystem leicht erregbar ist. Ihr Körper scheint ständig auf Hochtouren zu laufen, unabhängig von der konkreten Situation. Diese Angst und Anspannung sind rein körperliche Reaktionen. Solche Menschen sollten zum Arzt gehen, der ihnen Medikamente zur Senkung ihres Erregungsniveaus verschreiben kann.

Wieder andere kennen den Grund für ihre Angstgefühle nicht. Sie fühlen sich oft, aber nicht immer, unsicher, und das wird weder durch eine erkennbare Situation wie ein Bewerbungsgespräch noch durch ein übersensibles Nervensystem ausgelöst.

Viele Schüchterne gehören in diese Kategorie; sie leiden unter einer Anspannung, die durch unterschiedliche Situationen ausgelöst werden kann. Die Situationen ähneln sich darin, daß der Schüchterne mit Menschen kommunizieren muß und bewertet werden könnte. Nicht das Bewerbungsgespräch löst Angst aus, sondern das Großraumbüro voller Kollegen, denen man sich täglich wird stellen müssen. Es ist nicht die Hochzeit, sondern die vielen Gäste, die anwesend sein werden.

Manche leiden dermaßen unter sozialer Angst, daß sie sich in psychotherapeutische Behandlung begeben. Sobald sie eine Therapie oder eine medikamentöse Behandlung begonnen haben, sinkt ihre Angst vor sozialen Situationen. Ein New Yorker, der im Verlagswesen arbeitet, berichtet: »Manchmal lähmt mich meine Schüchternheit geradezu, aber jetzt komme ich damit zurecht. Sobald ich merke, was passiert, rufe ich meinen Therapeuten oder einen Freund an. Ich sage nur, ›Hallo, ich fühle mich schüchtern und verstehe nicht, warum‹. Meist finde ich einen Grund für eine unbewußte Angst, und es hilft schon, den nur zu benennen.«

Viele Menschen erleben eine ganz normale soziale Angst, wenn sie gern einen guten Eindruck machen möchten. Diese Art von Anspannung kann gut und nützlich sein, weil sie Sie dazu bringt, etwas zu tun – beispielsweise einen Vortrag vorzubereiten.

Sie können mit normalen sozialen Ängsten aber auch auf eine Weise umgehen, die schadet. Wenn Sie sich isolieren, nicht mehr kommunizieren oder nur noch an Ihre Sorgen denken, verschlimmern Sie die Ängste und versinken darin. Schließlich glauben Sie, daß niemand so furchtbare Ängste erlebt wie Sie und daß das immer so bleiben wird.

Wenn Sie glauben, daß Sie unter sozialen Ängsten leiden, sprechen Sie mit Ihrem Arzt, ob Ihnen Medikamente oder eine Therapie helfen können. Sollten Ihre Angstgefühle keine körperlichen Ursachen haben, müssen Sie darüber nachdenken, wie Sie solche verunsichernden sozialen Situationen wahrnehmen, was Sie empfinden, und wie Sie handeln. Auch bei diesem Problem ist es am klügsten, nach den Ursachen zu suchen, denn nur das gibt Ihnen die Chance, es in seiner wahren Dimension zu erkennen und in den Griff zu bekommen.

Überprüfung der Realität

Natürlich möchten Sie diese Angstgefühle sofort loswerden – wer mag sich schon unwohl fühlen? Aber die meisten Blitzmethoden funktionieren einfach nicht. Einige

– wie der Rat, sich Wolken vorzustellen, Kohlenhydrate zu essen, sich tatsächlich oder in der Vorstellung an ein Seeufer zu stellen, tief durchzuatmen, Medikamente einzunehmen oder Alkohol zu trinken – können intensive Ängste dämpfen, weil sie die Hirnaktivitäten verlangsamen oder Ihre Aufmerksamkeit ablenken. Aber diese raschen Lösungen ändern nichts an der *Ursache* Ihrer Erregung; sie ignorieren die Wurzeln des Problems.
Vielleicht belastet es Sie, daß Sie sich von anderen in Ihrem Selbstwertgefühl bedroht fühlen. Es gelingt Ihnen zwar, sich mit Gedanken an Wasserfälle oder tropische Strände zu beruhigen, aber wenn Sie die Augen öffnen, empfinden Sie allein bei dem Gedanken, Ihren Chef um eine Gehaltserhöhung anzugehen oder Ihre Nachbarin ins Kino einzuladen, immer noch Scheu, Angst, ja regelrecht Panik.
Die folgenden Fragen sind ein »Realitäts-Check« – er soll Ihnen helfen, angstbeladene Situationen besser einzuschätzen, sich mit den Ursachen Ihrer Angst zu befassen und so Ihre Zurückhaltung zu überwinden.
Wenn Sie über Antworten auf diese Fragen nachdenken, tun Sie bereits den ersten Schritt, Ihre Ängste zu besiegen. Und wenn Sie ganz ehrlich sind, werden Sie erkennen, daß es nie zum Schlimmsten kommt.

Übungen für Ihr Tagebuch

Wenn Sie das nächste Mal etwas vorhaben und deswegen nervös sind, sollten Sie mit den folgenden Fragen die Realität überprüfen:

- Sind meine Ängste realistisch oder phantasiere ich mir nur das schlimmstmögliche Ergebnis zusammen?
- Werde ich dort wirklich im Mittelpunkt stehen, oder wird es mir nur so vorkommen?
- Habe ich schon häufiger versucht, dieser Situation auszuweichen? Falls ja: Ist sie durch diese Vermeidung noch furchterregender geworden?

- Warum bin ich so aufgeregt und angespannt? Was bedroht mich so sehr? Was ist meine schlimmste Angst?
- Gibt es realistische Möglichkeiten für mich, die Situation zu kontrollieren?
- Wie kann ich mich auf die Situation vorbereiten?
- Welche Aspekte entziehen sich meiner Kontrolle? (Siehe 4. Kapitel)
- Kann ich es mir als Erfolg anrechnen, daß ich überhaupt hingehe und mich dort wohl fühle, oder glaube ich, unbedingt der Star des Abends sein zu müssen?

Langfristige Strategien

Es gibt nicht nur viele wirkungslose kurzfristige Methoden, Schüchternheit anzugehen, es gibt auch viele sinnlose, ja sogar schädliche langfristige Strategien im Kampf gegen Angst und Erregung.
Am offensichtlichsten ist das Vermeiden – das Tilgen des Stressors, wie ein junger Buchhändler es beschreibt: »Ich bin von Festen fortgegangen, ohne es jemandem zu sagen. Die Konsequenzen waren mir egal, selbst wenn ich mitten in der Nacht einen weiten Weg zu Fuß gehen mußte. Ich meide soziale Situationen fast völlig.«
Wenn Sie nicht mehr mit Unbekannten sprechen, nicht mehr in ein neues Restaurant gehen, sich nichts Neues mehr trauen, glauben Sie vielleicht eines Tages nicht mehr, daß Sie das überhaupt je wollten. Ihr persönliches Leben verkümmert, weil Sie nur noch Altbewährtes tun.
Eine zweite sinnlose, ja sehr gefährliche Langzeitstrategie sind Alkohol und Drogen – ausgenommen sind hier nur jene Medikamente, die Ihr Arzt oder Ihre Ärztin ihnen verschrieben hat, um eventuelle Angstsymptome zu behandeln. Alkohol und Drogen bergen viele Gefahren: Sie

können abhängig werden. Sie kommunizieren mit anderen nur noch, wenn Sie unter dem Einfluß einer Droge stehen. Sie könnten glauben, die Droge mache Sie »gesprächig«. Sie glauben nicht mehr, daß Sie Ihre Schüchternheit jemals ohne diese Mittel in den Griff bekommen können. Sie finden aufgrund Ihres veränderten Zustandes kein Gesprächsthema und/oder können sich nicht äußern (weil Sie z. B. nicht mehr klar sprechen können).
Verschiedene Menschen brauchen verschiedene Langzeitmethoden, aber einige Grundregeln gelten für alle. Diese Regeln helfen Ihnen nicht nur, Ursachen und Folgen Ihrer Schüchternheit besser zu verstehen und Ihre Angst als eine Verbündete zu sehen: Mit ihr werden Sie sich selbst besser verstehen und erfassen können, welchen Platz diese Angst in Ihrem Leben hat. Die Methoden sind ebenso allgemeingültig wie anpassungsfähig und individuell und lassen sich daher auf jede Situation anwenden, die einschüchternd wirken kann.

- Geben Sie nicht auf. Üben Sie die neuen Verhaltensweisen, die ich in diesem Kapitel beschrieben habe, sooft es geht. Sie werden Ihnen immer leichter fallen, und Ihre Nervosität wird nachlassen. Lassen Sie nicht locker.
- Meiden Sie Schwieriges nicht. Wenn Sie Angst davor haben, vor Publikum zu sprechen, suchen Sie gezielt nach Gelegenheiten, genau das zu tun. Üben Sie zu Hause, vor Freunden, oder besuchen Sie Kurse. Ihr Ziel ist es, etwas, das für Sie sehr angstbesetzt ist, zur Routine zu machen.
- Handeln Sie jetzt. Je jünger Sie sind, wenn Sie etwas Neues ausprobieren, um so leichter kann Ihr Gehirn es sich einprägen, aber Veränderungen werden in höherem Lebensalter nur schwieriger, nicht unmöglich. Der beste Zeitpunkt für den ersten Schritt ist jetzt; je länger schädliche Angewohnheiten gepflegt werden, um so mehr verfestigen sie sich.

- Denken Sie über die drei Merkmale der Schüchternheit nach: den Annäherungskonflikt, die verlängerte Aufwärmphase und die Schutzzone. Überlegen Sie, was sie in der gefürchteten Situation mit Ihnen machen. Vermeiden Sie etwas, was Sie gern probieren würden? Erwarten Sie sofortige Erfolge, statt sich genügend Zeit zum Aufwärmen zu lassen? Sind Sie beunruhigt, weil das, was Ihnen Angst macht, außerhalb Ihrer üblichen Schutzzone liegt? Was können Sie tun, um sich selbst zu helfen? Wenn Sie diese drei Richtlinien im Kopf behalten, werden neue Situationen nicht mehr so neu sein.
- Schließen Sie Frieden mit Ihrer Angst. Sagen Sie sich, daß Ihre Streßreaktion zu Ihnen gehört. Wenn Sie sich entspannen und denken: »Ach, Angst, alter Kumpel, da bist du also wieder«, verliert sie ihre Macht über Sie, vor allem, wenn Sie hinzufügen: »Es kommt nicht in Frage, daß ich deinetwegen etwas bleiben lasse, was ich machen will.«
- Machen Sie »soziale Recherchen«. Bereiten Sie Ihren Auftritt vor, indem Sie im Vorfeld möglichst viele Informationen sammeln. Sehen Sie sich die Räumlichkeiten an, bevor Sie Ihren Vortrag halten. Bringen Sie bei einer offiziellen Einladung vorher in Erfahrung, welche Garderobe erwartet wird. Wenn Sie sich vorher orientieren, erleben Sie weniger Überraschungen und somit auch weniger, was Sie in der jeweiligen Situation ablenken kann.

Vermeiden strategisch einsetzen

Ich habe Ihnen geraten, sich nicht in Vermeidung zu flüchten. Gezielt eingesetzt kann sie allerdings mitunter sinnvoll sein.

Stellen Sie sich vor, ein hungriger Löwe läuft auf Sie zu – auf einen unbewaffneten, einsamen Menschen im Urwald. Ihre Reaktion ist klar: Sie rennen um Ihr Leben. Das ist ein Ausweichen auf körperlicher Ebene, und dagegen ist nichts einzuwenden. Im Gegenteil: Sie sind dem hungrigen Löwen entkommen und haben damit vermutlich Ihr Leben gerettet.

Aber Vermeiden ist nur von Nutzen, wenn Sie, in Sicherheit angelangt, darüber nachdenken, wie Sie die Bedrohung künftig vermindern können. Sie müssen einen Plan machen, wie Sie mit dem Löwen fertig werden wollen, wenn Sie ihm das nächstemal begegnen. Sie könnten mit Freunden gehen, weil man zu mehreren sicherer ist. Sie könnten Waffen erfinden, um ihn zu töten. Sie könnten herausfinden, wann der Löwe schläft, und sich nur dann in sein Gebiet wagen.

Sie müssen also aus Ihren Erfahrungen lernen und Strategien entwickeln, die verhindern, daß Sie Bedrohungen nur ausweichen können. Wenn Sie einmal nicht zum Weiterbildungsseminar gehen, ist das nicht schlimm. Wenn Sie sich aber jedesmal davor drücken, schadet das nicht nur Ihrem beruflichen Fortkommen, es führt auch dazu, daß Seminare jeglicher Art immer beängstigender werden.

Falls Sie dennoch ein Seminar schwänzen, sollten Sie Ihre Zeit klug nutzen: Planen Sie strategisch, wie Sie es das nächstemal erfolgreich absolvieren werden. Gehen Sie mit einer Kollegin, dann fühlen Sie sich nicht so allein. Besorgen Sie sich eine Liste der Teilnehmer, und suchen Sie sich heraus, wen Sie gern kennenlernen möchten. Arbeiten Sie an Ihren sozialen Fertigkeiten, damit Sie darauf vorbereitet sind, einige Stunden mit Fremden zu verbringen. Lernen Sie aus Ihrem Vermeiden, indem Sie die nächste schwierige Situation vorausplanen.

Ein abschließendes Wort über die körperlichen Symptome der Schüchternheit

In diesem Kapitel ging es nicht darum, die körperlichen Symptome der Schüchternheit durch Tiefenatmung, Entspannungstechniken, normale Massagen, Medikamente, Meditationen und so weiter zu besänftigen. Der Körper weiß, warum er Streßreaktionen produziert. Er signalisiert jeder Zelle und jedem Härchen, daß Gefahr droht, und wenn Sie diese Warnsignale spüren, hat Ihr Körper seine Sache gut gemacht.

Ich halte es für sinnvoller, den schüchternen Körper mit dem Geist zu bekämpfen, denn Ihre Gedanken bringen Ihren Körper dazu, Streßreaktionen zu produzieren. Ihr Denken entscheidet, wann gekämpft, wann geflohen werden soll; es versucht, Ihre Körperreaktionen zu reduzieren; es interpretiert, was die Erregung bedeutet.

Im 6. Kapitel geht es darum, wie sich Schüchterne Bedrohungen erklären, warum sie sich oft für die falschen Lösungen entscheiden, um mit diesen Bedrohungen fertig zu werden, und wie das schüchterne Denken zu besseren Lösungen kommen kann.

6. Kapitel
Das schüchterne Denken

»Meine Schüchternheit hat mich zum kompletten Einzelgänger gemacht. Ich denke ständig über meine Unbeholfenheit und meine Unzulänglichkeiten in sozialen Situationen nach.«
»Ich bin ein furchtbarer Gesprächspartner, was sicherlich an meiner Schüchternheit liegt. Ich habe Angst, was Leute von mir denken, wenn ich etwas sage, oder ich habe Angst, daß ich etwas Falsches sage.«
»Ich führe ständig innere Monologe. Ich kann es nicht ganz erklären. Ich versuche, mich nicht schüchtern zu benehmen, aber es kommt mir immer so vor, als sei ich es.«
Wie verschlungen die Wege des schüchternen Denkens doch sind! Es fasziniert mich. Das schüchterne Denken ist ein Taschenspieler und Legendenweber. Und doch ist es nur das *Denken* des Schüchternen (nicht sein Körper, nicht seine ganze Persönlichkeit), welches die Mythen über Schüchternheit erzeugt, glaubt und ihnen schließlich selbst zum Opfer fällt.
Sie mögen glauben, daß niemand denkt wie Sie, tatsächlich aber funktioniert das schüchterne Denken häufig ähnlich. Diese vorhersagbaren Gedankengänge öffnen den Mythen Tür und Tor. Das schüchterne Denken hat eine große Kraft – es glaubt die Mythen, obwohl sie falsch sind, aber es kann auch zur Wahrheit durchdringen. Wenn Sie die Gesetzmäßigkeiten des schüchternen Denkens verstehen, werden Sie es in sozialen Situationen gezielt ändern können.

Positives Denken allein genügt nicht, um die typisch schüchternen Gedankengänge zu verändern, aber es ist auch nicht so schwierig, wie es zunächst scheinen mag. Es vereinfacht die Aufgabe, Gedankenabläufe in einzelne Schritte zu zerlegen, um zu erkennen, wie es funktioniert. Sehen wir uns diese Schritte etwas näher an.

Das Paradox des Narzißmus

Es mag der Intuition widersprechen, einen schüchternen Menschen als Narzißt zu bezeichnen. Schließlich will der Narzißt alle Aufmerksamkeit für sich allein, und das ist das letzte, was ein Schüchterner möchte. Wie ein sehr erfolgreicher Arzt erzählt: »Ich blieb in der zweiten Klasse sitzen, weil meine Lehrerin glaubte, ich könne nicht lesen. Ich konnte durchaus lesen, aber ich hatte furchtbare Angst davor, laut vorzulesen.« Schüchterne wollen alles meiden, was Aufmerksamkeit wecken könnte.

Aber in einer Hinsicht sind Schüchterne durchaus narzißtisch: Sie sind der unangefochtene Mittelpunkt ihres eigenen Denkens; wenn sie mit anderen Menschen zusammen sind, blicken sie nur auf ihr eigenes Drama. Warum? Wie wir ja bereits sahen, dominieren die physiologischen Reaktionen so sehr, daß der Körper des Schüchternen zur Quelle ständiger Ablenkung und Unwohlseins wird. Weil sie körperlich dermaßen erregt sind, stehen Schüchterne unter Spannung und sind mit sich beschäftigt. Sie denken nur noch an ihre Reaktionen und überlegen, wie sie wohl wirken. Bei einem Gespräch glauben sie, daß ihr Gegenüber jedem ihrer Worte lauscht, jede Geste bemerkt, jede Pore kritisch begutachtet.

Das ist ein Irrtum. Andere Menschen kümmern sich um ihre eigenen Dinge und interessieren sich weniger für Sie, als Sie glauben. Sobald Sie aufhören, sich selbst zu bewerten und zu glauben, daß alle nur auf Sie achten, können Sie aufnehmen, was andere sagen, darüber nachdenken, was Sie antworten könnten, und auch die nichtverbale Kommunikation erfassen. Ihren körperlichen Reaktionen einfach keine Aufmerksamkeit mehr zu schenken ist, als schalteten Sie das Radio in Ihrem Kopf ab: Statt nach innen zu horchen, können Sie Ihre Aufmerksamkeit nach außen richten.

Im folgenden wird es also um das Paradox des Narzißmus gehen, das nicht nur der Ausgangspunkt vieler schüchterner Gedanken ist, sondern sogar deren Entstehen bedingt.

Jede Unterhaltung ein Prüfstand

Eine Sozialarbeiterin aus Washington schrieb: »ES IST EIN FLUCH! Ständig so selbstbezogen und ängstlich zu sein! ›Was denken die anderen?‹ – diese Frage beherrscht mein Denken in praktisch jedem wachen Augenblick.« Das ist ein Musterbeispiel für schüchternen Narzißmus.

In Wirklichkeit ist eine Unterhaltung kein Prüfstand – Sie werden nicht bei jedem Gespräch bis in den letzten Winkel durchleuchtet! Diese Sozialarbeiterin ist die einzige, die alles, was sie tut, auf Fehler hin prüft und wertet; sie meint sich bewähren zu müssen, sobald sie in einer etwas unklaren Situation den Mund aufmacht.

Vielleicht fühlen auch Sie sich ständig bewertet. Solche Gedanken beruhen auf dem Phänomen der entfremdeten Selbstwahrnehmung, einem Trick, den Ihr Bewußtsein Ihnen spielt, wenn Sie befangen sind. Die entfremdete Selbstwahrnehmung hebt Sie aus der aktuellen Situation und aus sich selbst heraus.

Das geschieht etwa so: Wenn ich mich mit einem Freund

unterhalte und Durst bekomme, greife ich ohne viel Nachdenken nach meinem Glas, trinke einen Schluck und stelle das Glas zurück. Verhandle ich aber mit einer Bankangestellten über ein Darlehen, bin ich nervös, und wenn sie mich scharf anschaut, werde ich noch nervöser. Wenn ich nun also Durst habe, denke ich: »Wenn ich das Glas nehme, muß ich das so tun, daß ich nichts über die Unterlagen auf dem Tisch schütte. OK, jetzt habe ich das Glas in der Hand. Ich hebe es zum Mund. Ich bemühe mich, die Hand ruhig zu halten; sie soll nicht glauben, daß ich wegen dieses Darlehens aufgeregt bin.« Ich bin so verlegen und nervös, daß ich neben mich trete und mir sozusagen selbst zuschaue. Ich nehme mich objektiv, von außen und damit entfremdet, wahr. Ich bin überhaupt nicht mehr ich selbst, weil ich so mit dem beschäftigt bin, was ich tue und wie ich es tue.

Gegenstände oder Situationen, die die entfremdete Selbstwahrnehmung fördern – ein Spiegel, eine Videokamera, ein Termin mit einem Steuerbeamten oder ein Vortrag vor großem Publikum –, lösen die bevorzugten Reaktionsweisen aus und verstärken sie: bei Schüchternen bedeutet das meist, daß sie schweigen und gehemmt sind.

Wenn Sie das Gefühl haben, daß jemand Sie beobachtet, werden Sie aufgrund Ihrer Verlegenheit noch gehemmter sein als sonst. Das kann dazu führen, daß Sie schließlich jedesmal, wenn Sie unter Menschen sind, das Gefühl haben, Sie würden geprüft und bewertet. Manchmal reicht die bloße Anwesenheit eines anderen, daß Sie sich in entfremdeter Selbstwahrnehmung verfangen, was Sie natürlich nur noch befangener werden läßt.

Solch überzogene Selbstkritik können Sie nur bekämpfen, indem Sie Ihre bevorzugten Reaktionsmuster überdenken und in die tatsächliche Situation zurückkehren. Hier einige Ratschläge, wie Sie das erreichen können:

Denken Sie über Ihre momentane Reaktion nach. Verheddern Sie sich in entfremdeter Selbstwahrnehmung?

Läßt Sie das gehemmt werden? Muß das Ihre bevorzugte Reaktionsweise sein? Sie haben andere Handlungsmöglichkeiten, die aktiver und direkter sind (erinnern Sie sich beispielsweise daran, daß Sie Zeit brauchen, um mit einer neuen Situation warm zu werden).

Nennen Sie Ihre bevorzugte Reaktionsweise anders. Sehen Sie sie nicht als Ihre einzige, sondern als Ihre erste Reaktion. Was geschieht danach? Können Sie Ihre Aufwärmphase nutzen, um mehr Informationen zu sammeln und sich über die Atmosphäre klarzuwerden? Sehen Sie sich um: Wer steht allein oder am Rand einer Gruppe? Wenn Sie mögliche Gesprächspartner entdeckt haben, versuchen Sie, auf sie zuzugehen.

Finden Sie Ihre Stärken, und nutzen Sie sie. Überlegen Sie, wo Ihre Stärken liegen. Wenn Sie mit sich selbst überkritisch werden, können Sie sich auf diese Stärken verlassen – sei es, daß Sie jemandem helfen, in einer brenzligen Situation Ruhe bewahren oder strahlend lächeln.

Vieles wirkt auf andere nicht so, wie Sie glauben. Ich habe einige Rundfunksendungen moderiert und weiß daher, daß eine winzige Pause, in der man nach einer besonders guten Formulierung sucht, wie eine Ewigkeit wirken kann. Aber dieses Gefühl von Katastrophe ist subjektiv und völlig übertrieben. Andere bemerken Pausen, Aussetzer und Stottern nicht so wie Sie. Es fühlt sich viel schlimmer an, als es sich anhört.

Üben Sie. Wiederholungen helfen Ihnen, sich in solch schwierigen Situationen, in denen Sie immer wieder entfremdete Selbstwahrnehmung erleben, besser zurechtzufinden. Sprechen Sie auf Band, üben Sie vor einem Spiegel oder einer Videokamera, um sich an das Gefühl zu gewöhnen, beobachtet und bewertet zu werden. Das mag anfangs unangenehm sein, aber mit der Zeit gehen Sie damit ganz entspannt um.

Konzentrieren Sie sich auf etwas anderes in Ihrer Umgebung. Das kann Ihnen helfen, den Druck zu mindern und

in die konkrete Situation zurückzukehren. Stellen Sie eine Frage, machen Sie ein Kompliment, tun Sie etwas Vertrautes, das Ihnen mehr Sicherheit gibt, oder sprechen Sie über ein aktuelles Thema.
Im dritten und vierten Teil des Buches wird es auch darum gehen, wie Sie in speziellen Situationen mit Ihrer Verlegenheit und Nervosität besser fertig werden können.

Eine Prise Negativität

Ein Gärtner Ende Dreißig schrieb: »Ich fühle mich mit anderen schnell unwohl und nervös, vor allem bei Menschen, die meine Schüchternheit verstärken. Der Grund ist, daß ich ständig in Sorge bin, ich könnte mich lächerlich machen, und das liegt daran, daß es mir zu wichtig ist, was andere über mich denken. (Ich glaube immer, daß diese Meinungen negativ ausfallen.)«
Bewertet zu werden (auch wenn Sie selbst die Jury sind) ist an und für sich nicht so schlimm. Wie das rechte Maß von Aufmerksamkeit und Anspannung, hält auch diese Selbstbetrachtung Sie wach. Zu einem Problem wird sie erst, wenn Sie sich, wie dieser Gärtner, *immer negativ bewerten.* Solche Fehldeutungen werden Ihnen leichter passieren, wenn Sie narzißtisch um sich selbst kreisen: um Ihre momentanen Gedanken und Ängste, Ihr Bedürfnis nach Anerkennung und Akzeptanz, Ihren ständigen Kampf um Perfektion. Alle Menschen kennen solche Gefühle, aber Sie erleben sie intensiv, wenn Sie in Gesprächspausen nicht auf Ihr Gegenüber, sondern nur auf sich und Ihren inneren Monolog achten. In solchen Momenten des Schweigens können Ihre Ängste und Ihr Bedürfnis nach Bestätigung außer Kontrolle geraten.
»Wenn ich mich mit jemandem unterhalte, beschäftigt mich die Frage, was er über mich denkt, meist mehr als

das, was er sagt.« Die junge Frau, die das sagt, hat in Wahrheit wenig zu fürchten – und Sie auch nicht. Andere Menschen sind zu beschäftigt, desinteressiert oder kreisen zu sehr um sich, um zu bemerken, was Sie den ganzen Tag lang tun. Sie leben nicht unter einem Mikroskop.

Das klingt vielleicht hart, ist aber sicher nicht so hart wie das, was Sie zu sich sagen. Jonathan Cheek, der Schüchternheit erforscht, weiß: »Schüchterne sind ihre eigenen schlimmsten Kritiker.« Sie sehen voraus, daß Sie versagen werden, dann versagen Sie, und dann geißeln Sie sich, weil Sie versagt haben. Sie schweigen, starr vor Angst, daß Sie etwas Dummes sagen könnten. Sie sagen sich, daß andere Sie sowieso nicht mögen, und ziehen sich deswegen in eine kleine Schutzzone zurück. Paradoxerweise meiden Sie Risiken, weil Sie Angst vor einem Erfolg haben, denn der könnte Sie zwingen, die Mythen zu überdenken, denen Sie Glauben schenken, ja vielleicht sogar das Bild zu verändern, das Sie von sich hegen.

Aber Sie müssen negativen Gedanken nicht glauben, nur weil sie Ihnen in den Kopf kommen. Gedanken sind keine Tatsachen, und wenn sie in dem getrübten Geisteszustand der entfremdeten Selbstwahrnehmung entstehen, sind sie sowieso äußerst dubios. In solchen Momenten sind Sie erregt und stehen unter Druck, es geht ungeheuer viel in Ihnen vor, so daß Sie für Trugschlüsse und Fehlurteile besonders anfällig sind.

Außerdem folgen Ihre negativen Gedanken bestimmten Mustern, die immer darin enden, daß Sie sich selbst abwerten. Es geschieht beispielsweise häufig, daß Sie die Bedeutung Ihrer Rolle in einer sozialen Situation überschätzen, was dazu führt, daß Sie völlig zu Unrecht die Schuld bei sich suchen, sobald etwas schiefgeht. Entsteht eine Gesprächspause, finden Sie den Grund automatisch in der »Tatsache«, daß Sie eben langweilig sind, und übersehen völlig, daß Ihr Gesprächspartner der Langweiler sein könnte oder einfach nur einen Moment nachdenkt.

Die Schuld für Mißlingen übernehmen

Obwohl Paul schüchtern ist, raffte er sich auf, zu einer Party zu gehen. Dort traf er Mary, eine Versicherungsangestellte, die ihm gut gefiel. Da Paul gerade ein Magengeschwür gehabt hatte, verwickelte er Mary in ein Gespräch über die Probleme, die er im Verlauf dieser Krankheit erlebt hatte. Er schilderte ihr ausführlich und anschaulich seine Symptome, vor allem seine Schwierigkeiten mit der Versicherungsgesellschaft, und bat Mary um Rat, wie er sich verhalten solle.

Mary schien sehr verständnisvoll, und Paul hatte den Eindruck, als verlaufe die Unterhaltung großartig. Er war sogar richtig froh, bis Mary sich abrupt und ohne ersichtlichen Grund entschuldigte und in einen anderen Raum verschwand, wo die Getränke und das Büfett waren. Paul blieb allein und völlig verwirrt vor den Lautsprechern zurück. Er ging nicht noch einmal zu ihr, um das Gespräch fortzuführen, sich zu verabschieden oder sie um ihre Telefonnummer zu bitten. Er verließ das Fest früh und deprimiert.

Als er sie in der folgenden Woche zufällig in einem chinesischen Schnellrestaurant sah, tat er, als sähe er sie nicht, und verließ das Lokal so schnell er konnte, den Blick auf den Boden geheftet.

Zuschreibungen helfen uns, das Leben kalkulierbarer, ordentlicher, sicherer und vernünftiger zu machen, weil sie scheinbar willkürliche Geschehnisse erklären. Wir alle, ob schüchtern oder nicht, machen solche Zuschreibungen, besonders in Situationen, in denen wir nicht genügend Informationen haben, um einen Vorfall zu verstehen.

Leider neigen Schüchterne dabei zu ebenso überstürzten wie vorhersehbaren Schlußfolgerungen, wobei sie meist nur sich die Schuld für alles geben, was schiefgelaufen ist, und mögliche andere Gründe übersehen. Pauls Erklärung für das mißlungene Gespräch mit Mary lautete: »Sie ist gegangen, weil ich sie gelangweilt habe. Ich komme bei Frauen nicht an. Ich stoße Leute immer vor den Kopf. Mary ist wie alle anderen.« Es ist ganz typisch, daß er die volle Verantwortung für das abrupte Ende übernahm.

Grundsätzlich gibt es drei mögliche Gründe, warum etwas geschieht, die wir, allein oder in Kombination, heranziehen, um Vorkommnisse zu erklären – sei es ein Autounfall, ein Waldbrand, merkwürdige Lichtphänomene am nördlichen Abendhimmel oder eine persönliche Kränkung.

1. *Intern oder extern.* Die Ursache für ein Ereignis kann im Rahmen Ihrer Verantwortung (intern) oder außerhalb (extern) liegen. Sie können sich die Schuld geben, indem Sie eine innere Zuschreibung machen (»Sie ist gegangen, weil ich sie gelangweilt habe«), oder Sie können äußere Umstände heranziehen (»Sie wollte sich nicht mehr mit mir unterhalten, weil wir vor den Lautsprechern standen und die Musik zu laut war«).
2. *Stabil oder instabil.* Der Grund kann konstant sein (»Ich komme bei Frauen nicht an«) oder vorübergehend und leicht veränderbar (»Heute abend fühle ich mich unwohl, darum tue ich mich mit Gesprächen schwer«).
3. *Spezifisch oder grundsätzlich.* Etwas geschieht grundsätzlich und ausnahmslos (»Ich stoße Leute immer vor den Kopf«) oder nur in bestimmten Situationen (»Mary ist schwierig, das heißt nicht, daß alle Frauen mich unattraktiv finden«).

Natürlich möchte jeder in Pauls Situation eine Erklärung für Marys brüskierendes Verhalten finden, er aber fand nur Gründe, die ihn erniedrigten und sein Selbstwertgefühl minderten. Wenn Sie sich Ihrer Zuschreibungen sicher sein wollen, müssen Sie alle vorstellbaren Gründe erwägen. Die Interaktion könnte an vielen anderen Dingen gescheitert sein:

Interne Gründe. Entweder war Paul ein Langweiler, oder Mary war unhöflich.
Externe Gründe. Vielleicht war die Musik zu laut, oder Mary wollte sich hinsetzen.
Stabile Gründe. Mary hat sich geschworen, das Thema Versicherungen in ihrer Freizeit strikt zu meiden, oder Paul kommt mit Frauen nicht zurecht.
Instabile Gründe. Vielleicht hatte Mary Hunger und wollte etwas essen, oder Paul war an diesem Abend nicht in Hochform.
Grundsätzliche Gründe. Paul stößt Leute immer vor den Kopf, Mary mangelt es an sozialen Fertigkeiten – hatte sie nie, wird sie nie haben.
Spezifische Gründe. Mary hatte vielleicht Kopfschmerzen und war an jenem Abend schlecht gelaunt. Oder Paul hat sie vergrault, weil er über sein Magengeschwür sprach.
Vielleicht kamen mehrere Gründe zusammen. Nur Mary weiß, was in ihr vorgegangen ist, und da Paul nicht den Mut aufgebracht hat, sie zu fragen oder ein zweites Mal anzusprechen, wird er es nie erfahren und kann auch seine Annahmen über sich nicht revidieren.
Hätte Paul Marys Verhalten nicht sich allein angelastet, es gewagt, sie in dem chinesischen Restaurant anzusprechen und zu fragen, warum sie bei dem Fest so schnell verschwunden sei, hätte sie vielleicht gesagt: »Schön, daß wir uns wiedersehen. Ich bin froh, daß du mich fragst. Aber während wir uns unterhielten, habe ich meine Schulfreundin Melissa gesehen. Sie schien gerade gehen zu wollen, und da ich sie seit einer Ewigkeit nicht mehr gesehen hatte, mußte ich einfach rasch zu ihr gehen. Als ich dann wiederkam, warst du schon weg.«
Aber so, wie Pauls Gedanken normalerweise laufen, kann er solche Gründe für Marys Verhalten nicht sehen. Statt

dessen denkt er immer nur schlecht über sich und leidet darunter.

Der negative Begründungsstil

Vielleicht sind Sie wie Paul: Sobald etwas schiefgeht, finden Sie interne, stabile, grundsätzliche Erklärungen und geben sich die Schuld. Sie denken: »Mit mir stimmt etwas nicht. Das war schon immer so; es ist ganz egal, was ich mache.« (Statt zu denken: »Das ist eine furchtbare Party; manchmal fühle ich mich auf Festen wohl und manchmal nicht. Wenn ich heute niemanden kennenlerne, heißt das nicht, daß ich unsympathisch bin.«) Was auch geschieht – eine kurze Gesprächspause, kein Tanzpartner in der Disco, Anlaufschwierigkeiten mit einem neuen Kunden –, Sie glauben, jedes Problem sei von Ihnen verursacht. Sie können sich vielleicht gar nicht vorstellen, daß auch andere für Fehler verantwortlich sein könnten.
Noch schlimmer allerdings ist, daß Sie Erfolge weder sich selbst zuschreiben noch sich an ihnen freuen können. Für ein geglücktes Gespräch finden Sie externe, instabile und spezifische Gründe – es war ein glücklicher Zufall, ein extravertierter Gesprächspartner, Redseligkeit aufgrund von Alkohol oder guter Laune. Ich weiß inzwischen, daß Schüchterne bereitwillig Verantwortung für alles übernehmen, was schiefläuft, aber nie für das, was klappt.
Diese Katastrophensicht auf die Welt, die jedes Selbstvertrauen zunichte macht, bezeichnet man als negativen Begründungsstil. Wer glaubt, daß er und nur er alles vermasselt, kann einfach nicht selbstsicher sein. Noch schlimmer ist, daß eine solche Art des Denkens gegenwärtige wie künftige soziale Probleme beeinflußt. Weil interne, stabile und grundsätzliche Erklärungsansätze alle Situationen – vergangene, gegenwärtige und künftige –

betreffen, ist es unwahrscheinlich, daß Paul einen Anlaß sieht, sein Verhalten zu ändern. Er denkt: »Mary wollte nicht hören, was ich zu sagen hatte, weil ich langweilig bin. Warum sollte ich mit ihr reden? Warum soll ich überhaupt mit jemandem reden? Es ist immer dasselbe – ich werde abgewiesen. Ich bin ein hoffnungsloser Fall.«

Es kann kaum überraschen, daß Schüchterne diese düstere Lebensauffassung mit Depressiven gemeinsam haben. Warum soll man sich bemühen, wenn man doch scheitert? Warum soll man ausgehen, wenn man sich nur an Tagen amüsieren kann, an denen die Planeten in einem bestimmten Winkel zueinander stehen? Warum soll man neue Leute kennenlernen wollen, wenn man damit letztendlich ihnen und sich selbst nur Kummer bereitet?

Überlegen Sie, ob Sie zu solchen negativen Begründungen neigen, um gegebenenfalls etwas dagegen unternehmen zu können. Mit Ihren Antworten auf die folgenden Fragen können Sie herausfinden, wie Sie erfreuliche und unerfreuliche Vorkommnisse in Ihrem Leben erklären.

Fragen zu Ihrem Begründungsstil

Beantworten Sie jede Frage in allen drei Kategorien. Kreuzen Sie also in jeder Spalte an, was am ehesten auf Sie zutrifft.

Extern/intern: Nennen Sie auf einer Skala von 1 bis 7 Gründe für die beschriebene Situation. 1 bedeutet: »liegt nur an anderen und den Umständen«, 7: »liegt nur an mir«.

Instabil/Stabil: Nennen Sie auf einer Skala von 1 bis 7 Gründe für die beschriebene Situation. 1 bedeutet: »passiert nur einmal«, 7: »passiert immer«.

Spezifisch/grundsätzlich: Nennen Sie auf einer Skala von 1 bis 7 Gründe für die beschriebene Situation. 1 bedeutet: »gilt nur in dieser Situation«, 7: »gilt für mein ganzes Leben«.

Extern/Intern	Instabil/Stabil	Spezifisch/ Grundsätzlich	Gesamt

1. Jemand läßt Sie auf einer Party einfach stehen.

1 2 3 4 5 6 7	1 2 3 4 5 6 7	1 2 3 4 5 6 7	_____

2. Sie erzählen einen Witz, und Ihre Zuhörer lachen.

1 2 3 4 5 6 7	1 2 3 4 5 6 7	1 2 3 4 5 6 7	_____

3. Sie stoßen im Restaurant Ihren vollen Teller vom Tisch.

1 2 3 4 5 6 7	1 2 3 4 5 6 7	1 2 3 4 5 6 7	_____

4. Jemand macht Ihnen ein Kompliment.

1 2 3 4 5 6 7	1 2 3 4 5 6 7	1 2 3 4 5 6 7	_____

5. Sie tragen nichts zu einer Teamsitzung bei.

1 2 3 4 5 6 7	1 2 3 4 5 6 7	1 2 3 4 5 6 7	_____

6. Sie werden zu einem Fest eingeladen.

1 2 3 4 5 6 7	1 2 3 4 5 6 7	1 2 3 4 5 6 7	_____

7. Man stellt Ihnen eine Frage, auf die Sie keine Antwort wissen.

1 2 3 4 5 6 7	1 2 3 4 5 6 7	1 2 3 4 5 6 7	_____

8. Jemand fordert Sie zum Tanzen auf.

1 2 3 4 5 6 7	1 2 3 4 5 6 7	1 2 3 4 5 6 7	_____

9. Sie werden jemandem vorgestellt und haben zehn Minuten später den Namen vergessen.

1 2 3 4 5 6 7	1 2 3 4 5 6 7	1 2 3 4 5 6 7	_____

10. Sie beantworten eine Frage, die in einer Gruppensituation aufgeworfen wurde.

1 2 3 4 5 6 7	1 2 3 4 5 6 7	1 2 3 4 5 6 7	_____

Auswertung: Notieren Sie für jede Frage Ihre Gesamtpunktzahl. Je höher die Zahl, um so bereitwilliger übernehmen Sie die Verantwortung für Ihr Handeln. Zählen Sie dann die Ergebnisse der Fragen 1, 3, 5, 7 und 9 zusammen; diese Summe ist Ihr »Soll-Konto«, die Summe der Fragen 2, 4, 6, 8 und 10 Ihr »Haben-Konto«.
»Soll-Konto« : ___________
»Haben-Konto«: ___________

Vergleichen Sie die beiden Ergebnisse. Rechnen Sie sich negative Verläufe eher an als positive? Dann haben Sie vermutlich einen negativen Begründungsstil. In diesem Kapitel werden Sie, wie auch im dritten und vierten Teil des Buches, Ratschläge finden, wie Sie diese negative Grundhaltung verändern können.

Welchen Sinn hat eine solche Katastrophenmentalität?

Obwohl Sie sich sicher nicht bewußt für einen negativen Begründungsstil entschieden haben, gibt es Gründe, warum Sie es unbewußt tun. Das narzißtische Paradox könnte eine Rolle spielen. Sie sind derart damit beschäftigt, sich selbst zu beobachten und Ihr Verhalten zu steuern (auch hier die entfremdete Selbstwahrnehmung), daß Sie gar nicht bemerken, welchen Anteil Ihr Gegenüber am Mißlingen einer Begegnung hat.
Paul beispielsweise war so in seiner eigenen Unsicherheit gefangen, daß er nicht auf Marys Gesten und nonverbale Signale achtete. Es entging ihm, daß sie schon einige Zeit, bevor sie ging, nervös zur Bar hinüberschaute. Es kam ihm nie in den Sinn, daß sie so unhöflich sein könnte, das Gespräch ohne jede Erklärung abzubrechen. Marys Verhalten hat möglicherweise nichts mit Paul zu tun, aber er gibt nur sich dafür die Schuld.

Eine solche Selbstzentriertheit kann Ihren Blick für alles verstellen, was »zwischen den Zeilen« geschieht. Ein großer Teil eines Gespräches wird nicht mit Worten geführt – er besteht aus Körpersprache, aus Gesten, nonverbalen Hinweisen, minutiösen Veränderungen in Stimmlage und Blickrichtung, aus Pausen, der Erweiterung oder Verkleinerung der Gesprächsrunde –, solche Nuancen entgehen Ihnen natürlich, wenn Sie nur auf sich achten. Andere mögen sich noch so eindringlich in dieser »zweiten« Sprache äußern, wenn Sie es nicht merken, verstehen Sie nicht, was passiert. Dann ist es kein Wunder, daß Ihnen das Verhalten anderer willkürlich und rätselhaft erscheint.

Es kann auch vorkommen, daß Sie solche nonverbalen Hinweise durchaus bemerken und Ihr Gegenüber Sie in Ihrer Interpretation bestätigt, Sie aber alles, auch Komplimente, negativ werten. Sie werden immer auf der Verliererseite stehen, wenn Sie sich für alles, was schiefläuft, die Schuld geben und zugleich jedes positive Feedback übersehen oder als verlogen abtun.

Warum sind Sie so hart gegen sich? Die ständige Bekräftigung von Negativität paßt in ein verzweifeltes Selbstbild. Menschen mit geringem Selbstwertgefühl fällt es sehr schwer, neue Informationen (wie ein Kompliment) über sich zu akzeptieren, weil sie dann gezwungen wären, ihr Bild von sich zu verändern (siehe 7. Kapitel). Sie halten lieber an dem sicheren und vertrauten, wenn auch schmerzlichen Mythos fest, daß sie kein Lob verdienen. In Wahrheit ist es genau umgekehrt: Je mehr Komplimente Sie gelassen hinnehmen, um so leichter glauben Sie sie.

Schüchterne neigen auch dazu, lange über ihre »Patzer« nachzugrübeln und sie unverhältnismäßig aufzublähen. Paul hat sich auf der Party mit mehreren Gästen unterhalten, deren Lachen, Zugewandtheit und Interesse aber hat er vergessen, er erinnert sich nur an den Tiefpunkt des

Abends – daß Mary ihn stehenließ. Vielleicht ähneln Sie Paul: Erfolgreiche Begegnungen sind rasch vergessen, Fehlschläge werden in Gedanken immer wieder durchgespielt.
Natürlich muß man über Patzer nachdenken, um zu analysieren, wie sie passieren konnten und wie Sie Ihr Verhalten ändern können. Wenn Sie aber unablässig über Ihre Fehler nachdenken und obendrein zu einem negativen Begründungsstil neigen, lernen Sie nur, daß Sie in gesellschaftlichen Situationen ein Versager sind. Sie werden sich vermutlich noch mehr zurücknehmen, um die Gefahr zu mindern, künftig Fehler zu machen, und es niemals wagen, ein Risiko einzugehen, etwas Neues auszuprobieren, sich über Erfolge zu freuen.

Andere Begründungsstile

Wenn Sie erkannt haben, wie und warum Sie so negativ über sich denken, werden Sie sicher lernen wollen, anders zu denken. Für einige Situationen empfehle ich Begründungsketten, die Ihr Selbstwertgefühl stärken. Vielleicht finden Sie diese alternativen Erklärungsmethoden etwas simpel, aber wenn Sie sich gewohnheitsmäßig für alles die Schuld geben, können Sie so lernen, Ihre Erfolge für sich zu reklamieren, Ihr Selbstwertgefühl intakt zu halten und einen verpatzten Auftritt nicht so tragisch zu nehmen. Sie bekommen ein ausgewogeneres Bild Ihrer Lage.
Aber bleiben Sie realistisch. Sie müssen lernen, was Sie kontrollieren können und was nicht, dieses Wissen bekommen Sie durch Feedback, Erfahrung, das Erproben neuer Verhaltensweisen und neuer Problemlösungsstrategien. Sie bekommen es auch, indem Sie sich vor Augen halten, daß Ihnen Veränderungen angst machen, daß Sie Geduld und Ausdauer brauchen.

Suchen Sie nach externen/instabilen/spezifischen Gründen, wenn etwas schlecht läuft. Sie haben sich möglicherweise daran gewöhnt, nur in internen, stabilen und grundsätzlichen Zusammenhängen zu denken. Versuchen Sie, anders zu denken, wenn etwas nicht zu Ihrer Zufriedenheit verläuft: »Das ist eine furchtbare Party, manchmal fühle ich mich auf Partys wohl, manchmal nicht. Daß ich heute abend noch niemand kennengelernt habe, sagt nichts darüber aus, was für ein Mensch ich bin.« Oder: »Vor so vielen Menschen zu sprechen ist eine schwierige Aufgabe; manchmal mache ich es gut, manchmal nicht. Daß ich heute nicht so gut war, wie ich wollte, heißt nicht, daß ich es nicht in Zukunft besser machen werde.«

Suchen Sie nach internen/stabilen/grundsätzlichen Gründen, wenn etwas gut läuft. Rechnen Sie es sich an, wenn eine soziale Situation gut verläuft. »Heute abend fühle ich mich richtig wohl, das liegt wohl daran, daß ich so liebenswert bin. So war es immer; es macht alles, was ich tue, einfacher.« Oder: »Ich bin eine gute Rednerin. Ich weiß, wie man das macht. Dieses Talent wird mir bei allen künftigen Vorträgen helfen.«

Geben Sie anderen die Schuld, und sprechen Sie sich selbst frei. Menschen, die nicht schüchtern sind, bewerten Probleme oft wie folgt: »Wenn sich jemand anders irrt, gebe ich ihm die Verantwortung, indem ich interne Begründungen suche. Aber wenn ich mich irre, liegt das an vorübergehenden Umständen dieser speziellen Situation, es gibt externe Gründe. Wenn zum Beispiel Claudia keine schlagfertige Antwort einfällt, denke ich, ›Claudia ist ziemlich schwerfällig‹. Wenn mir nichts einfällt, denke ich, ›Ach, mit dieser Bemerkung hat Claudia mich richtig überrumpelt‹.«

Der Trick besteht darin, die Verantwortung für Ihr Verhalten mit dem Wissen zu verknüpfen, daß es nicht *immer* an Ihnen allein liegt, wenn etwas nicht perfekt läuft. Die anderen können durchaus etwas dazu beigetragen haben. Erst wenn Sie beide Aspekte bedenken, können Sie Ihre eigene Rolle realistischer einschätzen. Wenn Sie erst einmal kein Urteil fällen, können Sie besser abschätzen, wann Sie sich wirklich falsch verhalten haben und wann nicht. Sie umgehen Aufregung, Angst und Streß, sehen die Situation klarer und lernen aus Ihrem Fehler.

Denken Sie immer: Es geht allen so. Ein nicht absolut makelloser Auftritt läßt sich leichter verschmerzen, wenn Sie wissen, daß es dem Rest der Menschheit nicht anders geht. Wenn Sie nervös sind, weil Sie in Anwesenheit Ihres Chefs ein wichtiges Projekt vorstellen müssen oder gerade einen sehr attraktiven Vertreter des anderen Geschlechts kennengelernt haben, wird es Ihnen helfen, daß in Situationen, in denen so viel auf dem Spiel steht, praktisch jeder angespannt ist.

Denken Sie immer: ich bin etwas Besonderes. Wenn die Schüchternheit Sie befällt, meinen Sie vielleicht, daß es niemandem so schlecht geht wie Ihnen, ob das nun stimmt oder nicht. Sie halten sich für den einzigen Schüchternen auf dem ganzen Fest, obwohl das gar nicht sein kann. Arbeiten Sie gegen solche Vorstellungen an, indem Sie sich sagen, daß Sie es besser haben als andere – Ihre Schüchternheit macht Sie mitfühlend, empfindsam, ehrlich, nachdenklich. Sie bereichern das Leben anderer.

Die Veränderung Ihrer Erklärungsmuster sollten Sie langsam vorantreiben. Sie taugen nicht für ein ganzes Leben, aber sie werden Ihr Selbstwertgefühl festigen, weil Sie so auch Erfolge für sich beanspruchen können und nicht nur immer für Mißerfolge geradestehen müssen.

Die Suche nach Erklärungen

Wir retten uns in Erklärungsmuster, wenn wir die Gründe für etwas nicht kennen. So gab Paul sich die Schuld dafür, daß das Gespräch mit Mary schlecht lief. Wegen seines negativen inneren Monologs und seines geringen Selbstbewußtseins traute er sich nicht, sie nach ihren Gründen zu fragen.

Es gibt allerdings weitere Möglichkeiten, die Stichhaltigkeit Ihrer Erklärungen zu überprüfen und falsche Gedankengänge zu korrigieren, selbst wenn Sie es nicht wagen, die betreffende Person danach zu fragen. Auch hierbei helfen die vier Schritte Erkennen, Informieren, Integrieren und Umsetzen. Wenn eine Begegnung nicht nach Wunsch verläuft, muß Paul erst erkennen, worin das Problem besteht. Ist Mary gegangen, weil er sie langweilte? Ist sie unhöflich? Wer sich viele verschiedene Möglichkeiten vorstellt und in unterschiedlichen Situationen durchspielt, erkundet so das Problem. Paul hätte auf der Party auch denken können:

- »Vielleicht waren es die Lautsprecher. Hier ist es nicht so laut, ob sie hier wohl länger mit mir reden würde?«
- »Ich könnte sie fragen, ob sie es eilig hat. Wenn sie nein sagt und dann doch geht, spricht viel dafür, daß sie mich meidet.«
- »Vielleicht redet sie in ihrer Freizeit nicht gern über Berufliches. Vielleicht würde sie länger mit mir reden, wenn es nicht um Versicherungen geht. Vielleicht redet auf einem Fest niemand gern über berufliche Dinge. Gehen Leute, wenn ich das Gespräch darauf bringe? Vielleicht sollte ich es bei solchen Gelegenheiten vermeiden, über Arbeit zu sprechen.«
- »Vielleicht liegt es nicht an mir, sondern an ihr. Was haben andere Gäste über sie gesagt? Ist sie distanziert? Ist sie eine blöde Kuh?«

Indem er alternative Erklärungen durchspielt, benennt Paul das Problem und schafft sich eine größere Schutzzone. Indem er nach Gründen für Marys Verhalten sucht, entwickelt er sein Fingerspitzengefühl für soziale Situationen.

Unfaire Vergleiche

Wir alle vergleichen uns mit anderen. Durch Vergleiche lernen wir beispielsweise, wie man sich benimmt, worüber man spricht, wo man steht – kurz gesagt, wie man sich in eine Gesellschaft einfügt. Vergleiche sind besonders in neuen oder verwirrenden Situationen wichtig, Anlässe wie ein elegantes Abendessen mit Unmengen von Besteck und Gläsern. Sie beobachten unauffällig, mit welcher Gabel der Gastgeber den Salat ißt, und machen es ihm nach. Das ist völlig in Ordnung.

Ich habe allerdings bemerkt, daß Schüchterne sich oft mit anderen vergleichen, dabei schlecht abschneiden und sich als Konsequenz minderwertig fühlen. Wenn Sie nur auf die blicken, die im Mittelpunkt der Aufmerksamkeit stehen – die Rednerin auf dem Podium, den Partylöwen, den Filmstar bei einer Premiere –, statt auf jene, die im Publikum sitzen oder still und verloren herumstehen, dann ist es kein Wunder, daß Sie sich selbst glanzlos finden.

Möglicherweise neigen Sie mehr zu Vergleichen als andere, weil Sie in sozialen Situationen nervös und unsicher sind. Dann kann Vergleichen alle anderen Denkprozesse überlagern; Sie tun nichts mehr, als sich mit anderen zu vergleichen.

Eine Studentin beschreibt, wie weit das gehen kann:

> Wenn ich Leute sehe, die mit ihrer Clique zusammen sind, fühle ich mich geradezu anormal, denn ich habe

keinen Freundeskreis. Deswegen habe ich praktisch immer das Gefühl, daß ich im Leben etwas verpasse, weil ich meine Erfahrungen mit niemandem teilen kann. Besonders schlimm ist es, wenn ich Leute in einer Kneipe oder einer Bar zusammen sehe, die lachen und offenbar Spaß miteinander haben. Ich bin immer furchtbar gehemmt und sorge mich, was andere über mich denken und daß sie mich blöd finden könnten.

Mit Vergleichen wollen Sie auch feststellen, ob Sie bei einer bestimmten Veranstaltung eigentlich richtig sind, und dies kann Ihre Identität, Ihr Selbstvertrauen und Ihre Selbstachtung beeinflussen. Wenn Sie also bei einem eleganten Essen nicht wissen, was Sie mit all dem Besteck machen sollen, und den Eindruck haben, die anderen Gäste meisterten das spielend, ziehen Sie daraus möglicherweise den Schluß, daß es Ihnen an gesellschaftlicher Gewandtheit mangelt und Sie deswegen nicht an diese Tafel gehören – die Einladung ist zu elegant für Sie, und Sie finden dann nicht nur sich selbst, sondern auch alle Themen unpassend, die Ihnen als Gesprächsthema mit Ihren Tischnachbarn einfallen. Ihr Selbstbewußtsein und Ihre Selbstachtung sinken.
Bitte ziehen Sie keine überstürzten Schlußfolgerungen, und glauben Sie vor allem nicht, Sie seien weniger wert als andere Anwesende. Hier zwei Regeln, die Ihnen helfen, bei Vergleichen realistisch zu bleiben.

1. *Überlegen Sie gut, welche Eigenschaften Sie vergleichen.* Vergleiche berühren immer das Selbstwertgefühl, also sollten Sie nur auf jenen Gebieten Vergleiche anstellen, die Ihnen wichtig sind.
Vielleicht legen Sie großen, ja allzu großen Wert darauf, mit Unbekannten ins Gespräch kommen zu können. Aber ist das wirklich so erstrebenswert? Sind Sie ein besserer Mensch, nur weil Sie mit Fremden über Belanglosigkeiten

plaudern können? Sie sollten sich wirklich nur in jenen Eigenschaften vergleichen, die Ihr Selbstwertgefühl betreffen. Wenn es für Sie wichtig ist, gewandt plaudern zu können, dann vergleichen Sie. Wenn Ihnen allerdings Eigenschaften wie persönliche Integrität, Einfühlungsvermögen oder Ihre Zuverlässigkeit als Ehepartner oder Elternteil mehr bedeuten, spielt Redegewandtheit keine so große Rolle mehr. Warum sollte es Sie unglücklich machen, gerade das nicht zu können?

2. *Vergleichen Sie sich mit Menschen, die Ihnen ähneln, nicht mit solchen, die ganz anders sind als Sie.* Schüchterne messen sich auf einem Fest oft mit den anwesenden Partylöwen und Betriebsnudeln oder mit Stars, die jede Situation spielend im Griff haben. Es ist normal, wenn man in dieser medienüberfütterten Gesellschaft denkt: »Diese Schauspielerin hat auf jede Unverschämtheit eine schlagfertige Antwort. Warum kann ich das nicht?« oder: »Dieses Model kommt in jeden Nachtclub rein. Was stimmt nicht mit mir? Warum werde ich nicht so behandelt?«

Was »nicht stimmt« ist, daß normale Menschen weder den Text eines Drehbuchs auswendig gelernt haben noch von dem Flair des Ruhms umgeben sind, der andere in ihren Bann zieht und dazu bringt, sich um sie scharen zu wollen. Die Reichen und Berühmten haben unfaire Vorteile.

Vergleichen Sie sich also mit »richtigen« Menschen. Wenn Sie kein Talent für Small talk haben, dürfen Sie sich nicht an den Gastgebern von Talkshows messen. Solche Plänkeleien sind nicht nur deren Beruf, sie proben ihre Auftritte auch gründlich (und haben ein Heer von Mitarbeitern, die ihnen all diese geistreichen Witze schreiben). Wenn Sie sich also vergleichen wollen, halten Sie besser nach Menschen Ausschau, die wirken, als ob sie langsam auftauten und sich zu Beginn einer Veranstaltung recht unbehaglich fühlten. Wenn Sie sich aufmerk-

sam umschauen, werden Sie Menschen bemerken, die noch schüchterner, noch nervöser, noch gehemmter sind als Sie. Und wenn Sie sie sehen, gehen Sie hin, und beginnen Sie ein Gespräch mit ihnen. Sie werden Ihnen für Ihre Umsicht dankbar sein.
Wenn Sie unbedingt Menschen beobachten müssen, die gesellschaftlich erfolgreicher sind als Sie, sollten Sie zu lernen versuchen, warum sie ihre Sache so gut machen. So können Sie an Menschen, die mühelos Gespräche führen können, durch Beobachtung viel lernen: Wie ziehen sie andere in eine Unterhaltung? Wie erzählen sie Witze? Erzählen sie Geschichten aus ihrem Leben? Reagieren sie auf die geäußerten und nicht geäußerten Wünsche ihres Gegenübers? Statt sich wegen Ihrer Ungeschicklichkeit zu schämen, sollten Sie bei solchen Begegnungen aufmerksam sein und lernen.

Soziale Fertigkeiten erlernen

Stellen Sie sich vor, daß Sie furchtbar verlegen sind. Denken Sie auch, daß alles nur schiefgehen kann und Sie in allem ein Versager sind, dann fügen Sie das Gefühl hinzu, daß Ihnen alle überlegen sind und Sie nirgendwo dazugehören. Das ist eine ziemlich tödliche Mixtur, und wenn die dann in Ihrem Kopf brodelt, versuchen Sie, eine schwierige Rechenaufgabe zu lösen. Es geht nicht – jedenfalls nicht gut.
Genau das aber geschieht, wenn Sie mit einem schwierigen sozialen Problem fertig zu werden versuchen – Problemen wie jenen, sich bei der Jahrestagung Ihres Berufsverbands zurechtzufinden, bei einer Konferenz Ihre Meinung zu äußern oder sich nach der Konferenz mit einem attraktiven Kollegen zum Abendessen zu treffen. Befangenheit kann Ihr Denken so komplett vernebeln, daß Sie nicht

mehr wissen, wie Sie die anstehende Aufgabe bewältigen sollen. Die Schwierigkeiten wirken unüberwindbar, und Sie sehen nicht, wie Sie sie so anpacken können, daß Sie sie bewältigen. Sie verheddern sich in einem Geflecht von Schüchternheitsmythen, aus dem Sie nicht mehr freikommen.

Sie brauchen Strategien – das, was man gemeinhin »soziale Fertigkeiten« nennt –, die Ihnen in den unterschiedlichsten Situationen helfen: was Sie tun sollen, wenn Sie den Namen des Kollegen vergessen haben, den man Ihnen vor drei Minuten vorgestellt hat, oder wie Sie sich höflich aus einer langweiligen Unterhaltung zurückziehen. Hier einige verbreitete Probleme und ihre Lösungen.

Namen vergessen. Jeder fürchtet, einen Namen zu vergessen, kaum daß man ihn gehört hat. Wenn Sie sich als erster vorstellen, behalten Sie die Kontrolle über die Situation. Ist das nicht möglich, sollten Sie den gehörten Namen unbedingt wiederholen und irgendwie kommentieren: »Es freut mich, Ihre Bekanntschaft zu machen, Frau Hansen. Meine beste Freundin in der Volksschule hieß übrigens auch Hansen.«

Small talk. Das wichtigste am Small talk ist, ein Thema zu finden, über das sich zwei Menschen, die sich nicht kennen, mühelos unterhalten können. Meiden Sie dabei Klischees wie das Wetter, und sprechen Sie über etwas, das Sie in diesem Moment verbindet – wie Ihr Gesprächspartner, beispielsweise. Sagen Sie etwas über ein Schmuckstück, ihre Brosche oder Uhr, seine Krawatte, ein Buch oder ein Video, das sie in der Hand hält, die Vorspeise, die er gerade ißt – egal. Wenn Sie an Ihrem Gesprächspartner Interesse zeigen, brauchen Sie nie mehr zu sagen: »Ziemlich heiß heute, nicht wahr?« (Siehe auch 12. Kapitel).

Abgewiesen werden. Das geschieht im Beruf häufig. Sie nehmen Ihren ganzen Mut zusammen und sprechen Ihre Vorgesetzte auf etwas an, aber sie hat keine Zeit für Sie.

Die Lösung ist einfach: Fragen Sie als erstes, ob Sie einen Moment Zeit hat, wenn sie das verneint, bitten Sie sie um einen Termin (siehe Kapitel 14).
Wenn Sie bei einem Fest abgewiesen werden, dürfen Sie das nicht persönlich nehmen. Es hat vermutlich nichts mit Ihnen zu tun. Wenn dieser Gast sich nicht für Sie interessiert, tun es vielleicht andere. Eine Zurückweisung ist wie ein roter Fleck auf einem weißen Pullover, dergleichen geschieht normalerweise nicht. Darum kränkt sie so.
Kümmern Sie sich um weitere Informationen und überlegen Sie, ob es andere Erklärungen geben könnte. »Andere Gespräche, die ich geführt habe, gingen gut. Warum wurde ich abgelehnt? Liegt es an mir? Reiße ich das Gespräch an mich? Meide ich Blickkontakt?« (Das 12. Kapitel behandelt auch die Frage, wie man Zurückweisungen in die eigene Schutzzone integrieren kann, wie man Gespräche führt und Small talk bestreitet.)
Sehen Sie sich gut um. Sie fürchten sich vielleicht vor Menschenansammlungen, aber jede Gruppe besteht aus Einzelpersonen. Nutzen Sie Ihre Aufwärmphase, um nach anderen Ausschau zu halten, die offenbar noch keinen Anschluß gefunden haben (sie stehen an der Tür, neben dem Büffet, dicht neben einer Gruppe und versuchen, sich ins Gespräch einzuschalten), und sie anzusprechen. Bei einer beruflichen Veranstaltung sollten Sie versuchen herauszufinden, welche Kontakte Sie hier knüpfen können. Ihre Erfolgschancen steigen, wenn Sie sich strategisch einige wenige Leute heraussuchen. Sie müssen nicht mit jedem reden.
Ein Gespräch taktvoll beenden. Es mag Ihnen schwerfallen, sich aus einem Gespräch herauszuziehen, weil Sie ein höflicher, geduldiger Zuhörer sind. Menschen, die viel reden, sehen in Ihrem Schweigen vielleicht die Chance, das Gespräch zu dominieren, aber scheuen Sie sich nicht, solche Monologe zu unterbrechen: »Ich habe mich sehr gefreut, Sie kennenzulernen, aber jetzt muß ich noch mit

einigen Kollegen sprechen. Vielleicht können wir das Gespräch später fortsetzen.« So hinterlassen Sie einen guten Eindruck und beenden das Gespräch elegant.

Ein abschließendes Wort über das schüchterne Denken

Schüchternes Denken setzt eine Spirale in Gang. Wenn Sie körperlich erregt und angespannt sind, gilt Ihre Aufmerksamkeit vor allem Ihnen selbst. Wenn Sie sich aber ausschließlich auf Ihre eigenen Reaktionen konzentrieren (das narzißtische Paradox), landen Sie sehr schnell bei Selbstkritik, entfremdeter Selbstwahrnehmung und einem negativen Begründungsstil. Das regt Sie noch mehr auf, was Ihr Unwohlsein und Ihre Unsicherheit weiter verstärkt. Sie stellen unrealistische Vergleiche an, glauben schließlich, daß Sie nie im Leben Erfolg haben werden, und ziehen sich noch mehr zurück.

Lassen Sie mich zusammenfassen: Wenn Sie weniger auf sich achten und das narzißtische Paradox durchbrechen, können Sie besser auf andere eingehen, kommen so zu ausgewogeneren Begründungen (was Sie von Schuldgefühlen und Selbstkritik befreien wird) und realistischeren Vergleichen. Dadurch sinkt Ihr Erregungsniveau, was wiederum Ihre Sorgen vermindern wird. Dann sind Sie in der Lage, klarer entscheiden zu können, worin ein sinnvolles Verhalten besteht.

Gehen Sie das Problem Ihrer Schüchternheit ganzheitlich an; Ihr Denken beeinflußt Ihre Gefühle und Ihr Handeln. Im folgenden Kapitel geht es darum, daß das, was Sie denken, auch bestimmt, wer Sie sind.

7. Kapitel
Schüchternheit als Etikett für den ganzen Menschen

Loretta schrieb: »Ich finde es furchtbar, daß ich mich anderen unterlegen fühle, und ich finde es furchtbar, daß ich immer glaube, sie könnten etwas Schreckliches über mich erfahren, wenn ich mich ein wenig öffne. Ich weiß, daß ich ein anständiger Mensch bin und keine düsteren Geheimnisse habe, trotzdem kämpfe ich mit dem Gefühl, mich vor anderen verstecken zu müssen.«
Diese Gefühle hindern Loretta daran, sich selbst zu verwirklichen. Ihr »düsteres Geheimnis« ist, daß sie den negativen Seiten der Schüchternheit freie Hand läßt zu entscheiden, wer sie ist und was sie tut. Denn: Schüchternheit kann bestimmen, was Sie tun, denken und fühlen, ja sogar, wie Sie sich selbst sehen. Weil sie so viele Aspekte Ihres Lebens beeinflußt und weil Sie ihretwegen über sich und Ihr Leben so emotionsgeladen nachdenken, berührt sie Ihren tiefsten Wesenskern. Schüchterne denken nicht, daß sie Schüchternheit »haben« oder »gut beherrschen«, sie sagen, daß sie schüchtern »sind«. Schüchternheit wird zum Etikett für den ganzen Menschen.

Ihre Identität

Ihre Identität ist das, was Sie ausmacht, es ist jene Mischung von Charakterzügen, die Sie einzigartig macht, sie ist die Summe all Ihrer Lebenserfahrungen. Der berühmte Psychologe Gordon Allport bezeichnete sie als den Kern unserer Existenz. Sie besteht aus zwei Teilen: Daraus, wie Sie sich selbst sehen – Ihre *persönliche Identität* – und wie Sie in Beziehung zu anderen erscheinen – Ihre *soziale Identität.* Diese beiden Aspekte verhalten sich zueinander wie ein Tagebucheintrag zu einem Brief an einen Freund.

Tagebucheinträge – in denen es um Ihre persönliche Identität geht – sind voller Widersprüche, Selbstanalysen und schonungsloser Ehrlichkeit. Wenn Sie Tagebuch schreiben, wollen Sie nur sich selbst und Ihre Erfahrungen verstehen. Es mag Ihnen egal sein, wie Sie sich darstellen – es ist ja nur für Ihre Augen bestimmt.

In einem Brief denken Sie auch daran, wie andere Sie wahrnehmen. Sie werden Ihre Formulierungen vermutlich genauer überlegen, versuchen, Ihre Erfahrungen verständlich zu machen, Geschichten chronologisch erzählen. Vielleicht verheimlichen Sie innere Zweifel und widersprüchliche Gefühle. Das ist Ihre soziale Identität.

Keine der beiden Arten des Ausdrucks ist besser als die andere. Sie, der Verfasser oder die Verfasserin, sind der/die Gleiche, aber die Art, wie Sie sich ausdrücken, orientiert sich am Zweck Ihrer Äußerungen. So gehören auch Ihre persönliche Identität und Ihre soziale Identität – wie Sie zu sich und zu anderen sind – untrennbar zusammen.

Schüchternheit und Identität

Schüchternheit ist, was Schüchterne tun, denken, sagen, wie sie sich sehen und bewerten. Ob Schüchternheit ein Etikett für den ganzen Menschen ist, hängt davon ab, wie Sie alle Facetten Ihrer Schüchternheit bewerten. Es geht um die Frage, wie Sie sich ausdrücken und analysieren

– Ihre persönliche Identität – und wie Sie sich mit anderen verhalten – Ihre soziale Identität. Man könnte sagen, daß Schüchternheit das Drehbuch Ihres Lebens korrigiert. Sein Einfluß kann sinnvoll sein, solange Sie ein gewisses Maß an Kontrolle behalten.

Schüchternheit wird allerdings zum Problem, sobald Sie ihr die Kontrolle überlassen. Dann korrigiert sie nicht mehr, sondern beginnt zu zensieren. Sie erkennen ihre unerbittliche Hand daran, daß Sie sich als »schüchternen Menschen« bezeichnen, der nicht zu bewältigende Probleme hat, der in Anwesenheit anderer kein Wort hervorzubringen vermag. Schüchternheit kann dazu führen, daß Sie nichts mehr sagen, Herausforderungen und Reifeprozesse scheuen, sich geschlagen geben, bevor die Schlacht begonnen hat, und einfach anders sind, als Sie gern sein möchten. Andere bleiben aus, weil Sie ihnen keinen Grund geben, sich Ihnen zu nähern. Schließlich wird der Zensor Ihre Persönlichkeit, er bestimmt.

Wenn Sie sich als »schüchtern« bezeichnen, haben Sie den ersten Schritt getan, es unwiderruflich zu sein. Sie halten sich für schüchtern, also müssen Sie sich schüchtern benehmen. Schüchternheit wird Ihr wichtigster Charakterzug, ja zum Organisationsprinzip Ihrer Persönlichkeit. Sie bestimmt alles: was Sie tun, was Sie nicht tun, wie Sie reagieren.

Wozu das führen kann, beschreibt dieser Brief: »Ich behandele mich sehr schlecht, denn ich hasse mich und finde mein Benehmen grauenvoll. Ich beschimpfe mich und andere: ›Warum habe ich nicht mehr Selbstvertrauen?‹ ›Warum *ermutigen* andere mich nicht, mehr Selbstvertrauen zu haben?‹ An meiner Arbeitsstelle beteilige ich mich nie an Gruppendiskussionen. Ich fühle mich unsicher und dumm. Ich zwinge mich, entspannt und offen zu wirken, aber in Wirklichkeit sterbe ich fast.«

Und in einem anderen Brief hieß es: »Schüchternheit bereitet mir in allen Lebensbereichen Schwierigkeiten – privat, gesellschaftlich, beruflich. Ich hatte mich bis zum Ende meines Studiums nicht ein einziges Mal verliebt. Damals dachte ich, daß ich niemals heiraten würde... Mein Berufsleben, oder dessen Fehlen, ist durch mein mangelndes Selbstvertrauen furchtbar belastet.«

Schüchternheit ist im Grunde harmlos. Sie geht mit vielen liebenswerten Eigenschaften wie Bescheidenheit und Hilfsbereitschaft einher. Aber Sie sehen solche Vorzüge vielleicht nicht, denn Ihre Gedanken über Schüchternheit nehmen völlig andere Wege. Weil sie für Sie nur etwas Schlechtes ist, wirkt sich das negativ darauf aus, wie Sie die Welt, Ihren eigenen Wert und Ihre Identität sehen.

Obwohl Sie viel Zeit damit zubringen, über sich selbst nachzudenken, sind Sie ratlos. Viele Schüchterne sind gehemmt und selbstkritisch, verstehen aber die eigenen Schwierigkeiten im Grunde nicht. Sie wagen nicht, mit Rollen und Erwartungen zu experimentieren, weil sie sicher sind, daß sie versagen werden. Sie können sehr emotional und angespannt sein, sie können aber nicht zupacken. Und da sie nicht einmal ihre Freunde in ihre Schwierigkeiten einweihen, fühlen sie sich isoliert, frustriert und glauben, es gehe ihnen schlechter als allen anderen.

Falls Sie sich in dieser Weltuntergangshaltung wiedererkennen, wissen vielleicht auch Sie nicht, wie Sie sich helfen können, wohin Sie gehören oder was Sie wollen, nicht wollen, mögen und brauchen. Nehmen Sie sich nicht vor, Ihre Schüchternheit mit Stumpf und Stiel auszurotten, sondern versuchen Sie zu begreifen, wie und wann sie Ihr Leben beeinflußt. Schüchternheit trennt Sie nicht nur von Ihren Mitmenschen – sie führt dazu, daß *Sie sich selbst und alles, was Sie tun, verachten.* Ziel dieses Kapitels ist es nicht, die Schüchternheit, sondern vor allem ihre vielen schädlichen Folgen zu bekämpfen.

Ein wichtiger Teil der Beschäftigung mit Ihrer Schüchternheit muß sein, daß Sie sich selbst erkennen und mit dem Menschen Frieden schließen, der Sie nun einmal sind. Dafür müssen Sie das, was Sie über Ihre Schüchternheit denken, von dem trennen, was Sie von sich als Mensch denken. Sie denken vielleicht, daß Sie immer und überall versagen werden, nur weil Sie bei einem Abendessen nicht der strahlende Mittelpunkt waren. Sie messen Ihren Kommunikationsproblemen zuviel und den Seiten Ihres Lebens, die Sie erfolgreich meistern, zu wenig Bedeutung bei. Das muß nicht sein, und wir wollen das in diesem Kapitel neu austarieren.

Was ist denn eine »schüchterne Identität«?

Viele bekannte Psychologen haben über die Frage der Selbstachtung nachgedacht. 1890 schrieb William James, der Begründer der Psychologie in den USA, Selbstachtung setze sich aus zweierlei zusammen: persönlicher Erfolg (was man gut macht) und persönliche Ambitionen (was man gut machen möchte), nur wenn beide übereinstimmen, gedeihe Selbstachtung.

Carl Rogers hat ähnliche Gedanken geäußert. Er unterschied das reale Selbst vom idealen Selbst. Das reale Selbst ist für ihn die Person, die Sie tatsächlich sind – mit all Ihren Stärken und Schwächen, Vorlieben und Abneigungen, dem äußeren Erscheinungsbild und den verborgenen Gefühlen, um nur einiges zu nennen. Das ideale Selbst hingegen ist der Mensch, der Sie gern wären. Wenn Sie denken, »Ich hätte besser ...«, beschwören Sie damit, was Ihrer Ansicht nach Ihr ideales Selbst getan hätte.

Das reale und das ideale Selbst klaffen meist auseinander. Wenn Sie diese Kluft als positiv empfinden (Sie haben mehr erreicht, als Sie für möglich hielten), steigt Ihre Selbstachtung, empfinden Sie sie hingegen als negativ (Sie haben schlechter abgeschnitten, als Sie es sich erhofft hatten), sinkt Ihr Selbstwertgefühl.

Selbstachtung kann, wie die Begründungsstile, grundsätzlich oder spezifisch sein. Bei grundsätzlicher Selbstachtung beurteilen Sie sich mit generellen Kategorien – Sie sagen oder denken Sätze wie: »Ich bin ein guter Mensch« oder »Ich bin ein Versager«. Spezifische Selbstachtung gilt Ihrer Beurteilung einiger ausgewählter Aspekte – Ihr Geschick auf dem Sportplatz oder im Sitzungssaal.

Schüchterne, die ihr reales Selbst beschreiben sollen, sagen typischerweise, sie seien ein guter Ehepartner, ein liebevoller Elternteil, eine gewissenhafte Angestellte, ein engagierter Umweltschützer und ein schüchterner Mensch. Wenn man sie bittet, ein Bild ihres idealen Selbst zu zeichnen, folgt exakt die gleiche Aufzählung – nur »ein schüchterner Mensch« fehlt. Statt dessen steht da: »forsch«, »aufgeschlossen« oder »ein unterhaltsamer Gesprächspartner«. Im Vergleich finden sie das ideale Selbst besser als das reale Selbst, als Folge davon sinkt ihr Selbstwertgefühl.

Ihr Selbstwertgefühl stärken

Selbstachtung läßt sich verändern. Dazu muß Selbstkritik durch Selbstbewußtsein ersetzt werden.

Müssen Sie sich abschätzig sehen, nur weil Sie schüchtern sind? Ganz gewiß nicht. Sie können eine hohe Meinung von sich haben und dabei immer noch schüchtern sein. Sie können ein solides Fundament bauen, das aus realistischen Erwartungen, einem klaren Selbstbewußtsein und Risikobereitschaft besteht. Überdenken Sie als erstes, wie Sie sich sehen.

Übungen für Ihr Tagebuch

1. Machen Sie Inventur: Notieren Sie mindestens zehn Eigenschaften Ihres realen Selbst. Zählen Sie Ihre Stärken und Schwächen auf. Seien Sie ehrlich. Niemand außer Ihnen wird diese Liste sehen. Schreiben Sie daneben die Eigenschaften Ihres idealen Selbst. Gibt es Unterschiede?
2. Wenden Sie sich dem idealen Selbst zu. Haben Sie Wünsche wie »forsch und aufgeschlossen«? Führen Sie aus, warum Ihnen das wichtig ist. Hätten Sie dann mehr Freunde? Das wäre möglich. Aber denken Sie darüber nach, ob Sie dann bessere Freunde hätten als die, die Sie schon haben, oder ob das eigentlich eher Bekanntschaften wären? Sie werden Ihre Schüchternheit besser akzeptieren können, wenn Sie Ihr ideales Selbst und Ihr reales Selbst einander annähern. Wie könnte ein realistischeres ideales Selbst aussehen?
3. Denken Sie über die Diskrepanzen zwischen ihrem idealen Selbst und Ihrem realen Selbst nach. Diskrepanzen sind nicht zwangsläufig etwas Schlechtes – das Leben wäre sehr eintönig, wenn wir alle perfekt wären. Sie brauchen »Fehler« nicht zu bedauern, aber Sie sollten aus ihnen lernen. Sie machen das Leben zu einem Abenteuer. Wenn Ihr ideales Selbst diese faszinierenden Unbekannten zu einem Kaffee eingeladen hätte und Ihr reales Selbst zu schüchtern dazu war, haben Sie nicht versagt. Sie haben erkannt, wo Sie noch etwas lernen müssen. Beschreiben Sie, welche Lehren Sie aus den Diskrepanzen zwischen dem realen und dem idealen Selbst ziehen können.
4. Denken Sie darüber nach, was Selbstachtung bedeutet. Beschreiben Sie Aspekte Ihrer grundsätzlichen und spezifischen Selbstachtung. Worin besteht Ihre grundsätzliche Selbstachtung? Welche Eigenschaften gehören zu Ihrer spezifischen Selbstachtung? Sind Sie eine gute Anwältin? Ein einfühlsamer Freund? Eine großzügige Großmutter? Eine hervorragende Tennisspielerin? Eine schreckliche Hausfrau? Ein unsicherer Partygast? Je spezifischer Sie sind, um so genauer kennen Sie sich selbst.

Wenn Sie über sich selbst nachdenken und dabei spezifische Eigenschaften beschreiben, werden Sie feststellen, daß Schüchternheit nur ein Aspekt Ihrer Persönlichkeit ist, nicht Ihre ganze Identität. Wenn Schüchterne die spezifischen und grundsätzlichen Merkmale ihres Selbstwertgefühls benennen sollen, notieren sie meist viele Eigenschaften und Tätigkeiten, die von den meisten Menschen, auch von ihnen selbst, rundum positiv bewertet werden; sie nennen nur wenige Bereiche, in denen sie Hilfe brauchen; und meist führen sie an, daß es ihnen furchtbar schwerfällt, auf einer Party mit einem Fremden ein Gespräch zu führen. So ergeht es diesem Collegeprofessor:

> Obwohl ich in Gesellschaft sehr schüchtern bin, bin ich im Unterricht lebendig und redegewandt, beantworte Fragen schnell und schlagfertig und habe überhaupt kein Problem damit, mich im Gespräch mit Freunden zu öffnen. Sexuell bin ich ausdrucksfähig, phantasievoll und ungehemmt. Aber bei den relativ seltenen Gelegenheiten, wenn ich bei einer Party oder einer Besprechung glänze, werde ich gleich furchtbar verlegen und versuche, die Aufmerksamkeit so schnell wie möglich von mir abzulenken. Was auch passiert, es ist verkehrt. Und wenn ich einmal in Gesellschaft einen Erfolg einheimsen kann, macht mich der Gedanke an frühere Ängste und verpaßte Gelegenheiten traurig und ärgerlich.

Sobald Sie sich mit etwas mehr Distanz betrachten, wird Ihnen klar, daß Schüchternheit nur ein kleiner Ausschnitt Ihres Lebens ist. Sie sind nicht immer schüchtern, und in vielen Lebensbereichen sind Sie durchaus kompetent. Sie sollten sich selbst nicht auf einen einzigen Aspekt – Ihre Schüchternheit – reduzieren und sich dann deswegen auch noch Vorwürfe machen.

Schüchterne neigen dazu, die Schwäche auf einem Gebiet als das charakteristische Merkmal ihrer gesamten Persönlichkeit zu werten; sie sind außerstande, Wesenszüge getrennt voneinander zu sehen. Eine sehr unglückliche Schüchterne erläuterte das mit den Worten: »Jede nicht gelungene Kommunikation bei einer Party, einer Besprechung und so weiter ist für mich (a) ein weiterer Beweis meiner völligen Unfähigkeit, angemessen mit der Welt umzugehen, und (b) Grund genug, daß andere mich für völlig wertlos halten.«
Sie können solch negative Gefühle zügeln, wenn Sie unrealistische Erwartungen verändern. Denken Sie nicht, daß Sie überall und immer mit allen reden können. Setzen Sie sich ein greifbareres Ziel wie das, sich dem Fremden, der jetzt vor Ihnen steht, selbstsicher vorzustellen. Statt davon zu träumen, ein brillanter Redner zu werden, sollten Sie versuchen, als Redner leicht verständlich zu sein und sich für Ihr Thema wirklich zu interessieren. Wenn Sie Ihr ideales Selbst der Realität annähern, senkt das Ihre Frustrationen und das Gefühl von Unzulänglichkeit und bestärkt Sie in dem Gefühl, daß Sie eine Situation unter Kontrolle haben und gut meistern können.

Gehören Schüchternheit und ein geringes Selbstwertgefühl untrennbar zusammen?

Ein Konzertveranstalter Mitte Vierzig schrieb: »Ich denke, daß Schüchternheit etwas mit dem Selbstwertgefühl zu tun hat. Wer ein hohes Selbstwertgefühl hat, wagt eher etwas.
Und darum geht es doch im Grunde – wer schüchtern ist, hat Angst vor Zurückweisung. Wer ein stabiles Selbstwertgefühl hat, sagt sich, ›Sein Pech, wenn er mit mir nichts zu tun haben will‹.«

Das glauben viele, ich nicht. Schüchternheit ist nicht gleichbedeutend mit mangelndem Selbstbewußtsein. Wir wissen inzwischen, daß Schüchternheit und negative Gefühle nicht zwingend zusammengehören. Konkret gesagt: Manche Menschen sind sehr schüchtern und haben ein geringes Selbstwertgefühl (das sind die sprichwörtlich Schüchternen), andere sind sehr schüchtern mit großem oder nicht schüchtern mit großem oder geringem Selbstwertgefühl. Sie können mit sich zufrieden sein, wenn Sie an Ihre Talente als Berufstätige, Ehefrau, Freundin oder begnadete Köchin denken, und Sie können sich selbst unmöglich finden, wenn Sie an Ihre Schwierigkeiten im Umgang mit Menschen denken, das heißt aber nicht, daß Sie unbedingt unter einem geringen Selbstwertgefühl leiden müssen.

Die herrschende Meinung, Schüchternheit sei gleichbedeutend mit mangelndem Selbstbewußtsein, beweist eigentlich nur, daß Schüchterne glauben, ihr Selbstwertgefühl sei geringer als das von Nicht-Schüchternen. Und dies hält dann als praktische Erklärung dafür her, warum sie zu anderen keinen Kontakt aufnehmen. Sie finden, daß sie es nicht wert sind.

Schüchternheit als Dreh- und Angelpunkt

Selbst wenn Ihnen zu der Frage, wer Sie sind, ganz viele Facetten einfallen, kann Ihnen diese eine Facette – Ihre Schüchternheit – immer noch schwer zu schaffen machen. Sie mögen, wie der zitierte Professor, durchaus wissen, daß Sie talentiert, intelligent, fürsorglich und mitfühlend sind, finden aber, daß diese positiven Eigenschaften Ihre Schüchternheit nicht aufwiegen – sie ist zum Dreh- und Angelpunkt Ihres Selbstbildes geworden.

Eine Frau sagt über die beiden Seiten ihres Wesens: »Solange ich mit *einem* anderen Menschen rede, ist alles bestens, aber bei mehreren setzt mein Hirn sofort aus. Ich habe es wegen meiner Schüchternheit vermieden, Beziehungen einzugehen. Sobald ich mich im geringsten bedroht fühle, stoße ich den Mann fort oder befreie mich auf andere Weise aus der Beziehung. Im Beruf hat Schüchternheit mich nie beeinträchtigt. Ich habe großes Vertrauen in meine Fähigkeiten, ich kann mich behaupten, meine Meinung äußern oder begründen, warum ich befördert werden möchte. Bei allen Stellen, die ich je hatte, war ich immer erfolgreich.« Obwohl sie also in vielen Bereichen ihres Lebens Erfolg hat, beherrscht der Umstand, daß sie schüchtern ist, ihre Identität.

Vielleicht hat Schüchternsein oder Nicht-Schüchternsein auch für Sie eine solch extreme Bedeutung bekommen. Der Psychologe Roy Baumeister sieht Selbstbewußtsein ganz anders. Für ihn ist es ein Konglomerat bestimmter Attribute, die sich im Hinblick darauf verändern, wie wichtig sie uns sind. Was wir für das Wichtigste halten, wollen wir gut machen, und unsere Erfolge oder Mißerfolge dabei formen unser Selbstbewußtsein.

Wenn Lebhaftigkeit und Extravertiertheit für Sie so erstrebenswert sind, wird nichts anderes dagegen ankommen können. Schüchternheit wird alle anderen positiven Eigenschaften überschatten: »Schüchternheit hat mein Leben zerstört. Schüchternheit ist der Inbegriff aller Ängste und all dessen, was schiefgehen kann. Sie ist zu nichts gut. Sie verleitet andere Menschen zu völlig falschen Rückschlüssen, wer ich wirklich bin, worin meine Stärken, Talente und Fähigkeiten bestehen und mit wem ich etwas zu tun haben möchte.« Diese Frau behauptet zwar, ihre Schüchternheit hindere *andere* daran, ihre guten Eigenschaften zu entdecken, vor allem aber hält sie auch sich selbst davon ab, sie in vollem Umfang anzuerkennen.

Warum ist Schüchternheit so wichtig? Wer schüchtern ist,

begeht soziale Fehler, er lehnt beispielsweise die Einladung zu einem Fest ab, weil er meint, alle würden ihn anstarren (während sie sich in Wahrheit nur für sich selbst interessieren). Wenn Sie nur noch an diese eine Sache denken, nimmt sie automatisch bedrohliche Ausmaße an und wirkt mit Sicherheit viel größer und wichtiger als alles, was Sie richtig machen.

Es liegt in der Natur des Menschen, sich auf die eigenen Schwächen zu konzentrieren und die Fehler anderer nicht zu sehen. Wenn Sie verlegen sind, werden Ihnen die sozialen Patzer anderer vermutlich nicht auffallen. Umgekehrt werden Sie alles, was Sie gut können, normal finden, weil es Ihnen leicht von der Hand geht. Eine schüchterne Pianistin beispielsweise mag ihr Talent geringschätzen. Sie ist musikalisch zur Welt gekommen und sieht nicht, wie kostbar und selten diese Gabe ist, weil sie niemals darum kämpfen mußte. Gut und flüssig reden zu können ist hingegen für sie schwierig, daher ist es ihr Heiliger Gral.

Wenn Sie glauben, daß etwas für Sie wichtig ist, wird der Erfolg, den Sie damit haben, Ihr Selbstwertgefühl und Ihre Identität beeinflussen. Umgekehrt wird ein Scheitern auf einem Gebiet, das Ihnen nichts bedeutet, Ihr Selbstwertgefühl nicht nennenswert berühren.

So ist es auch mit der Schüchternheit. Wenn Sie glauben, daß es für Sie nichts Wichtigeres gibt, als extravertiert zu sein, wird jede soziale Zurückweisung Sie schmerzen. Aber das muß nicht sein. Viele stille Menschen führen ein sehr glückliches Leben, weil sie wissen, daß dazu mehr gehört, als auf Parties zu glänzen. Eine schüchterne Frau erinnert sich: »Ich bin sicher, daß meine Schüchternheit auf meinen Mann sehr anziehend wirkte. Er sagt, meine Naivität habe ihn fasziniert und er habe mich für kokett gehalten. Als er mich dann besser kennenlernte, verliebte er sich in einen Menschen, den er erfrischend fand.«

Und eine andere Frau erzählte: »Schüchternheit ist nicht *so* schlimm. Im ungünstigsten Fall ist sie sehr lästig, und jeder hat in seinem Leben etwas, was er lästig findet. Im günstigsten Fall hat Schüchternheit eine Reihe von Vorteilen: Viele Schüchterne sind beispielsweise bescheiden, mitfühlend und sensibel. Ich finde sogar, viele laute, egozentrierte Menschen könnten ruhig etwas schüchterner sein!«

Wenn Sie der Schüchternheit in Ihrem Leben weniger Raum zugestehen, wird sie Sie nicht mehr so fest im Griff haben. Bitte beantworten Sie die folgenden Fragen, um eine präzisere Vorstellung davon zu bekommen, wie wichtig Schüchternheit für Sie ist.

Ihr reales Selbst/ideales Selbst

Kreuzen Sie in jeder Spalte die Zahl an, die Sie am besten beschreibt.

Bewertung des realen Selbst: Entscheiden Sie auf der Skala von 1 (trifft auf mich gar nicht zu) bis 7 (trifft auf mich genau zu), inwieweit Sie die genannte Eigenschaft haben.

Bewertung des idealen Selbst: Bewerten Sie auf der Skala von 1 (hat mein ideales Selbst gar nicht) bis 7 (hat mein ideales Selbst unbedingt), wie Sie Ihr ideales Selbst einschätzen.

Differenz: Subtrahieren Sie die Zahl der Spalte *Reales Selbst* von der Zahl der Spalte *Ideales Selbst* und tragen Sie das Ergebnis ein.

Bedeutung: Entscheiden Sie auf einer Skala von 1 (überhaupt nicht wichtig) bis 7 (sehr wichtig), wie wichtig diese Eigenschaft für Ihr Selbstwertgefühl ist.

Gesamtzahl: Multiplizieren Sie die Zahl der Differenz-Spalte mit der Zahl in der Bedeutungs-Spalte, das ist das Ergebnis für die jeweilige Frage.

	Reales Selbst	Ideales Selbst	Differenz	Bedeutung	Total
1. Gut Auto fahren	1 2 3 4 5 6 7	1 2 3 4 5 6 7	___	1 2 3 4 5 6 7	___
2. Vertrauenswürdig sein	1 2 3 4 5 6 7	1 2 3 4 5 6 7	___	1 2 3 4 5 6 7	___
3. Meine Arbeit gut machen	1 2 3 4 5 6 7	1 2 3 4 5 6 7	___	1 2 3 4 5 6 7	___
4. In der Gesellschaft anderer still sein	1 2 3 4 5 6 7	1 2 3 4 5 6 7	___	1 2 3 4 5 6 7	___
5. Ehrlich sein	1 2 3 4 5 6 7	1 2 3 4 5 6 7	___	1 2 3 4 5 6 7	___
6. Gewandt Konversation machen können	1 2 3 4 5 6 7	1 2 3 4 5 6 7	___	1 2 3 4 5 6 7	___
7. Mit Unbekannten ich selbst sein	1 2 3 4 5 6 7	1 2 3 4 5 6 7	___	1 2 3 4 5 6 7	___
8. Gut zuhören können	1 2 3 4 5 6 7	1 2 3 4 5 6 7	___	1 2 3 4 5 6 7	___
9. Gut tanzen können	1 2 3 4 5 6 7	1 2 3 4 5 6 7	___	1 2 3 4 5 6 7	___
10. Selbstbewußt sein	1 2 3 4 5 6 7	1 2 3 4 5 6 7	___	1 2 3 4 5 6 7	___
11. Ein guter Freund und Vertrauter sein	1 2 3 4 5 6 7	1 2 3 4 5 6 7	___	1 2 3 4 5 6 7	___
12. Spontan sein	1 2 3 4 5 6 7	1 2 3 4 5 6 7	___	1 2 3 4 5 6 7	___

13. Selbstsicher sein

1 2 3 4 5 6 7 1 2 3 4 5 6 7 ___ 1 2 3 4 5 6 7 ___

Die Zahl in der Differenz-Spalte zeigt Ihnen, wie sich Ihr reales und Ihr ideales Selbst zueinander verhalten. Je höher die Zahl, um so größer die Kluft zwischen beiden.
Die Zahl in der Bedeutungs-Spalte zeigt den Wert, den Sie dieser Eigenschaft für Ihr Selbstwertgefühl beimessen. Je höher die Zahl, um so wichtiger ist diese Eigenschaft für Ihr Selbstbild.
Das Ergebnis zeigt, wie wichtig eventuelle Diskrepanzen für Ihr Selbstwertgefühl sind. Je höher die Zahl, um so zerrissener sind Sie hinsichtlich der genannten Eigenschaft.

Meine Testfragen haben mit dem, was für Ihr persönliches Selbstwertgefühl wichtig ist, möglicherweise wenig zu tun. Um die Übung für Sie sinnvoller und aufschlußreicher zu machen, empfehle ich Ihnen, einen solchen Test zu Ihrem realen und idealen Selbst zu erstellen, der ganz speziell auf Sie zugeschnitten ist.
Die meisten Menschen in meinen Seminaren haben bei diesem Test festgestellt, daß sie viele wichtige und erstrebenswerte Eigenschaften haben, die ihnen zuvor kaum aufgefallen waren, weil sie ständig an das Wenige dachten, was sie nicht hatten, aber gern hätten. Ihnen wird es ähnlich gehen: Es ist bewundernswert, daß Sie Ihr Selbstwertgefühl verbessern möchten, aber vergessen Sie deswegen nicht, was Sie jetzt schon sind und können. Denken Sie auch an Ihre guten Eigenschaften, werden Sie sich Ihrer Stärken bewußt, dann fällt es Ihnen leichter, sich Ihre angeblichen oder tatsächlichen Schwachpunkte näher anzusehen.

Übungen für Ihr Tagebuch

Ein speziell auf Sie zugeschnittener Test der Divergenz zwischen realem und idealem Selbst.
Blättern Sie in Ihrem Tagebuch zur Übung am Anfang dieses Kapitels zurück. Schreiben Sie dann auf eine neue Seite alle Eigenschaften, die Sie bei Ihrer persönlichen Bestandsaufnahme notiert haben, schreiben Sie auf den oberen Seitenrand »Reales Selbst«, »Ideales Selbst«, »Differenz«, »Bedeutung« und »Gesamt«, und machen Sie weiter wie bei dem Test.

Werden Sie selbstbewußter!

Was Sie als Kluft zwischen Ihrem idealen Selbst und Ihrem realen Selbst empfinden, kann nur aus dem entstehen, was Sie tun – Sie behaupten sich in einer konkreten Situation besser oder schlechter, als Sie erwartet haben. Sie können zwar Ihre Stärken notieren und sich immer wieder aufsagen, das aber wird Ihre Identität nicht verändern, jedenfalls nicht in der realen Welt. Wenn Sie Ihr Selbstbewußtsein stärken wollen, müssen Sie etwas wagen, indem Sie sich in Situationen begeben, die Sie bislang gefürchtet und gemieden haben.
Eine junge Frau, die früher einmal schüchtern war, hat genau das getan: »Ich habe mich in der High School einer Arbeitsgruppe für Gerichtsmedizin angeschlossen. Ich habe dort viele verschiedene Menschen kennengelernt und gelernt, mich in relativ entspannter Atmosphäre mit ihnen zu unterhalten. Das hat mir sehr geholfen, mich in Gruppen und auch mit mir selbst wohl zu fühlen. Eine weitere Chance war mein Sommerjob. Ich habe als Verkäuferin an einem Marktstand gearbeitet, da mußte ich jeden Tag mit vielen Leuten reden und habe dabei gemerkt, wie leicht es ist, mit jemandem ins Gespräch zu kommen. Ich bin sicher, daß ich heute nicht einmal mehr ein Zehntel so schüchtern bin wie vor fünf Jahren.«

Es gibt nur einen Weg, Ihr Selbstwertgefühl zu stärken: Sie müssen versuchen, so zu leben, *als hätten Sie bereits ein großes Selbstwertgefühl.* Sie mögen glauben, Menschen mit großem Selbstbewußtsein seien einfach unter einem glücklicheren Stern geboren als Sie, aber da irren Sie. Aber sehen wir uns zuerst Menschen mit geringem Selbstwertgefühl genauer an.

Menschen mit geringem Selbstwertgefühl

Menschen mit geringem Selbstwertgefühl haben ein relativ starres Bild davon, wer sie sind. Sie sehen sich immer nur auf eine bestimmte Weise und interessieren sich selten für andere Aspekte ihrer Person. Wer ein niedriges Selbstbewußtsein hat und glaubt, unter keinen Umständen mit einem Fremden über Belanglosigkeiten plaudern zu können, wird vermutlich nie versuchen, sich selbst zu widerlegen: Sie schaffen es einfach nicht, sich vorzustellen, daß sie auch gesellig sein könnten. Folglich meiden sie jede Situation, in der sie Small talk führen müssen. Warum, sagen sie sich, soll ich mich dieser Mühe überhaupt unterziehen, wenn ich weiß, daß ich es doch nicht kann. Das ist ein sicheres Anzeichen einer engen Schutzzone, die die schlechte Meinung eines Menschen über sich bestätigt.
Menschen mit geringem Selbstwertgefühl neigen zu unrealistischen Risiken, weil sie Dinge tun, die entweder zu schwierig oder zu einfach sind. Das führt dazu, daß sie nie ein Erfolgserlebnis haben. Wagen sie zu viel, setzen sie ihr ganzes Selbstwertgefühl auf eine Karte, obwohl das Scheitern vorhersagbar ist. Wenn Sie beispielsweise überzeugt sind, daß es Ihnen überhaupt nicht gegeben ist, leicht, witzig und schlagfertig daherzuplaudern, und Sie dennoch zu einer großen Veranstaltung mit vielen wichtigen Gästen gehen, können Sie ganz sicher sein, daß Sie sich unwohl fühlen werden. Außerdem wird ein solch unrealistisches Risiko Sie nur in Ihrem festen Glauben bestätigen, daß Sie eine Partyniete sind.

Andererseits können Sie etwas wählen, was allzu einfach ist. Wenn Sie zu einem Betriebsfest gehen, aber nur mit den Kollegen sprechen, mit denen Sie sowieso jeden Tag zusammenarbeiten, schaffen Sie eine derart risikoarme Situation, daß es Ihre Schutzzone nicht erweitern kann. Dieser wohlfeile Sieg wird Ihnen kaum das Gefühl geben, etwas erreicht zu haben. Ein Erfolg, der nichts bedeutet, zählt nicht.

Ich konnte immer wieder feststellen, daß Menschen mit geringem Selbstwertgefühl genau aufzählen können, was sie nicht können, aber wenig darüber wissen, was sie können, und außerdem selten etwas Neues ausprobieren. Aber Sie wissen nur, was Sie können, wenn Sie es versucht haben.

Menschen mit geringem Selbstwertgefühl sind unglücklich. Sie meinen, jedesmal zu scheitern, wenn sie etwas Neues ausprobieren, nur zu können, was alle anderen auch können, und wenn sie sich selbst betrachten, entdecken sie wenig Liebens- und Bewundernswertes an sich. Je länger sie so denken, um so fester glauben sie daran. Bald verlassen sie ihre engen Schutzzonen nicht mehr. Sie fühlen sich frustriert, und wenn sie dann etwas wagen, tun sie das Falsche. Die Folge davon sind weitere Enttäuschungen und ein weiterer Rückzug aus der Welt.

Menschen mit großem Selbstwertgefühl

Menschen mit großem Selbstwertgefühl haben eine relativ flexible Auffassung davon, wer und wie sie sind. Obwohl sie, wie jeder Mensch, gelegentlich Enttäuschungen und Niederlagen einstecken oder einen schlechten Tag verkraften müssen, gehen sie damit konstruktiver um als Menschen mit geringem Selbstwertgefühl. Sie wissen, daß einige ihrer Eigenschaften sie einzigartig machen, und sie wissen auch, wo ihre besonderen Talente liegen. Sie können die Initiative ergreifen und ihr Selbstbild um neue Einsichten erweitern.

Sally hat sehr wenig Talent für Small talk, aber ein großes Selbstbewußtsein. Sie weiß, daß große Feste mit vielen fremden Leuten schwierig für sie sind, das aber macht ihr wenig aus, weil sie weiß, daß sie viele andere Dinge spielend und erfolgreich absolvieren kann. Sie geht also selten zu Parties und verabredet sich statt dessen lieber mit einigen wenigen, guten Freunden. Als sie über ihren Freundeskreis einen Mann kennenlernt, stellt sie fest, daß sie sich nach einer kurzen Phase der Schüchternheit relativ mühelos mit ihm unterhalten kann.

Nach dieser Begegnung dämmert es Sally, daß es ihr gar nicht schwerfällt, sich mit Fremden zu unterhalten. Das überrascht sie, weil sie sich nie so gesehen hat. Aber da ihr Selbstbild flexibel ist, kann sie diese Erfahrung ernst nehmen. Jetzt weiß sie, daß sie unter bestimmten Umständen durchaus Small talk führen kann.

Dieser Erfolg beschert Sally das deutliche Gefühl eines kleinen Sieges. Sie mindert diesen Erfolg auch nicht mit der Behauptung, das alles sei bedeutungslos, weil ja der neue Bekannte ein Freund eines Freundes sei. Sie kannte ihn vorher nicht, sie hat sich nett mit ihm unterhalten, und darüber freut sie sich.

Auch Menschen mit stabilem Selbstbewußtsein erleben Niederlagen, aber sie gehen damit klug um, indem sie nach den Gründen dafür suchen und daraus lernen. Dabei ist konstruktive Kritik entscheidend. Statt zu denken: »Das war katastrophal, das mache ich nie wieder«, können Sie mit dem richtigen Feedback und konstruktiver Kritik denken: »Ich weiß, warum das nicht geklappt hat. Diesen Fehler mache ich kein zweites Mal.«

Kehren wir zu Sally zurück. Obwohl sie meint, im Umgang mit Fremden ungeschickt zu sein, begibt sie sich in Situationen, in denen sie angstfrei Gespräche führen kann. Sie vergräbt sich nicht, versucht aber, sich einer Begegnung mit Fremden nicht ungeschützt auszusetzen. Sie macht sich das nicht zum Vorwurf, sondern sieht ihre

Schwächen ganz realistisch und setzt sich kleine Teilziele, die sie bewältigen kann. Und als Lohn für all ihre Bemühungen erlebt sie, daß sie etwas kann, was sie bisher für unmöglich hielt: neue Bekanntschaften schließen.

Menschen mit großem Selbstwertgefühl imitieren

Sally führt ein erfolgreich schüchternes Leben. Sie ist schüchtern, hat aber eine gute Meinung von sich. Das ist nicht nur Glück, und es ist nichts, was Menschen, die sozial erfolgreich sind, einfach in den Schoß fällt. Auch sie erleben, wie wir alle, Selbstzweifel, Beklemmungen und Enttäuschungen. Aber im Unterschied zu Menschen mit einem geringen Selbstbewußtsein lernen sie aus ihren Fehlern und sehen sich, und ihre Zukunft unverändert in positivem Licht. Das können Sie auch.

- Entscheiden Sie selbst, was gut für Sie ist. Lassen Sie sich nicht von anderen in Situationen drängen, von denen Sie wissen, daß sie nichts für Sie sind. Seien Sie statt dessen nett zu sich, und tun Sie etwas, was Ihnen Freude macht.
- Betonen Sie das Positive – und loben Sie sich dafür. Menschen sehen ihre Erfolge oft nicht, wenn sie nicht dafür kämpfen mußten. Wenn Ihnen etwas gelingt, müssen Sie erkennen, wie Sie zu dem guten Ausgang beigetragen haben, und auf Ihr geschicktes Handeln stolz sein.
- Begrenzen Sie Ihre negativen Selbstgespräche. Das schüchterne Denken macht es mitunter schwierig, negative Selbstgespräche zum Schweigen zu bringen, aber Sie können es schaffen. Entscheiden Sie im Zweifel immer zu Ihren Gunsten.
- Setzen Sie sich einen realistischen Maßstab für Erfolg. Denken Sie daran, daß auf einem Fest alle möglichen Leute sind, nicht nur die Sprudelnden, die immer »auf vollen Touren laufen« müssen. Außerdem ist das nicht so erstrebenswert, wie es scheinen mag. Oft empfinden

Extravertierte ihre selbstauferlegte Aufgabe, andere immer gut zu unterhalten, als Last. Wenn Sie überhaupt zu einer Party gehen, ist das allemal besser, als zu Hause zu bleiben.

- Stellen Sie Ihr ideales Selbst in Frage. Sind Sie ganz sicher, daß Sie ungehemmt extravertiert sein wollen? Sind Berühmtheiten glücklicher als andere Menschen? Wohl kaum. Ruhm hat seinen Preis – den Druck, immer perfekt wirken zu müssen. Denken Sie kritisch über Ihr phantasiertes Idealselbst nach.
- Sehen Sie sich Ihr reales Selbst genau an. Stärken Sie Ihr Selbstbewußtsein, indem Sie sich vor Augen halten, was Sie gut können und was nicht. Akzeptieren Sie Ihre Stärken ebenso wie Ihre Grenzen, und erkennen Sie, daß beides zu Ihnen gehört, daß das aber nicht allein darüber entscheidet, wer Sie werden können.
- Sehen Sie, daß Sie sich weiterentwickeln. Statt sich zu sagen, daß Sie eben schüchtern sind, könnten Sie auch sagen, daß Sie gerade jemand werden, der in bestimmten Situationen nicht schüchtern ist.
- Suchen Sie sich Vorbilder. Verbringen Sie mehr Zeit mit Menschen, die ein stabiles Selbstbewußtsein haben. Fragen Sie sie, wie sie mit Mißerfolgen, Selbstzweifeln und Perfektionismus umgehen. Machen Sie sich deren Sichtweisen zu eigen.
- Nehmen Sie die Zügel in die Hand. Gehen Sie kalkulierbare Risiken ein, um wirkliche Erfolge erleben zu können. Planen Sie, was Sie tun wollen. Denken Sie daran, daß sich Ihre Situation verschlimmern könnte, bevor sie besser wird. Verlieren Sie in Ihrer Aufwärmphase nicht die Geduld.
- Seien Sie offen dafür, andere Seiten an sich kennenzulernen. Probieren Sie etwas Neues, bitten Sie um Feedback, und beherzigen Sie es. Lernen Sie aus Ihren Fehlern und Erfolgen.
- Pflegen Sie viele Interessen. Wenn Sie etwas tun, was

Ihnen Freude macht, fühlen Sie sich nicht nur generell wohler, Ihre Schüchternheit wird Sie auch weniger belasten. Eine kluge Vierzigjährige schrieb mir: »Vielleicht wird man Schüchternheit am schnellsten los, wenn man etwas tut, was man wirklich gern tut. Dann läßt die Schüchternheit beim Tun nach, und man muß sie nicht intellektuell bekämpfen. Ich denke manchmal, wir verbringen viel zu viel Zeit damit, darüber nachzugrübeln, wie wir aussehen und wie wir uns fühlen.«

Daniel hat diesen Rat beherzigt. Er war viele Jahre lang unglücklich darüber, daß er nervös wurde, sobald er mit einer Frau sprechen wollte, die ihm gefiel. Er beschloß, daß sich das ändern müsse. Deswegen wollte er erst einmal in Ruhe über sich und sein Verhalten nachdenken, bevor er sich wieder mit einer Frau verabredete.
Als erstes machte er Bestandsaufnahme und sah sich seine Schwächen an. Das war schnell getan: Er wußte nicht, wie man mit Frauen redet. Dann überlegte er, was er wirklich gut konnte und was ihn froh machte. Das dauerte etwas länger, weil er zuvor nicht auf diese Weise über sich nachgedacht hatte, aber schließlich fiel ihm doch einiges ein. Er war ein guter Buchhalter und segelte gern; er war geduldig, höflich und freundlich; er sah zumindest durchschnittlich gut aus; er respektierte Frauen, hatte einen trockenen Humor, den alle, die sich daran gewöhnt hatten, sehr schätzten; er konnte gut kochen. Er stellte fest, daß er fast alles, was er in seiner Freizeit tat, ausgesprochen gut konnte und nur in einem Fall Hilfe brauchte – im Umgang mit Frauen.
Wie sollte er seine Stärken nutzen, um an dem großen Defizit etwas zu ändern? Daniel wußte, daß er auf einem Boot immer ausgesprochen glücklich war. Er beschloß also, häufiger Segeln zu gehen, weil er es noch besser lernen wollte und weil es ihm einfach Spaß machte. Er nahm all seinen Mut zusammen und rief einen Segelverein an.

Er wurde auch gleich Mitglied, obwohl es ihm schwerfiel, am Telefon alle nötigen Fragen zu stellen. Als er das erste Mal hinging, war er sehr nervös, entspannte sich aber, weil er schnell feststellte, daß er über Segeln mehr wußte als die meisten anderen. Als Frauen im Club ihn um Rat baten, konnte er ihnen einige schwierige Knoten erklären. Daniel und seine Mitsegler begannen, sich auch außerhalb der Clubaktivitäten zu verabreden. Er lernte einige Frauen kennen, und weil ihm das Segeln Freude machte und ihn ablenkte, verlor er seine Nervosität völlig. Er wußte, daß sie ihn mochten und sein Können bewunderten. Er fühlte sich wie ein anderer Mensch, obwohl er in Wirklichkeit nie so sehr er selbst gewesen war wie zu dieser Zeit.

Ein abschließendes Wort über Schüchternheit als Etikett für den ganzen Menschen

Unser Lebensstil, so der Individualpsychologe Alfred Adler, besteht aus persönlichen und sozialen Faktoren, die unseren Wunsch beeinflussen, durch ständige Arbeit an uns zu optimaler Selbstverwirklichung zu gelangen. Besonders wichtig seien hierfür die, wie er es nannte, *sozialen Interessen:* sich selbst helfen, indem man anderen hilft. Genau das tat Daniel. Er wollte besser segeln lernen und im Umgang mit Frauen gelassener werden, und das gelang ihm nicht nur, indem er mehr Zeit auf dem Boot verbrachte, sondern auch, indem er sein Wissen an die Clubmitglieder weitergab.

Adler meinte, es zeichne den gut angepaßten Menschen aus, daß er alle Facetten seines Lebens zusammenbringen, Risiken eingehen und sich Problemen direkt stellen kann. Schlecht angepaßte Menschen hingegen fühlen sich unterlegen, haben kaum soziale Interessen, denken eindimensional und sehen ihr Leben sehr destruktiv. Sie geben anderen die Schuld an ihren Schwierigkeiten und Fehlern. Statt sich der Realität zu stellen, leben sie, »als ob« die Wirklichkeit anders wäre – »als ob« Liebesbeziehungen unwichtig wären, »als ob« sie persönliche, berufliche oder soziale Ziele erreichen könnten, ohne etwas zu wagen.

Wenn Sie sich durch Gefühle persönlicher Minderwertigkeit lähmen, können Sie leicht in solch eine schwierige Lage geraten. Die Mythen des schüchternen Lebens spiegeln Ihnen vor, daß Sie Ihre Schüchternheit niemals überwinden können, daß Sie beliebter wären, wenn Sie nur geselliger wären, daß Sie weniger wert sind als andere, daß Sie anderen Menschen nichts zu bieten haben. Sie könnten Opfer des Mythos werden, daß nur extravertierte Menschen glücklich sein können.

In Wahrheit aber können Sie auch als schüchterner Mensch glücklich sein, wenn Sie Ihre schüchternen Gedanken und Gefühle lenken, statt sich von ihnen lenken zu lassen. Sie können glücklich sein, wenn Sie bei allen Entscheidungen Ihre Schüchternheit bedenken und so Klugheit beweisen. Sie können glücklich sein, wenn Sie den Mut und die Einsicht aufbringen, sich den Herausforderungen des Lebens zu stellen.

Schüchternheit wird nur dann zu einem Problem, wenn Sie die Mythen der Schüchternheit für sich selbst als Wahrheit akzeptieren – Mythen wie jene, daß Sie nie Erfolg haben werden, daß Sie es gar nicht zu versuchen brauchen, daß Sie ein Versager sind. Die erfolgreich Schüchternen bejahen ihre Schüchternheit und binden sie in jeden Aspekt ihres Lebens ein. Sie sind selbstbewußt und können daher ihren Lebensweg klar und ehrlich planen.

Wenn Sie wissen, wie sich Schüchternheit auf Ihren Körper, Ihren Geist und Ihr Selbstbild auswirkt, können Sie besser einschätzen, gegen welche Kräfte Sie täglich in den unterschiedlichsten Situationen zu kämpfen haben. Diese

Erfahrungen sind besonders schwierig zu lenken, zu durchschauen und zu überwinden, und das sind die Kräfte, die großen Einfluß auf Ihre Identität, Ihr Selbstwertgefühl, Ihren Lebensstil und Ihre Seele ausüben.

Teil III
Schüchternheit in den verschiedenen Lebensaltern

Einen so wichtigen Wesenszug wie Schüchternheit erleben wir in verschiedenen Lebensphasen ganz unterschiedlich. Es wäre falsch, einen Säugling als schüchtern zu bezeichnen, aber wir können mit einem Nervensystem zur Welt kommen, das auf neue Eindrücke sehr stark reagiert. Als Kinder müssen wir lernen, in unübersichtlichen Schulsituationen Freundschaften zu schließen und mit anderen zu spielen. Als Heranwachsende empfinden wir unsere Schüchternheit als schwere Last und wollen sie unbedingt loswerden. Als Erwachsene wünschen wir uns sichere Wege, um mit anderen – Freunden, Partnern, Kollegen – in Beziehung zu treten und unserer Einsamkeit zu entfliehen.

In jedem dieser Lebensstadien stellen sich verschiedene Probleme, das Grundprinzip aber bleibt gleich: die Probleme der Schüchternheit drehen sich immer wieder um die Dauer der Aufwärmphase, den Annäherungskonflikt und um zu kleine Schutzzonen.

Im dritten Teil wird es darum gehen, welche speziellen Probleme die Schüchternheit in den verschiedenen Lebensphasen aufwirft.

8. Kapitel
Werden wir schüchtern geboren?

Betty beschreibt ihre kleine Enkelin wie folgt:

> Wenn Kelly bei mir wäre und Sie kämen zur Tür herein, würde sie – egal, wie schön wir gerade miteinander spielen – sofort aufhören und dorthin flüchten, wo ihre Mutter oder ihr Vater sitzen. Als sie ein Jahr alt war, fing sie sofort an zu weinen, wenn jemand zu ihr hinging oder mit ihr redete. An ihrem ersten Geburtstag war die ganze Familie versammelt. Sie spielte, und es ging ihr gut. Dann setzten wir sie in ihren Hochstuhl am Kaffeetisch, stellten uns um sie herum und sangen ›Happy Birthday‹. Sie sah uns an, als wolle sie sagen: ›Warum tut ihr mir das an?‹, und von einer Sekunde zur nächsten war aus dem glücklichen kleinen Mädchen ein schluchzendes Bündel geworden.
> Wenn wir sie jetzt besuchen, kommt sie immer noch nicht auf uns zugelaufen, um uns einen Kuß zu geben. Es dauert fünf oder zehn Minuten, bevor sie auftaut, und dann ist sie unglaublich süß.

Kellys Reaktionen sind typisch für Kinder, die auf Veränderungen in ihrer Umwelt stark reagieren. Wir können sogar annehmen, daß sie »gehemmt veranlagt« zur Welt kamen.

Veranlagung und Persönlichkeit

Wir alle werden mit bestimmten Veranlagungen geboren – Anlagen, die beispielsweise entscheidend dafür sein können, ob Sie Violinistin oder Basketballspieler, Mathematikerin oder Maler werden.

Die Veranlagung zu gehemmtem – oder nicht-gehemmtem – Verhalten ist unter anderem davon abhängig, wie stark das Gehirn auf äußere Reize reagiert. Unterschiede in der Reaktionsweise konnten Forschungen bereits im Mutterleib nachweisen. Etwa jedes fünfte Kind neigt schon bei der Geburt zu gehemmtem Verhalten. Diese Kinder sind, wie Kelly, sehr sensibel und beginnen meist schon beim Anblick eines neuen Spielzeugs oder eines fremden Gesichts heftig zu strampeln oder zu weinen. Vierzig Prozent sind vergleichsweise wenig gehemmt und bleiben ruhig, wenn in ihrer Umgebung etwas Neues auftaucht.

Veranlagung ist jedoch nur ein Aspekt der Persönlichkeit, die sich im Laufe der Zeit entwickelt und aus mehreren Faktoren besteht: Biologie (Veranlagung), Umwelt (Familie, Kultur), Erfahrung (Erziehung, Erwartungen) und Psychologie (Motivation, Selbstbewußtsein). Man schätzt, daß der Einfluß der Veranlagung auf die Persönlichkeit bei 25 bis 50 Prozent liegt. *Schüchternheit ist ein Charakterzug, keine Veranlagung.*

Wenn sich die Persönlichkeit eines Kindes entfaltet, kann sich aus seiner Anlage zum Gehemmtsein sowie den Einflüssen von Umwelt, Psychologie und anderen Faktoren ein schüchterner Mensch entwickeln. Interessanterweise werden aber nicht alle Kinder, die mit einer solchen Veranlagung geboren werden, später zu schüchternen Erwachsenen. Und offenbar werden manche lebhaften Säuglinge später schüchtern – sonst könnte sich nicht knapp jeder zweite als schüchtern bezeichnen. Biologie ist also nicht Schicksal.

Warum sollen wir uns hier überhaupt mit Hemmungen befassen? Weil es uns hilft zu verstehen, wie das schüchterne Gehirn funktioniert. Hemmungen sind eine organische Überreaktion auf Neues und auf vermeintliche Bedrohungen. Das Gehirn eines scheuen Kleinkindes wie Kelly reagiert ähnlich wie das eines schüchternen Erwachsenen, allerdings ohne den kognitiven und psychologischen Ballast, den ein Erwachsener im Laufe seine Lebens angehäuft hat.

Die biologischen Wurzeln der Schüchternheit sind jedoch noch nicht endgültig geklärt. Wir wissen nicht mit letzter Sicherheit, ob ein Kind schüchtern geboren wird, da es hierzu keine eindeutigen wissenschaftlichen Daten gibt. Zudem ist Schüchternheit, da sie ein Charakterzug ist, vielschichtiger, als es auf den ersten Blick scheinen mag, und läßt sich nicht bestimmten Arealen oder Reaktionen des Gehirns zuweisen; es ist vielmehr wahrscheinlich, daß eine Vielzahl von Arealen und Reaktionen gleichzeitig beteiligt sind.

Die gegenwärtige Forschung bemüht sich, die Streßreaktionen des Gehirns besser verstehen zu lernen. Andere Forschungsarbeiten konnten bereits eine erbliche Komponente schüchternen Verhaltens zwischen Angehörigen verschiedener Generationen nachweisen und den Beweis führen, daß es sinnvoll ist, Schüchternen zur Bewältigung körperlicher Symptome Medikamente zu geben. Ferner konnten sie nachzeichnen, wie sich Zaghaftigkeit bei verschiedenen Tierarten entwickelt.

Dank dieser Forschungsarbeiten wissen wir heute etwas mehr darüber, ob Menschen mit einer Veranlagung zu Schüchternheit geboren werden, ob es einen schüchternen Körpertypus oder ein Schüchternheitsgen gibt. Und sie geben uns, was wichtiger ist, ein genaues Bild davon, was in Momenten der Schüchternheit im Körper auf molekularer Ebene vorgeht.

Das schüchterne Gehirn

Schüchternheit spielt sich auf allen Ebenen des zentralen Nervensystems ab – vom Rückenmark und dem Hirnstamm, von dem aus Reflexe und alle lebenswichtigen Körperfunktionen gesteuert werden, über das limbische System im Zwischenhirn, das rasche Entscheidungen anhand von Instinktreaktionen fällt, bis zum Großhirn, das Strategien plant, kurz- und langfristige Ziele bestimmt, Handlungsmöglichkeiten erwägt, Spezialwissen erwirbt, über die Funktion aller Körperteile wacht und über die Zukunft entscheidet.
Der Reflex, Bedrohliches zu meiden oder vor einer Gefahr zurückzuweichen (den Finger von einem brennenden Streichholz zurückzuziehen), sitzt im Hirnstamm, die instinktive Abneigung (gegen Ratten, zum Beispiel) im Mittelhirn, aber die *Entscheidung*, etwas nicht zu tun (unter einer Leiter herzugehen), kommt vom Großhirn, dem Sitz menschlichen Denkens. Es ist kaum vorherzusagen, welchen Einfluß Ihr Denken auf Ihre Reflexe und Instinkte haben wird, weil der Prozeß der Entscheidungsfindung sehr vielschichtig ist.
Betrachten wir die Aufgaben dieser Strukturen genauer.

Der Hirnstamm

Der Hirnstamm ist der älteste und primitivste Teil des Nervensystems. Er schließt oberhalb des Nackens an das Rückenmark an und ist das Areal, das Informationen aus dem ganzen Körper an die höheren Funktionen des Gehirns weiterleitet. Es reguliert unwillkürliche Körperfunktionen wie Herzschlag, Verdauung und so weiter, die wir selten bemerken, ohne die wir aber nicht leben können. Es steuert auch Reflexe wie das Blinzeln bei einem

Sandsturm oder das rasche Zurückziehen des Fingers, wenn man sich an einer Nadel gestochen hat.
Das *aufsteigende retikuläre Aktivierungssystem des Hirnstamms* (ARAS) wirkt auf das limbisch-hypothalamische System, um Wachheit zu stimulieren. Wenn wir aufschrecken, weil wir eine schrille Feuersirene hören, ist das ARAS am Werk. Das ARAS könnte bei gehemmtem Verhalten eine Rolle spielen, denn wenn Introvertierte auf Umweltstimulation anders reagieren als Extravertierte, mag dies, so der verstorbene Wissenschaftler Hans J. Eysenck, an ARAS liegen. Sie können es sich wie einen Lautstärkeregler vorstellen: Wenn Ihr ARAS sehr sensibel eingestellt ist, macht Sie das für äußere Impulse empfänglicher. Jedes Geräusch wird intensiver und daher schwerer zu überhören, weil Ihr ARAS mehr akustische Informationen aufnimmt als andere. Menschen mit einem weniger empfindlichen ARAS finden Hintergrundgeräusche weniger störend, sie lenken sie nicht von dem ab, was sie eigentlich tun.
Diese sensorische Überreizung erklärt, warum viele Schüchterne große Menschenansammlungen oder laute Bars nur schlecht ertragen. Überprüfen Sie das an sich selbst. Achten Sie, wenn Sie sich in einer Situation unwohl fühlen, auf die Hintergrundgeräusche. Ist die Musik zu laut? Werden Sie von einem allzu lauten Gespräch abgelenkt? Machen Verkehr, Hupen und akustische Umweltverschmutzung Sie verrückt? Vielleicht liegt das an Ihrem hochempfindlichen ARAS.

Das limbische System: das Zwischenhirn

Direkt über dem Hirnstamm, tief im Gehirn, liegt das limbische System. Es besteht aus mehreren Teilen und reguliert die Nahrungsaufnahme, den Fluchtimpuls, das

Kämpfen, die Reproduktion – also alle Instinktreaktionen. Aus vielen Gründen ist das limbische System das für die Schüchternheit wichtigste Areal. Es besteht aus

- dem Hypothalamus. Der »Regulator« stellt sicher, daß Sie körperlich den Anforderungen gewachsen sind, indem er Hormone und andere Körperfunktionen steuert, die Sie in einer streßauslösenden Situation brauchen.
- dem Hippocampus. Diese »Datenbank« speichert Erinnerungen und Gefühle und reaktiviert sie.
- der Amygdala (oder dem Mandelkern). Die »Schaltzentrale« hat die Aufgabe, Nervensignale weiterzuleiten, die Emotionen und Streß betreffen. Sie registriert Bedrohungen im Umfeld und entscheidet, ob der Körper fliehen oder kämpfen soll, sie verbindet bestimmte Stimuli mit dem Gefühl von Angst und entscheidet, wie Ihr Körper reagieren wird.
- dem Interstitialkern der Stria terminalis. Dieser »Joker« ist ein Areal, dessen Funktion noch weitgehend unbekannt ist, das aber nicht Furcht, sondern Angst bearbeitet.

Das limbische System kann bestimmte Stimuli – wie Fremde, Autoritätsfiguren oder Angehörige des anderen Geschlechts – mit Angstreaktionen assoziieren. Das funktioniert etwa so: Stellen Sie sich vor, daß eine Kollegin Sie eingeladen hat, nach dem Büro mit ihr und einigen ihrer Freundinnen in ein Lokal zu gehen. Ihre erste Reaktion ist möglicherweise Angst, weil dies eine neue und unvertraute Situation ist. Ihre Amygdala signalisiert dem Hippocampus oder dem Hypothalamus, daß Sie sich darauf vorbereiten sollten, sich zu verteidigen oder fortzulaufen.

Diese Signale werden Ihren Hypothalamus und Ihr autonomes Nervensystem so aktivieren, daß Ihre Aufmerksamkeit steigen wird. Wenn die Verabredung näher rückt, denken Sie schneller, fangen an zu schwitzen, und Ihr Puls rast. Ihr ganzer Körper macht sich bereit, der angstauslösenden Situation auf bereits beschriebene Weise zu begegnen.

Stellen Sie sich jetzt vor, daß Sie in dem Lokal angekommen sind. Als Ihre Kollegin Sie vorstellt, sehen die Anwesenden kaum auf, um Ihre Anwesenheit zur Kenntnis zu nehmen, und reden weiter, als seien Sie gar nicht da. Diese Feindseligkeit macht Ihnen angst, verletzt Sie und untergräbt Ihr Selbstvertrauen. Sie können zweierlei tun: Sich schützen, indem Sie aggressiv werden und ihnen die Meinung sagen, oder sich zurückziehen und Verabredungen dieser Art künftig meiden. Wahrscheinlich werden Sie letzteres tun.

Aber damit ist dieses Erlebnis noch nicht zu Ende. Sie speichern die Erinnerung an die Zurückweisung in Ihrem Hippocampus und merken sich das Bild der Menschen, die unhöflich waren, ebenso wie die allgemeine Situation, in der Sie sie trafen: ein Lokal, nach dem Büro, im Beisein Ihrer Kollegin.

Wenn Sie Ihre Kollegin oder deren Freundinnen das nächste Mal treffen, wird der Hippocampus die Erinnerung an diese vergangene Kränkung hervorholen und der Amygdala signalisieren, daß Gefahr im Verzug ist. An Sie sendet die Amygdala die Aufforderung, sich vor dem möglichen Schaden, den diese Menschen Ihnen zufügen könnten, zu schützen. Sie wird frühere und aktuelle Informationen heranziehen, und möglicherweise beginnt Ihr Herz wieder zu rasen. Wenn Sie mit diesen Leuten immer nur unerfreuliche Begegnungen haben, werden Sie sie vermutlich immer fürchten.

Aber das limbische System beeinflußt nicht nur, wie Sie künftig auf diese Menschen, sondern auch, wie Sie auf ähnliche Situationen reagieren werden. Neben diesem konkreten Anlaß speichert es auch den generellen Kontext. Wenn eine andere Kollegin Sie einlädt oder Sie sich mit einem Kunden, den Sie nicht kennen, in einem Restaurant treffen müssen, wird der Hippocampus die Informationen über das neue Restaurant mit Ihren Erinnerungen an das frühere vergleichen (an einem solchen Ort hat man sie gekränkt).

Weil Sie fürchten, erneut gekränkt zu werden, wird der Hippocampus Angstsignale an die Amygdala senden, die daraufhin Ihrem ganzen Körper Gefahr signalisiert. Das kann Streßreaktionen auslösen, Sie fühlen sich unwohl, selbst wenn Sie nichts zu befürchten haben. (Wiederholte angenehme Erfahrungen werden diese Reaktionskette abschwächen.)

Wenn Ihnen das Ausgehen nie Spaß macht, wird Ihre Amygdala bei jeder Wiederholung vom Hippocampus negative Signale erhalten. Schließlich werden Sie entweder schon beim Gedanken an Restaurants wütend (die aggressive Reaktion), oder Sie verlassen Ihre Wohnung nicht mehr (die defensive Reaktion). Schüchterne entscheiden sich meist für die zweite Alternative und entziehen sich solchen Situationen, um weitere Peinlichkeiten und Kränkungen zu vermeiden.

Jeder reagiert negativ auf soziale Kränkungen, aber nicht alle Menschen ziehen sich zurück. Warum machen Schüchterne das? Vielleicht reagiert ihr limbisches System häufiger oder intensiver mit Rückzugssignalen als bei anderen. Sehen wir uns das limbische System genauer an, um herauszufinden, ob es bei Schüchternen anders reagiert als bei Nicht-Schüchternen.

Der Hypothalamus: Der Regulator

Sie können sich den Hypothalamus als empfindlichen Thermostat vorstellen: Er läßt uns Hunger verspüren, wenn wir essen sollten, und läßt uns schwitzen, wenn wir uns abkühlen sollten. In neuen, unsicheren oder angstauslösenden Situationen macht er uns wacher, aufmerksamer und bereit, indem er das autonome Nervensystem aktiviert, das Schweiß, Tränen, Verdauungssäfte und Streßhormone kontrolliert. Genau das sind typische körperliche Begleiterscheinungen eines Schüchternheitsanfalls, es scheint also naheliegend, daß der Hypothalamus hierbei eine Rolle spielt.

Reagiert der Hypothalamus bei Schüchternen falsch oder zu stark? Das weiß niemand mit Sicherheit zu sagen, offensichtlich aber ist er stark involviert. Jerome Kagan von der Harvard University fand bei sehr gehemmten Kindern hohe Cortisol- und Epinephrinwerte, das sind Streßhormone, die ausgeschüttet werden, wenn Unbekanntes oder Bedrohliches den Hypothalamus aktiviert. Wir wissen nicht, ob der Hypothalamus »schüchtern« ist, sicher ist nur, daß einige gehemmte Kinder in unbekannten Situationen hocherregt sind und der Hypothalamus auf Hochtouren arbeitet, um sie auf einen Kampf vorzubereiten.

Der Hippocampus: Die Datenbank

Der Hippocampus speichert Erinnerungen und reaktiviert sie. Er hilft uns, in unserem Alltag Kontinuität herzustellen, indem er unablässig neue und alte Erfahrungen miteinander vergleicht. Er hält nicht nur generelle Erinnerungen wie eine beschämende Situation in der zweiten Grundschulklasse bereit, sondern auch Kontextinformationen: Wie sich der Raum anfühlte, was Sie vor, während und nach dem Vorfall fühlten. In einer neuen Situation fragt er: *Habe ich so etwas schon einmal getan?* aber auch: *Wie fühlte ich mich, als das passierte? Wo war ich und wie habe ich meine Umgebung empfunden?*

Der Hippocampus speichert also Details und die damit einhergehenden Gefühle. Das alles tut er schnell und von Ihnen unbemerkt, so daß Sie dreißig Jahre nach dem beschämenden Vorfall im Klassenzimmer nicht einmal mehr ahnen, warum Sie so ungern vor anderen sprechen.

Sobald Sie schüchtern werden, setzt der Hippocampus die

Erinnerung an eine unangenehme frühere Erfahrung (ausgelacht werden, weil man eine Frage falsch beantwortet hat) mit dem Kontext dieser Erinnerung gleich (aus einer Gruppe Gleichaltriger herausgegriffen und gedemütigt werden). Im Verlauf einer solchen kontextuellen Konditionierung kann es geschehen, daß Sie bestimmte Situationen – Konferenzen, Kundenpräsentationen, Teamsitzungen, in denen Sie etwas sagen sollen – mit unangenehmen Gefühlen koppeln und allein beim Gedanken an das gefürchtete Ereignis von ersten Streßreaktionen befallen werden – noch bevor Sie den Konferenzraum betreten.

Der Hippocampus vergleicht neue Informationen mit unseren Erinnerungen, was erst bei Kindern ab dem sechsten bis neunten Monat möglich ist. Vorher zeigen Kinder keine Angst vor Fremden; für Vergleiche reichen ihre Informationen nicht aus. Ob Eltern, Babysitter oder das fremde Ehepaar am Nachbartisch, alle können mit dem Baby schäkern. Es weicht erst zurück, wenn seine Gehirnreifung weiter fortgeschritten ist.

Jerome Kagan hingegen hat eine völlig andere Auffassung von der Rolle des Hippocampus bei gehemmten Kindern. Er glaubt, daß er *gar keine Erinnerungen* reaktiviert. Die gehemmten Kinder, die er untersucht hat, haben seiner Ansicht nach einen überaktiven Hippocampus, der ihnen das Gefühl gibt, bei jeder neuen Erfahrung praktisch bei Null anzufangen. Weil sie nicht wissen, wie sie sich in einer Umgebung verhalten sollen, die sich unablässig verändert, fühlen sie sich ständig unwohl und ziehen sich zurück, um das bewältigen zu können.

Während es zum normalen Reaktionsmuster von Tieren gehört, Unbekanntes, das in der Umgebung auftaucht, erst einmal anzugreifen, habe er, so Kagan, dergleichen bei gehemmten Kindern nie erlebt. Wie Kelly, erstarren sie in der Hoffnung, dem Unbekannten so ausweichen zu können.

Die Amygdala: Die Schaltzentrale
Die Amygdala ist das Puzzlestückchen, durch das wir die Physiologie der Hemmungen am ehesten verstehen. Wird bei Tierexperimenten die Amygdala blockiert, hört jede Befangenheit sofort auf. Möglicherweise ist also bei chronisch Schüchternen die Amygdala leichter erregbar und interpretiert ihre Umwelt häufiger als bedrohlich.
Die Amygdala ist in vielerlei Hinsicht der Oberbefehlshaber. Hier nimmt die Wahrnehmung der aktuellen Bedrohung ihren Anfang, hier treffen wir erste Entscheidungen über Annäherung und Vermeidung. Erinnerungen an frühere Erlebnisse, die vom Hippocampus kommen, helfen der Amygdala, den aktuellen Stimulus zu bewerten. Kommt sie zu dem Schluß, daß er furchterregend ist, sendet sie ein Signal an den Hypothalamus, eine Streßreaktion auszulösen, sowie eine Nachricht an jene Gehirnregionen, die die Körpermotorik und die Muskulatur des Mundes steuern. (Das ist die Ursache für die plötzliche Unfähigkeit zu sprechen und das Gefühl, wie gelähmt zu sein.) Das tut sie, indem sie zwei Strukturen in sich aktiviert, die eine führt zu Annäherung, die andere zu Vermeidung. Da es in der Amygdala mehrere Nervenbahnen gibt, könnte der Eindruck entstehen, als werte sie alle Informationen aus, wäge sie rational gegeneinander ab und entscheide dann frei und objektiv. Aber so unparteiisch geht die Amygdala offenbar nicht vor. Leider ist noch unbekannt, wie sie im Menschen funktioniert, bei Katzen aber bevorzugt die Amygdala ganz offensichtlich entweder den Annäherungs- oder den Vermeidungspfad.
Bei den Forschungsarbeiten des Wissenschaftlers Robert Adamec wurden Katzen aufgrund ihres Umgangs mit Mäusen, anderen Katzen und Menschen in »scheu« und »nicht scheu« eingeteilt. Die scheuen Katzen zögerten, unbekanntes Terrain zu erforschen oder Mäuse anzugreifen. Taten sie es doch, mieden sie die direkte Konfrontation. Sie lauerten der Maus von hinten oder der Seite auf,

und sie waren defensiver und wachsamer als die forschen Katzen. Geräusche verstörten sie. Die forscheren Katzen näherten sich anderen, streiften neugierig umher und griffen Mäuse direkt an, oft mit sichtlichem Vergnügen.
Die Amygdala der Katzen sendete ihre Signale entweder an ein Areal des Hypothalamus oder ein Areal des Hippocampus. Bei der Erregung des Hypothalamus reagierten die Katzen mit ängstlichem Kauern oder blieben reglos in einer Ecke sitzen, beim Hippocampus hingegen mit aggressivem Verhalten wie Angriffen.
Es zeigte sich, daß die scheuen Katzen eine ausgeprägtere Bahnung zum Hypothalamus hatten und die Amygdala aus diesem Grund mehr Signale dorthin statt zum Hippocampus schickte. Bei den forschen Katzen war es umgekehrt.
Es ist ungewiß, inwieweit diese Ergebnisse auf Menschen übertragbar sind. Wir können also bislang nur spekulieren, ob die Amygdala bei Schüchternen erregbarer ist als bei Nicht-Schüchternen und sie daher mehr Gefahren wahrnehmen (jeder Unbekannte wäre ein potentieller Feind) und darum mit Abwehr reagieren. Was aber geschähe als nächstes? Halten sie sich fern?
Ich bezweifle das. Die Amygdala betrifft ihre erste Reaktion, hat aber keinen Einfluß auf ein Verhalten, das geplant, rational und so entschieden ist, daß es den dominanten Reaktionen entgegenwirkt. Dieses Verhalten folgt ihrem Willen, ihrer Intelligenz und dem menschlichen Grundbedürfnis nach Geselligkeit. Selbst wenn also nachgewiesen werden sollte, daß die Amygdala gehemmter Menschen anders funktioniert, bedeutet das nicht, daß sie schüchtern sein *müssen*.
Ich denke sogar, daß eine weniger aggressive Amygdala der Gesellschaft nutzen kann. Jerome Kagans Amygdala-Studien an Tieren ergaben, daß die Größe der Struktur von Bedeutung ist. Bei höher entwickelten Säugetieren wie den Primaten ist der für defensives, vermeidendes

Verhalten zuständige Teil relativ größer als bei weniger intelligenten Tieren wie Ratten. Offenbar signalisiert die Amygdala mit um so größerer Wahrscheinlichkeit Vermeidung, je entwickelter ein Lebewesen ist. Kagan meint, mit höherer Entwicklung sinke die Neigung, bei einer Bedrohung blind anzugreifen. Wir versuchen eher, uns zurückzuziehen und eine unklare Situation durch Nachdenken zu lösen.

Kagan hat auch Daten von anderen Tieren (Pferden, Schweinen und Hunden) ausgewertet. Die Studien ergaben, daß das limbische System zahmer Tiere kleiner ist, was die Vermutung nahelegt, daß bei gezähmten Tieren der »Angriff«-Teil der Amygdala kleiner ist als bei wilden. Wenn uns die Amygdala seltener zum Angriff drängt, macht uns das vielleicht zivilisierter und für ein Zusammenleben mit anderen besser geeignet.

Der Interstitialkern der Stria terminalis: Der Joker

Ich habe gesagt, Schüchternheit sei die Reaktion auf die Furcht vor einem bestimmten Stressor in der Umgebung. Aber »Furcht« benennt vielleicht nicht zutreffend, was Sie in einer solchen Situation empfinden. Bei den meisten Schüchternen ist das Gefühl diffuser, weniger präzise – es ist Angst. Wie ich bereits sagte, schleicht Angst sich langsamer an und hat meist keine eindeutige Ursache. Sie ist nicht so intensiv wie Furcht, löst sich aber langsamer auf.

Hier nun kommt der Joker ins Spiel. Man vermutet, daß Angstreaktionen durch den Interstitialkern der Stria terminalis ausgelöst werden. Diese Struktur des limbischen Systems, über die noch wenig bekannt ist, sendet Informationen an den Hypothalamus und den Hirnstamm, eben jene Strukturen, die auch an den Furchtreaktionen beteiligt sind, die wir mit der Amygdala assoziieren. Der Interstitialkern erhält auch Gefühlserinnerungen vom Hippocampus.

Die BNST, so lautet die Abkürzung, verarbeitet die Kontextinformationen der Amygdala und des Hippocampus und leitet diese an den übrigen Körper weiter, wo sie als unterschwelliges, anhaltendes Unbehagen wieder auftauchen, als diffuses Gefühl, daß irgend etwas irgendwie nicht in Ordnung ist. Angst eben.

Wir wissen wenig über den Interstitialkern der Stria terminalis. Nehmen wir an, der Gedanke an eine bevorstehende Party löst Angst aus. Mitwirkende beim Entstehen dieser Angst sind der Hippocampus, der Ihnen Informationen über den Ort liefert, die Amygdala, die Sie warnt, daß dieser Ort gefährlich ist, und der Interstitialkern, der diese Informationen verbindet und an den Hypothalamus und den Hirnstamm weiterleitet, was ein anhaltendes Erregungsgefühl zur Folge hat. Vielleicht ist der Interstitialkern bei gehemmten, schüchternen oder überängstlichen Menschen besonders aktiv, vielleicht funktioniert er bei Menschen, die auf bestimmte Situationen scheu reagieren, nur gelegentlich. Wir wissen allerdings, daß die BNST die Sozialangst erhöhen kann.

Das limbische System kontrollieren

Wenn Sie wissen, wie das limbische System funktioniert, sind Sie besser gerüstet, die Symptome der Schüchternheit zu besiegen, denn nun verstehen Sie, wie und wo Sie die Entscheidung zum Rückzug treffen, warum Sie unangenehme (oder nur spärliche) Erinnerungen haben und was Streßreaktionen auslöst. Es bestimmt, ob Sie sich Gegenständen (oder Menschen), die Ihnen gefallen, nähern oder ob Sie das, was Ihnen bedrohlich erscheint, besser meiden. Das wachsende Wissen über die Funktionsweise des Interstitialkerns der Stria terminalis erlaubt uns schon jetzt eine Vorstellung davon, warum manche Menschen bei dem Gedanken an soziale Situationen ängstlich reagieren, während das andere völlig ungerührt läßt.

Das limbische System eines gehemmten Menschen unterscheidet sich von dem eines nicht gehemmten in seiner Reaktionsweise auf wahrgenommene Gefahren und Streß. Stellen Sie sich das limbische System als Thermostat vor, der sich automatisch der jeweiligen Temperatur anpaßt. Der Körperthermostat der Schüchternen ist empfindlicher als der anderer und springt früher an. Aber Sie können Ihren Thermostat auch anders einstellen. Wie die Isolierung eines Hauses die Funktionsweise eines realen Thermostats beeinflußt, so können auch Sie sich »isolieren«, indem Sie lernen, was Schüchternheit auslöst, wann sie auftritt und wie Sie Ihren typischen Reaktionen entgegenwirken können.

Selbst wenn Sie mit einer überaktiven oder nicht ausgewogen funktionierenden Amygdala zur Welt gekommen sein sollten, verdammt Sie das nicht zu einem Leben in stiller, passiver Zurückgezogenheit. Sie können die Arbeitsweise Ihrer Amygdala, vielleicht sogar die Struktur Ihrer Gehirnreaktionen verändern, indem Sie Ihre Wahrnehmungen ändern.

Neuere Untersuchungen haben ergeben, daß die Amygdala bei bizarren, beängstigenden Träumen aktiv ist, in denen der Träumende keine Kontrolle über die Gefahr hat (wenn er beispielsweise von einem Rudel wilder Hunde verfolgt wird und weder schreien noch fortlaufen kann). Umgekehrt ist die Amygdala nicht aktiv, wenn der Träumende die Kontrolle behält und der furchtbaren Situation nicht ausgeliefert ist (die Hunde bellen und jaulen, aber der Träumende kann plötzlich fliegen und entkommt ihnen). Entscheidend ist das Gefühl von Kontrolle. Wenn Sie glauben, daß Sie eine Situation kontrollieren, fühlen Sie sich ruhiger, und Ihre Amygdala rührt sich nicht.

Diese Forschungsergebnisse lassen den Schluß zu, daß Sie Ihre sensible oder unausgewogen funktionierende Amygdala beruhigen und in angstauslösenden Situationen

bedeutend gelassener sein können, wenn Sie wissen, daß Sie Ihrer Umgebung und Ihren Reaktionen nicht ausgeliefert sind.
Das können Sie mit verschiedenen Methoden erreichen: Im sechsten Kapitel war bereits davon die Rede, daß Sie sich die Fakten nochmals ansehen und anders benennen sollen, wenn Sie merken, daß Sie allzu selbstkritisch werden. Im 13. Kapitel wird es unter anderem darum gehen, daß Sie die Aufregung vor einer Verabredung bekämpfen können, indem Sie vorher ein wenig üben und sich am Tag vorher den Ort ansehen, an dem Sie sich treffen werden.
Nicht alle Schüchternen sind mit einem überreagierenden limbischen System zur Welt gekommen; viele wiederholen das gleiche schüchterne Verhalten so oft, daß die zur »Furchtsamkeit« führenden Nervenbahnen stärker werden. Arbeiten mit Ratten ergaben, daß sie durch die Stimulierung oder »Erregung« einer bestimmten Region der Amygdala scheuer wurden, was durch die Stimulierung einer anderen Region wieder aufgehoben werden konnte. Es kann also durchaus sein, daß Sie durch Ihr Flüchten aus sozialen Situationen die »Rückzugsbahn« Ihrer Amygdala wiederholt stimulieren oder stärken. Bauen Sie jedoch Ihr Annäherungsverhalten auf, können Sie Ihr Gehirn so »umprogrammieren«, daß die neuralen »Angriffsverbindungen« gestärkt werden. Um das zu erreichen, müssen Sie gedanklich vorwegnehmen, wann Sie sich gehemmt und bedroht fühlen; überlegen, wie und wo Sie Kontrolle über diese soziale Situation haben, und dann Strategien planen und umsetzen, die Ihnen helfen, Ihr Unwohlsein zu beseitigen.

Das Großhirn und die Großhirnrinde

Der Hirnstamm und das limbische System verarbeiten bedrohliche Informationen und lösen primitive Instinktreaktionen aus, aber auch das Großhirn – jene Strukturen, die für Denken, Sprache und komplexe Problemlösung zuständig sind – kann einen Beitrag zum schüchternen Verhalten leisten. Wenn zur Schüchternheit eine bewußte Entscheidung zum Rückzug gehört, müssen auch jene Gehirnregionen beteiligt sein, die Entscheidungen treffen.

Die Großhirnrinde ist eine dünne Neuronenschicht etwa von der Größe, Form und Dicke einer zerknüllten Zeitungsseite, die das Mittelhirn wie ein Handschuh umschließt. Sie ist der jüngste Teil des Gehirns und macht uns im eigentlichen Sinne zum Menschen, da sich dort komplexe kognitive Prozesse wie Sprechen, Denken und die Auflösung widersprüchlicher Informationen befinden.

Die Frontallappen, der vordere Teil der Hirnrinde, liegen hinter der Stirn. Sie steuern das Handeln durch Planen, Kontrolle, Logik und Abwägen. Sie erhalten Informationen vom limbischen System, vom Hirnstamm und vom Rückenmark, treffen Entscheidungen über Erlebtes oder veranlassen uns, zusätzliche Informationen einzuholen und etwas nochmals zu überdenken, um besser entscheiden zu können. Sie sind verantwortlich dafür, wie Gefühle gedeutet werden – das heißt, sie definieren einen Zustand physiologischer Erregung als Freude oder Furcht.

Gibt es auf der Großhirnrinde ein »Schüchternheitsareal«? Nein – Schüchternheit und Hemmungen sind in den höherentwickelten Regionen des menschlichen Gehirns nicht festzustellen. Das Großhirn wirkt jedoch vermutlich sowohl beim Entstehen jener Empfindungen und Gedanken mit, die zur Schüchternheit gehören, wie auch bei den Strategien, die zu schüchternem Denken und schüchternen Verhaltensweisen führen.

Während der Instinkt zum Rückzug im limbischen System lokalisiert ist – Gehirnstrukturen, die wir beispielsweise mit Ratten, Katzen und Affen teilen –, befinden sich die kognitiven Prozesse, die zur Schüchternheit beitragen, im Großhirn – hierzu gehören das narzißtische Paradox, unrealistische soziale Vergleiche, Selbstkritik und Verlegenheit, Pessimismus, negative Zuschreibungen und mangelndes Selbstbewußtsein. Nur Menschen haben diesen hochentwickelten Hirnteil und solche Gedanken, und darum können auch nur Menschen schüchtern sein.

Das Großhirn als Ausgleich zu den Instinkten nutzen

Gedankliche Schüchternheit entsteht, ebenso wie Schüchternheit als Etikett für den ganzen Menschen, im Großhirn. Wir können unsere intellektuellen Fähigkeiten aber auch dazu nutzen, schüchternes Verhalten zu bekämpfen. Um die Rolle des Großhirns zu verstehen, müssen wir erst einen Blick auf die Instinkte werfen.

Alle Organismen nähern sich instinktiv dem Angenehmen – wie verlockender Nahrung – und scheuen das Bedrohliche – zum Beispiel ein wütendes Feuer. Menschen aber entscheiden trotz ihrer Instinkte mit dem Großhirn, was sie tun werden. Diese Reaktionen können voneinander abweichen, was zu einem Widerspruch führt zwischen einer wahrgenommenen Gefahr oder Verlockung einerseits und den Handlungen andererseits, die folgen sollten. Annäherung oder Vermeidung sind beim Menschen weniger Instinkte als vielmehr dominante physische Reaktionen, die mit bewußtem Nachdenken überwunden werden können.

Wenn beispielsweise ein Hund ein Stück Fleisch sieht, wird er es ohne Zögern verschlingen. Wenn wir ein safti-

ges Schnitzel sehen, beginnen wir ebenfalls sofort einzuspeicheln, denken aber auch über Cholesteringehalt, ethische Fragen zur Massentierhaltung und unseren Hüftumfang nach. Wir hören auf die Reaktionen unseres Körpers, bedenken die Folgen, wägen die Alternativen ab und treffen eine Entscheidung: Heute abend kein Schnitzel! So geht unser Großhirn vor.
Etwa so entscheiden wir auch, wie wir einer Bedrohung begegnen. Die Folge ist, daß unsere Instinkte uns zwar befehlen, vor Gefahr unverzüglich zu fliehen, unser Denken diktiert aber manchmal etwas anderes. Eine Katze in einem brennenden Haus wird augenblicklich die nächstgelegene Fluchtmöglichkeit nutzen. Auch wir reagieren sofort mit einem Fluchtimpuls. Das ist der Instinkt, sich einer körperlichen Gefahr zu entziehen. Aber wir denken selbst in einer solchen Situation auch noch nach – darüber zum Beispiel, ob wir aus dem Schlafzimmer im zweiten Stock das Album mit den Familienphotos retten können. Folgen wir diesem Gedanken, begeben wir uns unter Umständen in noch größere Gefahr. Feuerwehrleute entscheiden sich bewußt dafür, in ein brennendes Gebäude hineinzugehen, um andere zu retten. Wir folgen nicht immer unseren Instinkten, Angenehmes zu suchen und Gefährliches zu meiden.
Dieser instinktive Prozeß zeigt sich auch bei den Symptomen, die mit Schüchternheit einhergehen. Hier besteht die Bedrohung nicht in einer Gefahr für Leib und Leben, sondern in einer unbekannten oder angstauslösenden sozialen Situation. Wie wir bereits sahen, ist die bevorzugte Reaktion des Schüchternen, sich körperlich stark aufzuregen und sich in die Sicherheit des Schweigens zurückzuziehen. Aber wir können uns mit Hilfe des Großhirns über diese dominante Reaktion hinwegsetzen oder diese neu programmieren. Dabei ist es sehr wichtig, daß wir uns diese Gefühle und Erinnerungen bewußtmachen und unser rationales Denken einsetzen. So, wie wir uns gegen

die Verlockungen eines köstlichen Schnitzels und somit gegen den ersten Impuls zur Annäherung entscheiden, können wir mit dem Verstand den instinktiven Rückzug stoppen.

Ein solches Umprogrammieren kann auch verhindern, daß Symptome der Schüchternheit und die damit einhergehende Angst entstehen. Sie können tatsächlich Ihr Gehirn neu verkabeln, indem Sie anfangen, über Ihre sozialen Interaktionen anders zu denken. Sie können die Amygdala beruhigen, indem Sie erkennen, wieviel Kontrolle Sie in schwierigen Situationen über Ihren Körper und Ihr Denken haben.

Das Rätsel der Lateralisation

Die beiden Seiten oder Hemisphären der Frontallappen haben unterschiedliche Aufgaben. Das nennt man Lateralisation. Die rechte Seite ist – generell gesprochen – kreativer und emotionaler, während die linke rationaler, logischer und sprachlastig ist. Immer mehr Forschungsergebnisse weisen indes darauf hin, daß bei Gefühlen beide Seiten aktiv sind, allerdings geht es um verschiedene Gefühle. Die rechte Hemisphäre scheint für Gefühle wie Furcht und Angst, die linke für Freude und Lachen zuständig zu sein. Wir können also vermuten, daß die rechte Hemisphäre stärker an Schüchternheit beteiligt ist.

Um herauszufinden, ob dies stimmt, wurden Kinder bis zum Alter von vier Jahren untersucht. Babys und Kleinkinder sind ideale Testpersonen: da ihre Großhirnrinde noch nicht voll ausgebildet ist, reagieren sie instinktiv, sie haben kaum Erfahrungen, auf die sie zurückgreifen können, und sie entscheiden sich auch nicht rational für eine bestimmte Handlungsweise oder emotionale Reaktion.

Sie versuchen einfach immer das zu tun, wobei sie sich am besten fühlen. Die Untersuchungen ergaben, daß bei gehemmten Kindern bis zum Alter von vier Jahren die rechte Hemisphäre tatsächlich aktiver war. Umgekehrt zeigten die weniger gehemmten Kinder mehr Reaktionen in der linken Hemisphäre, in der die positiv gefärbten Emotionen liegen.

Untersuchungen, die davon ausgingen, daß bei schüchternen Erwachsenen die rechte, bei geselligen Erwachsenen die linke Hemisphäre aktiver sein würde, kamen allerdings zu uneindeutigen Ergebnissen: Die Testpersonen zeigten keine deutlichen Unterschiede zwischen den Aktivitäten der Hemisphären. Der einzige zuverlässige Unterschied war, daß schüchterne Erwachsene einen höheren und stabileren Puls haben als gesellige Erwachsene.

Wie kann man das deuten? Wir können daraus nicht schließen, daß sich die Hirnaktivitäten, die Sie schüchtern werden lassen, »auswachsen«, denn dann gäbe es keine schüchternen Erwachsenen. Aber wir können sagen, daß Schüchternheit außerordentlich komplex ist. Wenn die Hirnreifung abgeschlossen und somit die intellektuelle Kapazität gegeben ist, um körperlich und gedanklich schüchtern zu werden, lassen sich einzelne Gehirnaktivitäten kaum noch isolieren und messen.

Wir können zwar die primitiveren Reaktionen des limbischen Systems nachvollziehen, doch sobald es um das gesamte Gehirn geht, bleibt der dem Menschen vorbehaltene Wesenszug der Schüchternheit ein Rätsel. Vielleicht werden wir niemals alle Feinheiten des erwachsenen schüchternen Gehirns erfassen, weil es zahllose Kombinationen von Verknüpfungen, Reaktionen und Wechselwirkungen hervorbringen kann.

Gibt es ein Gen für Schüchternheit?

Wie entstehen Hemmungen? Warum ist die Amygdala besonders sensibel, warum wird eine Bahnung vor einer anderen bevorzugt? Lernen wir, uns auf eine bestimmte Weise zu verhalten, wurde unser Nervensystem durch ein frühes Trauma verletzt, oder sind solche Eigenschaften vererbt? Gibt es ein Gen für Schüchternheit? Und wenn Schüchternheit keine genetischen Ursachen hat, kann sie dennoch angeboren sein?

Auf der Suche nach den biologischen Grundlagen der Schüchternheit haben Forscher viele interessante und überraschende physische Charakteristika entdeckt, die mit diesem Wesenszug verbunden zu sein scheinen.

Besonders faszinierend ist, daß hochsensible oder gehemmte Kinder offenbar schmalere Gesichter haben als ihre lebhafteren Altersgenossen. Was kann die Gesichtsform mit Schüchternheit zu tun haben? Offenbar behindert ein schmales Gesicht die Atmung etwas, Kummer oder Bedrohung können das Atmen weiter erschweren. Ein Mensch mit schmalem Gesicht ist vielleicht bemüht, Streß und die damit einhergehenden Atembeschwerden zu meiden; viele Schüchterne verlassen einen überfüllten Raum mit der Entschuldigung, sie bräuchten »frische Luft«. Vielleicht liegt es an ihrer Physiognomie.

Ein anderes Forschungsprojekt kam zu dem Ergebnis, daß Schüchterne eher zu Allergien und Heuschnupfen neigen als Nicht-Schüchterne und daß auch ihr Geruchssinn ausgeprägter ist. Dies könnte auf ein hochempfindliches Immun- oder Nervensystem hinweisen, das sensibel auf Luftverunreinigungen reagiert. Die Verbindung von Allergien und Schüchternheit läßt sich auch auf die Verhaltensebene übertragen. Wenn Sie sich unwohl fühlen, sind Sie sozial weniger aktiv und nicht so unternehmungslustig. Auch Angstsymptome wie eine flache, unnatürliche Atmung könnten hierbei eine Rolle spielen.

Es gibt erste Hinweise darauf, daß Schüchterne eher im August und September gezeugt wurden. Forscher haben das damit zu erklären versucht, daß in dieser Zeit die Tage kürzer werden und der Körper der Mutter mehr Melatonin produziert, ein Hormon, das möglicherweise den Schlaf steuert. Die Schwangere hat um diese Jahreszeit mehr Melatonin im Körper und gibt es an den Fötus weiter, was diesen möglicherweise sensibler werden läßt.
Schüchternheit wird auch mit schmalem Körperbau und hellen Augen in Verbindung gebracht. Gehemmte weiße Kinder sind statistisch häufiger dünn und haben blaue Augen, nicht gehemmte Kinder dieser Rasse hingegen sind mollig mit braunen Augen. Wissenschaftler sind von den Beziehungen zwischen diesen Eigenschaften ausgesprochen überrascht. Einige vermuten, der Homo sapiens könnte, als er vor dreißig- oder vierzigtausend Jahren von Afrika ins nördliche Europa zog, etwas gebraucht haben, was seinen Körper vor dem Eiszeit-Klima schützte. Die Gene hätten, so die Annahme, mutieren können, um eine weitere Schicht Fett oder Körperbehaarung zu erzeugen, statt dessen aber bildeten sie jedoch ein höheres physisches Erregungsniveau aus, das die Hautoberfläche besser durchblutete und so den Verlust von Körperwärme verhindert. Diese Erregung erhöht die Noradrenalin-Werte im Körper. Noradrenalin ist ein Neurotransmitter, der an Streßreaktionen beteiligt ist. Vermutlich bremst es zum einen die Melaninproduktion der Augen (je mehr Melanin, um so dunkler die Augen) und zum anderen, durch Reaktionen mit anderen Chemikalien, das Wachstum der Gesichtsknochen. Und da scheue Kinder offenbar sowohl höhere Noradrenalin-Werte als auch heftigere Streßreaktionen haben, mag dies der Grund sein, warum sie eher blaue Augen und schmalere Gesichter haben.
Wenn wir diese Forschungsergebnisse zusammenfassen, deutet vieles darauf hin, daß manche Menschen mit einer überdurchschnittlich sensiblen Physiologie leben müssen.

Ihr limbisches System fühlt sich häufiger bedroht und signalisiert eher Vermeidung als Annäherung; ihr Hippocampus speichert negative oder wenige Erinnerungen an vergangene soziale Erfahrungen; ihr autonomes Nervensystem erzeugt zahlreiche Streßreaktionen. Allergien, verengte Atemwege und Angstanfälle führen in schwierigen sozialen Situationen zu Atembeschwerden. Vielleicht sind solche Menschen »chronisch« oder »physisch schüchtern«, weil sie ständig ihre Umgebung an das Maß ihrer physiologischen Erregung anpassen müssen. Aber sind diese Unterschiede angeboren? Werden wir scheu geboren – oder werden wir dazu gemacht?
Auch hier, wie bei so vielen Fragen zur Schüchternheit, haben wir keine klare Antwort. Die beste Möglichkeit, dieser Frage nachzugehen, sind Studien mit ein- und zweieiigen Zwillingspaaren. Neuere Zwillingsforschungen haben zu klären versucht, ob Befangenheit die Folge von Vererbung oder Erziehung ist.
Die Arbeit mit eineiigen Zwillingen ist besonders aufschlußreich, weil diese Kinder identische Chromosomen haben, im Gegensatz zu zweieiigen Zwillingen, die nur den halben Chromosomensatz teilen. Ist etwas vererbt, verhalten sich eineiige Zwillinge ähnlicher als zweieiige Zwillinge, spielen hingegen Umweltfaktoren wie die elterliche Erziehung oder die Schule eine größere Rolle, sollten sich ein- und zweieiige Zwillinge in ihrem Verhalten wenig unterscheiden, da sie Elternhaus, Schule, Ernährung und soziale Herkunft teilen.
1994 testete ein Forschungsteam vierzehn Monate alte ein- und zweieiige Zwillingspaare auf scheues Verhalten; die Tests wurden sechs Monate später wiederholt. Sie fanden, daß genetische Faktoren offenbar eine Rolle spielten, wie die Kinder auf Reize zugingen oder sie mieden. Ob aber diese »hemmenden« Gene weiterhin einen Einfluß ausüben würden, wenn die Zwillinge älter wurden, konnten sie nicht vorhersagen. Denn werden wir älter, nimmt

unser Intellekt zu, und das kann Hemmungen mildern. Außerdem vergrößert sich unsere verbale Ausdrucksfähigkeit, wir entwickeln ein Gefühl von Identität, bewerten uns und andere und befolgen Regeln und Normen, die andere uns setzen. Babys im Alter von vierzehn und zwanzig Monaten sind solchen intellektuellen Funktionen und Einflüssen noch nicht ausgesetzt. Die getesteten Zwillinge sollen jedoch mit weiteren Untersuchungen bis ins Erwachsenenalter begleitet werden. Vielleicht werden wir so mehr darüber erfahren, wie die Gene das Entstehen von Schüchternheit beeinflussen.

Auch andere Studien mit Zwillingen im Alter von zwölf, achtzehn, vierundzwanzig und dreißig Monaten haben eine genetische Komponente bei gehemmtem Verhalten gefunden. Aber ein Vergleich von zwölf solcher Zwillingsstudien kam zu dem Schluß, daß neben genetischen Faktoren auch Umwelteinflüsse eine Rolle spielen.

Auch der Grad der Hemmung ist bedeutsam, denn eine weitere Studie konnte nachweisen, daß es bei hypersensiblen, gehemmten Kindern, die stark auf Neues reagieren, wahrscheinlicher ist, daß ihre Hemmungen ererbt sind. Kinder hingegen, die auf Neues nur ein wenig scheu reagieren, haben dieses Verhalten offenbar erlernt.

Bei diesen Untersuchungen zeigte sich auch, daß eineiige Zwillinge mit größerer Wahrscheinlichkeit stark gehemmt waren als zweieiige. Dennoch betonte das Forscherteam, daß auch die Art des sozialen Umgangs (das heißt, wie Eltern und Lehrer mit den Kindern umgehen) das scheue Verhalten von Kindern beeinflußt.

Selbst wenn Sie mit der Neigung geboren wurden, sich mit »bedrohlichen« oder unbekannten Menschen unwohl zu fühlen, können Sie sich mit der Zeit an solche Kontakte gewöhnen. Lassen Sie sich nicht durch Ihre erste Reaktion einschränken. Je länger Sie Ihren Ängsten standhalten, um so weniger werden sie Sie bedrohen.

9. Kapitel
Das schüchterne Kleinkind

»Ich weiß noch, daß ich es ganz furchtbar fand, wenn jemand mich bemerkte«, erinnert sich die New Yorker Filmemacherin Jenny.

> Als ich ganz klein war, noch bevor ich in den Kindergarten kam, habe ich immer meiner Mutter am Rockzipfel gehangen und versucht, sie zwischen mich und alle zu schieben, die mich beim Einkaufen oder sonstwo in der großen Welt da draußen nicht bemerken sollten.
> Ich konnte nie mit anderen Kindern spielen. Ich kannte nur die Kinder unserer unmittelbaren Nachbarn. Meine Eltern erzählen, ich hätte mit niemandem Kontakt gehabt, abgesehen von meiner engsten Familie und diesen Nachbarskindern. Ich hatte Angst vor meinen Großeltern. Ich wollte sie nicht besuchen. Wenn andere Verwandte oder Freunde meiner Eltern kamen, versteckte ich mich in meinem Zimmer und hoffte, sie würden mich in Ruhe lassen. Ich dachte, daß Menschen durch mich hindurchblicken können – dieses brennende Gefühl, das ich heute noch manchmal habe –, und wäre am liebsten im Erdboden versunken. Manchmal habe ich mich sogar hinter den Möbeln versteckt.

Jenny hatte leuchtend rotes Haar, das jedermann bemerkte, kommentierte und anfassen wollte. Sie fand diese unerbetene Aufmerksamkeit furchtbar. Außerdem kam sie mit mehreren Allergien zur Welt. »Ich mußte Sojamilch trinken«, berichtet sie, »und hatte als Kind ständig Hautausschläge. Ich durfte nur Baumwolle anziehen. Der sonntägliche Kirchgang war mir verhaßt, weil ich dafür Nylonstrümpfe anziehen mußte, von denen ich einen Ausschlag an den Beinen bekam.«

Jennys Eltern verstanden den Kummer ihrer Tochter und halfen ihr in vielerlei Hinsicht. »Meine Mutter ging am ersten Tag mit mir in die Vorschule und sprach mit der Erzieherin. Wir waren etwa eine Viertelstunde dort, dann gingen wir wieder nach Hause. Wir blieben jeden Tag ein bißchen länger, und nach einer Woche ließ sie mich allein dort. Meine Mutter hat mir das alles sehr erleichtert.«

Nachdem Jenny sich an die neue Umgebung gewöhnt hatte, gefiel es ihr gut. Sie wurde zum Liebling erst der Erzieherinnen, dann der Lehrerinnen, weil sie ernsthaft lernte. Sie hatte eine Freundin, mit der sie alles zusammen machte, und weil sie sportlich veranlagt war, wurde sie der Star des Spielplatzes. »Das körperliche Abreagieren hat mir geholfen, mit der Schüchternheit besser fertig zu werden. Als ich in der dritten Klasse war, haben meine Eltern mich in einem Verein angemeldet, ich habe Softball und Basketball gespielt, sogar bei Meisterschaften. Dank solcher Mannschaftsspiele kam ich mit Gleichaltrigen leichter zurecht – aber allein mit einem anderen Kind wußte ich nie etwas zu sagen.«

Jenny ist dankbar, daß ihre Eltern ihr geholfen haben, mehr Selbstvertrauen zu gewinnen, indem sie ihre Stärken förderten. »Sie erkannten ganz deutlich, daß meine Schüchternheit, diese generelle Überempfindlichkeit, ein echtes Problem darstellte, und haben immer versucht, mich zu unterstützen und vorsichtig zu etwas hinzuführen, was mich offener machen würde. Wenn sie etwas gefunden hatten, was mir gut gefiel, machten sie mir Mut, indem sie zu allen meinen Spielen kamen und alle Opfer auf sich nahmen, die nötig waren.«

Über die Jahre hat sich Jennys Schüchternheit fast verflüchtigt, sie sieht sich heute nicht mehr als schüchtern. »Ich bin nicht mehr wie vom Donner gerührt und kann jetzt mit Menschen sprechen. Ich sehe meine Befangenheit auch immer im Kontext, weiß, daß es nicht immer an mir liegt, wenn etwas schiefgeht, und daß ich niemals perfekt sein werde.«

Geschichten wie diese freuen mich. Sie hatte einige Hindernisse zu überwinden, aber sie hat es geschafft – und zwar weder durch Kampf noch durch Flucht. Sie hat vielmehr mit der Zeit begriffen, daß einige ihrer Anlagen sie behindern. Ihre Eltern waren ihr eine unendlich große Hilfe, weil sie ihre Schüchternheit erkannten, aber nicht duldeten, daß sie sich deswegen um die normalen Erfahrungen einer Kindheit drückte. Ich finde, und Jenny würde mir sicher zustimmen, daß sie gut daran taten.

Aber nicht alle schüchternen Kinder haben Eltern und Lehrer, die ihre Bedürfnisse so sensibel erfassen. Diese Kinder durchleben vielleicht eine Kindheit voller Angst, Unsicherheit und Unwohlsein. Sie werden übersehen, mißverstanden oder von Eltern, Geschwistern, Freunden und Erziehern herumgeschubst. Sie flüchten immer tiefer in ihre Schüchternheit, weil sie nicht wissen, was sie sonst tun sollen, und weil sie, anders als Jenny, niemanden haben, der ihnen einen Ausweg zeigt.

Mit Hilfe von sensiblen, geduldigen und hingebungsvollen Eltern und Erzieherinnen kann ein schüchternes Kind lernen, erfolgreich schüchtern zu sein. Schüchternheit im frühen Kindesalter kann eine Bürde sein, doch mit der richtigen Erziehung verdammt sie nicht zu lebenslanger Schüchternheit.

Veranschlagen Sie die Veranlagung nicht zu hoch

Veranlagung wird oft irrtümlich als Schicksal gedeutet, weil sie im Mutterleib, unbeeinflußt von den Einflüssen der Geburt, Umwelt, Eltern, Ernährung oder Kultur, entsteht. Aber Veranlagungen sind veränderbar. Wir sahen ja schon im letzten Kapitel, daß Anlagen das Leben eines Kindes nicht vorherbestimmen. Typische Wesenszüge in der Kindheit können mit den Jahren verblassen, sich durch eigene Erfahrungen und die Beschäftigung damit verändern.
Ein nicht gehemmt veranlagtes Kind, das im Kindergarten gehänselt oder von älteren Geschwistern schikaniert wurde, kann lernen, anderen zu mißtrauen, es wird also aufgrund seiner Erfahrungen furchtsam.
Schüchternheit im frühen Kindesalter kann auf drei verschiedene Arten gedeutet werden. Betrachten Sie diese Theorien als eine Hilfe, die Wegbereiter der Schüchternheit, nicht die Schüchternheit selbst, besser zu verstehen.

Die hochsensible Veranlagung

Da wir wissen, daß Streßreaktionen den körperlichen Schüchternheitssymptomen zugrunde liegen, haben Wissenschaftler von der Harvard University diese Reaktionen bei sehr kleinen Kindern getestet, die man in eine fremde Umgebung brachte. Sie wollten wissen, ob manche Babys häufiger und intensiver Streßreaktionen zeigen als andere. Dafür wurden die Reaktionen der Kinder auf zahlreiche Reize gemessen: Es wurden zwei Tonbänder abgespielt, eines mit vollständigen Sätzen, ein zweites mit einer Frauenstimme, die unzusammenhängende Silben äußerte; man hielt ihnen mit verdünntem Alkohol getränkte Wattebausche vor die Nase; ließ bunte Mobiles vor ihren

Augen hin- und herpendeln und hinter ihrem Kopf einen Luftballon zerplatzen. Dabei wurden jeweils Herzfrequenz, Pupillenweite, Hormonausschüttung sowie Schreien, Strampeln und das Vorwölben des Rückens – alles Anzeichen für Erregung – gemessen, um feststellen, ob die Kinder Streß empfanden.

Bei etwa 35 Prozent der Kinder waren die Ergebnisse nicht eindeutig. Manche Reize belasteten die Säuglinge, andere nicht. Weitere 40 Prozent reagierten auf keinen der Reize mit besonderer Erregung, sie bemerkten sie zwar, schienen aber wenig beeindruckt. Diese Kinder bezeichneten die Forscher als »schwer erregbar« oder »ungehemmt«.

Mindestens zwanzig Prozent reagierten auf die Stimuli extrem stark. Sie strampelten, wurden unruhig und weinten. Ihre Muskeln spannten sich an, das Herz raste. Ein Blick in die Akten der vorgeburtlichen Untersuchungen ergab, daß der Herzschlag dieser Kinder schon vor der Geburt hoch gewesen war. Alles in allem zeigten sie in neuen Situationen deutliche Streßreaktionen. Sie wurden als »leicht erregbar« beziehungsweise »gehemmt« bezeichnet, weil sie so heftig und so häufig reagierten.

Daraus ergibt sich der interessante Schluß, daß ruhige, mit sich zufrieden wirkende Babys, die wir häufig »schüchtern« nennen, in Wirklichkeit schwer erregbar sind. Diese Kinder werden später seltener schüchtern, wohingegen Babys, die strampeln, sich an ihre Mutter klammern und weinen, eine biologische Veranlagung zur Schüchternheit haben.

Die leicht Erregbaren wiesen noch in der Pubertät die gleichen physischen Reaktionen auf wie als Babys, auch wenn sie natürlich nicht mehr strampelten und laut weinten. Die Unterschiede zwischen den drei Gruppen – leicht, mittel und schwer erregbar – waren allerdings nicht mehr so deutlich wie im Säuglingsalter. Einige ungehemmte und mittel-erregbare Babys waren zu schüchternen, eini-

ge gehemmte und mittel-erregbare Säuglinge zu extravertierten Teenagern herangewachsen, und einige hatten ihre frühere Reaktionsweise nicht verändert.
Diese Forschungsergebnisse zeigen erneut, daß die angeborenen Anlagen eines Kindes nicht vorherzusagen vermögen, wie das Kind sich verhalten wird, wenn es älter wird und sich entwickelt. Spätestens mit drei Jahren verläßt das Kind die geschützte Atmosphäre des Elternhauses und kommt in den Kindergarten, auf Spielplätze oder in die Vorschule. Dort trifft es auf andere Kinder, zieht die ersten sozialen Vergleiche und wird sich seiner Grenzen bewußt.
Bald danach werden die anderen Faktoren, die eine Persönlichkeit ausmachen – Erfahrung, Psychologie und Gesellschaft –, wichtiger, und die Veranlagung verliert an Gewicht. Eine Persönlichkeit bildet sich heraus, und das korrespondiert mit der mentalen Entwicklung des Vorschulkindes – dem Wirken des Großhirns. Manche Kinder, die bei der Geburt scheu veranlagt waren, finden Strategien und Hilfsmechanismen, mit denen sie ihre zunächst heftigen Reaktionen auf angstauslösende Situationen und Neues überwinden, anderen gelingt das nicht. Ob sie schüchtern bleiben oder nicht, hängt von ihren Erfahrungen und Lernprozessen ab.

Die »Ich-brauche-Zeit«-Veranlagung

Was aber tun Kinder, wenn ihre erste Reaktion auf etwas Neues verebbt ist? Dazu beobachteten Psychologen Kinder unmittelbar nach der Geburt und wiederholten die Tests einige Jahre später. Dabei stellten sie fest, daß die Kinder Unvertrautes entweder sofort akzeptieren, es aktiv zurückwiesen oder lange brauchten, um sich daran zu gewöhnen. Für Schüchterne ist letzteres typisch. Ich

selbst werde nicht müde, die lange Aufwärmphase anzuführen, da sie meiner Ansicht nach bei Ihrer Anpassung an nahezu alles, was nicht innerhalb Ihrer Schutzzone liegt, von größter Bedeutung ist.
Diese verlängerte Aufwärmphase konstatierten die Forscher bei etwa 15 Prozent der untersuchten Kinder. Ihnen bereitete *alles* Neue Schwierigkeiten: Kleidung, Essen, Tagesmütter, Kindergärten, Schulklassen. Sie haben sogar Probleme mit neuen Entwicklungsschritten wie der Reinlichkeitserziehung oder damit, sich selbst anzuziehen.
Mit Geduld und Beharrlichkeit können sich diese Kinder an neue Situationen gewöhnen. Wie schüchterne Erwachsene sich im Freundeskreis entspannen und aufgeschlossen sein können, verlieren auch die Kinder, die sich nur langsam an Neues gewöhnen, ihre Zurückhaltung, sobald sie sich sicherer fühlen.

Die Warten-und-Zugucken-Veranlagung

Die Warten-und-Zugucken-Veranlagung erklärt, wie ein gehemmtes Kind vorgeht, das mit anderen Kontakt aufnehmen möchte. Auch hierzu gibt es Forschungsergebnisse: Wenn man Kinder zwischen drei und sechs Jahren in ihrer natürlichen Spielumgebung beobachtet, stellt man rasch fest, daß nicht alle schüchternen Kinder gleich sind. Es gibt vielmehr drei Typen von gehemmt veranlagten Kindern mit unterschiedlichen Motivationen und Strategien, sich anderen beim Spielen anzuschließen:

1. *Das ungesellige Kind.* Es ist am liebsten allein, aber es fürchtet weder Gleichaltrige, noch will es mit ihnen spielen. Es zeigt wenig Neigung, sich ihnen anzuschließen, weil es an ihnen eigentlich kein Interesse hat.

2. *Das ausweichende Kind.* Dieses Kind ist aggressiv und stört, es schließt sich anderen nur an, wenn es alles durcheinanderbringen oder kaputtmachen kann. Das ist seine Art der Anpassung, selbst wenn es schlecht angepaßt ist. Die Gleichaltrigen mögen solche Kinder meist nicht und meiden sie.
3. *Das schüchterne Kind.* Es ist allein unglücklich, möchte aber andere beim Spielen nicht unterbrechen. Es wartet und guckt zu, bleibt am Rande des Geschehens stehen und beobachtet die anderen Kinder. Es ist nervös, weil es gern mitmachen möchte, aber nicht weiß, wie es Zugang zur Gruppe finden kann (der typische Annäherungskonflikt). Daher sieht es passiv zu und hofft, daß die anderen es bemerken und zum Mitmachen auffordern werden.

Statt sich auf das Schweigen zu konzentrieren, das am häufigsten mit Schüchternheit assoziiert wird, zeigt diese Theorie, daß bei gehemmten Kindern drei Faktoren dem Schweigen vorausgehen: geringe Belastbarkeit im Umgang mit Stressoren, Unfähigkeit, sich einer neuen Umgebung anzupassen, sowie ein nicht realisierbarer Wunsch, sich anderen Kindern anzuschließen.

Wenn wir darauf schauen, was unter der Haut passiert, zeigt sich, daß Schüchternheit nicht nur ein Kommunikationsproblem ist. Sie betrifft vielmehr Körper, Geist und Selbst, und sie färbt Erfahrungen auf komplexe Weise. In diesem und den folgenden beiden Kapiteln wird es um die Frage gehen, was Sie tun können, damit Ihr gehemmt geborenes Kind nicht schüchtern wird.

Bedauerlicherweise kann es leicht geschehen, daß Kinder, die hochsensibel sind, die für Neues Zeit brauchen oder die erst einmal warten und zugucken, im Familienalltag untergehen, weil ein anderes Kind laut und fordernd ist. Das gehemmte Kind wirkt dann im Vergleich »ruhig« und »unkompliziert«. Es besteht auch die Gefahr, daß Sie

ein stilles Kind übersehen, und zwar einfach, weil Sie nicht wissen, woran Sie bei einem Kleinkind eine gehemmte Veranlagung überhaupt erkennen können.
Bevor Sie eingreifen können, müssen Sie erkennen, ob Ihr Kind scheu ist. Dies sind die am häufigsten vorkommenden Eigenschaften gehemmter Kinder:

- Strampeln, Treten oder Unruhe in unvertrauter Umgebung oder mit unbekannten Menschen
- Aversion gegen laute Geräusche und chaotische Umgebungen
- Durch andere leicht erregbar
- Starkes Reagieren auf Luftunreinheiten wie Staub, auf bestimmte Lebensmittel oder auf Fasern in der Kleidung
- Starke Abneigung gegen jede Abweichung vom Vertrauten, selbst wenn es nur ein neues Hemdchen oder anderes Essen ist.
- Sind gern allein, tun bevorzugt Dinge, die sie sowieso gern tun.
- Flüchten sich in unvertrauten Situationen oder bei fremden Gesichtern zu den Eltern.
- Reagieren heftig und negativ auf jede Trennung von den Eltern oder vertrauten Menschen.
- Stehen abseits und schauen anderen Kindern beim Spiel zu.
- Zögern, mit anderen Kindern Kontakt aufzunehmen.

Bedenken Sie aber auch, daß Sie über das Denken und die Identität Ihres Kindes keine Vermutungen anstellen dürfen, bevor sich diese Seiten seiner Persönlichkeit herausbilden. Bezeichnen Sie Ihr Vorschulkind wegen solcher Anzeichen eines gehemmten Verhaltens nicht als schüchtern. Achten Sie vielmehr darauf, wie sein Körper auf neue Situationen reagiert. Verstehen Sie Ihr Kind, und geben Sie ihm das Gefühl, daß es geliebt und angenommen ist.

Einem gehemmt veranlagten Kind helfen

Vielleicht möchten Sie Ihr gehemmt veranlagtes Kind nicht drängen, mit anderen Kindern zusammenzusein, weil es allein oder in den schützenden Grenzen der Familie offenbar am glücklichsten ist. Das Kind ist nicht gern von Ihnen getrennt – in der Krabbelstube, dem Kindergarten oder auf dem Spielplatz –, also bleiben Sie in seiner Nähe. Wenn es weint, weil es sich unwohl fühlt oder fürchtet, trösten Sie es natürlich mit der Versicherung, es müsse nicht tun, was es nicht wolle. Sie bezeichnen Ihr Kind als schüchtern und erwarten, daß es sich so verhalten wird.

Trotz Ihrer guten Absichten kann das ein gravierender Fehler sein. Meine Erfahrung hat mich gelehrt, daß gehemmte kleine Kinder, die als schüchtern bezeichnet und verzärtelt werden und denen man gestattet, nicht zu tun, was andere Kinder tun, kaum eine Chance haben, erfolgreich schüchtern zu sein. Diese Kinder glauben, daß ihre Ängste größer sind als ihre Erwartungen. Sobald sie sich unwohl und bedroht fühlen, werden sie weinen, aufgeben und in den sicheren Hafen eilen. Bedauerlicherweise verstärken Sie dieses Vermeidungsverhalten, indem Sie signalisieren, daß das in Ordnung ist.

Eine Frau, die meinen Schüchternheits-Fragebogen beantwortete, schrieb: »Meine Mutter hat mir immer erlaubt, alles bleiben zu lassen, was mir nicht behagte«, was ihrer Ansicht nach ihre Schüchternheit noch verstärkte. Eine andere schrieb: »Wenn Eltern und Großeltern besorgt und ängstlich sind und glauben, daß alles ein schlimmes Ende nehmen wird, wird sich das auf das Kind übertragen. Kleine Kinder können nicht erkennen, daß eine solche Katastrophenmentalität die Realität verzerrt. Die Welt wirkt ungeheuer gefährlich und bedrohlich, wenn man unablässig zur Vorsicht gedrängt wird. Selbst die beste Absicht, ein Kind vor Schwierigkeiten zu bewahren, kann dazu führen, daß es nicht lernt, mit dem normalen Alltag fertig zu werden.«

Kein Kind, so gehemmt es sein mag, lebt unter einer Käseglocke. Es gibt bestimmte Entwicklungsschritte, die alle Kinder angehen und meistern müssen, sei es, mit anderen Kindern zu spielen, Fahrrad fahren zu lernen oder angemessene Risiken einzugehen. Ihr Kind kann das ohne Ihre Ermutigung nicht schaffen.

Ein gehemmt veranlagtes Kind, das nur langsam auftaut und darauf wartet, daß man es zur Teilnahme an einer Gruppe auffordert, wird seinem Naturell entsprechend neue Situationen scheuen. Fördern Sie diese Befangenheit und Zurückhaltung keinesfalls, indem Sie seinen Ängsten beliebig Raum lassen. Lehren Sie es, seine Ängste zu überwinden und schon in jungen Jahren erfolgreich schüchtern zu sein. Hier einige Ratschläge:

Denken Sie an die lange Aufwärmphase. Ihr schüchternes Kind wird auf Neues vermutlich ablehnend reagieren, also zwingen Sie es nicht in laute oder unübersichtliche Situationen hinein. Helfen Sie ihm vielmehr, sich langsam mit Situationen vertraut zu machen, die es Ihrer Meinung nach lieber meiden würde, und gehen Sie langsam vor. Erklären Sie und seien Sie geduldig.

Seien Sie Ihrem Kind ein Vorbild. Wenn Sie selbst soziale Situationen meiden, wird Ihr Kind Ihre Angst spüren. Zeigen Sie ihm durch Ihr eigenes Handeln, daß andere Menschen freundlich und vertrauenswürdig sind. Laden Sie Freunde nach Hause ein, und pflegen Sie die Verbindung zu Verwandten und Bekannten. Nehmen Sie Ihr Kind zu Besorgungen mit, zu manchen Einladungen und zu öffentlichen Veranstaltungen wie Straßenfesten, Märkten und so weiter.

Schirmen Sie Ihr Kind nicht zu sehr ab. Geben Sie ihm nie das Gefühl, etwas nicht tun zu können, weil es »schüchtern« ist. Achten Sie darauf, daß es genug Gelegenheit zur Begegnung mit anderen Kindern hat.

Unterhalten Sie sich mit Ihrem Kind. Erzählen Sie ihm von Ihren eigenen Erlebnissen, und lassen Sie es aus Ihren Fehlern lernen. Erklären Sie die Vorzüge von Freundschaft, helfen Sie ihm, seine Gefühle zu verstehen, bereiten Sie es auf Kommendes vor, und suchen Sie zusammen mit ihm nach Beschäftigungen, die seinen Veranlagungen entsprechen.

Bereiten Sie Ihr Kind vor. Sagen Sie ihm rechtzeitig, wenn sich im Familienalltag etwas verändern wird. Helfen Sie ihm, sich auf Kommendes vorzubereiten. Erzählen Sie ihm von dem Bevorstehenden – sei es der Einzug neuer Nachbarn, sei es ein Geburtstagsfest –, damit es sich nicht überrumpelt fühlt.

Bereiten Sie andere vor. Wenn Ihr Kind etwas länger braucht, um sich an andere Erwachsene zu gewöhnen, sollten Sie ihnen erklären, daß das Kind scheu ist und einfach etwas Zeit braucht. Bitten Sie um Geduld, das Vertrauen Ihres Kindes zu erwerben.

Heften Sie Ihrem Kind kein Etikett an, und *glauben Sie nicht, daß es unter ernsten Gefühls- oder Entwicklungsproblemen leidet.* Als Kleinkind wird es seiner natürlichen Neigung folgen, vor Neuem oder Ungewohntem Angst zu haben. Das ist völlig in Ordnung. Helfen Sie ihm zu verstehen, wie es seine Ängste und Zweifel überwinden kann. Ein Kind mit einem Etikett zu versehen, bedeutet häufig, es zu genau dem zu machen.

Lieben Sie Ihr Kind als den Menschen, der es ist, nicht als den Menschen, als den Sie es gern hätten. Kinder versagen nicht; sie können nur darin versagen, den unrealistischen Erwartungen ihrer Eltern zu entsprechen. Versuchen Sie, die Erlebnisse Ihres Kindes aus seiner Sicht zu verstehen, und besprechen Sie seine Probleme mit ihm.

Mehr als alles andere müssen Kinder mit einer Veranlagung zur Zurückhaltung schrittweise ihre Schutzzonen ausweiten, indem sie lernen, sich selbst, ihren Spielkameraden und einer größer werdenden Welt zu vertrauen.

Familienangelegenheiten

Neben der Veranlagung haben Erfahrungen in der Familie einen sehr großen Einfluß darauf, wie sich die Persönlichkeit Ihres Kindes, auch seine Schüchternheit, entwickelt. Die Familie ist seine erste soziale Umgebung; sie lehrt es den Umgang mit Beziehungen. Was es dort lernt, wird es als erwachsener Mensch wiederholen.

Geschwister

Eine Collegestudentin hat für sich eine Erklärung gefunden, warum sie schüchtern wurde: »Ich habe einen drei Jahre älteren Bruder. So lange ich mich zurückerinnern kann, hat er das Gespräch beherrscht, wenn ich dabei war, ob mit unseren Eltern, den Verwandten oder Bekannten. Weil er immer redete, brauchte ich nie etwas zu sagen. Ich konnte einfach in den Hintergrund treten. Das ist bis heute so.«

Geschwister sind unsere ersten Altersgenossen. Unser Umgang mit ihnen stellt die Weichen, wie wir im weiteren Leben mit anderen umgehen werden. Es mag abgedroschen klingen und ist doch wahr, daß ältere Geschwister zu verantwortungsvoll und reif sind, mittlere Geschwister bemerkt werden möchten und die kleinsten, die »Nesthäkchen der Familie«, Verantwortungen ablehnen können, weil ihre Eltern nachsichtiger mit ihnen sind.

Starker Geschwisterneid beeinflußt oft, welches Bild ein Mensch von sich und der Welt hat. Eine Karikaturistin schrieb: »Ich weiß nicht, ob ich eine genetische Veranlagung zur Schüchternheit habe, mit Sicherheit aber weiß ich, daß ich meine ganze Kindheit über das Gefühl hatte, daß mir meine sechs Jahre ältere Schwester vorgezogen wurde. Ich war nichts, meine Ansichten interessierten niemanden. Vielleicht stimmte das gar nicht, aber so habe ich es empfunden.«

Selbst wenn Kinder keine ausgeprägte Geschwisterrivalität oder stereotype Rollenzuweisung erlebten, die mit ihrem Platz in der Geschwisterordnung zusammenhingen, werden sie von ihrem Verhältnis zu den Geschwistern beeinflußt, was zu Schüchternheit führen kann. Das kann bereits an dem Tag beginnen, an dem das Neugeborene aus dem Krankenhaus kommt.

Stellen wir uns vor, die Nelsons haben eine Tochter namens Karen bekommen. Als sie sie ihrem zwei Jahre älteren Bruder Jonathan zeigten, sah dieser den Säugling lange an. Er wußte, daß er er ist, er wußte, daß er anders ist als Karen, und er wußte, daß er jetzt eine Konkurrentin um die Zuneigung seiner Eltern hatte. Er brauchte etwas, um deren Aufmerksamkeit auf sich zu lenken, also verschüttete er Milch, bekam Wutanfälle und verhielt sich seiner Schwester gegenüber feindselig. Die Nelsons reagierten sofort. Aber obwohl sie böse wurden und Jonathan bestraften, hatte er das Gefühl, die Schlacht gewonnen zu haben: Er hatte die Aufmerksamkeit seiner Eltern erfolgreich von diesem Eindringling abgelenkt.

Bei all dem ging die kleine Karen etwas unter. Die Nelsons vernachlässigten ihre kleine Tochter in keinster Weise, aber als Karen bewußter wurde, erkannte sie die Forderungen ihres älteren Bruders. Sie merkte, daß sein lautes Auftreten seine Art war, Aufmerksamkeit zu verlangen. Und weil sie ein eher scheues Kind war, konnte sie sich nicht auf gleiche Weise aufspielen. Der Aufruhr, den

Jonathans »Ungezogenheit« auslöste, störte Karen, aber sie wußte, daß sie nicht gegen ihn ankommen konnte.

Eine solche Dynamik kann der Beginn einer späteren Schüchternheit sein. Karen wird lernen, daß ihre Rolle darin besteht, still zu sein, gefügig, passiv und »brav« – all das, was Jonathan nicht ist. Unbewußt werden die Nelsons den Sanftmut ihrer Tochter möglicherweise noch fördern, weil sie viel unproblematischer ist als ihr anstrengender Sohn. Karen wird die unausgesprochene Botschaft ihrer Eltern zu deuten wissen und ihre Sorgen, Enttäuschungen und komplizierten Gefühle für sich behalten.

Wenn sie zu einer schüchternen Erwachsenen herangereift ist, wird sie immer in Sorge sein, ob sie zu viel Aufhebens macht, jemandem Schwierigkeiten bereitet, etwas falsch macht. Sie sucht fast automatisch die Nähe lauter und gesprächiger Menschen, mit denen sie sich dann unbarmherzig und sehr zu ihren eigenen Ungunsten vergleicht. Sie wird erwarten, daß man sie trotz ihrer Talente und ihres Wissens übersieht, und nicht versuchen, von sich aus auf andere zuzugehen. Obwohl sie sich als Mauerblümchen wohler fühlen mag, wäre sie im Grunde viel lieber wie Jonathan.

Geschwisterrivalität kann für die Jüngeren sehr schwierig sein, vor allem, wenn sie scheu veranlagt sind. Das mag auch der Grund sein, warum die Jüngsten in einer Familie häufiger schüchterner sind als ältere Geschwister.

Wenn zwischen der Geburt zweier Geschwister weniger als zwei Jahre liegen, kann dies die Rivalität und die Schüchternheit intensivieren. Kurz hintereinander geborene Geschwister sind sich ähnlicher. Wenn sich die älteren mit ihren jüngeren Geschwistern vergleichen, kann es geschehen, daß sie sich auffällig verhalten oder in eine frühere Entwicklungsstufe zurückfallen (zum Beispiel wieder in die Hose machen, nachdem sie bereits aufs Töpfchen gegangen waren, oder wieder am Daumen lutschen), damit ihre Eltern sie mehr beachten. Solche Kämpfe um den Platz im Rampenlicht können dazu führen, daß das weniger dominante Kind schüchtern wird.

Wenn ein Kind gerade in dem Alter, in dem es sich seiner selbst bewußt wird, einen Bruder oder eine Schwester bekommt, kann der Säugling das ältere Kind zeitweilig verdrängen, was bei dem älteren Kind zu Eifersucht und regressivem Verhalten führen kann. Das heißt nicht, daß dieses Kind in seiner Entwicklung gehemmt oder gar, daß es später schüchtern wird. Es ist nur eine Art, mit einer veränderten Umwelt fertig zu werden.

Forschungen haben gezeigt, daß es einen idealen Geschwisterabstand gibt, der Geschwisterrivalität und regressives Verhalten minimiert. Ein weiteres Kind kann ohne gravierende Störung in die Familie integriert werden, wenn das vorhergehende Kind zwischen drei und fünf Jahren alt ist. In diesem Alter ist das Selbst dieses Kindes bereits relativ autonom von den Eltern, und es kann ein weiteres Kind verkraften, ohne sich zu unsicher oder verdrängt zu fühlen.

Wenn Sie die Geburten Ihrer Kinder nicht so weit auseinanderziehen können, sollten Sie darauf achten, welchen Einfluß das schlechte Betragen des älteren Kindes auf das jüngere hat.

Die Rolle der Mutter

Vor allem schüchterne Kinder brauchen ihre Mutter als emotionale Stütze, sie möchten sich in einer bedrohlichen und unübersichtlichen Welt geborgen und geliebt fühlen. Werden sie von ihrer Mutter getrennt, reagieren sie verwirrt und zornig, manchmal panisch. Sie trauen wenigen Menschen, die nicht zu ihrer unmittelbaren Familie gehören. Mami ist ihre Beschützerin und Retterin.

Als Mutter »machen« Sie keine schüchternen Kinder, und es ist auch nicht Ihre Schuld, wenn Ihre Kinder später

schüchtern werden. Sie müssen sich aber über die Veranlagung Ihrer Kinder im klaren sein, wenn es um Fragen wie Disziplin, Fürsorge und Einflußnahme geht.
Es kann sehr nachteilige Folgen haben, ein schüchternes Kind zu sehr beschützen zu wollen. Behütete, ängstliche Kinder werden wichtige Entwicklungsschritte – zum Beispiel teilen, mit anderen Kindern spielen oder Erwachsenen gehorchen – nie lernen, wenn Sie ihnen mit der Begründung, sie seien doch so schüchtern, zu viel durchgehen lassen. Es ist ganz natürlich, daß Sie diesen Kindern besonders viel Aufmerksamkeit schenken, aber Sie sollten keinen *unvernünftigen* Forderungen nachgeben, egal, wie niedlich, kokett oder verzweifelt Ihr Kind ist.
Viele Mütter schirmen ihre schüchternen Kinder zu sehr ab, weil sie selbst schüchtern waren – oder sind. Schüchterne Kinder haben oft schüchterne Mütter, sei es aus genetischen Gründen, sei es, weil sie das durch ihre Erziehung weitergeben. Eine Frau schrieb mir: »Die Angst meiner Mutter vor Menschen hat ohne Zweifel auch mein Leben geprägt.« Wenn Sie schüchtern sind, erkennen Sie sich vielleicht in Ihrem Kind wieder und sind mit seinen Ängsten besonders nachsichtig. Oder Sie selbst haben so wenig Umgang mit anderen Erwachsenen, daß Ihr Kind nur wenige verschiedene Menschen kennenlernt und als Folge ein relativ ruhiges, einsames Leben führt.
Ich habe allerdings viele schüchterne Mütter kennengelernt, die alles in ihrer Macht Stehende tun, um ihren Kindern den Kummer der Schüchternheit zu ersparen, indem sie sie ermuntern, ihre Meinung zu sagen, sich durchzusetzen und mit vielen Kindern Freundschaften zu schließen. Eine schüchterne Mutter mit zwei Kindern schrieb: »Meine beiden sind nicht schüchtern, darüber bin ich sehr froh, denn ich will nicht, daß sie das gleiche durchmachen müssen wie ich. Sie reden ziemlich viel und sind unabhängig. Ich will nicht, daß sie werden wie ich. Ich habe sie immer dazu ermuntert, etwas allein zu unter-

nehmen und ihre Interessen durchzusetzen.« Und eine äußerst schüchterne Sozialarbeiterin erzählte: »Wenn ich Kinder habe, werde ich besonders darauf achten, daß sie viel mit anderen zusammen sind.« Diese Frauen sind bewundernswert. Sie helfen nicht nur ihren Kindern, sie helfen auch sich selbst, weil sie sozial aktiv werden.

Mehrere Studien sind der Frage nachgegangen, wie Mütter ihre scheu veranlagten Kinder zu einem erfolgreich schüchternen Leben anleiten können. Diese Mütter geben ihren Kindern das Gefühl, daß sie, die Kinder, sich zwar mitunter unwohl und unsicher fühlen werden, daß aber gewisse Dinge von ihnen erwartet werden, zum Beispiel, daß sie den ganzen Tag im Kindergarten bleiben und mit anderen Kindern ihr Spielzeug teilen. Sie weisen ihren Kindern den Weg aus der Schüchternheit, weil sie darauf bestehen, daß sie trotz anfänglichen Zögerns die gleichen Risiken eingehen wie stürmischere Kinder.

Wenn Sie spüren, daß es Ihrem Kind schwerfällt, sich einem potentiellen Spielkameraden zu nähern, sollten Sie mit ihm darüber sprechen, warum und wie so etwas gemacht wird. Sie helfen ihm, sich der bedrohlichen Situation nicht zu entziehen, sondern sie planend anzugehen. Dazu werden Sie Geduld brauchen, denn Ihr schüchternes Kind tut sich mit neuen Situationen vermutlich schwer, aber letztendlich wird sich Ihre Mühe lohnen. Ihr Kind wird von diesen Lektionen sein Leben lang profitieren. Hier einige Ratschläge:

Lehren Sie das Kind, Enttäuschungen zu ertragen. Hochsensible Babys weinen in aller Regel sofort, wenn sie von ihrer Mutter getrennt werden. Das Schreien klingt in den Ohren besorgter Erwachsener schrill und verzweifelt. Selbstverständlich möchten Sie zu Ihrem Kind gehen, um es zu trösten, aber das müssen Sie nicht. Wenn Sie Ihr scheues Baby kurze Zeit weinen lassen, statt es sofort aufzunehmen, sobald es zu jammern beginnt, vernachlässigen Sie es nicht, sondern helfen ihm vielmehr, mit seiner Erregung umgehen zu lernen. Sie lehren es, daß Unbehagen von kurzer Dauer, normal und ein Zustand ist, den man nicht immer sofort abstellen kann.

Mit der Zeit wird das Kind lernen, sich selbst zu beruhigen, und ein leichtes Unbehagen als etwas Normales, nicht allzu Schlimmes hinnehmen. Wenn es älter ist, werden es beängstigende Situationen nicht mehr allzusehr aus der Ruhe bringen, weil es sie bereits gemeistert hat.

Seien Sie in Ihren Erziehungsprinzipien klar und eindeutig. Untersuchungen an schüchternen Collegestudenten ergaben, daß das Fehlen klarer Erziehungsrichtlinien ihnen geschadet hat. Sie wußten als Kinder oft nicht, wofür sie bestraft werden würden und wofür nicht. Sie waren der Ansicht, daß diese Unklarheit ihre Sprache und ihr Verhalten behinderten.

Schüchterne Kinder neigen dazu, alles, was sie tun, im nachhinein schlecht zu finden. Sie geben Ihrem Kind ein Gefühl von Sicherheit im Leben, wenn Sie im Umgang mit ihm klare Richtlinien und Erwartungen äußern und auf deren Einhaltung pochen.

Seien Sie vorsichtig mit Kritik. Scheu veranlagte Kinder neigen dazu, Kritik zu internalisieren, weil sie aufgeregt, verlegen und ängstlich sind. Wenn Sie Ihr Kind zur Ordnung rufen, sollten Sie klar zwischen einem »schlechten Kind« und »schlechtem Verhalten« unterscheiden. Machen Sie deutlich, daß Sie die Neonstiftmalerei auf der Tapete ganz und gar nicht mögen, Ihr Kind aber dennoch lieben. Es leuchtet wohl jedem sofort ein, daß das die beste Art ist, ein Kind zur Ordnung zu rufen und zugleich ein gesundes Selbstbewußtsein zu fördern.

Kurz gesagt: Lassen Sie Ihr Kind Ihre Liebe spüren, und schubsen Sie es zugleich sanft aus dem Nest, hinaus in die Welt.

Die Rolle des Vaters

Von ihren Vätern lernen die meisten Kinder durch die Art, wie diese mit ihnen spielen, etwas über Macht und Selbstbehauptung. Männer werfen ihre Kinder in die Luft, tragen sie Huckepack, erschrecken sie und spielen Fangen, machen Boxkämpfe oder halten sie so lange fest umklammert, bis sie »aufhören, aufhören« rufen.

Aus solchen Rangeleien lernt Ihr Kind viel fürs Leben. Zum einen lernt es, Sie und Erwachsene generell als stärker und mächtiger zu erleben als sich selbst. Es muß in einer Welt, die ruppig, hart und angsterregend ist, ein gewisses Maß an Enttäuschung ertragen. Es beobachtet Ihre Stimmungen und Ihr nonverbales Verhalten, Ihr Gesicht und Ihre Körpersprache, um vorherzusagen, was als nächstes geschehen wird. Es lernt auch schon früh, sich mitzuteilen: durch Lachen, Weinen, Strampeln, indem es Sie bittet, aufzuhören, oder indem es fortgeht, wenn ihm die Situation unangenehm ist. Das alles zwingt es, auf seine Gefühle zu achten, die ihm sagen, daß ihm das alles möglicherweise zu wild wird.

Sie lehren Ihr Kind im Spiel, sich in der Welt zu behaupten, indem Sie ihm beibringen, wie es Enttäuschungen erträgt, Probleme löst, seine Gefühle erkennt und mitteilt.

Hochsensible Kinder sind für die etwas rauhen Spiele ihrer Väter schlecht gerüstet. Das kann leider zu einem Bruch in der Beziehung führen, vor allem bei Jungen. Ein gehemmtes Kind könnte zu viel Angst haben, eine enge emotionale Bindung zum Vater zuzulassen. Und weil das Kind solche rauhen Spiele nicht mag, wird es die Lektionen, die es für ein Leben in der »harten« Welt benötigt, nicht lernen können.

Andererseits vernachlässigen manche Väter ein gehemmtes Kind zugunsten eines lebhafteren, weil sie nicht wissen, wie sie mit einem stillen Kind spielen sollen. Wenn einige Male zu oft Tränen geflossen sind, könnte er glauben, daß er mit Kindern (oder mit diesem Kind) nicht umgehen kann, und sich deswegen zurückziehen. Eine solche Wendung sollten Sie unter allen Umständen vermeiden.

Wenn Sie der Vater eines schüchternen, hochsensiblen Kindes sind, müssen Sie als erstes seine niedrige Toleranzschwelle für Erregungen akzeptieren. Einige Ihrer Lieblingsspiele überfordern Ihr Kind möglicherweise. Balgen Sie sich weiter mit ihm – daraus lernt es wichtige Dinge –, aber bemühen Sie sich, das alles nicht ganz so wild anzugehen, und suchen Sie nach anderen Beschäftigungen, die ruhiger, aber ebenso anspruchsvoll sind und an denen Ihr Kind Spaß hat.

Besonders geeignet für zurückhaltende Kinder sind kooperative Spiele, bei denen die Bemühungen des Kindes wichtiger sind als Konkurrenz und Sieg. Die Anspannung sinkt, wenn Sie mehr Gewicht darauf legen, wie das Spiel verläuft (wie Ihr Kind eine Situation angeht), als darauf, wie es ausgeht. Bei kooperativen Spielen gibt es weder Gewinner noch Verlierer, nur Menschen, die etwas zusammen tun, sich dabei näherkommen und Spaß haben. Wenn Sie mit Ihrem Kind zusammen lesen, malen oder ihm Geschichten erzählen, mit Puppen und Ton spielen, fördern Sie außerdem seine Kreativität, was es ihm wiederum erleichtern kann, Freundschaften zu schließen.

Bemühen Sie sich in der Beziehung zu Ihren Kindern um einige traditionell weibliche Aspekte der Kindererziehung – Einfühlsamkeit, Schutz und Verständnis –, um so eine tiefere emotionale Bindung zu erreichen. Sollten Sie allerdings selbst schüchtern sein, bemühen Sie sich, mit Ihren Kindern die rauheren Vaterspiele zu spielen, damit Sie auf diese Weise Ihren Teil zum sensiblen Familiengleichgewicht beitragen.

Der Einfluß einer Scheidung

Eine Scheidung der Eltern, für jedes Kind schwierig, ist für schüchterne Kinder oft besonders hart, weil sie stärker auf Veränderungen reagieren, sensibler sind und weniger sozialen Halt haben als ihre geselligeren Geschwister. Selbst wenn die Trennung für das Paar vergleichsweise gütlich verläuft, ist es für Kinder ein Trauma, das bei lebhaft veranlagten zu Schüchternheit, bei gehemmten zu noch größerer Zurückgezogenheit führen kann.

Rückzug ist nur eine von mehreren möglichen Arten, auf die neue Situation zu reagieren. In dem Versuch, mit ihrer Verwirrung über die Scheidung fertig zu werden, können kleine Kinder depressiv werden, sich selbst die Schuld geben, intensive Ängste entwickeln, Versöhnungsphantasien spinnen, aber auch aggressiv und feindselig werden. Wenn Sie sich scheiden lassen, dürfen Sie nie vergessen, daß Ihre Entscheidung für Ihre Kinder sehr ernste Auswirkungen hat. Sprechen Sie beide mit ihnen über den Verlust, und seien Sie klar, mitfühlend und ehrlich.

Wenn die Kinder nach der Trennung nicht bei Ihnen leben, ist es wichtig, daß Sie nicht aus ihrem Leben verschwinden. Vor allem Ihr schüchternes Kind braucht emotionale Stabilität und Ihre Versicherung, daß es an der Scheidung keine Schuld trägt. Andererseits kann es leicht geschehen, daß Sie sich schuldig fühlen, den Rückzug des Kindes akzeptieren oder es allzu sehr verwöhnen, konstruktiver aber ist es, wenn Sie mit Ihrem Kind zuverlässig Kontakt halten und die Kommunikation mit ihm nicht abbrechen.

Achten Sie, falls Ihr Kind Sie nur gelegentlich besucht, darauf, ob es Anzeichen von Isolation zeigt. Schüchterne Kinder, die für längere Zeit von dem Elternteil, bei dem sie leben, ihren Freunden und ihrer gewohnten Umgebung getrennt werden, fühlen sich mitunter überaus einsam. Wenn Ihr Kind längere Zeit bei Ihnen wohnt, sollten Sie es mit den Kindern Ihrer Freunde bekannt machen, aber bei ihm bleiben, wenn es mit ihnen spielt, damit es sich nicht verlassen fühlt.

Beziehen Sie es in Ihren normalen Alltag ein – nehmen Sie es mit, wenn Sie einkaufen gehen, Besorgungen machen und das Auto waschen. Das sind auch Gelegenheiten für lange und intensive Gespräche, die nötig sind, damit Sie trotz der Trennung eine feste Beziehung zu Ihrem Kind aufbauen können.

Wenn Sie das Sorgerecht haben und außer Haus berufstätig sind, sollten Sie darauf achten, daß Ihr Kind nicht mit einem Babysitter oder den Großeltern im Haus oder der Wohnung bleibt und sich isoliert. In einer Krabbelstube oder einem Kindergarten ist es mit anderen Kindern zusammen. Den emotionalen Rückhalt, den Sie selbst benötigen, finden Sie in einer Alleinerziehendengruppe oder wenn Sie Freundschaften zu Familien in Ihrer Nachbarschaft pflegen. Mehrere Familien können sich in einem Haus oder einer Wohnung treffen, wo dann die Kinder mit einem Babysitter in einem, die Erwachsenen in einem anderen Raum sind. So können die Großen wie die Kleinen mit Gleichaltrigen zusammensein, sich entspannen und ein aktives soziales Leben genießen.

Vor allem müssen Sie immer wieder darauf achten, daß Ihr schüchternes Kind unter Ihrer Trennung emotional oder sozial nicht leidet. Es ist wichtig, daß beide Eltern an der Erziehung Ihres Kindes beteiligt bleiben und daß beide zugewandt und liebevoll sind, weil das Kind Sie beide braucht. Kinder, die den Kontakt zu einem Elternteil verloren haben, empfinden das immer als tiefen Verlust.

Ich werde oft gefragt, ob Krabbelstuben und Kindergärten für schüchterne Kinder gut seien oder ob sie nicht doch die »Extraportion« Sicherheit und individuelle Aufmerksamkeit brauchen, die nur eine Mutter oder ein Vater geben können. In vielen Familien erübrigt sich die Frage, weil keiner der beiden ganztags zu Hause bleiben kann. Und wenn der Kindergarten gut ist, werden sich alle Kinder, auch die schüchternen, dort wohl fühlen.

Ich bin der Ansicht, daß Kindergärten für schüchterne Kinder gut sind, weil sie dort mit anderen Kindern zusammensein, soziale Fertigkeiten einüben und ihre Schutzzone erweitern können. Sie lernen etwas auszuhandeln, Probleme zu lösen, zu teilen, zusammenzuarbeiten und in Gruppen zu spielen – all das fällt einem schüchternen Kleinkind nicht leicht, aber es muß es unbedingt für sein weiteres Leben lernen.

Suchen Sie nach einer Krabbelstube oder einem Kindergarten, deren Erzieherinnen warmherzig, geduldig und im Umgang mit schüchternen Kindern erfahren sind. Die Atmosphäre sollte anregend, aber nicht chaotisch sein. Fragen Sie, was die Gruppen machen, damit Sie wissen, was ihr Kind jeden Tag tut. Schüchterne Kinder brauchen unterschiedliche Aktivitäten und Erfahrungen, in einem abgewogenen Wechsel von Einzel- und Gruppenbeschäftigung. Wenn Sie an einem solchen Ort einen Fernsehapparat sehen, sollten Sie auf dem Absatz kehrtmachen. Sie können davon ausgehen, daß die Erzieherinnen den Apparat als Babysitter benutzen, was jede Möglichkeit von Gruppenerfahrung und intellektuellem Wachstum unterbindet.

Wenn Sie sich für eine Institution entschieden haben, sollten Sie eng mit den Erzieherinnen zusammenarbeiten, um sicherzugehen, daß sich Ihr Kind wohl fühlt und genügend Aufmerksamkeit erhält. Sagen Sie den Erzieherin-

nen, daß es sich mit allem Neuem – Spielen und Menschen ebenso wie Orten – schwertut, damit sie seine natürliche Zurückhaltung nicht falsch interpretieren und glauben, das Kind sei ernstlich gestört oder behindert.
Wie Jennys kluge Eltern können auch Sie Ihrem Kleinkind den Anfang erleichtern. Erzählen Sie ihm, daß es bald in eine Krabbelstube gehen wird, wie es dort ist, wer dort ist und was es dort tun wird. Sagen Sie ihm, daß die Erzieherinnen Sie anrufen werden, falls es nötig ist. Lassen Sie es zu Beginn nur kurz und dann immer länger da, bis es schließlich den ganzen Tag bleibt. Wenn das Kind alt genug ist, können Sie mit ihm darüber sprechen, wovor es Angst hat und wie es mit diesem Gefühl umgehen kann. Achten Sie auf seine Reaktionen.
Schüchterne Kinder finden sich schließlich gut zurecht und gehen gern in den Kindergarten, aber sie brauchen anfangs etwas mehr Hilfe. Es gibt keinen Grund für Sie, sich schuldig zu fühlen, weil Sie Ihr schüchternes Kind in einen Kindergarten schicken. Sehen Sie die sozialen Vorteile für Ihr Kind, die Chance, Freundschaften zu schließen und selbständig zu werden.

Alleinsein kann gut und schlecht sein

Ich habe Sie zwar bestürmt, Ihrem Kind zu helfen, mit anderen Kindern zusammenzusein, aber viele scheue Kinder spielen lieber allein, und auch das hat seinen Wert. Dabei kann Ihr Kind sich entspannen, gemachte Erfahrungen verarbeiten und kreativ werden.
Alleinsein ist allerdings nur bis zu einem gewissen Punkt und auch nur dann sinnvoll, wenn es auf bestimmte Weise geschieht. Der Wissenschaftler Kenneth Rubin hat die Einzelspiele von Vierjährigen erforscht und herausgefunden, daß es keinen Grund zu übertriebener Sorge gibt,

wenn ein Kind allein spielt. Sie sollten allerdings darauf achten, daß es seine Zeit klug verbringt.

Konstruktives Parallelspielen

Von konstruktivem Parallelspielen spricht man, wenn Kinder etwas Konstruktives tun – einen Turm bauen oder ein Puzzle legen. Sie spielen neben-, aber nicht miteinander. Diese Art von Spiel fördert das Talent für Problemlösung und die soziale Anpassung. Andere Kinder bitten »Parallelspieler« um Hilfe bei dem, was sie gerade tun. Konstruktives Parallelspielen kann Ihr Kind zu einem »Experten« machen und dabei Selbstvertrauen und Selbstsicherheit fördern.

Sie können konstruktives Parallelspielen indirekt unterstützen. Wenn Ihr Kind beispielsweise einen Turm baut, der immer wieder zusammenfällt, sollten Sie ihn nicht selbst wieder aufbauen, sondern Vorschläge machen wie: »Wie wäre es, wenn du versuchst, unten größere hinzulegen, und darüber kleinere Steine baust?« Damit helfen Sie ihm, eine Aufgabe zu lösen, ohne sie für es zu erledigen, und es kann eine Enttäuschung erleben, sich mit ihr vertraut machen, sie überwinden und schließlich das Gefühl bekommen, etwas erreicht zu haben.

Konstruktives Alleinspielen

Bei diesen »introvertierten Spielen« beschäftigt sich ein kleines Kind gut allein, ohne daß andere Kinder in der Nähe sind. Es kommt mit sich so gut zurecht, daß andere sich ihm nicht anzuschließen versuchen, weil es wirkt, als bliebe es lieber allein. Diese Art des Spiels ist gelegentlich sehr gut und wird erst dann problematisch, wenn Ihr Kind nie mit oder neben anderen Kindern spielt. Andere Kinder haben nichts gegen konstruktive, unabhängige Einzelgänger, aber es fehlt ihnen die Möglichkeit, das Kind kennenzulernen, und daher können keine Freundschaften entstehen.

Funktionales Alleinspielen
Dabei wiederholt Ihr Kind – mit oder ohne Spielzeug – ständig eine Bewegung. Es steigt vielleicht immer wieder auf einen Stuhl, dreht sich im Kreis oder schlägt mit seinem Spielzeugauto auf den Fußboden.
Ein Kind, das auf diese Weise spielt, denkt an nichts Bestimmtes. Andere werden vermutlich nicht zu ihm gehen und mit ihm spielen wollen, daher wird es seine Chance vertun, mit ihnen zusammenzusein. Kinder, die viel Zeit mit derartigen Spielen zubringen, haben möglicherweise Schwierigkeiten mit einer angemessenen Problemlösung, und es drohen ihnen emotionale und soziale Entwicklungsstörungen, weil sie weder Neues erleben noch ihre Schutzzone ausweiten. Sie lernen nie, etwas anderes zu spielen, und haben keinen Umgang mit anderen Kindern.
Wenn Sie sehen, daß Ihr Kind so spielt, fragen Sie es, warum es sein Auto immer wieder auf den Boden schlägt. Wenn keine weiteren Kinder da sind, schlagen Sie etwas anderes vor, und bringen Sie es mit Kindern zusammen. Sie können mit ihm Blätter und Vögel anschauen oder zum Spielplatz gehen. Probieren Sie unterschiedliche Dinge aus, die seine Schutzzone ausweiten.

Phantasiespiele
Es ist normal und gut, wenn Vorschulkinder sich Figuren ausdenken und erfundene Szenen spielen, solange sie das zu *mehreren* machen. Wenn Kinder aber solchen Phantasien allein nachhängen, haben sie möglicherweise Probleme mit den Spielregeln des realen Lebens. Lehrer wissen, daß Kinder, die viel Zeit mit einsamen Phantasien zubringen, sozial schlecht angepaßt sind und Konflikte mit anderen nur schwer lösen können. Ihr Kontakt mit anderen Kindern ist spärlich, ihr Ansehen bei ihnen niedrig; sie verlieren sich in ihrer eigenen Welt, können sich anderen nicht zuwenden und ihnen keine Zuneigung zeigen.

Sie und die Betreuungspersonen Ihres Kindes sollten bei einer derartigen Verhaltensweise sehr aufmerksam reagieren und sicherstellen, daß es nicht allein in dieser Phantasiewelt versinkt. Halten Sie es an, auf dem Spielplatz mit anderen zu spielen, laden Sie andere Kinder zu sich nach Hause ein. Einem solchen Kind fällt es vielleicht leichter, mit etwas jüngeren Kindern zu spielen. Es ist intellektuell und körperlich etwas weiter entwickelt und kann sich daher leichter auf sie einlassen, außerdem stärkt es sein Selbstbewußtsein, in einer solchen Konstellation die Lehrerrolle einnehmen zu können. So wird es die Schwierigkeiten anderer leichter verstehen lernen und weniger ausschließlich um sich selbst kreisen.
Organisieren Sie konstruktive und/oder interaktive Spiele mit Ihrem Kind, holen sie es aus seiner eigenen Welt heraus, zurück in die Realität.

Warten und zugucken
Schüchterne Kinder möchten gern mit anderen zusammensein, scheuen aber die Risiken, die man eingehen muß, um Freunde zu finden. Kinder, die warten und zugucken, sind mental »jünger« als Gleichaltrige. Sie unterhalten sich weniger und sind sozial weniger angepaßt. Warten und Zugucken ist nur als zeitweilige Strategie sinnvoll. Im zehnten Kapitel finden Sie einige Ratschläge, wie Sie Ihrem Kind helfen können, das zu überwinden.
Es besteht kein Anlaß zur Sorge, wenn Ihr Vorschulkind gern allein spielt. Konstruktives Parallelspielen ist im Gegenteil, wie erwähnt, gut, weil die Kinder etwas gründlich lernen, ohne dabei ihre Schutzzone verlassen zu müssen. Sie können einem Kind, das gern allein spielt, neue Dinge vorschlagen. Seien Sie aber wachsam, falls sich ein Kind völlig in sich zurückzieht, und versuchen Sie in solchen Fällen, das Kind zu anderen, sinnvolleren Tätigkeiten anzuregen. Kinder sollten zur Ruhe kommen, wenn sie allein sind, und einen Zeitvertreib wie Fernsehen oder

Computerspiele meiden. Lassen Sie Ihr Vorschulkind malen, sich verkleiden, Rätsel lösen, Brettspiele spielen, Schlösser bauen, aus Knetmasse einen Zoo machen, Bilderbücher anschauen – alles, was seine Phantasie beflügelt.

Der richtige Ort

Ein hochsensibles Kind fühlt sich auf einem chaotischen, lauten Geburtstagsfest vermutlich unwohl, und ein zartes, schüchternes Kind fühlt sich auf dem Spielplatz vermutlich überfordert, wenn andere zu wild werden. Solche Situationen sind nichts für Ihr stilles Kind.

Zu der Vorstellung vom »richtigen Ort« gehört die Suche Ihres Kindes nach Bedingungen, die zu seinem Temperament und somit auch zu seiner Persönlichkeit passen – es bedeutet, die Umgebung und sein wahres Wesen zusammenzubringen. Dieser »richtige Ort« ist wie eine erste Schutzzone, und er wird sich verändern, wenn das Kind größer wird, unbekanntes Terrain erkundet und neue Aufgaben meistert.

Die Grundidee des richtigen Ortes erkennen Sie, wenn ein ängstliches Krabbelkind sich wegen einer Katze erschreckt und instinktiv in die Sicherheit des mütterlichen Schoßes flieht. Selbst auf fundamentalster Ebene versucht das Kind, seine Umgebung, seine anlagenbedingte Reaktionsweise und die Anforderungen der Situation unter Kontrolle zu bringen, indem es einen sicheren Hafen sucht. Sobald es dort Trost und Schutz gefunden hat, wird es wieder aufbrechen, um zu erkunden, was ihm gerade noch angst machte.

Vielleicht muß Ihr zurückhaltendes Kleinkind einen Teil des Tages in einer Krabbelstube sein, weil Sie außer Haus arbeiten, und es kann sein, daß es die Trennung gut verkraftet, aber nicht in diese spezielle Krabbelstube gehört. Kämpfen Sie nicht jeden Morgen aufs neue gegen seinen Unwillen an, dorthin zu gehen, sondern suchen Sie nach einem Ort, wo sich das Kind wohler fühlt. Suchen Sie eine neue Krabbelstube, die seinem Wesen besser entspricht. Und zwingen Sie ihm nicht größere emotionale Schritte auf, als es jeweils gehen kann.

Wenn Sie hinsehen, zuhören, die Bedürfnisse Ihres Kindes erkennen und alles bedenken, was zu dem »richtigen Ort« gehört, werden Sie es Ihrem Kind erleichtern, erfolgreich schüchtern zu sein. Kleine Kinder äußern ihre Gefühle, wenn es ihnen nicht gut geht, verfügen aber noch nicht über die kognitiven Fertigkeiten zu wissen, wie sie ihre Lage verbessern können. Sie als Mutter oder Vater müssen Dinge verändern und Entscheidungen treffen, damit ihr Kind tun kann, was ihm Freude macht und zu ihm paßt.

Nehmen wir an, Ihr fünfjähriger Sohn möchte mit den anderen Kindern der Nachbarschaft Fußball spielen. Er möchte auch ein Trikot haben und in der kleinen Mannschaft mitspielen, hat aber Angst, daß er nicht gut genug ist und die anderen ihn auslachen werden. Sie sind der Ansicht, daß es ihn aus seinem Schneckenhaus herausholen und darum guttun wird. Wie können Sie ihm Mut machen und helfen, einiges von dem in den Griff zu bekommen, was ihm Sorgen macht?

Wenn er ruhig ist, wird er sich auf seine Fähigkeiten verlassen und gut spielen. Das Ziel Ihrer Unterstützung sollte also sein, seine Ruhe zu fördern, indem Sie ihm helfen, sich auf das Spielen vorzubereiten. Erzählen Sie ihm, wie Sie selbst als Kind Fußball gespielt haben. Beschreiben Sie Ihre Triumphe und Ihre Niederlagen, damit er versteht, daß Gewinnen ebenso zum Spiel gehört wie Verlieren. Üben Sie mit ihm, dann wird er besser und gewinnt Selbstvertrauen. Geben Sie ihm Zeit, sich mit dem Sport vertraut zu machen, indem Sie mit ihm zu einigen Spielen gehen. Sehen Sie zu, daß er die Möglichkeit bekommt, selbst zu spielen, aber drängen Sie ihn nicht.

Sollte er sich trotz all dieser Vorbereitungen immer noch

nicht trauen, mit den anderen Kindern Fußball zu spielen, wäre es vielleicht sinnvoller, wenn Sie ihm bei der Suche nach einer Sportart helfen, die besser zu ihm paßt – vielleicht Schwimmen oder Turnen.

Solche Lektionen wird Ihr Kind sein Leben lang lernen. Wer erfolgreich schüchtern ist, hat verstanden, wie wichtig der richtige Ort und die Kontrolle über das direkte Umfeld sind, und wird problemlos eine laute, überfüllte Kneipe verlassen können, um den Abend lieber in einem ruhigen Bistro zu verbringen. Diese Menschen wählen einen Beruf, der ihnen entspricht – werden also eher Professor für Betriebswirtschaft als Börsenmakler, weil sie mit der Hektik, die zu manchen Berufen gehört, nicht umgehen können. Sie sind erfolgreich schüchtern, weil sie schon als kleine Kinder gelernt haben, daß sie ihre Gefühle, Reaktionen und ihr Schicksal lenken können, solange sie ihren Instinkten folgen.

10. Kapitel
Das schüchterne Schulkind

»Als ich zwischen vier und acht Jahre alt war«, schrieb mir eine Soldatin, »war ich furchtbar schüchtern. Sobald mich ein Erwachsener ansprach oder ein anderes Kind sich mit mir anfreunden wollte, drehte sich mir der Magen um, und ich hätte am liebsten losgeheult. Erwachsene waren kein großes Problem: Ich ging ihnen aus dem Weg. Mit den Kindern begann ich Streit oder hackte auf ihnen herum, damit sie mich in Ruhe ließen; in fast all meinen Zeugnissen steht: »Hat Schwierigkeiten im Umgang mit anderen Kindern«. Schüchternheit in diesem Alter kann furchtbar sein.

Sie haben, zusammen mit den anderen Angehörigen Ihrer Familie, den ersten und nachhaltigsten Einfluß auf die Schüchternheit Ihres Kindes. Dieser Einfluß läßt in dem Maße nach, wie Ihr Kind in der Nachbarschaft, auf dem Spielplatz und in der Schule auf andere Kinder trifft. Es ist normal, daß sich Kinder im Alter von sechs oder sieben Jahren Spielkameraden zuwenden und in die sogenannte Latenzperiode eintreten, in der sie kontaktfreudig werden.

Die Latenzperiode ist eine Generalprobe für die Rollen, die Kinder als Erwachsene übernehmen werden. Sie spielen mit Puppen und üben die Elternrolle ein, sie kicken und imitieren Fußballstars, geben Puppeneinladungen und sind Gastgeber, spielen Kriegsspiele, um Macht zu erleben. Dabei lernen sie viel über Kooperation, teilen, den freundschaftlichen Umgang miteinander, die Leitung einer Gruppe, Verhandeln und Aushandeln. Sie *wollen* nicht nur miteinander spielen, sie *müssen* es auch, um erwachsen werden zu können.

Diese Zeit ist für das Entstehen von Schüchternheit äußerst wichtig. Die Kindern müssen soziales Verhalten lernen, was sie nicht können, wenn sie sich vor dem Fernseher, mit Computerspielen oder Büchern isolieren. Sie müssen mit Gleichaltrigen zusammensein und die Welt erforschen.

Es ist leicht einzusehen, warum die Latenz für viele schüchterne Kinder eine schwierige Zeit ist. Viele Menschen erinnern sich, daß sie in diesen Jahren zum ersten Mal als schüchtern bezeichnet wurden. Sie sträubten sich gegen den Kindergarten, wollten nicht mit anderen Kindern spielen, waren mit ihnen schweigsamer als zu Hause. Eine Frau aus Connecticut erinnert sich, »daß ich im Kindergarten eines der stillsten Kinder war und ganz oft allein gespielt habe, obwohl ich lieber mit den anderen zusammengewesen wäre«.

Wenn Ihr Kind mit einem hochsensiblen Nervensystem geboren wurde, mag es sich mit anderen Kindern bedrängt und ängstlich fühlen und deswegen lieber allein spielen. Wenn Sie es nicht sanft dazu anhalten, Freundschaften zu schließen, oder wenn es keine Gelegenheit dazu hat, weil es immer allein ist, kann das Kind schüchtern werden, weil es in der Latenzperiode keine sozialen Erfahrungen machen kann. Die zitierte Frau aus Connecticut sieht den Grund für ihre damalige Schüchternheit in dem Verbot, nach der Schule mit ihren Klassenkameraden noch etwas zu unternehmen: »Es war für alle bequemer, wenn ich nach der Schule sofort nach Hause kam. Ich bin in einer recht wohlhabenden Gegend aufgewachsen, viele Kinder bekamen schon in der Grundschule Tennis-, Schwimm- oder Ballettunterricht.« Sie nicht – und diese soziale Interaktion fehlte ihr sehr.

Schüchternheit kann in der Latenzperiode ebenso zu- wie

abnehmen. Ich habe unsichere, ängstliche oder sozial ungeschickte Kinder erlebt, die mit der richtigen Führung lernten, ihre Ängste zu überwinden. In diesem Kapitel wird es darum gehen, was Sie tun können, damit Ihr Kind sich durch die Schule oder neue Freundschaften nicht einschüchtern läßt.

Die Einschulung: eine Herausforderung

Eine erfolgreiche New Yorker Immobilienmaklerin denkt mit Schrecken an ihre Einschulung zurück. »Meine erste Bekanntschaft mit Panik machte ich an meinem ersten Schultag, als meine Mutter einfach ging und mich dort allein ließ. Ich kam mir vor wie im Gefängnis. Sie hatten sogar Gitter vor den Fenstern.« Das ist eine ganz typische Erinnerung für ein schüchternes Kind, das es von Natur aus schlecht verträgt, wenn sich am Tagesablauf, bei den vertrauten Menschen oder Orten etwas verändert. Viele empfinden den ersten Schultag als traumatisch. Sie weinen, klammern sich an ihre Mutter und stürzen zur Tür, kaum daß sie den Klassenraum betreten haben.
Sie haben nicht nur Angst, verlassen zu werden. Im Vergleich zu ihrem Zuhause wirkt die Schulatmosphäre streng und wenig vertrauenerweckend. Sie selbst haben vermutlich Ihr eigenes Leben intuitiv oder bewußt so eingerichtet, daß es den Bedürfnissen Ihres schüchternen Kindes entspricht, eine solche individuelle Zuwendung aber ist in einer Klasse mit fünfundzwanzig oder dreißig Kindern, viele davon lebhaft, ganz unmöglich. Einem Stundenplan folgen, von Erwachsenen Befehle annehmen, den ganzen Tag mit vielen, lauten Kindern zusammen und dabei von Ihnen getrennt sein zu müssen – all das verlangt sehr viel von einem Kind.
Es wird seine Reaktionen vielleicht nicht deuten können,

aber es spürt, daß es ihm in der Schule nicht gefällt. Allein der Gedanke daran bereitet ihm Kopfschmerzen, Magenschmerzen, Angstgefühle und Alpträume. Im Unterricht kann es sich wegen seiner Befangenheit und Nervosität nicht auf den Unterricht und die anstehenden Aufgaben konzentrieren. Es schließt sich anderen Kindern nicht an, weil es sich von deren Anwesenheit und Geschäftigkeit überfordert fühlt. Das alles kann dazu führen, daß die Lehrerinnen zu dem Schluß kommen, Ihr Kind sei unreif oder gar weniger intelligent als die anderen, weil es sich gegen Neues sperrt.

Ein Ingenieurstudent weiß noch, daß ihm genau das passierte: »Ich war gerade in die Schule gekommen, alle anderen Kinder spielten zusammen, aber ich gehörte zu niemandem und nirgendwohin. Wenn jemand mit mir reden wollte, drehte ich mich fort, also nahmen sie an, ich sei zurückgeblieben, und steckten mich in eine Lernbehindertenklasse. Von da an machte Schüchternheit mich zu etwas, was ich nicht war (und nicht bin).«

Er war vermutlich nicht intelligenter oder dümmer als seine Klassenkameraden, sondern nur außerhalb seiner Schutzzone und konnte sich nur schwer an seine neue Umgebung gewöhnen. Aber die Fehlinterpretation seines Verhaltens hat ihm für immer das Gefühl gegeben, nie als der gesehen zu werden, der er ist.

Regen Sie sich nicht auf, und bestrafen Sie Ihr Kind nicht, wenn es nicht zur Schule gehen will. Es ist ganz normal, daß es auf eine neue Umgebung voller fremder Gesichter und Anforderungen mit Angst und Rückzug reagiert. Statt die natürlichen Instinkte Ihres Kindes mit Entsetzen und Angst zu quittieren, sollten Sie versuchen, die Probleme vorherzusehen, die es in der Schule erwarten, und ihnen bereits im Vorfeld begegnen.

Bereiten Sie Ihr Kind und seine Lehrerin auf den ersten Schultag vor. Suchen Sie die Lehrerin vor dem ersten Tag auf, und erklären Sie ihr, wie Ihr Kind auf Neues reagiert. Besonders gut wäre es, wenn das Kind die Lehrerin und das Klassenzimmer schon vor dem ersten Tag kennenlernen könnte, wenn Sie ihm zeigen könnten, wo die Toiletten sind und wo es seine Jacke aufhängen kann. Falls das nicht möglich sein sollte, sollten Sie auf jeden Fall vor dem ersten Schultag mit dem Kind den Schulweg zurücklegen, ihm das Gebäude zeigen und erklären, was dort geschieht und was die Lehrerin von ihm erwarten wird.

Reden Sie mit Ihrem Kind. Wenn es wegen der Schule Alpträume, Bauch- und Kopfschmerzen hat, müssen Sie das als Streßreaktionen ernst nehmen. Es geht ihm schlecht, auch wenn es nicht weiß, warum. Erklären Sie ihm, daß es sich so fühlt, weil es Angst hat, und ermuntern Sie es, darüber zu sprechen. Erklären Sie, daß es ganz normal ist, wenn man sich vor Neuem ein wenig fürchtet. Alle bekommen einmal weiche Knie, das heißt aber nicht, daß man krank ist. (Erzählen Sie ihm auch, wie es Ihnen ergangen ist, als Sie eine neue Stelle antraten oder eine Rede halten mußten.) Die Symptome bedeuten sehr wahrscheinlich, daß das Kind in der Geborgenheit seines Zuhauses bleiben möchte. Erklären Sie so, daß das Kind es verstehen kann, was eine lange Aufwärmphase bedeutet. Es wird ihm helfen, wenn es seine Situation als etwas Normales begreift, das vorübergehen wird.

Nutzen Sie positive Verstärkung. Loben Sie es dafür, daß es zur Schule gegangen ist, obwohl es das nicht wollte. Reden Sie über Erfolge.

Helfen Sie ihm, andere Verbindungen zu knüpfen. Bei Schwierigkeiten in der Schule wird es Ihr Kind entlasten, wenn es Dinge tun und Freundschaften pflegen kann, die nichts mit seiner Schule zu tun haben. Wenn Sie mehrere Kinder zur Schule bringen, unterhalten Sie sich mit ihnen über die Schule (um ihr etwas von ihrer Fremdheit zu nehmen).

Bleiben Sie achtsam. Auch wenn die ersten Tage rasch vorübergehen und Ihr Kind jeden Tag brav die Schule besucht, kann ihm seine Schüchternheit weiterhin Probleme bereiten. Falls es sich davor fürchtet, im Unterricht dranzukommen, sollten Sie die Schulaufgaben abhören, damit es am kommenden Tag vorbereitet ist und das, was es gelernt hat, auch richtig sagen kann. Das wird sein Selbstvertrauen stärken und die Befangenheit mindern.

Je größer die Kontinuität zwischen Schule und Elternhaus, um so leichter wird Ihrem Kind der Übergang fallen. Nehmen Sie, wenn möglich, aktiv am Geschehen in der Schule teil, beteiligen Sie sich an der Elternarbeit, und gehen Sie unbedingt zu den Elternabenden. Daran sieht Ihr Kind, wie wichtig die Schule ist und daß Sie sich um es kümmern.

Es ist auch wichtig, daß Sie in der Nähe sind, wenn es Hausaufgaben macht. Lesen Sie in dieser Zeit ein Buch oder eine Zeitung, dann sind Sie beide mit einer geistigen Tätigkeit beschäftigt. Fragen Sie es hin und wieder, wie es zurechtkommt. Zeigen Sie deutlich, daß Sie gern helfen, falls es nötig ist.

Halten Sie Kontakt mit der Lehrerin. Wenn Sie tagsüber keine Zeit haben, sollten Sie anrufen oder sich schriftlich nach Ihrem Kind erkundigen. Fragen Sie, ob Sie etwas tun können, und wenn ja, was. Achten Sie auf die Atmosphäre in der Klasse, denn wenn es dort chaotisch zugeht, wird es Ihrem Kind schwerfallen, sich zurechtzufinden und zu lernen. Auch hier geht es darum, den richtigen Ort zu finden (siehe 9. Kapitel). Falls Sie den Eindruck haben, daß eine andere Schule besser wäre, sollten Sie erwägen, Ihr Kind umzuschulen.

Erlauben Sie ihm eine lange Eingewöhnungszeit. Versuchen Sie, morgens so früh mit ihm zur Schule zu gehen, daß es die anderen Kinder ankommen sieht, statt ihnen allein in einem Raum gegenüberzustehen.

Bedenken Sie, daß Ihr schüchternes Kind zu Beginn eines jeden Schuljahrs einen kleinen »Rückfall« erleiden könnte. Sprechen Sie mit ihm über die Erfahrungen des Vorjahres: Es hatte Angst, aber dann ging alles gut. Das wird auch in diesem Jahr so sein! Lenken Sie seine Gedanken von den Versagensängsten auf Erfolge, die es hatte. »Letztes Jahr hast du dich erst auch gegraust und warst so unglücklich, aber dann hat es dir gut gefallen!« Besprechen Sie mit ihm, was im Vorjahr die Umgewöhnung erleichtert hat. »Weißt Du noch, wie ich Frau Anderson angerufen habe und sie die Hausaufgaben erklärt hat? In diesem Jahr können wir sie auch wieder anrufen, wenn du etwas nicht verstanden hast.« Zeigen Sie ihm, daß Sie fest daran glauben, daß es sich gut zurechtfinden und anpassen wird. Reden Sie weniger über das, was es nicht kann, als vielmehr über lange Aufwärmphasen, den Annäherungskonflikt und die Schutzzonen.
Solange Ihr Kind keine gravierenden Schwierigkeiten hat oder an einer Entwicklungsstörung leidet, rate ich davon ab, es aus der Gruppe seiner Gleichaltrigen herauszunehmen. Es sollte nicht dafür bestraft werden, daß es mehr Zeit braucht als andere, denn es handelt in allem instinktiv. Ein Jahr später eingeschult zu werden oder eine Klasse zu wiederholen könnte seinem Selbstwertgefühl Schaden zufügen.

Die wachsende Bedeutung von Schüchternheit in der Latenzphase

Kinder in den ersten Grundschuljahren scheint es kaum zu interessieren, daß einige ihrer Schulkameraden stiller sind, doch das ändert sich, wenn sie älter werden. Mit der Zeit, und fast zwingend, beginnen die dominanten Kinder, ihre scheueren Klassenkameraden zu meiden, abzu-

weisen und zu drangsalieren. Das trifft alle, die weniger laut und weniger selbstbewußt sind und die keine Freunde haben, die sich vor sie stellen.
Mit neuen Kindern, die sie nicht als schüchtern kategorisieren, können zurückhaltende Kinder ihr Schneckenhaus durchaus verlassen, mit bekannten Kindern hingegen bleiben sie in ihrer Scheu gefangen. Wenn Klassenkameraden ein Kind für schüchtern halten, wird es ihm, so sehr es Kontakte zu knüpfen versucht, nicht gelingen, sich davon zu befreien und ein neues Bild von sich zu schaffen.
Das Vorurteil gegen schüchterne Kinder fordert schnell seinen Tribut. Bereits in der vierten oder fünften Klasse erkennen schüchterne Kinder, daß Verschämtheit und Angst ein gravierendes Problem für sie darstellen. So zeigen Untersuchungen unter Viertkläßlern, daß schüchterne Kinder ein geringeres Selbstbewußtsein haben als ihre selbstbewußteren Altersgenossen.
Vor allem schüchterne Jungen leiden. Sie haben ein negatives Selbstbild, fühlen sich einsam und denken, daß ihnen soziale Fertigkeiten fehlen und daß sie weniger sportlich sind als Gleichaltrige. Es fällt ihnen schwer, an den wichtigen Sportereignissen teilzunehmen, und sie finden, daß sie selbst an diesen Schwierigkeiten die Schuld tragen.
Wenn Ihr Kind älter wird, verändert sich seine Wahrnehmung von Schüchternheit auf drastische Weise. Es reicht nicht, wenn Sie ihm sagen: »Kinder können manchmal grausam sein« oder »Beliebtheit ist nicht wichtig«. Sie ist leider sehr wichtig. Selbst kleine Kinder wissen ganz genau, wer »toll« ist und wer nicht. Es schmerzt, keine Freunde zu haben. Es schmerzt noch mehr, wenn man nicht den Mut aufbringt, sich um Freundschaften zu bemühen, vor allem, wenn man damit riskiert, von den erhofften Spielkameraden verspottet, herumgeschubst oder benutzt zu werden.
Wenn Sie nicht beizeiten eingreifen, kann Ihr schüchter-

nes Kind auf Ablehnung stoßen. Aber kluge Eltern, die ehrlich darüber sprechen, wie man Freunde findet und behält, können die Gefühle von Einsamkeit, Unzulänglichkeit und Selbstzweifel lindern.

Kleine Risiken eingehen: Freundschaften schließen

Wie für Erwachsene, so sind auch für Kinder neue Freundschaften gefahrvoll. Für ein schüchternes Kind kann es geradezu bedrohlich sein, wenn es mit jemandem eine Schachtel Buntstifte teilen oder sich einer Gruppe anschließen soll, die zusammen etwas baut. Es muß dafür etwas anderes aufgeben, was ihm leichter fiel, oder mit anderen Kontakt aufnehmen. Das bedeutet, daß etwas in seine Schutzzone eindringen oder es aus ihr herausholen könnte. Kinder tun das auf drei mögliche Arten: Etwas beitragen, etwas zerstören oder warten.

Stellen Sie sich einen Raum voller Zweitkläßler vor, jedes Kind hat einen Klumpen Knetmasse. Vier Kinder tun sich zusammen und fangen an, zusammen ein Schloß zu bauen. Andy, Tracy und Corey stehen etwas abseits und beobachten ihre Klassenkameraden.

Andy knetet seinen Klumpen in den Händen und sieht der Gruppe zu. Die Kinder lachen und streiten, wie breit und wie lang das Schloß werden und wo der Graben sein soll. Eins baut den Turm, ein anderes legt ein »Fundament«, die beiden anderen walzen Platten für die Wände aus und schneiden Fensteröffnungen hinein. Sie holen blaues Seidenpapier für den Graben.

Andy beginnt, seine Knete flach zu klopfen, und nähert sich dem Tisch. »Es fehlt eine Brücke«, sagt er, einige Schritte von den anderen entfernt. »Hier ist eine.« Er reicht ihnen sein Stück. Die Gruppe hält kurz inne, blickt erst auf das fast fertige Schloß, dann auf ihn. Sie lachen, weil er recht hat: Sie haben Fenster, aber ihr König und ihre Königin können ihr Schloß gar nicht betreten. Sie machen ein großes Loch in die Wand, und Andy drückt zwischen dem Tor und der anderen Grabenseite seine Brücke fest. Alle jubeln. Andy gehört jetzt zur Gruppe, und sie gehen daran, einen Wald um das Schloß zu machen.

Auch Tracy hat von der Seite zugesehen, dabei ihre Knete in der Hand gerollt und ist ein wenig näher gekommen. Sie möchte gern zur Gruppe gehören, also läuft sie zum Tisch, die Knetkugel hoch über den Kopf erhoben. Sie ruft, »Ich erobere das Schloß«, und wirft die Kugel auf das Schloß, das daraufhin zusammenfällt. Die anderen Kindern schreien wütend, während Tracy lacht und Stücke der Wand greift. Sie will sich zu ihnen gesellen, aber die Kinder schieben sie fort. Sie ist in ihrem Königreich nicht willkommen. Sie läuft in eine Zimmerecke und beginnt, einen Bücherstapel durchzusehen. Der Angriff hat ihr Spaß gemacht, den anderen aber nicht.

Corey hat dem Spiel seiner Klassenkameraden aus einiger Entfernung zugesehen. Er hält immer noch seine Knete, während die anderen das Schloß wieder aufbauen. Corey glaubt, es würde besser halten, wenn er sein Stück Knete in das Fundament einarbeiten würde. Er wartet darauf, daß eines der Kinder sagt, man solle die Wände dicker machen, aber niemand sagt es.

Er preßt sein Stück zu einer Platte und flüstert vor sich hin, »Ich kann meine Knete benutzen«, aber niemand hört ihn. Er macht einen Schritt auf die Kinder zu, nur einen kleinen, aber sie sind fast fertig. Corey denkt, daß sie seine Knete nicht mehr brauchen werden. Während seine Klassenkameraden aufgeregt plappernd Schloß und Wald fertig machen, geht er zu einem leeren Tisch und fängt mit einer Vase für seine Lehrerin an.

Andy, Tracy und Corey wollen mit den anderen am großen Tisch spielen, und sie wissen, daß sie es riskieren müssen, am Schloß mitzuwirken. Anfangs haben alle drei zugeschaut, gewartet und die anderen imitiert, dann aber hat jeder die Aufgabe anders gelöst.

Andy hat etwas beigetragen. Er hat gewartet, zugeschaut und seine Zeit zu der Überlegung genutzt, was er für die anderen Kinder und das Schloß tun könne. Schließlich kam ihm der Gedanke mit der Brücke. Er dachte, sie würden ihn sicher mitspielen lassen, wenn er zeigen würde, daß er ihr Schloß besser machen könne. Damit hatte er recht, und es ist leicht zu verstehen, warum er in der Klasse beliebt ist.

Tracy zerstörte. Auch sie hat erst gewartet und zugesehen. Sie glaubte, wenn sie stärker sei als die anderen Kinder, könnten sie sie nicht ablehnen. Diese Strategie wendet sich gegen sie, und ihre Klassenkameraden meiden sie.

Corey wartete und beobachtete. Wartete und beobachtete. Er hoffte, die anderen würden ihn dort stehen sehen und zum Mitspielen auffordern, aber das passierte nicht, weil sie so mit dem beschäftigt waren, was sie taten. Er versuchte, mit ihnen zu reden, aber auch das mißlang, weil er nur leise flüsterte. Wenn jemand auf diese Weise laut denkt und niemand das Gesagte hört, hat das keine Folgen, es ist also ein Kommunikationsversuch mit äußerst geringem Risiko, abgewiesen zu werden. Außerdem war Corey so mit sich beschäftigt, daß er vermutlich dachte, er spreche lauter, als er es tatsächlich tat. Irgendwann hatte er seine Chance, mitzuspielen, vertan. Das passiert ihm häufig, darum wird er von seinen Altersgenossen übergangen und als schüchtern bezeichnet.

Coreys Zurückhaltung kann mehrere Gründe haben. Vielleicht mochte er nicht, wie sich die Knete anfühlt, er mußte sich erst daran gewöhnen, daß sie so glitschig ist. Vielleicht konnte er sich nicht schnell genug an die neue Situation mit einer anderen Sitzordnung und einer unbekannten Aufgabe gewöhnen. Aber weil Kinder kurze Aufmerksamkeitsspannen haben, hatten seine Klassenkame-

raden, als Corey gerade soweit gewesen wäre, sich ihnen anzuschließen, schon etwas Neues begonnen.
Wenn Corey ein hochsensibles Kind ist, könnte ihn die Bedrohung, die die Kinder für ihn darstellten, zu sehr aufgeregt haben. Sie hatten Tracy abgelehnt, das machte ihm angst. Und solange er noch dieses Gefühl von Bedrohung spürte, konnte er nicht klar darüber nachdenken, wie er sich ihnen nähern könnte. Oder er war im Nachteil, weil er bisher wenig mit Gleichaltrigen zusammen war und einfach nicht wußte, wie er mit ihnen umgehen soll. Es ist praktisch ausgeschlossen, soziale Fertigkeiten durch Osmose zu lernen.
Es gibt Millionen und Abermillionen Kinder wie Corey. Obwohl sie unzählige Stunden damit verbringen, anderen in der Schule oder auf dem Spielplatz zuzusehen, erfassen sie offenbar nicht, wie es die beliebten Kinder anstellen, sich anderen anzuschließen, die schon miteinander spielen. Schüchterne Kinder können wunderbare Freunde werden, aber sie wissen nicht, wie man den ersten Schritt zu einer Freundschaft tut. Ein neuer Freund kann für ein schüchternes Kind wie ein Wunder sein; es weiß nicht, wie das passieren konnte. Es wartet folglich darauf, daß andere ihn bemerken, ihn ins Spiel einbeziehen möchten und ihm zeigen, daß sie ihn wollen und mögen.

Wie Sie Ihrem Kind helfen können

Kinder wie Corey brauchen liebevolle Erklärungen und positive Unterstützung, um sich Gleichaltrigen anschließen zu können. Auch wenn Ihr Kind die meiste Zeit halbherzig wartet, zuschaut und in der Nähe von spielenden Kindern herumsteht, muß er nicht als Außenseiter leiden.
Wie wichtig Ihre Rolle als Erwachsener ist, beschreibt

dieser Brief: »Ich war schon immer sehr introvertiert und verschlossen. Als Kind habe ich viel allein gespielt, und niemand hat sich bemüht, mich mit anderen Kindern zusammenzubringen. Es gab keine Anregungen wie ›Du könntest einem Verein beitreten‹ oder ›Hast du Lust, Musikunterricht zu nehmen?‹. Eigentlich haben sie mich immer nur vor den Fernseher gesetzt.«
Es gibt viele Möglichkeiten, Ihrem Kind zu helfen, erfolgreich schüchtern zu sein.

Erklären Sie ihm, wie beliebte Kinder Freundschaften schließen. Beliebte Kinder befassen sich mit anderen. Zeigen Sie Ihrem Kind, daß es einem Spiel zusehen und überlegen soll, was es selbst dabei tun und wie es diese Bereitschaft den anderen mitteilen kann. Betonen Sie, daß es dabei die Gelegenheit hat, anderen zu helfen oder ihnen etwas zu geben.
Seien Sie ihm ein Vorbild. Ein kleines Beispiel: Sie sind mit Ihrem Kind im Supermarkt in der Obstabteilung. Während eine Kundin neben ihnen ihre Bananen abwiegt, reißen Sie eine Plastiktüte ab und reichen sie ihr. Je stärker Sie das, was Sie tun, mit dem Leben Ihres Kindes in Beziehung setzen können, um so besser.
Leiten Sie es an, sich vorsichtig etwas weiter vorzuwagen. Wenn Sie und Ihr Kind in diesem Supermarkt sehen, wie ein Baby seinen Teddy fallen läßt, ermuntern Sie Ihr Kind, das Spielzeug aufzuheben und der Mutter zu bringen. Das fördert seine altruistische Risikobereitschaft in einer sicheren Umgebung. Solche vorsichtigen Schritte fallen ihm leichter, als sich auf dem Spielplatz aus dem Stand einer lauten Gruppe Kinder anschließen zu müssen.
Bringen Sie ihm bei, etwas zu teilen. Kinder können ohne allzu viele Opfer etwas mit anderen teilen. Wenn ein anderes Kind Ihr Kind mit einer freundlichen Geste bedenkt, sollten Sie ihm zeigen, wie man sich bei Freunden dafür bedankt.

Unterhalten Sie sich auf dem Spielplatz mit anderen Eltern und deren Kindern. Das wird Ihrem Kind helfen, sich einzufügen. Fangen Sie ein Gespräch an, und beziehen Sie dann das Kind ein. »Mein Sohn spielt auch gern mit Lastern, nicht wahr, Billy? Willst du dem kleinen Jungen nicht mal dein tolles neues Müllauto zeigen?« Ziehen Sie sich langsam zurück, und überlassen Sie es Billy, den Kontakt fortzuführen. So kann er innerhalb seiner eigenen Schutzzone Vertrauen gewinnen.

Einem Kind etwas vorzuleben ist stets die beste Strategie. Ihr Kind soll miterleben, daß Sie von dem, was Ihnen gehört, etwas abgeben können.

Zeigen Sie ihm, daß es mehr gewinnt als riskiert. Betonen Sie den Wert von Freundschaft und Kooperation. Erzählen Sie, wie Sie Ihre Freunde und Freundinnen kennengelernt haben, und erklären Sie ihm, was es aus Ihren Erfahrungen lernen kann. Zeigen Sie ihm alte Fotoalben. Es kann das Kind trösten, wenn es weiß, daß Sie früher einmal die gleichen Probleme hatten. Außerdem haben auch andere Kinder mehr Spaß, wenn viele zusammen spielen.

Schaffen Sie Gelegenheiten für Ihr Kind, mit anderen zu spielen. Laden Sie Kinder zu sich nach Hause ein, damit Ihr Kind den »Heimvorteil« hat und sich sicherer fühlt. Schlagen Sie einen Spielkameraden vor, der ein bißchen jünger (und weniger einschüchternd) oder lebhaft veranlagt ist. Zwei schüchterne Kinder wissen manchmal nicht viel miteinander anzufangen. Ein aufgeschlossener Spielkamerad wird mehr Gelegenheiten zur sozialen Interaktion bieten. Ermuntern Sie Ihr Kind, seinen Teil beizutragen, statt vor jeder Interaktion zurückzuschrecken. Es ist gut, wenn Sie eine Zeitlang dabeibleiben und Ideen und Ratschläge beisteuern, die den Kindern helfen, etwas Gemeinsames zu finden und ein Spiel in Gang zu bringen. Sobald das gelungen ist, braucht Ihr Kind Sie nicht mehr.

Lehren Sie Ihr Kind Ausdauer. Erklären Sie ihm, daß es sich nach einiger Zeit an eine neue Situation gewöhnt haben wird. Am Ende des Spiels sollten Sie es daran erinnern, daß es sich anfangs unwohl gefühlt, dann aber weitergemacht und Spaß gehabt hat. Es ist wichtig zu wissen, daß unbehagliche Gefühle vorübergehen, das wird ihm helfen, sich an die anfängliche Beklommenheit zu gewöhnen und Ängste besser zu ertragen.

Lesen Sie ihm Bücher vor, die von Freundschaften handeln. Bitten Sie die Lehrerin, den Bibliothekar oder die Buchhändlerin, Ihnen solche Bücher zu empfehlen. Während des Vorlesens können Sie Pausen machen und darüber sprechen, wie sich die Personen im Buch kennengelernt haben, und Ihr Kind erzählen lassen, wie und warum Leute sich miteinander anfreunden. Zeigen Sie ihm, was die Geschichte im Buch mit seinem Leben zu tun hat. Ihr Kind versteht die Geschichte durch Ihr gemeinsames Gespräch und nicht nur durch das Lesen.

Loben Sie selbst kleine Erfolge. Ihr Kind wird nicht kontrollieren können, wie eine Interaktion verläuft, aber es verdient auf jeden Fall Lob dafür, daß es etwas versucht hat. Wenn es sich anderen Kindern genähert hat, belohnen Sie das. Sprechen sie über die Versuche und die Erfolge, um sein Vertrauen in sich zu stärken.

Beherzigen Sie die alte Weisheit: Kinder lernen aus dem, was wir tun, nicht aus dem, was wir sagen. Wann immer sich Ihnen die Gelegenheit bietet, Gäste einzuladen, einem Fremden zu helfen oder jemandem Zuwendung zu schenken, sollten Sie das tun. Ihr Kind wird sich mit Menschen wohler fühlen, wenn es sieht, daß Sie Ihre eigenen Ratschläge beherzigen.

Eine Krankenschwester Anfang Vierzig beschrieb eine Familie, in der das nicht geschah: »Meine Familie hatte kaum Kontakt mit anderen. Meine Eltern waren beide Stubenhocker und hatten eigentlich überhaupt keine Freunde. Sich selbst verwirklichen oder irgendwie hervortun stand nicht hoch im Kurs.« Sie glaubt, daß das ihre Schüchternheit vertieft hat.

Strategien für die Schule

Für Kinder, die sich durch eine potentiell peinliche und angstauslösende Situation hindurchmanövrieren müssen, kann die Schule zur Schlangengrube werden. Wir können nicht erwarten, daß Schulen ihre Lehrpläne so verändern, daß sie auf die Bedürfnisse einiger weniger Schüler zugeschnitten sind, aber es sind doch Veränderungen im Unterricht vorstellbar, die es schüchternen Schülern einfacher machen würden.

»Ich hatte viele Schwierigkeiten in der Schule, weil ich schüchtern war. Ich weiß noch, wie wir in der ersten Klasse der Reihe nach etwas vorlesen sollten. Ich begann zu weinen, weil ich das nicht wollte. Ich wußte nicht warum, ich wollte nur nicht vor den anderen etwas sagen müssen. Jetzt verstehe ich es, aber damals begriff ich überhaupt nicht, was los war. Ich wollte einfach nicht, daß die anderen mich bemerkten.«

»Das erste Mal, als ich etwas wie soziale Angst oder Schüchternheit empfunden habe, war etwa in der dritten oder vierten Klasse. Ich las laut vor, plötzlich war ich mir des Klangs meiner eigenen Stimme furchtbar unangenehm bewußt, und ich sah mein Herz durch meine Bluse hindurch schlagen. Davor war ich eine sehr eifrige Schülerin gewesen.«

Schüchternheit ist weder eine emotionale Störung noch eine Lernbehinderung, sie weist weder auf eine tiefergehende und ernstere Krankheit hin, noch ist sie eine Entwicklungsstörung. Schüchternheit ist vielmehr ein Gefühl der Beklemmung, das bei etwa 20 Prozent aller Schüler Unwohlsein auslöst. Schüchterne Kinder brauchen nicht unbedingt besondere Betreuung oder gesonderten Unterricht, sie sollten vor allem nicht ihrer Isolation überlassen werden, und sie müssen in einem gemächlicheren Tempo in die Klasse eingegliedert werden. Sobald sie sich sicher fühlen, haben sie keine Schwierigkeiten mehr.

Lehrer können das erreichen, indem sie die Grundregeln der sozialen Fertigkeiten in den Lehrplan aufnehmen. Davon profitieren alle Schüler. Im Mittelpunkt sollte die Bedeutung von Freundschaft, Höflichkeit, Kooperation, Toleranz und Zuwendung stehen. Die Schüler könnten dies in Rollenspielen ausagieren, beispielsweise die in diesem Kapitel beschriebenen unterschiedlichen Versuche, an dem Spiel anderer teilzunehmen: Beobachten, nachmachen und einen Beitrag leisten. Kinder müssen wissen, wie wichtig es ist, einer größeren Gruppe anzugehören, und je früher sie das lernen, um so leichter wird es ihnen fallen.

Kinder werden in einer unübersichtlichen, lauten Umgebung, wo sie zudem noch unterfordert werden, eher schüchtern, selbst wenn sie das anfangs nicht waren. Die Reizüberflutung durch ein ständiges Durcheinander bedrängt sie, sie haben Angst vor anderen, die sie fertigmachen könnten, und Angst vor dem Lehrer, dem es mehr um Disziplin als um Unterricht geht. Sie wollen sich nicht melden, um die Aufmerksamkeit nicht auf sich zu lenken, ziehen sich in Schweigen und Einsamkeit zurück, um sich zu schützen, sind immer auf der Hut, wittern von allen Seiten Bedrohungen und können sich nicht auf ihre Arbeit konzentrieren.

Lehrer und Lehrerinnen sollten zwar die Klassendisziplin wahren, aber schüchterne Schüler nicht entmutigen, am Unterricht teilzunehmen. Im Gegenteil: Ihre Aufgabe ist es, sie stärker in den Unterricht einzubeziehen. Ein einfaches Beispiel ist eine Bildbeschreibung, die etwa wie folgt verlaufen könnte: Die Lehrerin hält das Bild eines Pferdes hoch und fragt Laurie:

»Was ist das?«

»Ein Pferd«, antwortet Laurie leise und wartet auf die nächste Frage. Sie bleibt passiv, solange sie im Rampenlicht steht und den Einfällen der Lehrerin ausgeliefert ist. Laurie findet das schrecklich und wird sich vor weiteren Situationen dieser Art fürchten.

Besser ist es, wenn Lehrerinnen ihren Schülern helfen, indem sie auch über eigene Erfahrungen sprechen. Eine Untersuchung hat gezeigt, daß Lehrer, die nur Ja/Nein-Fragen stellen, von ihren Schülern kurze Antworten bekommen, während solche, die wenige, aber direkte Fragen stellen, außerdem etwas von sich selbst erzählen oder weitergehende Bemerkungen machen, mit ausführlicheren Antworten und einer größeren Teilnahme am Unterricht belohnt werden.

Wenn also Laurie mit diesem Bild dasteht, könnte die Lehrerin sagen: »Das ist aber ein tolles Pferd. Als ich so alt war wie du, bin ich geritten. Meine Eltern sind mit mir zu einem Ponyhof gefahren, wo es auch Pferde gab.«

Darauf könnte Laurie dann antworten: »Ich reite bei meinem Opa auf dem Bauernhof. Letzten Sommer war ich mit meiner Schwester Rebecca bei ihm, und er hat ein Pferd, das genau so aussieht wie das auf dem Bild.« Die Lehrerin und Laurie könnten sich dann über den Bauernhof unterhalten, wie es ist, auf einem so großen Tier zu sitzen, und ob Rebecca das Reiten Spaß gemacht hat. Sie sind gleichberechtigter, wenn sie feststellen, daß sie etwas gemeinsam haben, und das ist gut für ihre künftige Beziehung.

Hier beantwortet Laurie nicht nur Fragen. Sie lernt auch, wie man ein Gespräch führt, indem sie etwas von sich erzählt und auf die Äußerungen ihrer Lehrerin eingeht. Vermutlich werden sich die anderen Kinder einschalten und berichten wollen, was sie mit Pferden erlebt haben. Und die Unterhaltung zwischen Laurie und ihren Klassenkameraden wird vielleicht auf dem Pausenhof fortgesetzt.

Ratschläge für Lehrer

Viele schüchterne Kinder fürchten ihre Lehrer und Lehrerinnen, weil diese nicht nur älter und mächtiger sind, sondern sie auch bloßstellen können. Aber Lehrer müssen ihre schüchternen Schüler nicht zwingend einschüchtern. Sie können ihnen helfen, erfolgreich schüchterne Schüler zu sein:

Schaffen Sie ein Gefühl der Sicherheit. Wenn die Schüler tun, was sie wollen, ist es kaum möglich, sich zu konzentrieren, zu unterrichten und zu lernen. Schüchterne Schüler versagen, wenn sie sich von anderen bedroht fühlen und nicht vorhersehen können, was in der Klasse als nächstes geschieht.

Seien Sie sich über die Reaktionsmuster schüchterner Kinder klar. Solche Kinder reagieren auf alles, was ihnen neu ist, gehemmt. Geben Sie ihnen die Zeit, sich mit Veränderungen im Lehrplan oder der Sitzordnung vertraut zu machen, und rechnen Sie mit »Fremdeln«, wenn Unbekannte dem Unterricht beiwohnen.

Besprechen Sie sich mit den Eltern. Vielleicht kennen diese ihr Kind gar nicht als schüchtern, weil es sich in der Geborgenheit des Elternhauses sicher fühlt. Reden Sie mit den Eltern, falls das Kind vor anderen Kindern Angst hat.

Achten Sie auf Rabauken. Schüchterne Kinder sind oft das Ziel von Rabauken. Achten Sie darauf, daß niemand unfair behandelt wird, nur weil er/sie zurückhaltend ist, und lassen Sie nicht zu, daß ein schüchternes Kind drangsaliert wird, nur weil es nicht genug Freunde hat, die es beschützen.

Üben Sie im Unterricht soziale Fertigkeiten ein. Das kann durch ein Gespräch darüber geschehen, wie sich die Hauptpersonen einer Geschichte angefreundet haben, indem man anderen Fragen stellt und Antworten gibt, um so Formen der spontanen Interaktion einzuüben (»Wo bist du an Weihnachten?«, »Weißt du schon, was du am

Heiligabend essen wirst?«). Auch Werken, kooperative Spiele, Gruppenarbeiten und Diskussionen über den Wert von Freundschaften sind vorstellbar.

Geben Sie etwas von sich preis. Wenn Sie wissen, daß einige Kinder sich nicht trauen, im Unterricht etwas zu sagen, sollten Sie ihnen von Erfahrungen erzählen, die Sie selbst mit Ängsten gemacht haben. Schildern Sie, daß Sie Ihre Ängste besiegt haben, indem Sie sich ihnen stellten.

Planen Sie Gruppenaktivitäten. Schüler profitieren sehr viel davon, wenn sie in Gruppen von unterschiedlicher Größe lernen. In jeder Gruppe sollten Schüler mit unterschiedlichen sozialen Fertigkeiten sein, damit die zurückhaltenden Kinder sich von den lebhafteren mitreißen lassen können.

Bemerken und fördern Sie die Stärken Ihrer schüchternen Schüler. Nehmen Sie sie bei ihren Lieblingsthemen dran, denn es ist für ihr Selbstwertgefühl und ihr Selbstbewußtsein wichtig, zeigen zu können, daß sie etwas gut können.

Rollenspiel. Lassen Sie Ihre Schüler und Schülerinnen in die Rollen historischer Gestalten, anderer Lehrer, von Verwandten und Figuren aus Büchern schlüpfen. Teilen Sie die Klasse auf, und lassen Sie eine Gruppe etwas spielen, während die andere zuschaut. (Ermutigen Sie Schüchterne dazu, forscher zu sein, achten Sie aber auf das individuelle Kind. Lassen Sie ein extrem schüchternes Kind nicht mit sehr lebhaften, sondern mit einem etwas weniger schüchternen zusammenspielen, da sich das gehemmte Kind sonst überrannt fühlen könnte.) Wechseln Sie die Gruppen rasch, dann werden die Schüler verschiedene Kulturen und Umstände erleben – und jemand anders sein dürfen. Sie können Kostüme tragen, mit verstellter Stimme sprechen und das Herstellen von Requisiten wie Hüten üben.

Danach sollten Sie zusammen besprechen, wie die Schüler das Spiel erlebt und was sie dabei gelernt haben. Auch

wenn sie anfangs unsicher sind, fangen sie schnell Feuer. Vielleicht haben sie selbst Ideen für weitere Rollenspiele. Wenn sie sich in verschiedenen Rollen mit verschiedenen Menschen sehen, hilft ihnen das, ihre Vorstellung von ihren eigenen Fähigkeiten zu erweitern (sie können vor der Klasse stehen) und ihre Schutzzonen auszudehnen.
Üben Sie Konversation. Stellen Sie immer offene Fragen. Schüchtern Sie die Schüler nicht mit dem Gefühl ein, daß es »falsche« Antworten gibt. Sie sind selbstsicherer und gesprächiger, wenn sie auf Fragen antworten, auf die es keine festgelegte Antwort gibt.

Ein abschließendes Wort über schüchterne Kinder

Lieben Sie Ihr Kind ohne Bedingung. Lieben Sie es für das, was es ist, nicht, weil es so lebhaft ist, wie Sie es haben möchten. Kinder, vor allem schüchterne Kinder, brauchen Eltern, die sich aktiv und liebevoll für ihr Leben, ihre Meinungen und ihre Gefühle interessieren. Fühlen Sie sich in die besonderen Bedürfnisse Ihres Kindes ein, wenn es auf einen neuen Menschen oder eine neue Umgebung trifft oder eine neue Erfahrung macht, und heften Sie ihm kein Etikett an. Helfen Sie ihm, seine Ängste zu überwinden, und bestätigen Sie es immer wieder darin, positiv über sich zu denken.
Viele Eltern wollen ihr Kind aus seiner Zurückhaltung herausholen, weil sie sich daran erinnern, wie sehr sie selbst darunter litten, daß sie ängstlich, verzagt und sensibel waren. Der Kummer einer einsam verbrachten Kindheit ist schwer zu heilen. Sie wollen sicher, daß Ihr Kind beliebt ist, daß es besser und gesellschaftlich erfolgreicher aufwächst als Sie selbst. Aber denken Sie daran, daß Ihr Schmerz im Grunde nicht durch Ihr Verhalten bedingt war, sondern dadurch, daß man Ihnen ständig sagte, es sei

falsch, angespannt, verzagt oder unsicher zu sein. Wenn ein Kind nur mit solchen Einschränkungen geliebt wird, kann es nur schwer lernen, sich und seinen Gefühlen zu vertrauen.

Wenn Ihr Kind mit Ihrer Hilfe ein sicheres Selbstwertgefühl entwickelt, wird es später mit den Problemen der Schüchternheit besser umgehen können. Was es in der Kindheit gelernt hat – die Kontaktaufnahme mit anderen Kindern, die Beruhigung körperlicher Erregung –, wird es für die komplexeren und intimeren Beziehungen der Adoleszenz benötigen.

Wenn Ihr Kind sich selbst, seiner Kraft und seinen Instinkten vertrauen kann, wird es den Mythen, die schüchternen Teenagern und Erwachsenen das Leben so schwermachen können, keinen Glauben schenken. Statt dessen wird es erfolgreich schüchtern sein – weil das das einzige ist, was es kennt.

11. Kapitel
Schüchternheit in der Pubertät

»Ich war ein furchtbarer Teenager«, räumt Kate ein.

> Meine Eltern sagen, ich sei ganz unmöglich gewesen. Ich war immer mit älteren zusammen und tat alles, was ich nicht durfte. Ich war nicht gerade das, was man eine höhere Tochter nennen würde. Ich hatte das Gefühl, nicht dazuzugehören. Ich komme aus einer Kleinstadt, die ich ausgesprochen langweilig fand, und wollte kein liebes Mädchen mehr sein, also rebellierte ich.
> Wenn ich heute daran zurückdenke, weiß ich, daß ich schüchtern war, aber damals wußte ich das nicht. Ich benahm mich so, wie ich dachte, daß man es von mir erwartete – cool tun, mich wie ein Punk anziehen, trinken, spät nach Hause kommen – aber in Wirklichkeit war ich extrem schüchtern.

Niemand, der Kate kannte, ahnte das. Weder sie noch ihre Familie erkannten, wie unsicher sie war. Sie wirkte selbstsicher, clever, aufgeschlossen und energisch, aber das wurde alles anders, als sie zur High School kam. »Meine Eltern sahen nur das liebe Kind, das plötzlich schlechte Noten hatte. Niemand nannte mich schüchtern – sie dachten, ich sei einfach durcheinander, ein typischer Teenager. Ich wollte erwachsen werden, beweisen, daß ich erwachsen war. Ich konnte nicht über meine Gefühle reden, im Unterricht etwas sagen oder fragen, weil niemand merken sollte, daß ich doch nicht alles wußte.«

Michelle erinnert sich an ihre High-School-Zeit, die ganz anders war als die von Kate. »Ich war ein schüchternes ›braves Mädchen‹«, sagt sie über ihre Teenagerjahre. Michelle fand das sogar gut, weil sie ausgezeichnete Beziehungen zu ihren Lehrern und dem Schulleiter hatte und nicht in Versuchung kam, Alkohol oder Drogen zu probieren.

Sie war auch in ihrer Kindheit ein »liebes Mädchen« gewesen, allerdings außerordentlich schüchtern. »Ich hatte in der Grundschule Freunde, aber ich war sehr still. Ich saß in der Klasse ganz hinten und versuchte, unsichtbar zu sein.«

Die größere, weniger überschaubare Welt der High School war für sie ebenso ein Segen wie ein Fluch. »Teenager zu sein ist schlimm genug, ein schüchterner Teenager zu sein ist noch schlimmer. Aber einiges war in der High School leichter als vorher. Sie war größer, also fiel ich noch weniger auf. Ich mußte nicht ständig an irgendwelchen Festen und Veranstaltungen teilnehmen und Sachen machen, die mir schwerfielen.«

Michelle fand es angenehm, in der Menge unterzutauchen, und war nur mit ihren Freundinnen zusammen. Sie war entsetzt, als ich sie fragte, ob sie mit Jungen ausgegangen sei: »Nie. Nicht vorzustellen, wenn ein Junge mich angesprochen hätte oder sich sogar mit mir hätte verabreden wollen! Ich wäre im Erdboden versunken! Ich hätte nicht gewußt, was ich sagen soll. Und natürlich habe ich nie einen Jungen angesprochen.«

Michelle studiert jetzt Psychologie. »An der Uni ist es in Ordnung, aber nicht so toll. Ich finde, daß mir meine Schüchternheit hier mehr Probleme macht.« Aber sie ist auf dem Weg, erfolgreich schüchtern zu sein. Sie belegt gezielt kleinere Kurse, hat im Studentenheim Freundinnen gefunden und sich einer Frauengruppe angeschlossen.

In ihrer äußeren Erscheinung könnten Kate und Michelle nicht unähnlicher sein. Kate hätte in der High School durchaus ihren Platz finden können, aber sie rebellierte gegen alles – Eltern, Lehrer, frühere Freunde, sogar sich selbst und ihre wahren Gefühle. Michelle andererseits überstand die Jahre ihrer späten Kindheit offenbar ohne ernstes Trauma, sie hatte Freundinnen, begehrte nicht auf und folgte ihren Instinkten.

Doch obwohl sie in ihrer Lebensführung, ihren Ansichten und dem Grad ihrer Selbstakzeptanz so unterschiedlich wirken, waren beide schüchtern. Wie kann es sein, daß zwei Frauen, die so verschieden wirken, den gleichen Charakterzug haben?

Die Pubertät ist eine komplizierte Zeit voller Widersprüche. Noch komplizierter hingegen ist sie, wenn man schüchtern ist. Sie sucht die Teenager, die bereits in einem wahren Chaos der Veränderung stecken, in vielen überraschenden, unvorhersehbaren, rätselhaften Erscheinungsformen heim.

Der äußere Schein kann täuschen. Schüchterne Jugendliche wie Michelle führen ein normales Leben. Sie meiden neue Herausforderungen und bringen sich nicht in Schwierigkeiten. Sie sammeln zwar nicht sehr viele neue Erfahrungen, nehmen aber so viele Anregungen auf, wie sie verkraften können. Sie haben eine eingeschränkte Schutzzone und bemühen sich redlich.

Aber viele schüchterne Jugendliche sind schwer zu erkennen. Sie werden, wie Kate, frech, mißachten Autoritätsfiguren und haben scheinbar keinerlei Schwierigkeiten damit, sich auszudrücken und ihre Ängste in Schach zu halten. Ein schüchterner Teenager schrieb mir: »Niemand käme auf die Idee, daß ich schüchtern sein könnte. Mehr noch: ich bin das genaue Gegenteil. Ich gebe mir die größte Mühe, laut zu sein und Aufmerksamkeit auf mich zu zie-

hen. Manchmal bedeutet das nur, ein bißchen lauter als nötig zu reden, manchmal wird es wirklich drastisch. Bei einem Angelausflug habe ich einmal mein Bikinioberteil ausgezogen, als ein Patrouillenboot der Küstenwache vorbeifuhr.« Wie kann dieses Mädchen schüchtern sein?
Wie die stillen Schüchternen wollen auch die aufbegehrenden Schüchternen nichts anderes, als die schwierigste Zeit ihres Lebens so gut wie möglich meistern. Diese »unsichtbaren« Schüchternen wünschen sich verzweifelt, daß sie von anderen als erwachsen gesehen werden, sind dem Erwachsensein aber seelisch und geistig noch nicht gewachsen. Ihre Ambitionen sind größer als ihre realen Möglichkeiten, weil sie noch nicht in der Lage sind, reife und abstrakte Gedanken auf ihr kompliziertes Leben anzuwenden. Ihre Grenzen wollen sich diese Teenager jedoch nicht eingestehen. Sie vertuschen ihre Unsicherheit durch Rebellion, Anpassung oder Gelehrsamkeit. Die höhere Tochter, die Rebellin und die Streberin haben mehr gemeinsam, als sie zugeben möchten; sie alle retten sich in eine vorgestanzte »Persönlichkeit«, um sich ihrer Schüchternheit nicht stellen zu müssen.

Verliert sich Schüchternheit mit der Zeit?

Michelle sprach direkt davon, wie es ist, als schüchterne Jugendliche und junge Erwachsene mißverstanden zu werden. »Alle glauben, daß nur Kinder schüchtern sind und Erwachsene nicht. Es ist wirklich schwer, jemanden davon zu überzeugen, daß man das nicht einfach ablegt. Es ist ein echtes Problem!«
Nur jedes fünfte Grundschulkind, aber jeder zweite Heranwachsende ist schüchtern. Viele Erwachsene sagen, sie seien als Teenager zumindest vorübergehend schüchtern geworden. Wenn Ihr Sohn oder Ihre Tochter in der Kind-

heit schüchtern war, wird er oder sie es als Teenager vermutlich noch stärker sein, und wenn das Kind lebhaft war, kann es passieren, daß es sich in der Pubertät in sich zurückzieht.
Teenager werden schüchtern, weil sie versuchen, mit den ungeheuren körperlichen, seelischen und sozialen Veränderungen fertig zu werden, die vor ihnen liegen. Und sie müssen nicht nur das bewältigen, sie müssen auch eine erwachsene Identität für sich finden. Der Rückzug von anderen entlastet sie ein wenig, solange sie im Niemandsland zwischen den Schutzzonen der Kindheit und des Erwachsenseins gefangen sind. Sie verlieren ihre kindlichen Interessen und wollen die Privilegien und Verantwortungen eines Erwachsenen, sind aber meist weder emotional noch kognitiv dazu in der Lage. Sie fühlen sich angespannt, nervös, mißverstanden, übergangen.
Hinzu kommt, daß Jugendliche generell sehr selbstunsicher sind und schüchternen Heranwachsenden oft ein verläßlicher Freundeskreis fehlt, der sie in diesen Turbulenzen stützen könnte. Haben sie Freunde, üben diese oft einen schlechten Einfluß auf sie aus. Mary Pipher vertritt in ihrem Buch *Pubertätskrisen junger Mädchen* den Standpunkt, daß manche Jugendliche sich zurückziehen, weil sie dem Gruppendruck nicht folgen wollen, und sich schützen, indem sie alle Kontakte meiden.
In solch völlig unübersichtlichen Zeiten können Jugendliche nur eins kontrollieren: sich selbst. Das tun sie, indem sie sich in sichere Schutzzonen wie ihr eigenes Zimmer oder vertraute Treffpunkte zurückziehen. Alle Teenager durchleben immense Veränderungen, die Metamorphose der Schüchternen weist allerdings einige Besonderheiten auf.

Pubertät bedeutet Wandel

Jugendliche erleben ausgesprochen alarmierende körperliche Veränderungen, die Teil des »Wachstumsschubes« sind. Die Körperreifung beginnt mit den Extremitäten und erfaßt erst danach den Leib. Das heißt, daß erst Füße und Hände, dann Arme und Beine und als letztes der Torso wachsen. Wer diese Veränderungen erlebt, fühlt sich ungelenk und verlegen; man ist nicht richtig ausgewachsen und würde diesen staksigen Körper am liebsten verstecken. Außerdem müssen Jugendliche mit ihren Hormonen zurechtkommen. Die Sexualität mit ihren mannigfachen körperlichen Veränderungen, sozialen Erwartungen und emotionalen Verwirrungen entwickelt sich. Schlimmer wird das alles dadurch, daß die Geschlechter diese Veränderungen unterschiedlich durchlaufen, Mädchen reifen zwei Jahre früher als Jungen. Letztendlich gleichen sie sich wieder einander an, aber eine Zeitlang sind Gleichaltrige sehr verschieden.

Jugendliche sind, kurz und knapp gesagt, emotionale und intellektuelle Narzißten. Es fällt ihnen schwer, einen anderen Standpunkt einzunehmen oder sich in einen anderen Menschen hineinzuversetzen – eine heikle und komplizierte intellektuelle Aufgabe –, weil sie um sich selbst kreisen und verklemmt sind.

Um sich selbst und ihr Erleben zu verstehen, sind sie sehr auf Vergleiche mit anderen angewiesen. Aber statt der Eltern oder Geschwister, an denen sie sich in der Kindheit gemessen haben, vergleichen sie sich jetzt mit Freunden und Freundinnen. Sie mustern die Gleichaltrigen mit scharfem Blick, schätzen ab, wo sie selbst stehen, und passen sich an. Wir alle kennen Gruppen von Teenagern, die exakt gleich aussehen. Nichts fänden sie schlimmer, als aufzufallen.

Weil soziale Vergleiche für Jugendliche so wichtig sind, sind sie mit ihrem Freundeskreis und ihren Cliquen vollauf beschäftigt; nichts wünschen sie sich mehr, als akzeptiert zu werden. Die Cliquen haben einen großen Einfluß darauf, wie Jugendliche sich selbst und Gleichaltrige sehen. Zu einer Gruppe zu gehören vermindert die Unsicherheit, und je höher der Status der Gruppe ist, um so besser fühlen sich deren Mitglieder. Aber wie wir alle aus beklemmender Erfahrung wissen, können Gruppen auch furchtbar sein. Freunde benehmen sich eher wie Konkurrenten und versuchen, sich gegenseitig kleinzumachen, wer zur Gruppe gehört, darf keine Kontakte zu jemandem von »außen« haben. Wenn man da mithalten kann, prima. Wenn nicht, hat man eben Pech gehabt.

Die Sehnsucht danach, einer Gruppe anzugehören, verändert sich mit der Zeit. Jugendliche zwischen zwölf und fünfzehn sind darauf geradezu fixiert und würden nahezu alles tun, um einer anzugehören. Das aber hat seinen Preis: Die Gruppe schreibt vor, was man anziehen und essen, wohin man gehen, mit wem man reden darf. Später läßt die Macht der Clique nach, die Teenager beugen sich dem Gruppenzwang nicht mehr so bereitwillig. Sie wollen Individuen sein, nicht mehr nur Angehörige einer Gruppe.

Freundschaften gewinnen in der Pubertät an Bedeutung und werden enger. Teenager vergleichen einander in allem und erforschen sich bis ins letzte Detail, um ganz sicherzugehen, daß sie die gleichen Gefühle haben wie ihre Freunde. Sie sind sehr wohl in der Lage, die Probleme des anderen zu verstehen, haben aber leider selten Lösungen parat. Daher sind Freundschaften zwar enger als in den Jahren zuvor, aber dennoch sehr unzuverlässig.

Es ist hinreichend bekannt, daß Teenager gegen Autoritäten aufbegehren, ihre Grenzen, ihre Kraft und ihre Unabhängigkeit testen. Das hat seine Gründe. Dem Psychologen Erik Erikson zufolge müssen Jugendliche eine Zeit der Rollenkonfusion durchlaufen, bevor sie ihre Identität finden. Diese Phase von Rebellion und Ausprobieren gehört unbedingt zum Erwachsenwerden. Viele Pubertätsprobleme hängen also mit der Suche nach der eigenen Identität zusammen. Manche Jugendliche versuchen diesen schwierigen Prozeß abzukürzen, indem sie sich einer Gang anschließen, wahllos sexuelle Kontakte eingehen, Drogen nehmen oder sozial auffällig werden. Teenager wie Kate experimentieren mit einer »negativen Identität«, bevor sie zu sich finden. Das ist häufig eher eine Reaktion gegen die Eltern (eine Rache an ihnen) als die echte Suche nach sich selbst.

Jugendliche durchleben dann eine gesunde Identitätskrise, wenn sie innere Entscheidungen fällen und nicht nur gegen Äußeres reagieren. So zeigt eine Entscheidung gegen den Gruppendruck, Drogen zu nehmen, ein gesundes Selbstgefühl, während die Entscheidung dafür bloß eine Reaktion gegen die Eltern oder der Versuch ist, von den anderen akzeptiert zu werden.

Wenn Teenager langsam in die Welt der Erwachsenen hineinwachsen, erwerben diejenigen, die nicht oder schlecht integriert sind, wahrscheinlich nicht die sozialen Fertigkeiten, die sie brauchen werden. Es fällt ihnen schwer, sich mit Erwachsenen zu unterhalten, mit dem anderen Geschlecht umzugehen, Ferienjobs wie Verkaufen oder Bedienen zu verrichten, bei denen sie es ständig mit Menschen zu tun haben. Sie sind verlegen, vergleichen sich unentwegt und wären gern wie alle. Schüchterne, sozial ungelenke Teenager haben das Gefühl, »weniger wert« zu sein als andere und nicht zeigen zu können, wer sie wirklich sind. Manche leiden wegen ihrer Schüchternheit unter Minderwertigkeitskomplexen. Da ihre Klassenkameraden ausnahmslos und immer fröhlich und aufgeschlossen zu sein scheinen, glauben sie, daß mit ihnen selbst etwas nicht stimmt – dabei unterscheidet sie von den Gleichaltrigen lediglich, daß sie sich langsamer an die neue Lebensphase gewöhnen und daß sie meinen, anderen falle es leichter.

Schüchterne Jugendliche haben oft große Probleme damit, zu einer stabilen Identität zu finden, auf der sie ihre Zukunft aufbauen können. Menschen wie Michelle meiden die Rollenkonfusion, weil sie es nicht wagen, etwas Neues auszuprobieren und damit möglicherweise zu scheitern. Sie wehren sich nie, können sich nie vorstellen, »aus der Rolle zu fallen«, und beweisen sich nicht, daß auch sie können, was andere scheinbar mühelos fertigbringen. Diese schüchternen Teenager machen keine Erfahrungen, die ihnen Erfolgserlebnisse sowie ein stabiles Bild von sich und ihren Fähigkeiten bescheren. Sie gehen lieber auf Nummer Sicher und ziehen sich in eine enge Schutzzone zurück, die aus ein paar Freunden, Gefühlen und Erfahrungen besteht.

Diese Identitätsprobleme können bis ins Erwachsenenalter andauern. Daher haben viele Schüchterne das Gefühl, sich nicht wirklich zu kennen oder zu mögen. Sie wissen nur, daß sie schüchtern sind und daß das Leben an ihnen vorüberzieht. Die Wahrheit aber ist, daß sie als Jugendliche die Chance vorüberziehen ließen, Erfahrungen zu sammeln, ohne die Verantwortung eines Erwachsenen übernehmen zu müssen.

Manche schüchterne Jugendliche lassen sich relativ leicht zu sexuellen Handlungen drängen. Besonders schüchterne Mädchen benutzen Sex, um sich akzeptiert zu fühlen und ihrer Einsamkeit zu entfliehen, nicht zuletzt, weil sie sich dabei eher passiv verhalten können – sie müssen weder viel noch gut reden können und brauchen auch nicht die Initiative zu ergreifen. Sie sind leichter auszubeuten oder zu manipulieren, weil sie nicht protestieren. Manches Mädchen findet ihre Identität darin, jemandes Freundin zu sein.

Für schüchterne männliche Jugendliche ist die Situation noch schwieriger. Sie haben große Probleme, mit Mädchen Kontakte zu knüpfen und sexuelle Bedürfnisse zu äußern. Das kann einen schüchternen Jungen vor allem dann sehr verunsichern, wenn alle Gleichaltrigen schon eine Freun-

din haben. Und da Sexualität ein Weg ist, als Mann akzeptiert zu werden, setzt das einen schüchternen Jungen zusätzlich unter Druck, sexuell aktiv zu werden.
Die folgenden Beschreibungen werden Ihnen bei der Einschätzung helfen, wie schüchtern Ihr Teenager ist. Je häufiger Sie Ihr Kind in diesen Sätzen wiedererkennen, um so wahrscheinlicher ist, daß es schüchterner ist als für sein Alter üblich.

- Sie sorgen sich, daß sie mit dem, was sie tun, sagen oder anhaben, auffallen, darum halten sie sich zurück, wenn sie mit anderen zusammen sind.
- Sie denken ständig darüber nach, wie beliebt sie sind, und glauben, daß sie sicher nie von ihren Klassenkameraden akzeptiert werden, weil sie nicht lebhaft und aufgeschlossen sind.
- Sie fühlen sich unbeholfen und wissen nicht, worüber sie mit Gleichaltrigen, die nicht zu ihrem Freundeskreis gehören, oder mit Menschen, die anders sind als sie selbst, reden sollen.
- Sie versuchen, zu sein wie alle, weil sie fürchten, daß die anderen sie sonst nicht mögen.
- Sie bleiben lieber allein zu Hause, statt sich mit anderen zu treffen, weil das kalkulierbarer ist.
- Sie reden nicht darüber, wenn sie sich nervös, unbehaglich oder unsicher fühlen.
- Es fällt ihnen schwer, mit Menschen zu sprechen, die sie attraktiv finden.
- Allein der Gedanke, mit jemandem zu flirten oder eine Verabredung zu treffen, läßt sie panisch werden.
- Sie wissen nicht, wie sie sich in sozialen Situationen verhalten sollen.
- Sie wagen es nicht, einmal etwas anderes zu tun als sonst.
- Sie glauben, daß niemand sie versteht, darum reden sie wenig.

Das Stigma der Schüchternheit in der Pubertät

Kleinere Kinder akzeptieren ihre schüchternen Klassenkameraden offenbar ohne viel Nachdenken. Sie gewöhnen sich rasch daran, daß ein Kind ihrer Gruppe sich abseits hält, und dieses Verhalten hat auf die Beliebtheit des Kindes im Klassenverband wenig Einfluß. Sie erkennen Schüchternheit vielleicht gar nicht, weil sie verdeckt und abstrakt ist. Als Erwachsene erwarten wir bei kleinen Kindern vielleicht sogar Schüchternheit, weil sie von anderen abhängig sind.

Aber wenn Kinder älter werden, werden Freundschaften und der soziale Status immer wichtiger, und sie beginnen, Schüchternheit wahrzunehmen. Nun verzeihen sie diesen Zug bei ihren Freunden nicht mehr, denn sie wollen vorpreschen, bemerkt werden, unabhängig sein, als Erwachsene gelten. Schüchterne Jugendliche, die sich ihrem Naturell entsprechend langsamer anpassen, können die Entwicklung ihrer mutigeren Altersgenossen behindern, daher sinkt ihr sozialer Status.

Teenager bemerken natürlich, daß Schüchternheit ein soziales Handicap ist. Sie beobachten nicht nur, was Schüchterne tun, sondern auch, welche Gefühle sie bei anderen auslösen. Genauer gesagt: Jugendliche fühlen sich in der Gesellschaft von schüchternen Gleichaltrigen unwohl und lehnen sie folglich ab, während zugleich die Beliebtheit der forscheren Altersgenossen steigt, weil diese mächtiger und erwachsener wirken.

Da Teenager Schüchternheit bei ihren Altersgenossen nicht mögen, fangen die Scheuen an, sich abzulehnen und sich Vorwürfe zu machen.

Wie sich Schüchternheit tarnt

Weil Schüchternheit so verheerende Folgen haben kann, bemühen sich viele Jugendliche, sie zu verbergen – sie versuchen zu sein wie alle. Und es kann gut sein, daß Sie gar nicht bemerken, was eigentlich los ist, weil Sie sowieso erwarten, daß Ihr pubertierendes Kind unzugänglich, ungeschickt und wortkarg ist.
Teenager haben vier verschiedene »Tarnkappen«, mit denen sie versuchen, weniger aufzufallen und ihre Schüchternheit, Unsicherheit und Orientierungslosigkeit in den Griff zu bekommen. Es gibt ihnen Halt, sich an einem Vorbild – irgendeinem Vorbild – orientieren zu können, so haben sie das Gefühl, irgendwo dazuzugehören.

1. Tarnkappe: Schwänzen

Viele Schüchterne haben mir erzählt, daß sie in der High School oft geschwänzt haben. Die meisten waren deswegen schlechte Schüler, und zwar nicht, weil es ihnen an Intelligenz mangelte, sondern weil sie mit den sozialen Anforderungen der Schule nicht zurechtkamen. Sie gingen nicht zum Unterricht, mieden freiwillige Arbeitskreise und gaben sich größte Mühe, nicht aufzufallen, wenn sie mit Gleichaltrigen zusammensein mußten.
Diese Strategie verschärft soziale Probleme nur noch, denn schüchterne Schüler, die schwänzen, verlieren den Kontakt zu möglichen Freunden und können keine sozialen Fertigkeiten entwickeln. Gerade in dem Alter, in dem junge Menschen ihre Schutzzone ausdehnen sollten, schrumpft die ihre. Ein solcher Rückzug kann auf lange Sicht nur Nachteile bringen.
Maggie, Studentin aus New Jersey, die als Teenager außerordentlich schüchtern war, litt furchtbar, wenn ihre Mitschüler sie wegen ihres Übergewichts verspotteten: »Ich habe oft geschwänzt, weil ich nicht mit ihnen zusammensein wollte. Ich hatte wegen meiner Fehlzeiten immer

Schwierigkeiten. Ich ging so selten wie möglich in die Schulcafeteria, weil ich wußte, daß mich da alle angafften. Ich hätte mich in die hinterste Ecke gesetzt, aber meine Freundinnen nahmen immer einen Tisch in der Mitte, das wollte ich nicht.«

Schließlich empfand sie die Situation als so unerträglich, daß sie ihre Eltern dazu brachte, sie von der Schule zu nehmen. »Das war ganz komisch«, sagte Maggie über diese Monate zu Hause. »Ich bekam meinen Willen, ich mußte nicht mehr zur Schule gehen und nicht mehr mit diesen Leuten fertig werden. Es war sehr bequem, ich mußte nicht aus dem Haus gehen, mußte mich nicht anziehen, ja nicht einmal duschen. Aber ich fand es furchtbar, weil ich niemanden mehr traf.«

Als sie zur Schule zurückkehrte, kamen ihr die, die sie verspotteten, wie »ziemliche Jammerlappen« vor. Sie räumte ihnen keine Macht mehr über sich ein und besuchte die Schule wieder regelmäßig und mit mehr Selbstvertrauen. Daß sie ihren Mitschülern nicht mehr auswich, veränderte ihr Selbstbild und half ihr, ihre Schüchternheit zu bezwingen. Jetzt ist sie eine lebhafte und erfolgreich schüchterne Studentin.

2. Tarnkappe: Sich konform verhalten

Eine andere Art des Umgangs mit sozialem Druck ist der, sich völlig konform zu verhalten. Schüchterne Teenager schließen sich einer Clique an oder schlüpfen bei Gruppen wie der Schülerselbstverwaltung, Sportmannschaften, Schülerzeitungen und so weiter unter, die zu einer neuen Schutzzone werden können, da sie deren Normen und Regeln befolgen müssen. Soziale Vergleiche, für Schüchterne immer äußerst wichtig, sprengen bei manchen statusbewußten Gruppierungen alle Grenzen. Weil schüchterne Teenager ständig nach anderen schielen und so gern dazugehören möchten, halten sie sich gewissenhaft an die starren, beliebigen sozialen Standards.

Gruppen bieten schüchternen Teenagern zwar soziale Kontakte, Fertigkeiten und eine akzeptable Identität, sie haben aber auch Nachteile. Sie basieren nicht auf wirklichen Freundschaften, auch wenn für die Zeit der Zugehörigkeit zu einer Gruppe Kameradschaften entstehen können. Deren Dauer ist jedoch begrenzt, was für jemanden, der schwer Freundschaften schließt, belastend sein kann. Eine Jugendliche, die plötzlich allein dasteht, kann wegen ihres gesunkenen sozialen Status panisch werden, ja verzweifeln und noch mehr Scheu vor neuen Beziehungen haben als zuvor. Einen Freund zu verlieren schmerzt jeden, aber für einen schüchternen Teenager, der mitunter all seine sozialen Bedürfnisse auf eine einzige Person konzentriert, ist es besonders schwer.

Jugendliche stehen unter großem Druck, beliebt zu sein und die nachzuahmen, die alles zu haben scheinen. Aber soziales Aufsteigertum kann auch Kummer bereiten. Wenn eine schüchterne Jugendliche ihren bisherigen Freundeskreis gegen einen neuen, »angesagteren« eintauscht, verläßt sie damit auch ihre Schutzzone. Sie weiß nicht, was nun von ihr erwartet wird, folglich wird sie alles, was sie tut, denkt und ist, ständig bewerten und dem Akzeptierten anpassen. Im Extremfall opfert sie ihre wahre Identität der Gruppenidentität. Sie wird immer schüchterner, weil sie sich untreu wird und es nur noch allen recht machen will. In ihrer Sehnsucht nach Akzeptanz vergißt sie, wer sie ist, was sie gern tut und wo ihre persönlichen Stärken liegen.

Eine schüchterne Konformistin muß lernen, in einer Gruppe sie selbst zu bleiben. Das wird ihr nicht gelingen, wenn sie nur versucht, sich einzufügen. Ermutigen Sie sie dazu, sich Freunde zu suchen, die sie ohne Wenn und Aber als den Menschen akzeptieren, der sie ist, statt immer beliebt sein und irgendwelchen willkürlichen Verhaltensvorgaben folgen zu müssen. Bei *wahren* Freunden kann sie in ihrer Schutzzone sie selbst sein.

3. Tarnkappe: Klassenbester werden

Einige schüchterne Jugendliche verschwinden, indem sie sich nur auf ihre Schularbeiten konzentrieren und behaupten, Freizeitvergnügen jeder Art seien kindisch und unter ihrer Würde. Sie wollen Einserschüler sein, damit sie niemanden um Hilfe bitten oder mit Einladungen und Telefonanrufen von Gleichaltrigen fertig werden müssen. Ihre schulischen Erfolge schützen sie auch gegen Kritik: Wer würde einen hervorragenden Schüler dafür kritisieren wollen, daß er hervorragend ist?

Ein Collegestudent schrieb mir:

> Schüchternheit, Verzweiflung und Einsamkeit begleiteten den Hormonausbruch meiner Jugendjahre. Ich war »Hirn«, nicht »Bizeps«, also genoß ich kein großes Ansehen bei meinen Gleichaltrigen. Viele Jahre bezog ich mein Selbstbewußtsein ausschließlich aus meinen schulischen Erfolgen, aber das reichte nicht, daß ich Freude am Leben gehabt hätte. Ich war oft (vielleicht meistens) verschlossen, und das waren meine Freunde auch. Die Vergnügungen meiner Klassenkameraden – Tanzen (meine Körperkoordination ist nicht besonders gut), Trinken und Parties in jeder Form – fand ich immer ziemlich uninteressant.

Eine Studie der Florida State University ergab, daß schüchterne Collegestudenten einen besseren Notendurchschnitt haben als ihre weniger gehemmten Altersgenossen. Da gute Noten für Erfolg stehen, sehen Schüchterne wenig Anlaß zur Veränderung. Wenn Schüler aber nichts anderes mehr tun als lernen, können besonders gute Schulleistungen ein Weg werden, sozialen Umgang zu meiden, vor allem, wenn sie merken, daß ihre schulischen Leistungen das einzige in ihrem Leben sind, worauf sie stolz sind. Bücher und Computer sind ihre Schutzzone, ein hervorragendes Zeugnis ihre Belohnung. Aber Bücher und Computer bergen kaum emotionale Risiken und bieten nur wenig Hilfe dabei, besser mit Gleichaltrigen zurechtzukommen. Daher erreichen Einserschüler das Erwachsenenalter häufig mit zu wenigen Freunden, unzureichenden sozialen Fertigkeiten und Angst vor Nähe.

4. Tarnkappe: Rebellion

Schüchterne wie Kate verschwinden, indem sie ihre Schüchternheit mit Rebellion überdecken. Sie verweigern sich den sozialen Erwartungen ebenso wie ihrem wahren Ich. Von Unsicherheit und Befangenheit geplagt, spielen sie sich auf, um ihre Ängste zu verscheuchen und zu beweisen, daß sie »erwachsen« sind. Sie versuchen, ihre Schüchternheit zu ignorieren und zu vertuschen.

Ein Achtzehnjähriger aus Louisiana erzählte: »Mit Vierzehn dachte ich, ich würde meine Schüchternheit überwinden, indem ich mich aufführte, als sei es mir egal, was die Leute denken. Ich rasierte mir den Kopf glatt und ließ mir in Nase, Augenbrauen, Mund, Zunge und Ohren Löcher stechen, in jedes Ohr mehrere, um genau zu sein. Je älter ich wurde, um so negativer reagierte meine Umwelt.«

In sozialen Situationen sehen schüchterne Jugendliche Alkohol oder Zigaretten oft als Krücken, die ihnen helfen, sich leichter zu entspannen und anderen zu beweisen, daß sie trotz ihrer Zurückhaltung ganze Kerls sind. Eine Studie hat jetzt belegt, daß schüchterne Jungen leichter zu Drogen greifen als Nicht-Schüchterne, vermutlich, um ihr soziales Unbehagen und ihre Hemmungen zu überwinden. Eine andere Studie zeigt, daß Schüchterne früher Zigaretten rauchen als ihre weniger gehemmten Gleichaltrigen, um mit ihrer Nervosität, sozialen Ungeschicklichkeit und verzerrten Selbstwahrnehmung fertig zu werden.

Ein gewisses Maß an Rebellion ist in dieser Lebensphase notwendig, Ihr Kind kann aufbegehren und sich selbst

dabei treu bleiben, wenn das Aufbegehren existentiell und nicht chemisch oder kosmetisch ist. Wenn es unterschiedliche Lebensweisen beobachtet, ausprobiert und bewertet, kann es viel über sich und seine Wertvorstellungen lernen, neue Leute kennenlernen und neue Facetten der eigenen Person erproben. Aber fragen Sie Ihr Kind immer wieder, ob das wirklich Facetten seines wahren Ichs sind und ob es mit sich ehrlich genug ist, einen als falsch erkannten Weg abzubrechen.
Schüchternen Teenagern fällt es möglicherweise leichter als ihren weniger schüchternen Altersgenossen, sich selbst kennenzulernen, da sie über ihre Gefühle, Schwächen und Stärken häufig recht gut Bescheid wissen. Statt ohne großes Nachdenken mit Freunden auf eine Party zu gehen und dort, wie andere, Alkohol und Drogen zu probieren, fühlen sie sich unsicher und gehen lieber nach Hause. Wenn sie lernen, ihren Gefühlen zu trauen, können sie sich vor schlechten Einflüssen schützen.

Die Auswirkung von Schüchternheit auf die Geschlechter

Die Adoleszenz beeinflußt Mädchen und Jungen unterschiedlich. Schüchterne Mädchen sagen, ihre Schüchternheit mache ihnen nicht viel aus, und es gebe mehr schüchterne Mädchen als Jungen. Schüchterne Jungen hingegen sagen, Schüchternheit sei in der Jugend ausgesprochen belastend. Sie können an ihren Hemmungen und an sich selbst nichts Gutes finden.
Die Geschlechtsidentität hat Auswirkungen darauf, wie wir uns selbst sehen und wie wir mit unseren Mitmenschen umgehen. Das beginnt in der frühen Kindheit und bleibt ein Leben lang unverändert. In der Pubertät versuchen Jungen wie Mädchen, dem zu entsprechen, was die Gesellschaft ihrer Meinung nach von erwachsenen Frauen

und Männern erwartet. Das reicht von Kleidung, sexuellem Verhalten und Berufswünschen bis zu der Frage, wer sie selbst sind. In diesem Alter ist es wichtig, vieles auszuprobieren; Teenager durchlaufen ein hartes Lernprogramm, um herauszufinden, wer sie sind und wie sie das auch leben können.

Mädchen im Teenageralter

Schüchterne Mädchen können sich auf die traditionelle weibliche Rolle zurückziehen – das passive, unterwürfige Weibchen, das sich fügt. Dem weiblichen Rollenstereotyp zu entsprechen ist sicher, akzeptabel und kalkulierbar. Die Gesellschaft begrüßt einen solchen Rückzug sogar, was erklären könnte, warum diese Mädchen finden, Schüchternheit wahre ihr Selbstwertgefühl.

Leider kann das dazu führen, daß schüchterne Mädchen eine falsche, rollenkonforme Identität aufbauen, die nicht ihrem Charakter und ihren wahren Stärken entspricht. Sie sollten herausfinden, wer sie sind, was sie gut können, was sie interessiert, das aber werden sie alles nicht erfahren, wenn sie lieber passiv und zurückhaltend bleiben.

Schüchterne Mädchen erkunden die Außenwelt vielleicht nicht vollständig, aber sie können Beziehungen aufbauen, mit deren Hilfe sie sich selbst besser kennenlernen. Sie schließen enge Freundschaften und erzählen ihren Freundinnen ihre intimsten Gedanken, ihre Hoffnungen, Ängste, Stärken und Unsicherheiten. Sie helfen einander, indem sie sich über ähnliche Erfahrungen austauschen und so ein bestimmtes Problem besser verstehen. Sie pflegen Beziehungen und mildern Kritik mit Einschränkungen wie, »Vielleicht sehe ich das ja falsch, aber …« oder »Ich finde nicht, daß du …«

Mädchencliquen schließen sich nicht hermetisch nach außen ab, sie lassen neue Mädchen herein, bisherige können gehen, sie akzeptieren, daß ein Freundinnenkreis sich verändert. Sie behaupten zwar, es gäbe keine Intrigen, Konkurrenz oder Gruppendruck, aber wir wissen, daß dergleichen vorkommt. Mädchen, die sich verlieben, holen sich emotionale Unterstützung weiterhin von ihren Freundinnen, nicht von dem betreffenden Jungen.

Mädchen sagen, Schüchternheit mache ihnen nichts aus, weil sie sich in ihren engen Freundschaften wohl fühlen und finden, daß ihre Zurückhaltung gut zur traditionellen weiblichen Rolle paßt. Sie unterhalten sich ohne die geringsten Probleme mit ihren engsten Freundinnen, bleiben mit ihren Gefühlen in Kontakt und mögen sich. Die Gesellschaft erwartet von ihnen nicht, daß sie besonders kritisch auftreten oder die Welt erobern. Solange sie Freundschaften haben, finden sie, daß mit ihnen alles in bester Ordnung sei.

Es mag zwar scheinen, als hätten schüchterne Mädchen mit ihrem Verhalten und ihren Beziehungen keine Probleme, aber in Wirklichkeit sind sie befangen. Sie haben das Gefühl, daß alle Welt jede ihrer Bewegungen genauestens registriert. Um diesem prüfenden Blick standzuhalten, agieren sie »fürs Publikum«, perfektionieren ihr Aussehen und leiden sehr unter Kritik. Diese Wahrnehmungsverzerrung ist bei weiblichen Teenagern völlig normal, bei schüchternen Mädchen aber ist sie weitaus ausgeprägter.

Die Schüchternheit dieser Mädchen wurzelt außerordentlich stark in ihrem Denken. Scheu-schüchterne Teenager sind sich immer bewußt, was sie gerade tun und denken, sie sind ängstlich, nervös und vergessen sich niemals. Scheu ist in diesem Alter nichts Ungewöhnliches, bei schüchternen Mädchen aber kann sie extreme Formen annehmen. Daher kann bei ihnen die Sorge über ihr Aussehen eine sehr große Rolle spielen. Leider fördert unsere Gesellschaft bei Mädchen dieses Kreisen um Schönheit. Im Gegensatz zu Jungen können sie sich eines riesigen Kosmetikmarktes bedienen, um ihr Aussehen zu verän-

dern. Es gilt als normal, daß Mädchen in diesem Alter anfangen, sich zu schminken und sich endlos mit ihren Haaren und ihrer Kleidung zu befassen – Erwartungen, die schüchterne Mädchen perfekt erfüllen.
Viele beginnen gerade in diesem Alter, sich um ihr Gewicht zu sorgen. Schüchterne Mädchen haben größere Probleme mit dem Aussehen ihres Körpers als ihre selbstbewußteren Gleichaltrigen. Und weil ihnen die äußere Erscheinung so wichtig ist, sehen sie wenig mehr als Fehler. Manche werden anorektisch oder bulimisch, weil sie glauben, so ein gewisses Maß an Kontrolle über ihr Leben zu bekommen. Andere scheuen die Gesellschaft von Gleichaltrigen, weil sie sich ihres Übergewichts schämen. Ein Mädchen, das sich in ihrer Haut nicht wohl fühlt, kann vermutlich auch nicht selbstsicher auftreten.
Mädchen neigen aus einem einfachen biologischen Grund zu solcher Scheu: Sie kommen früher in die Pubertät als Jungen. Plötzlich müssen sie mit der Körperreifung fertig werden, die ihre männlichen Altersgenossen noch nicht erleben. Und während ihr Körper immer weiblicher wird, fühlen und denken sie immer noch wie ein Kind.
Um bedrohliche und einschüchternde Situationen zu vermeiden, ob es um eine Verabredung mit etwas älteren Jungen geht oder um die Einladung von einem älteren Mann, werden Mädchen still und scheu. Sie ziehen sich in eine enge Schutzzone zurück, weil sie sich dort sicher fühlen. Frühreife Mädchen sind für diese scheue Schüchternheit noch anfälliger, da sie die Veränderungen früher als ihre Freundinnen durchlaufen, bei denen sie daher wenig Verständnis finden.
Frühreife Mädchen haben größere Verhaltensprobleme als jene, die sich »normal« entwickeln. Die bevorzugten Problemlösungsmethoden ihrer Kindheit – auch Rückzug – verstärken sich mit Beginn der Pubertät. Sie leiden unter psychischen Problemen – Angst, Unsicherheit, Selbstzweifel oder mangelndem Selbstwertgefühl –, die aber

meist nachlassen, sobald ihre Altersgenossen in der Entwicklung aufholen.
Letztendlich müssen schüchterne Teenager selbstbewußt und selbstsicher werden. Sie müssen sich Klarheit darüber verschaffen, wer sie heute sind und wer sie in Zukunft sein wollen. Jedes Mädchen muß ihre Schutzzone verlassen, um sich, ihre Talente und ihre Beziehungen auszuprobieren.
Ermuntern Sie Ihre schüchterne Tochter dazu, sie selbst zu sein. Sagen Sie ihr, daß es normal ist, eine Zeitlang schüchtern zu sein und scheu zu reagieren, aber daß sie das nicht daran hindern soll, Freundschaften zu schließen, ihre Kraft und ihre Talente zu erkunden.

Jungen im Teenageralter

Jungen können schüchtern werden, weil sie die Erwartung spüren, daß sie vorpreschen sollen. Die Gesellschaft erwartet von ihnen, daß sie wissen, was sie wollen, und es auch durchsetzen, daß sie zu fernen Zielen aufbrechen, unbekannte Welten erobern – und sich niemals mit Selbstzweifeln, widersprüchlichen Gefühlen oder Schüchternheit herumschlagen. Sie sollen sportlich sein, möglichst viele Mädchen »aufreißen« (zumindest aber Verabredungen und körperliche Intimität initiieren) und so viele sexuelle Erfahrungen sammeln wie irgend möglich. Sie sollen sich für einen Beruf entscheiden und dabei bedenken, daß er ihnen Macht und Geld bescheren soll. Dabei sollen sie sich weder von ihren Gefühlen noch von ihrem neuen Platz in der Gesellschaft beirren lassen.
Männer dürfen still sein, aber nur in der Rolle des großen starken Schweigers, der in schwierigen Situationen die Nerven behält und entschlossen handelt. Der Marlboro-Mann mag schweigsam sein, schüchtern ist er gewiß nicht.
Jungenfreundschaften spiegeln das typisch männliche Stereotyp: Es geht um Hierarchie, Status und Macht. Die

Gruppengrenzen sind starr, Jungen führen sich gegen die, die nicht zur eigenen Gruppe gehören, meist feindselig auf. Diese Feindseligkeit kann sich sogar gegen Jungen der eigenen Gruppe richten, die »schwächer« sind als die anderen. Sie konkurrieren in der Gruppe ständig um Aufmerksamkeit und Dominanz, bemühen sich nicht darum, enge Beziehungen aufzubauen oder die anderen Jungen wirklich kennenzulernen. Sie verheimlichen ihre Gefühle selbst vor Freunden. Über persönliche Dinge sprechen sie nur mit ihren Freundinnen.

Vor allem wollen Jungen immer der Erste und Beste sein. Dazu müssen sie Aktivitäten vorzeigen – Sport, Schule, Drogen, Vandalismus, Kämpfe – und nicht *reden*. Reden sie doch, dann nur, um zu zeigen, daß sie etwas besser wissen und daher überlegen sind. (Denken Sie nur an Jungen, die über Fußballmannschaften reden.) Wenn sie sich vor anderen bewiesen haben, werden nur die Starken versuchen, sich mit Mädchen zu verabreden. Es ist recht einsam am anderen Ende der Hierarchie.

Anders als bei Mädchen, die glauben, ständig vor Publikum zu »spielen«, und deswegen unentwegt an ihr Aussehen denken, geht es den Jungen darum, was sie *tun*. Bei dieser Realitätsverzerrung erfindet der Jugendliche eine persönliche Fabel, die nur um ihn als Helden kreist und in der er einzigartig, mächtig und mißverstanden ist. In dieser Fabel ist der Held (das Selbst) wichtig und unverletzlich. Er wagt viel, indem er sich rücksichtslos benimmt – er fährt zu schnell, hat ungeschützten Geschlechtsverkehr, begeht Akte des Vandalismus, bereitet sich nicht auf Prüfungen vor und so weiter. Der Held denkt nicht an die Möglichkeit einer Niederlage, weil er in seiner Phantasie unsterblich und unbesiegbar ist. Männliche Jugendliche fühlen sich mißverstanden, wenn Erwachsene sie vor den Konsequenzen ihres Tuns warnen.

Schüchterne Jungen tun sich sehr schwer mit den Erwartungen, die an erwachsene Männer gestellt werden. Sie glauben, daß ihnen die nötigen sozialen Fertigkeiten fehlen, um ihren Platz in der Gesellschaft erobern zu können, und daß sie nicht so sportlich sind wie ihre Altersgenossen. In Machtkämpfen mit ihren Freunden sind sie oft der Unterlegene. Als Jungen sollen sie nicht reden, sondern handeln, aber ihr mangelndes Selbstvertrauen in ihre körperlichen Fertigkeiten behindert sie. Da sie das traditionelle männliche Stereotyp nicht leben können, ziehen sie sich zurück. Weil sie Schwierigkeiten haben, ihren Platz zu finden, werden sie zornig und frustriert. Manche schüchterne Teenager sind so erpicht darauf, das Richtige zu tun – männlich und dominant sein –, daß sie ihr wahres Wesen völlig aus dem Blick verlieren. Ihre persönliche Fabel dreht sich nicht um den strahlenden Abenteurer, sondern um die düsteren und bedrückenden Niederlagen des gepeinigten Helden.

Das negative Bild vom eigenen Körper, das viele schüchterne Jungen haben, schadet ihnen natürlich zusätzlich. Sie sehen ihre Schwächen im Vergleich zu Gleichaltrigen, was bereits in der Grundschule anfangen kann. Unsportliche Jungen schauen oft nur zu, wenn ihre Freunde Sport treiben oder darum kämpfen, wer der Stärkere ist.

Aber wie wir Mädchen und Frauen nicht nach ihrem Äußeren beurteilen dürfen, dürfen wir auch Jungen nicht verurteilen, wenn sie keine Veranlagung zu Muskeln und körperlicher Wendigkeit oder kein Interesse an Sport haben.

Und wie manches frühreife Mädchen sich schämt, weil sie »nicht in der Zeit« und deutlich anders ist, sind es bei den Jungen die Spätentwickler, die dazu neigen, gehemmt und schüchtern zu sein. Es fällt ihnen schwer, sich im Freundeskreis zu behaupten, manchmal werden sie zum Ziel von Spott und Schikane. Sie vergleichen ihre Entwicklung und ihren Körper mit reiferen Freunden, fühlen sich unzulänglich und entziehen sich jeder Konkurrenz.

Viele Jungen versuchen, ihren Kummer mit Zigaretten-,

Alkohol- oder anderem Drogenkonsum zu vertuschen. Sie meinen, daß sie das entspannt und cooler aussehen läßt. Selbst wenn sie mager und unsportlich sind, können sie ihren gleichaltrigen Freunden imponieren, weil sich keiner so zudröhnt wie sie. Das ist als Problemlösung eine Katastrophe, denn sie brauchen die Droge, um eine Identität zu finden. Das läßt sie nicht nur schüchterner werden, sondern auch noch drogenabhängig.
Eine schüchterne Jugend wirkt weit ins Erwachsenenalter hinein. Männer, die ihr Leben lang schüchtern waren, hatten es auch beim Übergang vom Jugendlichen zum jungen Erwachsenen schwer. Sie traten spät die erste feste Stelle an, heirateten spät, bekamen spät Kinder. Sie führten oft problematische Ehen und waren in allem, was sie im Leben taten, erst einmal äußerst unsicher, bevor sie Fuß faßten.
Die Ursache dieser Probleme sehen Forscher darin, daß diese Männer »nicht in der Zeit« sind. Sie waren im Beruf nicht erfolgreich, weil sie nach Ansicht anderer auf der Karriereleiter schon weiter sein müßten. Es fehlte ihnen die Unterstützung gleichaltriger Freunde; die unbekümmerteren Männer hatten bereits neue Aufgaben übernommen und zeigten wenig Verständnis für ihre schüchternen Freunde, die hinterherhinkten und Dinge taten, für die sie im Grunde schon zu alt waren.
Schüchterne Jungen haben es schwer. Sie zweifeln an sich, und nur wenige von uns wissen, daß sie solche Gefühle haben. Unsere Gesellschaft spricht viel über das Selbstbild von Mädchen und übersieht dabei leicht das Gefühlsleben und die Selbstachtung von Jungen. Es überrascht uns nicht, daß sie sich in Gesellschaft unwohl fühlen und ungeschickt benehmen, aber wir helfen ihnen nicht, soziale Fertigkeiten und ein Gefühl von Kompetenz und Selbstachtung zu entwickeln. Wir ermutigen sie nicht, über ihre Gefühle zu sprechen und so größere Klarheit über sich selbst zu bekommen. Sie vertrauen sich nicht

einmal ihren Freunden an, weil keiner von ihnen mit der Pubertät ein Problem zu haben scheint.

Wie Eltern helfen können

Es macht Ihnen vielleicht Kummer, wenn Ihr Kind, das bisher so lieb und lebhaft war, plötzlich mürrisch und unkommunikativ wird. Sie können Ihrem Kind jedoch helfen, erfolgreich schüchtern zu sein, müssen sich aber darüber im klaren sein, daß Sie jetzt nur noch indirekt etwas erreichen können. Aber schüchterne Teenager müssen durch ihre Erfahrungen, widersprüchlichen Gefühle und unrealistischen Erwartungen nicht traumatisiert werden. Nutzen Sie die Einflußmöglichkeiten, die Sie haben:

Bleiben Sie anwesend. Auch wenn sich Ihr Sohn jetzt mit Gleichaltrigen vergleicht, sollten Sie weiterhin mit dem sprichwörtlichen guten Beispiel vorangehen. Schaffen Sie den Raum, in dem er über den Druck sprechen kann, den er empfindet. Machen Sie deutlich, daß Schweigen nichts mit Männlichkeit zu tun hat.

Bleiben Sie ständig im Gespräch. Warten Sie nicht auf ein offizielles und unangenehmes »ernstes Gespräch«. Je häufiger und früher Sie mit Ihrem Sohn oder Ihrer Tochter reden, um so besser. Lassen Sie nicht locker.

Wenn er (oder sie) aufbegehrt, fragen Sie, warum, und sprechen Sie darüber, was Rebellion eigentlich bedeutet. Vielleicht versucht er herauszufinden, wer er ist. Versichern Sie ihm, daß alle diese Phase durchmachen. Fragen Sie beispielsweise: »Rebellierst du dagegen, daß du nicht beliebt bist oder daß du nicht genug Freiheit hast? Oder weißt du gar nicht so genau, wer du eigentlich bist?« Sprechen Sie über den lebenslangen Prozeß der Identitätsbildung. Auch Sie selbst sind damit nicht fertig,

Sie bilden sich fort, stellen sich neuen beruflichen Anforderungen und so weiter.

Falls Ihr Kind sich abschottet, erklären Sie ihm die Prinzipien der Schüchternheit – vor allem den Begriff der Schutzzone –, damit er (oder sie) sich besser versteht.

Überlassen Sie Ihrem heranwachsenden Kind etwas Verantwortung für sein eigenes Leben. Die Reise von der Kindheit ins Erwachsenenalter besteht aus vielen kleinen Schritten, und bei jedem Schritt werden die Risiken und die Verantwortung ein bißchen größer. Ihre schüchterne Tochter mag davor zurückscheuen, es ist also an Ihnen, sie dazu zu ermuntern, ihre Interessen zu vertreten, sich einen Nebenjob zu suchen, sich selbst zu verabreden und sich stärker an schulischen Aktivitäten zu beteiligen. Verhindern Sie, daß sie sich in eine isolierte Schutzzone zurückzieht.

Schaffen Sie Gelegenheiten, die es Ihrem Kind ermöglichen, mit anderen zusammenzusein. Laden Sie Gäste ein, fahren Sie mit ihm in Ferien, unternehmen Sie etwas zusammen. Achten Sie darauf, daß es verschiedene Menschen kennenlernt, statt ihnen aus dem Weg zu gehen.

Helfen Sie Ihrem Jungen, seine Talente zu entdecken. Halten Sie ihn davon ab, seine Zeit passiv zu verbringen, beispielsweise vor dem Fernseher. Entdecken Sie mit ihm seine Talente, damit er eine positive Identität entwickeln kann und nicht der sozial unbeholfene Teenager bleibt. Unterstützen Sie ihn, indem Sie ihn zu seinen Fußballspielen, Schwimm- oder Schachwettkämpfen begleiten und jeden Fortschritt, egal wie klein, loben.

Zügeln Sie sexuelle Aktivitäten. Heranwachsende mit einer gefestigten Identität sind sexuell weniger aktiv. Ermuntern Sie Ihr Kind unbedingt dazu, so viel zu unternehmen, wie seine Zeit es erlaubt – dazu gehören Teilzeitjobs, Theatergruppen, Sportvereine und so weiter. So ist es nicht nur beschäftigt und unter Leuten, es hilft ihm auch, noch etwas anderes zu sein als nur jemandes Freundin oder Freund.

Fördern Sie Vielfalt. Viele Teenager, die in der Schule als schüchtern gelten, geben sich dort entsprechend, blühen aber in einer anderen Umgebung auf. In einem Verein, bei einem Sommerjob oder einer ehrenamtlichen Tätigkeit wird sich Ihr Kind in einem anderen Licht sehen können. (Es ist völlig in Ordnung, wenn es für den Nachbarn den Rasen mäht, aber das bringt es nicht unter Leute. Es sollte in einem Restaurant oder einem Geschäft arbeiten, wo es Umgang mit Menschen hat.) Die Erfahrungen, die es dort macht, werden ihm in vielen Lebenssituationen helfen, es wird neue Bekanntschaften schließen, Talente entdecken, spontaner werden und außerdem lernen, seine Zeit zu planen.

Erinnern Sie Ihre Tochter daran, daß sie nicht allein ist. Sie mag denken, daß andere es leichter haben, aber fast die Hälfte aller Teenager ist schüchtern und erlebt die gleichen Umwälzungen wie sie. Sie verbergen es vielleicht nur besser.

Fördern Sie außerschulische Aktivitäten. Die Schule ist ein Aquarium. Vielen Teenagern fällt es schwer, einmal etwas Neues auszuprobieren, wenn sie glauben, daß alle ihnen dabei zuschauen. Wenn sie findig und neugierig sind, können sie dem Anpassungsdruck ausweichen, indem sie sich Betätigungen suchen, die nichts mit der Schule zu tun haben. Dabei finden sie vielleicht auch Freunde, die ihre Interessen teilen. Sie sind weniger gehemmt, wenn sie etwas tun, was sie wirklich gern tun, und der Erwartungsdruck von ihnen genommen ist.

Seien Sie geduldig. Erlauben Sie nicht, daß Ihre Tochter immer nur tut, was sie will, seien Sie sich aber darüber im klaren, daß sie Probleme mit neuen Anforderungen hat, wozu auch erwachsene Gespräche mit Ihnen gehören. Falls Sie mit ihr nicht oder nur wenig geredet haben, als sie noch kleiner war, könnte sie Ihre Angebote jetzt ausschlagen. Geben Sie nicht auf.

Helfen Sie Ihrer Tochter, den Sinn der Pubertät zu erkennen. Teenager müssen Fehler machen. Das heißt nicht, daß sie unverantwortlich handeln sollen, aber sie müssen experimentieren. Ermuntern Sie Ihre Tochter dazu, verschiedene Rollen auszuprobieren und ihren unterschiedlichen Interessen nachzugehen, um herauszufinden, was richtig für sie ist. Solche Erfahrungen werden ihr nicht nur jetzt, sondern auch künftig helfen, wenn sie sich für einen Beruf entscheiden und stabile, enge Beziehungen zu anderen Menschen aufbauen muß.

Helfen Sie Ihrem Kind, dem Gruppendruck zu widerstehen. Erklären Sie ihm, daß es von Unsicherheit und Unreife zeugt, wenn jemand andere bedrängt, sich auf eine bestimmte Weise zu verhalten. Wer das tut, manipuliert andere, um sich selbst besser zu fühlen. Ermutigen Sie es, auf sein Gefühl zu hören und seine Freunde klug zu wählen. Das wird seine Selbstsicherheit stärken.

Erläutern Sie die Rolle von Drogen. Sie beheben Schüchternheit nicht, sondern machen alles nur schlimmer. Helfen Sie Ihrem Kind bei der Suche nach anderen Wegen.

Helfen Sie ihr, Vorbilder und Mentoren zu finden. Wenn Sie mit Ihrer Tochter nicht über ihre Gefühle reden können, sollten Sie ihr helfen, einen Menschen zu finden, der ihr bei Entscheidungen über ihre Zukunft klug raten kann – eine Lehrerin, einen Trainer, eine Pfarrerin, einen Arzt oder eine Vorgesetzte.

Helfen Sie ihr, ihre Scheu und Nervosität zu bezwingen. Erinnern Sie Ihre Tochter daran, daß ihre Nervosität und Unsicherheit nicht so sichtbar sind, wie sie glaubt. Ihre innere Zerrissenheit belastet sie vermutlich nur deswegen so sehr, weil sie an nichts anderes denkt. Helfen Sie ihr, sich für andere und anderes zu interessieren, damit sie sich selbst weniger scharf beobachtet.

Ermuntern Sie Ihren Sohn, etwas zu unternehmen! Er mag seine ganze Zeit mit Videospielen, vor dem Fernseher oder dem Computer zubringen, aber um ein erwachsener Mann zu werden und seine Schutzzone zu erweitern, muß er reale Erfahrungen machen. Regen Sie an, daß er eine ehrenamtliche Arbeit übernimmt, in der Kirchenarbeit aktiv wird, einen Teilzeitjob annimmt oder selbst ein Gruppe gründet. (Raten Sie ihm, sich deswegen an einen Lehrer, einen Trainer usw. zu wenden.)

Regen Sie an, daß Ihre Tochter platonische Freundschaften zu Jungen und Männern pflegt. So lernt Ihre Tochter den Umgang mit Männern am besten. Ermuntern Sie sie zu einer engen Freundschaft mit einem Mann, der weder ihr »fester Freund« ist noch dafür in Frage kommt. Mögliche männliche Freunde sind ihr Bruder, ihr Vater oder der Sohn Ihrer engsten Freunde.

Regen Sie an, daß Ihr Sohn platonische Freundschaften zu Mädchen und Frauen pflegt. Auch wenn es inzwischen ein Klischee ist: Frauen sind bessere Gesprächspartner als Männer. Sie können über sehr persönliche Dinge sprechen, ohne das eigenartig zu finden, und Sie können Ihrem Sohn helfen, Frauen besser zu verstehen, so daß er nicht unvorbereitet ist, wenn er zum ersten Mal eine Gleichaltrige umwirbt.

Ermutigen Sie ihn, soziale Fertigkeiten möglichst oft zu üben und zu gebrauchen. Schlagen Sie ihm vor, Situationen, vor denen er sich scheut, als Rollenspiel zu üben: Gespräche führen, ein Mädchen ins Kino einladen und vieles mehr. Er kann dabei sein, wenn Sie Gäste haben. Je weniger Kontakte er pflegt, um so mehr wird er an seinen sozialen Fertigkeiten zweifeln.

Ermutigen Sie ihn, sich gezielt auf Stellen zu bewerben, bei denen eine Frau seine Vorgesetzte ist. Ihr schüchterner Sohn wird sich vor Frauen nicht mehr so fürchten, wenn er von einer Befehle entgegennehmen kann, vor allem, wenn er seine Arbeit gut macht. Das hilft ihm, Frauen als normale Menschen zu sehen – und nicht nur als mögliche Sexualpartnerinnen.

Helfen Sie ihnen, ihre guten Eigenschaften zu erkennen. Verhindern Sie, daß Ihr Sohn glaubt, ein echter Mann müsse eiskalt und athletisch sein, und Ihre Tochter nur

noch an ihr Aussehen und ihr Gewicht denkt. Erinnern Sie sie daran, daß sie eine Begabung für Mathematik, Biologie, Gitarre spielen oder Witze erzählen haben. Bestätigen Sie ihre Stärken.
Zwingen Sie Ihrem Kind nicht Ihre Ent-Scheidung auf. Kinder leiden lange unter einer Scheidung. Wenn Sie sich scheiden lassen, während eins Ihrer Kinder in der Pubertät ist, darf das seine/ihre Auffassung von Beziehungen, Vertrauen und Kommunikation nicht negativ beeinflussen. Reden Sie mit ihm/ihr, und hören Sie genau zu.
Lieben Sie Ihr Kind. Wenn es weiß, daß Sie es bedingungslos lieben, werden die Qualen der Pubertät eine vorübergehende Phase, keine lebenslange Belastung sein.

Diese Ratschläge gehen alle davon aus, daß Ihr Leben und das Ihres jugendlichen Kindes eng miteinander verbunden sind. Bleiben Sie mit ihm im Gespräch, schaffen Sie dafür im Alltag Platz – während der Mahlzeiten, wenn Sie zusammen Besorgungen machen, wenn Sie zusammen die Wohnung putzen. Die Pubertät geht Eltern ebenso an wie Jugendliche.
Sie müssen Vorbild sein. Es ist unklug, von Ihrem Kind etwas zu erwarten, was Sie selbst nicht zu tun gewillt sind. Wenn Sie isoliert leben, suchen Sie Kontakte zu anderen. Erweitern Sie Ihre eigene Schutzzone. Warten Sie nicht, bis Ihr Kind Ihnen schwierige Fragen stellt, schneiden Sie heikle Themen selbst an. Wenn Sie Probleme beizeiten zur Sprache bringen, hilft das Ihrem Kind, sich rechtzeitig vor ihnen zu wappnen. Sprechen Sie darüber, wie man Probleme löst und mit den »vier Schritten« Handlungsalternativen entwerfen kann. Erklären Sie, welche Bewandtnis es mit der Aufwärmphase, den Schutzzonen und dem Annäherungskonflikt hat.
Je mehr Ihr Sohn/Ihre Tochter über die unbewußte Dynamik ihres Verhaltens weiß, um so leichter wird es ihm/ihr fallen, damit umzugehen.

Ein abschließendes Wort über Schüchternheit in der Pubertät

Die Entwicklungsaufgabe der Pubertät liegt darin, zu entscheiden, wer wir sind und welchen Platz wir in der Gesellschaft einnehmen wollen. Bei diesen wichtigen Entscheidungen müssen Teenager ihren eigenen Bedürfnissen und Talenten und nicht dem folgen, was sie nach Meinung anderer sein sollen. Ob es um ein Leistungsfach, die Einladung zu einer Party oder um ihre Kleidung geht, ihre Entscheidung sollte immer widerspiegeln, wer sie wirklich sind. Das gilt besonders für schüchterne Teenager, die nicht wollen, daß jemand von ihrer Schüchternheit erfährt. Sie leugnen möglicherweise, daß sie nervös, sozial verunsichert und ängstlich sind, folgen lieber anderen (und passen sich an), begehren auf oder ziehen sich völlig zurück. Leider blockiert oder verzögert jeder dieser Wege die Entwicklung eines gesunden Selbstbewußtseins.

Schüchterne Teenager müssen mit sich und ihrer Schüchternheit fertig werden. Wenn sie es schaffen, in jungen Jahren erfolgreich schüchtern zu sein, sind sie gut auf die Aufgaben des Erwachsenenlebens vorbereitet: Sie können sich in engen Beziehungen und in ihrer Arbeit verwirklichen. Im privaten wie beruflichen Umgang mit anderen entdecken wir, wer wir sind. Wer sich als Jugendlicher seiner Gefühle und Meinungen nicht sicher ist oder sie erstickt, verfängt sich in den Mythen der Schüchternheit, die das Erwachsenwerden behindern.

Um als Erwachsene erfolgreich schüchtern zu sein, müssen Teenager nicht nur sich selbst verstehen, sondern auch die Art, wie ihre Schüchternheit viele wichtige Entscheidungen im Leben beeinflußt.

12. Kapitel
Schüchternheit im Erwachsenenalter

»Ich habe zweimal den Falschen geheiratet, weil die Männer mich ausgesucht hatten und ich dachte, daß mich sonst keiner nimmt«, erzählte Marsha, eine unglückliche, schüchterne Frau. »Seit meiner letzten Scheidung vor über zehn Jahren habe ich gar kein soziales Leben mehr. Ich bin deprimiert und vergrabe mich. Hin und wieder zwinge ich mich, allein ins Kino zu gehen, aber das ist es dann auch schon. Ich sehe vielleicht zwei Filme im Jahr, es sei denn, ich leihe ein Video aus. Ich bin seit zwanzig Jahren nicht mehr auf einer Party gewesen. Ich verrichte seit einundzwanzig Jahren eine Arbeit, die mir zuwider ist. Aber ich drücke mich vor jeder Beförderung, weil ich dann mit Menschen sprechen müßte.«

Wie traurig! Marsha hat sich selbst völlig isoliert und leidet sehr darunter. Wenn Sie als Kind und Teenager nicht gelernt haben, mit Ihrer Schüchternheit erfolgreich umzugehen, kann es leicht dazu kommen, daß sie zu einem Persönlichkeitsmerkmal wird, von dem Sie sich nur schwer wieder befreien können und das mit der Zeit, wie bei Marsha, zur einzigen und destruktiven Reaktionsweise auf soziale Situationen wird.

Sie isolieren sich und glauben nicht mehr daran, daß Sie neue Leute kennenlernen, soziale Situationen selbstsicher meistern oder Ihre Schüchternheit besiegen können. Sie denken so, weil Ihre Schutzzone so klein ist – Sie bewegen sich immer auf den gleichen Gleisen – und weil Sie von sich selbst nicht viel halten. Je länger dieses Verhal-

ten dauert, um so schwieriger ist es zu verändern – am Ende wissen Sie nicht mehr, wie Sie aus dem Gefängnis Ihrer Schüchternheit ausbrechen können, um mehr Abwechslung in Ihr Leben zu bringen.
Leider hat Schüchternheit im frühen Erwachsenenalter viele negative Begleiterscheinungen. Sie erschwert Ihnen zu tun, was Sie in dieser Lebensphase tun sollten – einen Partner oder eine Partnerin finden, befriedigende sexuelle Beziehungen aufbauen, einen erfüllenden und fordernden Beruf ergreifen, für andere Menschen da sein.
Schüchternheit im Erwachsenenalter ist dann nicht nur ein Charakterzug, sondern eine Frage der Lebensqualität. Forschungen zeigen immer wieder den Zusammenhang zwischen Schüchternheit und Einsamkeit, Depression, Drogenmißbrauch, begrenzten beruflichen Möglichkeiten, mangelndem Selbstwertgefühl, Selbstzweifel, verminderter Belastungsfähigkeit, Unfähigkeit zur Problemlösung, geringer Einbindung in das soziale Leben sowie Anfälligkeit für Krankheiten.
Marshas traurige Erzählung bezeugt dies. Ihr Umgang mit ihrer Schüchternheit ist eine von mehreren Arten, wie Erwachsene mit ihrer Schüchternheit fertig zu werden versuchen: Üblich sind Isolation, Flucht in ein Phantasieleben, der Griff zu Alkohol oder Medikamenten.

Isolation

Schüchterne Menschen haben wenig Freunde, und Einsamkeit kann unglücklich machen. Einsame und schüchterne Menschen leiden unter einem »Glücksdefizit«, vor allem, wenn sie ihr Leben lang einsam und schüchtern waren. Ein Forscherteam schloß daraus, daß »einsame Menschen oft schüchtern, schüchterne Menschen oft einsam, und einsame und schüchterne Menschen in aller

Regel nicht glücklich sind«. Für Marsha trifft das ganz gewiß zu.
Schüchterne haben selten einen großen Bekanntenkreis, aber sie haben meist einige Freunde. Aber da sie zu sozialen Vergleichen neigen, meinen sie oft, daß sie zu wenige oder die falschen Freunde haben. Falls Sie so denken, schätzen Sie vielleicht Ihre Freundschaften nicht sehr hoch ein: Sie haben diese Freunde seit Jahren, sie kommen Ihnen selbstverständlich vor. Solche Gedanken können bedeuten, daß Sie Ihre Schutzzone gern ausweiten würden. Andererseits können Sie aber auch das Gefühl haben, daß Sie keine sozialen Kontakte haben, obwohl das nicht stimmt.
Es kann sein, daß Ihre Freundschaften sich wandeln, weil Sie als schüchterner Mensch manche Entwicklungsstufen langsamer durchlaufen als Gleichaltrige, die schon geheiratet, eine Familie gegründet und Sie »abgehängt« haben. Es klingt paradox und ist leider wahr: Wer Freunde am dringendsten benötigt, findet sie oft am schwersten.
Um beruflich und sozial weiterzukommen, müssen Sie Ihr soziales Netzwerk erweitern. Um erfolgreich schüchtern zu sein und Freundschaften zu schließen, müssen Sie Ihr Leben für neue Menschen öffnen und mit jenen, die schon zu Ihrem Leben gehören, immer wieder neue Gemeinsamkeiten suchen.
Ein großes soziales Netz hat viele Vorteile. Wenn Sie mit Ihren Freunden über sich selbst sprechen, sehen Sie Ihre Probleme klarer und können sie leichter lösen. Schüchterne mit einem kleinen sozialen Netz leiden oft unter ihren Problemen, weil sie sich isoliert fühlen, sich mit anderen vergleichen, die selbstsicher wirken, und weil sie ihre Schwierigkeiten immer gleich als Katastrophe empfinden. Wenn Sie tatsächlich isoliert sind, büßen Sie den objektiven Blick auf sich und die Probleme ein, die sich Ihnen stellen. Freunde können Ihnen helfen, wieder Boden unter die Füße zu bekommen.

Aber die Ausweitung Ihres sozialen Netzes mag auch daran scheitern, daß Schüchterne dazu neigen, Menschen zu kategorisieren. Sie denken: »Jim ist mein Kegelbruder; Frank mein Nachbar; Harvey mein Kollege; Bill mein Bruder.« Wenn sich diese Kategorien niemals berühren, wie können Sie bemerken, daß Sie mit den Menschen, die Sie bereits kennen, mehr gemeinsam haben, als Sie bislang dachten? Vielleicht kegelt Harvey gern, und Frank ist ein ebenso begeisterter Kinogänger wie Sie.

Das war die Situation, in der sich Jackie, eine schüchterne Frau Mitte Dreißig, befand. Monatelang hatten sie und ihre Nachbarin Gena zusammen versucht, Probleme mit ihrem gemeinsamen Vermieter zu klären. Als die Sache ausgestanden war, redete Jackie einfach nicht mehr mit Gena. Als ich sie fragte, warum sie und Gena sich nicht angefreundet hätten, sagte sie: »Ach, ich könnte mit Gena nie über Persönliches reden.«

Jackie sah Gena nur als Nachbarin, nicht als mögliche Freundin. Sie weiß nicht, wie man die Beziehung zu einem Menschen auf eine private und persönliche Ebene überführt, um den Bekanntenkreis zu erweitern. Dabei wäre es auch anders gegangen: Nach dem gemeinsamen Erfolg wäre es für Jackie ein Leichtes gewesen, Gena näher kennenzulernen. Ihr Sieg wäre ein hervorragender Grund zum Feiern gewesen, sie hätten zusammen eine Tasse Kaffee trinken oder zum Essen ausgehen können, hätten dabei möglicherweise gemeinsame Interessen entdeckt und künftig etwas zusammen unternehmen können. Oder sie hätten, nachdem sie bei dieser Sache so ein gutes Team waren, ein neues gemeinsames Projekt finden können. Solche Verabredungen schaffen das Gefühl, sich aufeinander beziehen zu können, und bereiten den Boden für künftige Kontakte.

Divergentes Denken wird Ihnen helfen, solche Kategorisierungen aufzugeben und facettenreichere Beziehungen aufzubauen. Kreative Menschen verknüpfen mit dieser

Technik Ideen, die auf den ersten Blick nichts miteinander zu tun haben, und finden Ähnlichkeiten, wo es keine zu geben scheint. Ich komme in diesem Kapitel noch darauf zurück.

Flucht in Phantasien

»Ich bin extrem verschlossen«, schreibt mir ein Sechsunddreißigjähriger aus North Carolina.

> Ich habe überhaupt kein soziales Leben und hatte auch nie eines. Ich denke, daß ich nicht die Art Mann bin, mit dem Frauen gern zusammen sind. Außerdem muß ich immer wieder an eine schlimme Zeit in meinem Leben denken, das ist ein Schutzmechanismus, damit ich mich nicht mit meinem jetzigen Kummer über meine Schüchternheit und mögliche Zurückweisungen befassen muß. Wenn ich eine Frau sehe, die mir gefällt, spreche ich sie nicht an, sondern stelle mir nur vor, daß ich sie anspreche. Ich lerne sie dann in meiner Phantasie kennen. Das ist viel einfacher, als sie wirklich anzusprechen. Ich habe mir immer wieder gesagt, daß das anderen (wahrscheinlich!) auch so geht. Aber es hilft nicht.

Im neunten Kapitel war bereits die Rede davon, daß Alleinsein wichtig ist, um eine »Bestandsaufnahme« des eigenen Lebens zu machen, eigene Interessen und Talente zu entwickeln. Mit einer lebhaften Phantasie können Sie manches in Ruhe und Sicherheit probieren und Schwierigkeiten durchdenken, bevor Sie sie real bewältigen müssen. Aber wenn Sie zu viel allein sind, wird Sie das vom Leben abschneiden und Ihnen schaden. Wenn Sie sich von der Welt zurückziehen und in Phantasien verlieren, schneidet Sie das von wichtigen persönlichen Beziehungen und allen Chancen ab, jemals erfolgreich schüchtern zu sein. Sie werden nicht Teil eines sozialen Netzes, Bekannte könnten zu dem Schluß kommen, daß Sie sich nicht für sie interessieren, und alle Versuche aufgeben, Sie besser kennenzulernen. Mit der Zeit verlernen Sie vielleicht sogar, wie man in der realen Welt Kontakt zu anderen aufnimmt. Damit verschleudern Sie Ihre Lebenszeit, und es kann obendrein Einsamkeit, ein beschädigtes Selbstwertgefühl und Depressionen nach sich ziehen. Vielleicht haben Sie seit Ihrer Kindheit kaum etwas anderes getan, als in einer Phantasiewelt gelebt, ohne daß es irgend jemandem auffiel.

Unproduktive Phantasien sind Gedanken, die um einen Menschen oder eine Situation kreisen, ohne daß Taten folgen. Produktiver wäre es, sie als erste Stufe der Aufwärmphase und nicht als Selbstzweck zu sehen. Bildende Künstler, Komponisten und Schriftsteller benutzen ihre Phantasie ständig auf diese Weise, sie lassen etwas in ihrem Kopf entstehen und setzen es dann in der kreativen Arbeit um.

Wenn Sie nur phantasieren und nie handeln, werden Sie Ihre eigene Rolle in einer schwierigen Situation verzerrt wahrnehmen. Weil Sie in Ihrer Phantasiewelt immer das Zentrum der Aufmerksamkeit sind, hegen Sie oft selbsterniedrigende Gedanken: »Don Smith würde nie mit mir reden, weil ich für ihn nur eine kleine Nummer bin« (siehe 6. Kapitel). Statt sich ewig mit Ihren eigenen Erklärungen (oder deren Fehlen) zu befassen, wäre es sinnvoller, Sie würden Phantasien darüber spinnen, wie Sie die Situation besser meistern können. Statt gebetsmühlenartig zu wiederholen, was Sie alles nicht können und nicht sind, sollten Sie überlegen, wie Sie mit jemandem ins Gespräch kommen können. Denken Sie daran, wie Sie sich verhalten werden, und nicht daran, welche Charaktereigenschaften Sie haben oder nicht.

Stellen Sie sich vor, wie Sie bei der nächsten Jahresversammlung mit Don Smith reden werden, und spielen Sie dann die Rollen und einige mögliche Gesprächsverläufe auf konstruktive Weise gedanklich durch. Der nächste Schritt ist, es auch zu tun, und zwar ausgehend von der Szene, die Sie sich vorgestellt haben. Üben Sie vor dem Spiegel. Flechten Sie Ihre Gedanken in Unterhaltungen mit Ihrem Ehepartner, einem Nachbarn oder einem Fremden ein, mit dem Sie im Bus ins Gespräch kommen. Äußern Sie sie schließlich gegenüber Don Smith, Ihrem Niederlassungsleiter.

Solche Phantasien haben keine Konsequenzen. Sie können eine Szene in so vielen Varianten durchspielen, wie Sie wollen. Konstruktiv eingesetzt, wird Phantasie Ihr Übungsfeld.

Der Griff zu Alkohol und anderen Drogen

Schüchterne berichten auch, daß sie zu Alkohol, Medikamenten oder härteren Drogen greifen, um mit ihrer Schüchternheit fertig zu werden. Alkohol »enthemmt« – er lockert Schüchternen die Zunge. Ein Mann Mitte Dreißig schrieb mir: »In Gesellschaft trinke ich etwas Alkohol, dann werde ich entspannter, bin nicht mehr so verlegen und aufgeschlossener.«

Eine Collegestudentin erzählte:

> Wenn ich mit Leuten zusammen bin, die ich nicht oder kaum kenne, sage ich gar nichts, allerhöchstens einmal »Guten Tag« oder »Auf Wiedersehen«. Ich halte die Situation kaum aus, weil ich mich unwohl fühle und frustriert bin. Ich habe immer Angst, daß ich etwas sage und mich dann alle ansehen, als sei ich ein Idiot, oder daß sie mir einfach nicht antworten. Manchmal

kommt es auch vor, daß ich mit Leuten zusammen bin, die ich kaum kenne, etwas sage und knallrot werde. Dann werde ich völlig panisch, und ich hoffe nur noch, daß niemand merkt, daß ich jetzt rot werde.

Ich trinke gern was, wenn ich mit Freunden zusammen bin, merke aber, daß ich oft zuviel trinke, wenn ich mit den Freunden meines Freundes ausgehe, weil Alkohol mich lockerer und gesprächiger macht. Aber wenn ich ihnen später nüchtern begegne, schäme ich mich, weil sie mich ein paar Tage vorher als aufgedrehte, geschwätzige Trinkerin erlebt haben.

Ein andere Collegestudentin schrieb: »Im College gibt es bei Parties, Empfängen und so fast immer Alkohol. Ich setze ihn ehrlich gesagt gezielt als ›Eisbrecher‹ ein. Eigentlich gehe ich zu solchen Veranstaltungen mit vielen Fremden überhaupt nur noch, wenn es dort Alkohol gibt.«

Während manche Schüchterne zu Alkohol greifen, um sich weniger scheu zu fühlen, haben andere Studien ergeben, daß extrem Schüchterne in Gegenwart anderer überhaupt keinen Alkohol trinken, weil sie sich sorgen, welchen Eindruck sie machen, und weil sie fürchten, daß sie liederlich wirken oder die Kontrolle über sich verlieren könnten. Sie trinken allein zu Hause, in dem Irrglauben, mit dem Alkohol den Kummer der Einsamkeit besser ertragen zu können. Er macht es ihnen aber häufig nur noch schwerer, ihr Schneckenhaus zu verlassen.

Menschen, die nicht ganz so schüchtern sind, trinken bei den entsprechenden Anlässen Alkohol, weil sie das als besten Weg sehen, ihre Nerven zu beruhigen. Sie versuchen, ihre Angst und ihre Hemmungen zu bezwingen. Wer, ob allein oder in Gesellschaft, gezielt Alkohol trinkt, um mit der eigenen Schüchternheit besser fertig zu werden, muß sich darüber im klaren sein, daß damit der erste Schritt in den Alkoholismus bereits getan ist.

Ich habe festgestellt, daß Schüchterne ihre gute Laune eher dem Alkohol als der Aufwärmphase zuschreiben. Verfolgt man diesen Gedanken weiter, heißt das, daß sie glauben, nur durch Alkohol gesprächig werden zu können. Wie die Collegestudentin, die nur zu Veranstaltungen geht, bei denen Alkohol ausgeschenkt wird, haben sie jeden Versuch, ihre Schüchternheit unter Kontrolle zu bekommen, bereits aufgegeben und sich vom Alkohol abhängig gemacht. Sie können natürlich auch nicht auf ihre Fortschritte und Erfolge stolz sein, weil sie ja glauben, daß sie sie dem Alkohol verdanken.

Sie können anderen Menschen auch ohne eine Krücke wie Alkohol nahekommen. Sie brauchen lediglich Zeit und das Gefühl persönlicher Kontrolle. Um Ihre Scheu zu überwinden, ist es besonders wichtig, daß Sie lernen, Kontakte zu knüpfen und frei und unumwunden zu reden.

Die hohe Kunst des Small talks

Gloria, einunddreißig Jahre alt, besitzt einen Friseursalon an der nördlichen Pazifikküste. Als Kind war sie sehr schüchtern: »Als ich noch ganz klein war, habe ich mich, kaum daß ein fremdes Gesicht auftauchte, sofort an die Beine meiner Mutter geklammert – man hätte meinen können, ich sei ihr angewachsen.« Aber ihr Traumberuf brachte es mit sich, daß sie ständig neue Menschen treffen und mit ihnen Small talk machen muß.

»Ich hatte immer Angst davor, von mir zu reden, weil ich dachte, daß ich so viel von mir preisgeben müßte. Aber inzwischen habe ich Routine. Ich erzähle meinen Kundinnen etwas von mir, damit ein Gespräch in Gang kommt. Erst frage ich, wie sie die Haare haben möchten, dann stelle ich eine Frage wie: ›Sind Sie verheiratet?‹,

›Haben Sie Kinder?‹ oder ›Wohnen Sie hier in der Stadt?‹. Ich versuche ein gemeinsames Thema zu finden, über das wir ein bißchen plaudern können.«

Schüchterne klagen oft, daß sie Small talk nicht mögen oder nicht beherrschen. Ein Mann schrieb mir: »Es fällt mir sehr schwer, mit Unbekannten ein Gespräch zu beginnen, und mit Frauen ist es praktisch unmöglich. Mir fällt nichts ein, worüber wir sprechen könnten.« So ging es auch Gloria. Zum Glück hatte sie als Auszubildende eine Chefin, die ihre Talente erkannte und sie in die Kunst des Small talks einführte, damit sie selbstsicherer wurde und leichter mit den Kundinnen umgehen konnte. »Sie hat beobachtet, wie ich mit Leuten umging, und gesagt: ›Gloria, so geht das nicht. Mach den Mund auf! Stell ein paar Fragen!‹ Sie sagte mir, worüber ich reden und welche Themen ich meiden soll – Religion, Politik und dergleichen. Inzwischen glaube ich wirklich, was man uns in jeder Fortbildung erzählt: 85 % unserer Kundinnen kommen, weil sie uns mögen und weil sie sich bei uns wohl fühlen, nur 15 % finden es wichtig, daß wir unsere Arbeit wirklich beherrschen.«

Gloria weiß inzwischen, wie man Small talk macht, und das hat ihr sehr genutzt. Jede Begegnung, ob geschäftlich oder privat, beginnt mit einer Plauderei – sogar Gespräche mit Verwandten oder engen Freunden durchlaufen zunächst eine Phase des Small talks. Um erfolgreich schüchtern sein zu können, müssen Sie also diese Kunst unbedingt meistern.

Small talk ist nur eine vorübergehende Phase in einem Gespräch – der erste Schritt. Wenn alles gutgeht, können Sie praktisch gleich zu persönlicheren Themen wechseln. Wenn Sie die hohe Kunst des Small talks einmal beherrschen, wird sie Ihnen in vielen Situationen nutzen: im Beruf, im Bekanntenkreis, bei einem Rendezvous, im Gemüseladen, beim Friseur oder beim Arzt.

Üben Sie die Grundregeln des erfolgreichen Small talks,

das wird Ihre Schüchternheit deutlich mindern. Ihr Körper entspannt sich, wenn Sie sich im Gespräch mit einem Fremden selbstsicherer fühlen; Ihre Gedanken werden nicht von düsteren Ängsten heimgesucht, weil Sie kreativ nach einem Thema suchen, das Sie und Ihr Gegenüber gleichermaßen interessieren könnte. Durch Small talk erweitern Sie auch Ihr Selbstbild, weil es Ihre Schutzzone größer macht. Ob Sie es glauben oder nicht: Small talk hilft Ihnen, gesellschaftlich und persönlich zu wachsen.

Wie selbstsichere Menschen Small talk machen

Es wirkt mühelos, magisch, rätselhaft. Manche Menschen können offenbar mit jedem reden. Soziologen von der Cleveland State University haben analysiert, wie schüchterne und selbstbewußte Collegestudenten interagieren, weil sie wissen wollten, wieso selbstbewußte Menschen so geläufig Konversation machen können und schüchterne nicht. Im Mittelpunkt der Studie stand die Frage, ob sich Selbstsichere und Schüchterne in der Art ihres Small talks unterscheiden, und sie kamen zu dem Ergebnis, daß die einen tatsächlich über bestimmte Kommunikationsmuster verfügen, die den anderen fehlen:

1. *Gesprächseinstieg.* Eine unverfängliche Bemerkung, beispielsweise über den Ort, an dem man sich befindet. Etwas ganz Neutrales wie: »Schlechte Luft hier, nicht wahr?« oder »Furchtbare Stühle, oder?« stellt den Kontakt her und macht die möglichen Gesprächspartner aufeinander aufmerksam.

Der Gesprächseinstieg wird als »Scheinthema« bezeichnet, weil er keine persönlichen Informationen enthält und sich schnell erschöpft. Das ist immer dann ideal, wenn man so wenig wie möglich über sich selbst sagen und auch nicht den Eindruck ungebührlicher Neugier erwecken möchte. Aber es ist ein erster Schritt. Selbstsichere Menschen bleiben nicht lange bei dieser Eröffnungsphase. Das Wetter gibt auf Dauer nicht viel her, aber irgendwo muß man eben anfangen!

2. *Vorstellung.* Es gibt eine kurze Phase zu Beginn eines Gesprächs, in der es natürlich und höflich ist, sich vorzustellen. Eine frühe Vorstellung zeigt, daß Sie sich für Ihren Gesprächspartner interessieren und möchten, daß er/sie sich mit Ihnen wohl fühlt. Es schafft eine gewisse Vertrautheit. Sie können sich auch später vorstellen, aber je länger das Gespräch dauert, um so schwieriger kann das werden. Selbstsichere Menschen nennen ihren Namen meist gleich.

3. *Sondierungssequenz.* Nachdem man mit jemandem ins Gespräch gekommen ist und sich vorgestellt hat, beginnt ein selbstbewußter Mensch dezent nach etwas zu suchen, worüber man sich unterhalten könnte. Dazu gehören Fragen, die erkunden sollen, wie sich jemand einordnet – »Was machen Sie beruflich?« oder »Ach, Sie sind Ingenieur! Was ist Ihr Spezialgebiet?« Die Suche nach einem Thema kann auch allgemeiner verlaufen: »Woher kennen Sie unseren Gastgeber?« Wenn ein Thema nicht besonders gut ankam (»Finden Sie es nicht auch empörend, daß unsere Abgeordneten schon wieder ihre Diäten erhöht haben?«), wird ein anderes versucht (»Hoffentlich zieht sich die Sitzung nicht so lange hin, sonst verpasse ich die Übertragung des Pokalspiels.«). Selbstbewußte Menschen können über ganz verschiedene Themen sprechen. Das ist, sozusagen, ihre Aufwärmphase.

Es gibt Regeln, um ein passendes Sondierungsthema zu finden:

- Relevanz. Das Thema muß zur Situation passen. Fragen Sie einen Fremden im Aufzug nicht nach seiner Meinung über die Erhöhung des Verteidigungshaushaltes. Naheliegende Themen sind der Zustand der Eingangshalle des Gebäudes oder die Schwierigkeiten, in der Innenstadt einen Parkplatz zu finden.

- Sensibilität. Das Thema muß den »unausgesprochenen« Hintergrund der beiden berücksichtigen. Es muß sich auf gemeinsames Wissen beziehen, ohne beleidigend oder zu persönlich zu sein. Wenn zwei Schwangere im Wartezimmer eines Gynäkologen sitzen, haben sie offenbar gemeinsame Themen: im wievielten Monat sie sind, ob sie das Geschlecht des Kindes kennen, ob es das erste Kind ist, wieso sie gerade zu diesem Arzt gehen. Als Gesprächsthema ungeeignet sind Abtreibung, finanzielle Überlegungen, ob das Kind geplant war oder Fragen zum Vater des Kindes. Dergleichen könnte zu persönlich oder verletzend sein.

Woran merkt man, daß man eine Grenze verletzt hat? Ein sensibler Gesprächspartner achtet bei seinem Gegenüber auf Anzeichen von Überraschung oder Streß: Abwenden des Blickes, lange Gesprächspausen, Erröten, Zögern, Stottern, all das deutet darauf hin, daß Sie Ihren Gesprächspartner irgendwie getroffen haben und er sich unwohl fühlt.

- *Gleichgewicht.* Bei ihren Sondierungsfragen tun selbstsichere Menschen weder, als wüßten sie alles (oder gar alles besser), noch benehmen sie sich wie jemand, der dringend Anschluß sucht. Sie finden ein Gleichgewicht.

Wie können Sie wissen, ob Sie erfolgreich sind? Ihr Gegenüber lächelt oder nickt, sie stellt Fragen, trägt eine Geschichte bei, erzählt von eigenen Erlebnissen. Die Antworten fügen sich ein, als habe Ihr Gegenüber bereits geahnt, was Sie sagen werden. Sie ist auch an dem Thema interessiert.
Natürlich ist es gut, wenn man etwas zu sagen hat. Hier sind vorherige soziale Recherchen von Vorteil. Wenn das nicht möglich ist (weil das Gespräch beispielsweise in der

Schlange vor der Supermarktkasse stattfindet), können Sie das Gespräch darauf aufbauen, daß Sie sich beide in der gleichen Situation befinden – Sie stehen in der Schlange, die nicht vorwärtsgeht. Nutzen Sie diese gemeinsame Situation, reden Sie über steigende Obstpreise, darüber, daß größere Supermarktketten die kleineren aufkaufen, oder über die Plage, die schwere Einkaufstasche nach Hause schleppen zu müssen.

4. *Abwechselnd reden.* Sobald ein Thema gefunden ist, reden Selbstbewußte abwechselnd. Wenn das Gespräch gut läuft, überschneiden sich die Redebeiträge vielleicht sogar, der eine greift die Ideen des anderen auf, man bewegt sich in neue Richtungen. Beide geben und erkennen Zeichen (Augenkontakt, Pause, Abwenden des Kopfes oder Veränderungen der Stimme), mit denen stillschweigend vereinbart wird, wer sprechen möchte und wann dem anderen das Feld überlassen wird.

5. *Pausen vermeiden.* Selbstsichere Menschen wissen, daß Schweigen für den anderen unangenehm ist. Also übernehmen sie im Gespräch die »Gastgeberrolle«. Sie organisieren einen Sprecherwechsel, indem sie ihrem Gegenüber eine direkte, offene Frage stellen (»Ach, Sie bauen Weizen an. War der viele Regen in den letzten Wochen schlecht für die Ernte?«), oder lassen sich schnell ein neues Thema einfallen.

Das beweist großes soziales Gespür. Weil selbstbewußte Menschen weniger um sich kreisen als schüchterne, können sie anderen mehr Aufmerksamkeit schenken, in deren Körpersprache Anzeichen von Langweile, Unbehagen und Verlegenheit erkennen (gezwungenes Lächeln, Stirnrunzeln, niedergeschlagener Blick, Zappeln, Blick auf die Uhr, im Raum umherblicken), Zeichen dafür, daß das Gegenüber seine eigene Schutzzone verläßt.

6. *Offenheit.* Selbstbewußte Menschen stimmen den Grad ihrer Offenheit auf den ihres Gegenübers ab. Dies ermöglicht es den Gesprächspartnern, über die gemein-

same Situation – zwei Menschen, die zufällig im gleichen Wartezimmer sitzen – zu einer Beziehung zu kommen, die persönlicher werden kann. Das richtige Maß an persönlicher Offenheit kann eine hervorragende Art sein, Gemeinsamkeiten zu finden. Wenn eine der beiden etwas von sich sagt (»Meine Kollegin hat letztes Jahr ein Kind bekommen und mir Dr. Maier empfohlen. Sie hat mir auch Ratschläge gegeben, wie ich eine Tagesmutter finden kann.«), sollte die andere auf der gleichen Ebene antworten (»Ich denke viel darüber nach, wie man eine gute Tagesmutter findet. Meine Schwester hat letztes Jahr ein Baby bekommen und lange niemand Passendes bekommen. Haben Sie denn schon jemanden?«). Daraus könnte sich ein tieferes Gespräch entwickeln.
Wenn Ihr Gegenüber jedoch nichts von sich preisgeben mag, ist es klug, einen Rückzieher zu machen, auch wenn das recht unangenehm ist. Er oder sie braucht vielleicht länger zum Aufwärmen. Sie können etwas warten und es dann mit einem anderen Thema versuchen, aber manchmal klappt es einfach nicht. Gloria hat hin und wieder solche Kunden: »Manchmal kommen Leute, die in eisigem Schweigen dasitzen und nichts sagen, das ist furchtbar. Einen, der regelmäßig kommt und immer sehr steif ist, habe ich einmal gefragt, was er und seine Frau am Wochenende unternehmen, und er hat geantwortet: ›Das ist eine sehr persönliche Frage‹. Und schwieg. Ich wollte nur wissen, ob sie vielleicht ans Meer fahren oder so.« Gloria fand ihn arrogant, aber vielleicht war er ja schüchtern.
Schüchterne gehen das Stadium der Offenheit meist überhastet oder zu langsam an. Wenn Sie glauben, daß Ihr Gegenüber eine schlechte Meinung von Ihnen hat, möchten Sie aus Angst, ihn zu langweilen, nichts von sich erzählen. Vielleicht merken Sie gar nicht, daß ihn interessiert, was Sie zu sagen haben. Wenn Sie den Grad Ihrer Offenheit vorsichtig dosieren, wird der andere nicht das

Gefühl bekommen, daß Sie zuviel von sich preisgeben. Es geht immer um Aushandeln und Einfühlungsvermögen.

Wie Schüchterne Small talk machen

Schüchterne führen einen Small talk völlig anders. Statt ihrem Gegenüber zu helfen, sich in der gemeinsamen Situation wohl zu fühlen, kämpfen sie vor allem gegen die eigene Verlegenheit an und wollen keine Mißbilligung oder Ablehnung erleben. Darum wagen sie sich in einem Gespräch nicht vor, indem sie Fragen stellen, offener werden oder Themen anschneiden, die außerhalb ihrer Schutzzone liegen. Weil sie fürchten, das Gesicht zu verlieren oder den anderen zu beleidigen, bleiben sie auf »sicherem Terrain« und beschränken sich auf kurze Antworten, erörtern langatmig Themen des Gesprächseinstiegs, retten sich in ihre Lieblingsthemen oder in Schweigen. All das macht Small talk für die Schüchternen und ihr Gegenüber äußerst mühevoll.

Der ›schüchterne‹ Small Talk verläuft etwa wie folgt:

1. *Gesprächseinstieg.* Schüchterne verharren sehr lange in dieser Phase. Bei der genannten Untersuchung trafen Studenten aufeinander, die sich nicht kannten und die zuvor als schüchtern eingestuft worden waren. Ihre Unterhaltungen begannen mit durchschnittlich dreizehn Redebeiträgen aus dem Themenkreis des Gesprächseinstiegs (selbstsichere Studenten handeln dies in fünf Beiträgen ab), und sie kamen, anders als ihre selbstbewußten Kommilitonen, auch später im Gespräch immer wieder auf die Themen des Gesprächseinstiegs zurück.

Dieser ausgedehnte Gesprächseinstieg kann als längere Aufwärmphase gedeutet werden. Es dauert einige Zeit, bis sich ein schüchterner Mensch entspannt und ein flüssiges Gespräch führt.

2. *Sondierungsphase.* Die selbstsicheren Testpersonen

hakten die Anfangssequenz rasch zugunsten von Sondierungsfragen ab, die sie ihrem Gegenüber stellten – Fragen wie die nach deren Hauptfach, der Semesterzahl, Berufswünschen und so weiter. Die Schüchternen taten das selten, sondern würgten entsprechende Fragen sogar häufig (mit einsilbigen Antworten) ab. Es fehlte ihnen folglich an gemeinsamen Informationen, um ein Gespräch über etwas in Gang bringen zu können, und sie retteten sich rasch wieder in die unergiebigen Themen des Gesprächseinstiegs.

Ein solcher Stil führt leider immer häufiger zu immer längeren Pausen, und Sie tun nichts dagegen. Er kann auch dazu führen, daß andere Sie unhöflich oder abweisend finden, weil Sie Ihrem Gegenüber offenbar nicht entgegenkommen. Wie kann das passieren? Einerseits kann es an Ihrer Angst liegen, bewertet und zurückgewiesen zu werden. Sie glauben, je weniger Sie sagen, um so weniger kann man Sie kritisieren. Dieser Glaube kann aber zum Bumerang werden, weil Sie somit Ihrem Gegenüber die Last der Gesprächsführung aufbürden. Der könnte es bald leid sein, etwas aus Ihnen herauszulocken, und sich lieber jemanden suchen, der entgegenkommender ist.

Das entspricht natürlich genau dem, was Sie erwartet und befürchtet haben: Sie können keinen Small talk machen, andere räumen Ihnen keine Chance ein, Sie sind langweilig, Sie haben mit anderen nichts gemeinsam.

3. *Lieblingsthema.* Die meisten Schüchternen blühen in einer Unterhaltung nur auf, wenn sie Gelegenheit haben, über ihr Lieblingsthema zu reden. Dann allerdings sprudeln sie geradezu über vor Begeisterung – egal, ob es um Ella Fitzgerald oder die japanische Kunst des Origami, die Geschichte des Ersten Weltkriegs, die beste Computer-Software, ihre Arbeit oder um Konzepte zur alternativen Stromgewinnung geht. Leider erfüllt das lücken- und endlose Reden über ein einziges Thema nicht den Tatbestand

einer Unterhaltung. Sie reden nicht mit, sondern zu jemandem. Sie fühlen sich sicher, weil Sie über das Thema mehr wissen als Ihr Gegenüber, und Sie verbuchen das Gespräch möglicherweise sogar als Erfolg, weil Sie ja schließlich mit einem Unbekannten reden.

Nun kann es aber sein, daß Sie andere mit Ihrem Lieblingsthema langweilen. Sie beherrschen das Gespräch, lassen keinen Raum für einen Austausch und ignorieren die Wünsche und die Körpersprache Ihres Gegenübers. Hinzu kommt, daß Sie in Ihrer Schutzzone bleiben und nichts Neues lernen.

Es empfiehlt sich, nur dann über Ihr Lieblingsthema zu reden, wenn Sie dazu befragt werden. Versuchen Sie einzuschätzen, wie sehr sich Ihr Gesprächspartner tatsächlich dafür interessiert, und achten Sie auf jene Anzeichen von Unbehagen und Langeweile, von denen bereits die Rede war. Wenn Sie das unterlassen, wird er mit Sicherheit versuchen, das Gespräch möglichst rasch zu beenden.

4. Rückkehr zu den Themen des Gesprächseinstiegs. Wenn die Sondierungssequenz und das Lieblingsthema kein richtiges Gespräch in Gang bringen, kehren Schüchterne oft in die Sicherheit und Anonymität der Gesprächseinstiegsthemen – also einem Kommentar über den Raum, das Mobiliar, die Temperatur und ähnliches – zurück. Enttäuschung und Unbehagen nehmen zu, das Gespräch endet bald.

Fehler im Small-talk-Stil von Schüchternen

So sehr Sie sich ein Gespräch mit anderen wünschen, Ihre Art des Small talks kann Ihre Chancen auf ein angeregtes, flüssiges Gespräch sehr mindern. Der typische Small talk schüchterner Menschen weist einige Mängel auf, die ein schnelles Ende des Gesprächs herbeiführen und jede Möglichkeit, neue Bekanntschaften zu schließen, zunichte machen können.

- Schüchterne stellen sich weder zu Beginn des Gesprächs noch später vor, wenn es bereits schwieriger ist. Das verzögert oder zerstört ein Gefühl von Nähe.
- Weil sie nichts von sich preisgeben, bekommen Schüchterne kein persönliches Profil, das über die gemeinsame Situation hinausreicht. Da sie nicht nach Gemeinsamkeiten suchen, kommen sie dem anderen nicht näher und geben ihm keinen vernünftigen Grund, sich nochmals mit ihnen unterhalten zu wollen. Deswegen haben sie immer das Gefühl, mit Fremden zu reden. Unter solchen Umständen können keine Freundschaften entstehen.
- Schüchterne werfen keine Themen auf, die beide interessieren. Sie würgen vorgeschlagene Sondierungsthemen ab, indem sie so kurz wie möglich darauf antworten. Das wirkt unhöflich, daher kommt ein Gespräch über die ersten beiden Phasen nicht hinaus – den Gesprächseinstieg und die abgewehrten Sondierungsfragen. Man muß als Gesprächspartner ungewöhnlich hartnäckig und motiviert sein, um eine solche Barriere zu durchbrechen.
- Schüchterne stellen anderen nur Fragen, die sofort wieder versanden, oder rhetorische Fragen zur unmittelbaren Umgebung. Darum wirkt es, als seien sie an ihrem Gegenüber nicht interessiert.
- Schüchterne greifen den Gesprächsfaden nicht an offensichtlichen Punkten auf und bemühen sich auch nicht, Pausen zu vermeiden. Sie lassen sie immer länger werden, was ihr Gegenüber zwingt, ein neues Sondierungsthema aufzubringen, das sie dann womöglich erneut ablehnen. In schüchternen Unterhaltungen gibt es eine vorhersehbare Pausenstruktur: Frage, kurze Antwort, Pause, neue Frage, kurze Antwort, Pause und so weiter. Der andere beginnt sich zu langweilen, weil der Schüchterne nichts zum Gespräch beiträgt.

Warum machen Sie solche Fehler? Weil Sie, wie gesagt, Angst haben, man könnte Sie negativ bewerten. Oder Sie glauben, es sei viel sicherer zu schweigen als über etwas zu reden, wovon Sie keine Ahnung haben. Leider erreichen Sie dadurch nur, daß Sie abweisend, reserviert, uninteressiert und uninteressant wirken.
Vielleicht meinen Sie aber auch, Ihrem Gegenüber einen Gefallen zu tun, wenn Sie ihn reden lassen und sein gebanntes Publikum sind. Vielleicht glauben Sie, Ihre Ansichten seien uninteressant oder unwichtig (»Es will sowieso niemand wissen, was ich denke, warum soll ich mich aus dem Fenster hängen?«). Es fehlt Ihnen das Vertrauen in die Vorhersagbarkeit des Alltags. Sie finden Unterhaltungen mit Fremden riskant. Sie vertrauen nicht darauf, daß andere freundlich und entgegenkommend sein werden. Sie glauben, daß andere mehr Macht haben als Sie und Sie verletzen werden. Sie wollen nicht das Gesicht verlieren. Sie vertreten die Ansicht: ›Je weniger du von mir weißt, um so weniger kannst du mich kritisieren‹. Sie fragen nicht gern, das empfinden Sie als »Anmache«, und darum ist das zu gewagt für Sie. Sie fürchten, jemand könnte Sie als ›neugierig‹ oder ›Schnüffler‹ bezeichnen. Sie flüchten sich sogar im Zweiergespräch ins soziale Schmarotzen – Sie lassen den anderen die ganze Gesprächsarbeit leisten, überlassen es ihm, Sie aus Ihrem Schneckenhaus zu locken und ständig neue Themen vorzuschlagen, über die Sie vielleicht reden wollen.

Wie Sie Ihren Small-talk-Stil verändern können

Wenn Sie wissen, wie Small talk funktioniert und wo seine Fußangeln sind, werden Sie lernen, ihn besser zu beherrschen. Hier einige weitere Vorschläge, wie Sie sich mit Unbekannten anfreunden können:

Stellen Sie sich bald vor. Es ist leichter, sich am Anfang eines Gespräches miteinander bekannt zu machen. Wenn

Sie sich Namen nur schwer merken können, sollten Sie den Namen Ihrer neuen Bekannten mindestens dreimal einfließen lassen oder ihn direkt kommentieren, um ihn sich einzuprägen (»Alessandra, das ist ein seltener Name. Kommt er aus dem Spanischen?«).

Nehmen Sie die Zurückweisung eines Themas nicht persönlich. Wenn Sie eine Frage stellen und Ihr Gesprächspartner nicht darauf eingeht, weist er nicht Sie zurück, sondern das Thema. Vielleicht geht es um etwas, was er nicht schätzt oder wobei er sich unsicher fühlt. Bohren Sie nicht weiter.

Suchen Sie nach einem Thema, das beide interessiert. Seien Sie kreativ. Mögliche Gesprächsthemen finden Sie in der Tageszeitung oder wenn Sie morgens im Bad Radio hören.

Seien Sie »Gastgeber« und nicht »Gast«. Stellen Sie Fragen, und achten Sie beim Gespräch darauf, daß der andere sich wohl fühlt.

Antworten Sie ausführlich. Ein bloßes ›ja‹ oder ›nein‹ bringt ein Gespräch nicht voran. Erzählen Sie etwas von sich, sagen Sie, wenn Sie sich vorstellen, gleich etwas mehr über sich: »Ich arbeite in einem Verlag und bin zuständig für ...« Versuchen Sie, von da aus eine Brücke zu Ihrem Gegenüber zu schlagen: »Was lesen Sie am liebsten?«

Fragen Sie, wenn Sie nicht sicher sind. Das ist der einfachste Weg, eine Pause zu beenden. Sie können beispielsweise um Klärung bitten, wie: »Ich bin nicht sicher, ob ich das richtig verstanden habe. Sie denken also ...« Das zeigt Ihrem Gesprächspartner, daß Sie ihm zuhören, aufmerksam sind und nach Gemeinsamkeiten suchen, und es gibt ihm die Gelegenheit, etwas zu erklären und weiter auszuholen. Aber versichern Sie sich, daß Nachfragen erwünscht sind. Achten Sie auf Anzeichen von Unbehagen.

Meiden Sie Ihre Lieblingsthemen. Auch wenn Ihre Lieblingsthemen für Sie eine Art Sicherheitsnetz sind, können sie Ihnen mehr schaden als nutzen. Meiden Sie sie, es sei denn, sie gehören auch zu den Lieblingsthemen Ihres Gesprächspartners. Achten Sie darauf, ob er Fragen stellt, persönliche Geschichten einflicht und Neues beiträgt. Geschieht das nicht, sollten Sie sich mit einer Bemerkung wie: ›Ich rede und rede, und Sie kommen gar nicht zu Wort. Was sind Ihre Hobbys?‹ zurückziehen.

Erweitern Sie Ihr Spektrum möglicher Gesprächsthemen. Gestatten Sie sich eine Unterhaltung über ein Thema, über das Sie nichts wissen. Sie müssen nicht über Tiefseetauchen oder mittelalterliche Malerei Bescheid wissen. Ihr Gegenüber wird Ihre Aufrichtigkeit zu schätzen wissen, und Sie können vermutlich einiges lernen. Es wird ihm auch gefallen, Ihnen etwas Neues erzählen zu können. Bestätigen Sie Ihren Gesprächspartner mit Äußerungen wie: ›Davon hatte ich ja keine Ahnung‹, oder ›Das stimmt, so habe ich das noch nie gesehen‹.

Achten Sie auf Pausen. Wenn eine Gesprächspause entsteht, sollten Sie sofort eine Frage stellen oder eine Bemerkung machen. Wenn Sie gerade sprechen, müssen Sie hin und wieder innehalten, damit der andere zu Wort kommen kann. Wenn nichts kommt, kann das heißen, daß er sich für das Thema nicht interessiert, nichts zu sagen weiß oder über etwas anderes sprechen möchte. Achten Sie auf Anzeichen, ob er das Thema wechseln oder die Unterhaltung beenden möchte.

Üben Sie sich in der Kunst des Gesprächs. Beginnen Sie einen Small talk, wenn nicht viel davon abhängt. Sprechen Sie jemand in der Schlange vor der Kinokasse an. (Reden Sie zum Beispiel über andere Filme mit dem gleichen Schauspieler oder vom gleichen Regisseur.) Diesen Menschen werden Sie vermutlich nie wiedersehen, Sie können aber ein wenig für Gelegenheiten üben, die für Sie wichtiger sind. Unterhalten Sie sich dann mit Leuten, die Sie jeden Tag an der Bushaltestelle oder in der Kantine sehen. Small talk wird mit jedem Mal einfacher und selbstverständlicher.

Belohnen Sie Versuche, eine Unterhaltung zu führen. Wenn Ihr Gesprächspartner sich große Mühe gibt, sollten Sie ihm mit ungeteilter Aufmerksamkeit und ausführlichen Antworten entgegenkommen. (Das wird nicht möglich sein, wenn Sie immer nur an sich und den Eindruck denken, den Sie gerade machen.)

Seien Sie lebhaft. Nur wenige Menschen fällen in den ersten Stadien einer Unterhaltung ein Urteil über Sie, Ihr Verhalten oder Ihre Person. Riskieren Sie etwas, indem Sie etwas sagen, statt sich in Schweigen zu hüllen.

Sich an einem Gespräch beteiligen

Manche Schüchterne finden es nicht schwierig, mit jemandem, den sie gerade kennengelernt haben, Small talk zu machen, haben aber keine Ahnung, wie man sich in ein Gespräch einschaltet. Wenn sie irgendwohin kommen, wo die Anwesenden sich bereits unterhalten, wissen sie nicht, wie sie sich in die Unterhaltung einschalten können, ohne unhöflich oder anmaßend zu wirken.

Im 10. Kapitel war davon die Rede, wie Kinder sich anderen spielenden Kindern zugesellen. Erst stehen sie am Rand, beobachten das Geschehen und ahmen das Verhalten der anderen Kinder nach. Dann schlagen sie etwas vor, was sie beitragen könnten. Sie helfen den anderen Kindern, machen Vorschläge, wenn das Spiel ins Stocken gerät, bewundern und loben, teilen sich mit und achten immer darauf, was die anderen machen. Ein solches soziales Verhalten zeigt, daß die anderen von dem »Neuen« profitieren werden und ihm vertrauen können, er wird bald an dem Spiel teilnehmen und zur Gruppe gehören. Erwachsene können aus diesem Verhalten lernen. Die

Schritte, sich in eine bestehende Gruppe einzugliedern, bleiben im Grunde ein Leben lang gleich, selbst wenn sich die Situationen und die verfügbaren sprachlichen Ausdrucksmöglichkeiten mit den Jahren ändern.
Auch Erwachsene können mit einem solchen sozialen Verhalten Vertrauen erwerben, sie tun es allerdings häufiger, indem sie etwas von sich und ihrem Leben erzählen. Frauen sprechen über sich, um zu zeigen, daß sie die gleichen Erfahrungen gemacht haben wie andere, während Männer eher versuchen, andere in einer Gruppe auf- oder abzuwerten, um die wahrgenommene Macht- und Statusverteilung zu nivellieren.
Der sukzessive Aufbau von Nähe verunsichert Schüchterne, die entweder sofortige Nähe erwarten (und zu viel von sich erzählen) oder aus Angst gar nichts von sich preisgeben. Zu Beginn ist es oft hilfreich, jemandem eine kleine Gefälligkeit zu erweisen. Fragen Sie auf einer Party Ihren Gesprächspartner, ob Sie ihm etwas vom kalten Büfett mitbringen können. Fragen Sie bei einer Besprechung, ob jemand außer Ihnen Kaffee möchte. Das knüpft erste Kontakte, selbst wenn Ihr Angebot abgelehnt wird.
Am Rand stehen und beobachten hat zwei Vorteile. Zum einen bekommen Sie ein Gefühl für die Gruppe und deren Grad an Vertrautheit, zum anderen gibt es auch der Gruppe die Möglichkeit, sich an Sie zu gewöhnen. Denn die Beziehung zwischen Ihnen und der Gruppe ist gegenseitig. Wenn Sie sich sofort ins Gespräch einschalten, könnte dies die Unterhaltung stören und die anderen könnten Sie als Wichtigtuer empfinden.
Versuchen Sie nicht, das momentane Gesprächsthema zu verändern, sondern gehen Sie darauf ein. Achten Sie darauf, daß auch andere zu Wort kommen. Lächeln und nicken Sie, wenn Sie zuhören. Sollte im Gespräch eine Pause entstehen, ist das eine Gelegenheit für Sie, sich einzubringen. Stellen Sie als erstes eine Frage, statt eine Meinungsäußerung kundzutun, was als zu forsch aufgefaßt

werden könnte. Die anderen sollen Sie in das Gespräch einbeziehen. Sie möchten akzeptiert werden, aber es dauert einige Zeit, bis Sie dazugehören.

Stellen Sie sich vor, Sie kommen dazu, wie vier Kollegen sich lebhaft unterhalten. Sie nehmen an, daß es um die Arbeit geht, beim Näherkommen aber merken Sie, daß sie über die örtliche Fußballmannschaft diskutieren, ein Thema, von dem Sie nichts verstehen und das Sie auch nicht interessiert. Dann können Sie mit einem Lächeln weitergehen und sich einer anderen Gruppe anschließen. Das ist kein Zeichen von Schwäche und für Sie bestimmt angenehmer, als stumm dabeizustehen, während Ihre Kollegen die einzelnen Spieler durchhecheln. Vielleicht kommen Sie mit den Kollegen, die Sie näher kennenlernen wollen, zu einem späteren Zeitpunkt und über ein anderes Thema ins Gespräch.

Um sich einem Gespräch anzuschließen, sollten Sie

- eine Zeitlang am Rand stehen und zuhören
- jemandem eine Gefälligkeit erweisen
- an einer organischen Stelle wie einer entstandenen Gesprächspause das Wort ergreifen
- zunächst Fragen stellen
- es den anderen überlassen, Sie ins Gespräch einzubeziehen
- einen relevanten Gesprächsbeitrag leisten
- weitergehen, wenn Sie zu dem Gespräch nichts beitragen können.

Werden Sie spontaner!

E. Paul Torrance hat sich ausführlich mit Kreativität befaßt und ist zu dem Ergebnis gekommen, daß sie im wesentlichen aus vier Aspekten besteht:

1. Fluß: Die Fähigkeit, sich viele Ideen oder mögliche Lösungen auszudenken.
2. Flexibilität: Die Fähigkeit, sich unterschiedliche Wege der Annäherung und Umsetzung auszudenken.
3. Originalität: Die Fähigkeit, sich ungewöhnliche Möglichkeiten auszudenken, ausgetretene Pfade zu verlassen.
4. Ausführung: Die Fähigkeit, eine Idee in ihren Einzelheiten auszuarbeiten und umzusetzen.

Vielen unbefriedigenden Gesprächen von Schüchternen liegt eine Kreativitätshemmung zugrunde, nicht zuletzt, weil sie offenbar ihre verbale Kreativität einbüßen, sobald sie den Eindruck haben, sie würden bewertet – am häufigsten in sozialen Interaktionen. Sie konzentrieren sich nicht mehr auf die anstehenden Aufgaben, sondern bewerten sich selbst und glauben immer, selbst wenn es nicht der Fall ist, daß andere sie bewerten. (Darum fallen Ihnen all die wunderbaren Antworten erst auf dem Heimweg ein und nicht, solange Sie angestrengt versuchten, eine Unterhaltung zu führen.) Ihnen fällt nichts ein, was Sie sagen oder wie Sie etwas aus einem anderen Blickwinkel sehen könnten; Sie möchten sich ungern an ein neues Thema heranwagen, von dem Sie keine Ahnung haben; Sie führen ein angeschnittenes Thema nicht weiter, weil Sie nicht beharrlich und offen nachfragen.

Das alles bedeutet, daß Sie in Momenten der Schüchternheit Ihre Fähigkeit zu spontanem Handeln einbüßen. Es ist schwierig, sich eine folgerichtige Antwort einfallen zu lassen, wenn man statt vom Gesprächspartner völlig von der eigenen Gefühlslage in Anspruch genommen und flattrig vor Nervosität ist – das narzißtische Paradox. Vergessen Sie nicht, daß Ihr Gehirn sich immer nur einer Sache zuwenden kann. Konzentrieren Sie sich darum auf den Moment, nicht auf Ihre Angst. Wenn Ihnen das

gelingt, nehmen Sie mehr Informationen auf und achten auf das, was gesagt wird.
Ich gebe Ihnen einen Vergleich: ein Journalist, der mit einer Fragenliste in ein Interview geht und davon unter keinen Umständen abweicht, wird möglicherweise einige wirklich spannende Äußerungen seines Interviewpartners gar nicht mitkriegen und nicht nachfragen. Er muß ständig etwas notieren und seine nächste Frage stellen und erfaßt so die verbalen und nichtverbalen Antworten seines Gegenübers gar nicht voll. Natürlich muß er sich vor einem solchen Interview kundig gemacht haben, um die richtigen Fragen stellen und so erfahren zu können, was er wissen möchte, aber er muß auch während des Gesprächs aufpassen. Genau so, wie die Notizen und die vorbereiteten Fragen den Journalisten ablenken, können Ihre Angst oder Ihre nervöse Befangenheit Sie ablenken.
Ein anderer Weg, in Gesprächen kreativer zu werden, ist divergentes Denken, also die Fähigkeit, viele neue Ideen haben zu können oder zwei (und mehr) zusammenfügen zu können, die scheinbar nichts miteinander zu tun haben. Wenn Sie beispielsweise Ihrer Gesprächspartnerin ein Kompliment über ihre Perlenbrosche machen, können Sie erwähnen, daß Sie vor kurzem einen Artikel über Perlentauchen gelesen haben. Von da können Sie das Gespräch auf einen Urlaub auf den Bahamas lenken, Sie können Ihre Gesprächspartnerin fragen, ob sie jemals in der Karibik war und ob sie schon einmal getaucht ist. Ein möglicher nächster Schritt wäre die Frage nach anderen Sportarten, die sie aktiv betreibt, und so weiter.
Kreativität hat nichts mit Intelligenz zu tun. Die folgenden Ratschläge helfen Ihnen, kreativer zu werden:

Erweitern Sie Ihr Wissen. Bringen Sie über eine vorherige soziale Recherche etwas über die Leute in Erfahrung, die Sie bei einer Veranstaltung treffen werden. So können Sie, wenn Sie ihnen gegenüberstehen, bessere Fragen stellen und haben eine breitere Palette möglicher Gesprächsthemen zur Auswahl. Die regelmäßige Lektüre einer Tageszeitung oder eines Nachrichtenmagazins ist immer sinnvoll.

Überdenken Sie, wie Sie Ihre gegenwärtigen Freunde und Bekannten sehen. Vielleicht haben Sie die Menschen in Ihrem Leben zu sehr in Schubladen gesteckt. Schreiben Sie in Ihr Notizbuch die Namen der vielen Menschen, die Sie kennen, und überlegen Sie, welche anderen Beziehungen Sie mit ihnen haben könnten. Können Sie mit Ihrer Friseurin Kaffee trinken? Mit einem Kollegen ins Theater gehen? Mit dem Besitzer Ihres Sportstudios eine Hundeausstellung besuchen? Versuchen Sie, durch Small talk gemeinsame Interessen zu entdecken. Vielleicht hat der Sportstudiobesitzer das Bild eines Dobermanns an der Wand hängen, dann könnten Sie sagen: »Nächste Woche findet eine Hundeschau statt, zu der ich gehen möchte. Hätten Sie Lust, mitzukommen?« Wenn er ablehnt, bedeutet das vielleicht nur, daß er mit Kunden keine privaten Verabredungen trifft. Lassen Sie sich durch eine Ablehnung nicht entmutigen, und versuchen Sie es mit jemand anderem.

Probieren Sie Neues aus. Verlassen Sie Ihren Alltagstrott. Gehen Sie in einen neuen Supermarkt; probieren Sie ein Kleid, eine Frisur oder ein Make-up, die gerade ›in‹ sind; hängen Sie in Ihrem Büro andere Bilder auf oder die jetzigen um; gehen Sie in ein Restaurant, das neu eröffnet hat; kaufen Sie sich einen großen Strauß Blumen; fahren Sie auf einem anderen als dem üblichen Weg nach Hause; und so weiter.

Üben Sie freies Assoziieren. Tun Sie dies in Ihrem Schüchternheits-Tagebuch, bis Sie sich mit Menschen wohler fühlen. Wählen Sie irgendein Thema, und lassen Sie sich überraschen, wohin es Sie führt. Visualisieren Sie verschiedene Szenarien. Zensieren Sie Ihre Einfälle nicht – je wilder sie sind, um so besser. Bringen Sie Dinge zusammen, die normalerweise nicht zusammengehören. Vergleichen Sie beispielsweise die Rolle des Gastgebers bei einem Abendessen mit der Rolle eines Gesprächsleiters bei einer Podiumsdiskussion. So lassen Sie Ihren Phantasien auf konstruktive Weise freien Lauf.

Üben Sie divergentes Denken. Sammeln Sie in Ihrem Tagebuch Ideen, was man alles mit einem Backstein machen kann. Fangen Sie mit Naheliegendem an – ein Haus bauen, eine Terrasse pflastern, ein Bücherregal machen –, und gehen Sie dann zu Ungewöhnlicherem über wie Blumenständer, Türstopper und so weiter. Wählen Sie andere, auch ungewöhnliche Dinge, und wiederholen Sie die Übung. Bewerten Sie Ihre Ideen nicht, das behindert die Kreativität. Geben Sie sich eine Viertelstunde lang ganz diesem unkontrollierten Denken hin, schauen Sie dann die Liste durch und verknüpfen Sie Ideen.

Analysieren Sie Gesprächsmuster. Denken Sie an Unterhaltungen, die erfolgreich verliefen, und versuchen Sie sich zu erinnern, wie sie von einem Thema zum nächsten wechselten.

Fördern Sie Kreativität bei anderen. Unterstützen Sie andere, die gern kreativ sein wollen. Verraten Sie ihnen, auf welche Weise Sie selbst Ihre Kreativität fördern. Berichten Sie von divergentem Denken und freiem Assoziieren, bieten Sie ihnen an, ihre neuen Ideen an Ihnen auszuprobieren, und zeigen Sie durch Ihr Handeln, daß Sie Kreativität fördern.

Belassen Sie es nicht beim Offensichtlichen. Gehen Sie den Sachen auf den Grund. Stellen Sie Fragen.

Man kann immer und überall kreativ sein. Wenn Sie einen kreativeren Gesprächsstil pflegen, können Sie stets die Fäden einer früheren Unterhaltung wieder aufgreifen, neue Fragen stellen oder verwandte Themen anschneiden, um Pausen zu verhindern. Ein kreativer Gesprächsstil ist das Ergebnis kreativen Denkens. Divergentes Denken beispielsweise können Sie immer üben, ob Sie Ihre Phantasie konstruktiv nutzen oder ob Sie mit anderen Menschen zusammen sind, einfach nur ihren Gesprächen zuhören und sich überlegen, wie Sie jeweils antworten würden.

Ein abschließendes Wort über Schüchternheit im Erwachsenenalter

Es spricht vieles dafür, daß die Schwierigkeiten schüchterner Menschen zunehmen, je älter sie werden. Sie sind einsamer; sie haben einen kleineren und weniger belastbaren Bekanntenkreis; es fällt ihnen schwerer, Freunde zu ersetzen, die sie durch Pensionierung, Krankheit oder Tod verloren haben; und sie leben häufiger als andere in Heimen.

Häufig werden Erwachsene nach einer Scheidung oder dem Tod des Ehegatten schüchtern und verlieren ihre bisherige Schutzzone. Im folgenden, dem vierten Teil geht es darum, wie sich Schüchternheit in drei sehr wichtigen Bereichen des Lebens niederschlägt: in Liebesbeziehungen, im Beruf sowie im Umgang mit den neuen Medien in einer sich wandelnden Welt.

Teil IV
Erfolgreich sein – trotz Schüchternheit

Zu den vielen Aufgaben, die man als Erwachsener meistern muß, gehört, Gemeinschaftssinn zu entwickeln, seinen Platz in der Gesellschaft zu finden, eine Partnerschaft einzugehen und zu erhalten, eine Familie zu gründen und eine sinnvolle Arbeit zu verrichten. Bedauerlicherweise ist vieles davon schwierig, wenn Sie wegen Ihrer Schüchternheit meinen, ein Mensch zweiter Klasse zu sein.

Studien haben gezeigt, daß Schüchterne durchaus wissen, was sie tun müßten, um ihr Leben zu verbessern, aber daran zweifeln, daß sie über die dazu nötigen Fähigkeiten verfügen. So wissen Sie vermutlich, daß Sie am Beginn einer Beziehung etwas wagen müssen, sorgen sich aber zu sehr, daß Sie etwas von sich preisgeben müssen, im Zentrum der Aufmerksamkeit stehen werden, zurückgewiesen werden könnten. Sie würden Ihrem Gesprächspartner gern in die Augen sehen, sind aber zu vorsichtig und glauben, dieser Herausforderung nicht gewachsen zu sein. Sie stellen keine Fragen, weil Sie fürchten, neugierig zu wirken, auch wenn Sie wissen, daß es nur Ihr Interesse bezeugt. Sie haben unrealistische Erwartungen – Sie wollen sofort große Nähe und erwarten paradoxerweise von anderen, daß sie Sie aus Ihrem Schneckenhaus herauslocken.

Viele Schüchterne sind extrem nervös und haben über ihre Emotionen wenig Kontrolle. Sie sind völlig von ihren Gefühlen gelenkt, weil sie sich nicht mitteilen und daher weder ihre Realitätswahrnehmung überprüfen noch von anderen einen Rat annehmen. Sie versagen sich den Trost, daß sie nicht der erste Mensch sind, der so etwas erlebt, und fühlen sich in neuen oder schwierigen Situationen allein.

Wenn Sie sich nicht auf Ihre Freunde verlassen, blühen Sozialangst und Selbstzweifel und mindern Ihre Fähigkeit zu konstruktiven Problemlösungen. Wenn Sie ängstlich sind, fehlt Ihnen die Gelassenheit, Probleme zu analysieren und in Einzelschritte zu zerlegen, um sie so leichter bewältigen zu können. Die Sorgen wachsen Ihnen über den Kopf, Sie geraten in einen Teufelskreis. Sie sehen an sich nur Negatives, geben sich aber nie die Chance, einen Erfolg zu haben.

In schwierigen Lebensphasen rutschen Sie leicht in negative, entmutigende Denkspiralen und ein soziales Vermeidungsverhalten hinein. Sie sehen dann keine Hilfe und keinen Ausweg mehr, bleiben, statt Ihre Probleme konstruktiv anzugehen, untätig und grübeln nur weiter nach. Sie glauben, daß niemand Sie versteht, weil ja offenbar im Gegensatz zu Ihnen alle anderen Menschen selbstsicher sind und mit ihren Schwierigkeiten immer spielend fertig werden.

Die Folge davon ist eine schwindende Selbstachtung. Schüchterne versagen nach eigenem Empfinden ständig. Sie wissen, was erwartet wird, trauen sich aber nicht, über ihren Schatten zu springen, haben keinen Erfolg und leiden, weil ihnen nicht gelingt, was ihnen, wie sie wissen, gelingen sollte.

Wie eng Schüchternheit, Unglücklichsein und Einsamkeit miteinander verknüpft sind, ist offensichtlich. Ohne andere Menschen kann man kein glückliches Leben führen. Kontakte zu Menschen bestimmen, wie Sie die Welt und Ihren Platz in ihr sehen, sie schenken Ihnen Hoffnung und den Glauben daran, daß es in Ihrer Macht liegt, Ihr Leben zum Besseren zu verändern, sie fördern Ihre Problemlösungsfähigkeiten und Ihre Motivation.

Von Woody Allen stammt der Satz: »Neunundneunzig Prozent des Lebens bestehen darin, sich nur blicken zu lassen.« Im vierten Teil werden Sie lernen, wie Sie sich trotz Ihrer Schüchternheit in der Liebe, im Beruf und in der Welt »blicken lassen« können.

13. Kapitel
Erfolg in der Liebe

»Ich bin nie zu Hochzeiten, Parties oder dergleichen gegangen«, schrieb mir eine Collegestudentin. »Ich habe noch nie einen richtigen Freund gehabt, weil ich sofort zumache, wenn ein Mann versucht, mit mir zu reden. Das macht mir sehr viel aus, denn meine Freundinnen haben alle Freunde, nur ich nicht, weil ich so schüchtern bin. Es ist absurd!«

»Ich rede mit Frauen nur, wenn sie mich ansprechen«, gestand ein einunddreißigjähriger Arbeitsloser aus New York. »Ich kann einfach kein Gespräch beginnen.«

Ein Lehrer Mitte Vierzig schrieb: »Ich sehe die Gäste einer Party immer als geschlossene Gruppe, die sich alle kennen und prächtig amüsieren, und nicht als eine Ansammlung von einzelnen Menschen mit Fehlern und Enttäuschungen.«

Diesen Menschen fällt es schwer, soziale Kontakte zu knüpfen. Erstaunlicherweise erwähnen nur sieben der 150 Briefschreiber, deren Antworten ich für eine neuere Untersuchung ausgewertet habe, daß Schüchternheit ihr Liebesleben behindere. Nun liegt allerdings das Problem nicht darin, eine gefestigte Beziehung fortzuführen, sondern überhaupt erst einmal Beziehungen zu knüpfen.

Sie finden es schwierig, Leute kennenzulernen, den Mut aufzubringen, sich mit einer attraktiven Frau oder einem attraktiven Mann zu verabreden, bei den ersten Treffen mit einem neuen Partner natürlich und offen zu sein. Das ist verständlich, da Sie nicht wissen, wie man mit neuen

Bekannten Nähe herstellt und Small talk macht. Aber eine romantische Beziehung anzuknüpfen ist nicht so schwierig, wie Sie glauben, mit einigen wenigen Regeln werden Sie das erfolgreich bewältigen können. Manche Menschen beherrschen sie offenbar intuitiv, andere erlernen sie durch Übung, Geduld und Beharrlichkeit.
Zuerst aber wollen wir einen Blick auf die vielen Gründe werfen, warum Schüchterne in und mit der Liebe Probleme haben.

Die Mär von der Liebe auf den ersten Blick

Viele Probleme sind die Folge unrealistischer Erwartungen. Viele Schüchterne glauben zu sehr an die »Liebe auf den ersten Blick«. Das ist allerdings sehr verständlich, denn wenn Ihre Schüchternheit Sie bei der Partnersuche behindert, wäre es wunderbar, wenn Sie allem ein Ende bereiten könnten, indem Sie Ihrer »großen Liebe« begegnen. Dadurch wird allerdings jeder Kinobesuch mit einem flüchtigen Bekannten zum »Rendezvous« – Sie wollen, daß gerade er »der Richtige« ist.
Aber es gibt keine sofortige Nähe und perfekte Übereinstimmung. Gute Beziehungen haben viele Ebenen – psychische, geistige, körperliche, seelische, emotionale und intellektuelle. Auch wenn es im Hollywood-Film immer anders ist: In Wahrheit entstehen Freundschaften und Liebe nicht blitzartig. Zwei Menschen müssen sich aneinander gewöhnen und einander kennenlernen. Das braucht Ausdauer, Geduld und eine wachsende Nähe.
Der Glaube an die Liebe auf den ersten Blick kann Sie stärker unter Druck setzen, so daß Sie bei einer ersten Verabredung noch nervöser und noch weniger Sie selbst sind. Es geht um so furchtbar viel. Und wenn die Situation oder der Betreffende nicht perfekt waren, sind Sie am Ende noch enttäuschter.

Sid, neunundfünfzig Jahre alt und ein sehr erfolgreicher Augenarzt, findet das alles äußerst schwierig. Er wurde unlängst nach dreißig Jahren geschieden, seither verabredet er sich hin und wieder mit Frauen, fühlt sich aber unwohl dabei. »Im Beruf bin ich überhaupt nicht schüchtern. Ich kann mich ohne Zögern vor viele Leute stellen und reden. Dabei habe ich natürlich ein Gefühl von Kontrolle. Ich lerne durch meinen Beruf ständig neue Leute kennen und fühle mich immer wohl dabei. Vielleicht bin ich nur bei Frauen schüchtern. Diese Verabredungen mit Frauen laufen nicht so gut, wie ich erwartet hatte. Ich habe den Eindruck, als hätte ich nichts zu sagen, daß man mir nicht gern zuhört. Ich finde es schwierig, Frauen kennenzulernen. Wenn ich auf einer Party jemanden kenne, komme ich mit der Situation gut zurecht, aber wenn ich den Raum betrete und sehe kein bekanntes Gesicht, mache ich auf dem Absatz kehrt.«
Sid ist ein Opfer des Annäherungskonfliktes sowie falscher Erwartungen. Wenn er nicht sofort mit jemandem Kontakt bekommt, läuft er fort. Durch diese Vermeidung riskiert er nichts, er bringt aber auch nie die Zeit auf, die nötig wäre, um jemanden kennenzulernen.

Wo die Probleme liegen

Gesellig sein ist kein Beliebtheitstest, der Ihr Ego stärkt. Es bedeutet, Kontakte zu knüpfen und anderen zu helfen, einen guten Eindruck zu machen und sich angenommen zu fühlen. Ihre unrealistischen Erwartungen können dies vereiteln. Aber es gibt noch andere Gründe, warum Sie nicht den Liebespartner finden, von dem Sie träumen:

Der Annäherungskonflikt. Sie finden jemanden attraktiv, aber Ihre Befangenheit und Ihre Angst vor Zurückweisung sind so groß, daß Sie weder Ihr Interesse signalisieren noch den ersten Schritt machen. Dieser Konflikt entsteht aus der Angst, einen Narren aus sich zu machen, und dem dringenden Wunsch nach einer liebevollen Beziehung. In Sids Fall behielt die Angst die Oberhand.

Mangel an Selbstvertrauen. Sie haben wenig Vertrauen in Ihre soziale Attraktivität. Schüchternheit ist oft von Zweifeln an der eigenen Anziehungskraft begleitet, Studien haben ergeben, daß Schüchterne sich selbst stets als weniger attraktiv einschätzen, als Menschen es tun, die keine sozialen Ängste haben – und das *unabhängig von ihrem tatsächlichen Aussehen.*

Möglicherweise sind Sie sich Ihres sozialen Wertes nicht bewußt. Vergessen Sie nicht, daß Sie viel mehr zu bieten haben, als auf den ersten Blick erkennbar ist: Sie haben Witz, Sie sind loyal und mitfühlend, können gut zuhören, gut kochen, gut Schach spielen.

Vergleiche. Zwei Arten von Vergleichen erschweren die Suche nach einem Partner. Zum einen Vergleiche mit den anderen Anwesenden, die offenbar viel gewandter sind als Sie und sich problemlos mit allen möglichen Leuten unterhalten können. Ein neunzehnjähriger Bäcker schrieb mir: »Ich werde ziemlich oft eifersüchtig, weil ich einfach nicht verstehe, warum ich nicht sein kann wie andere. Es kommt mir vor, als würde ich als Gesellschaft für andere gar nichts taugen, weil ich nicht immer über seichten Kram reden kann.« Sie können niemanden kennenlernen, wenn Sie sich selbst immer als Verlierer eines unfairen Vergleiches sehen und glauben, daß all Ihre Freunde und Bekannten mit dem anderen Geschlecht besser umgehen können als Sie.

Zum anderen vergleichen Sie sich vielleicht mit dem Menschen, den Sie gern kennenlernen würden, und denken, daß er oder sie zu attraktiv ist, zu elegant, zu cool oder zu intelligent, um sich für jemanden wie Sie zu interessieren.

Probleme mit Komplimenten. Sie haben nie gelernt, wie man ein Kompliment entgegennimmt. Wenn jemand mit Ihnen flirtet, merken Sie es nicht oder tun es als alberne Schmeichelei ab. Am besten akzeptieren Sie Komplimente als ehrlich gemeint und antworten, indem Sie Ihrerseits ein Kompliment machen. Sagen Sie also, wenn jemand bei einer Konferenz Ihre neue Aktentasche bewundert: »Danke, wie schön, daß Ihnen das auffällt. Die meisten Menschen haben keinen Blick für solche Details.« Das spinnt den Gesprächsfaden weiter, Sie können eine Frage anschließen und dann zu Small talk übergehen.

Selbstzerstörerische Annahmen. Es gibt zahllose Annahmen, die eine Romanze beenden, bevor sie beginnt. Sie glauben nicht, daß jemand, den Sie attraktiv finden, Sie auch attraktiv finden könnte. Wenn Sie jemanden kennenlernen, denken Sie nur an frühere, negative Erfahrungen. Wenn Sie einer Frau Avancen machen und sie geht nicht darauf ein, ist das das Ende der Welt. Sie sind so häßlich (dick, dünn, dumm, durchschnittlich, alt, uninteressant), daß niemand Sie je attraktiv finden könnte. Wer Sie näher kennenlernt, mag Sie nicht. Alle finden Sie langweilig.

Wenig Geschick für Small talk. Sie möchten einem Menschen wirklich nah sein, scheuen aber die ersten Gesprächsstufen, die zu dieser Nähe führen werden. Sie versagen sich die entscheidende Aufwärmphase. Nähe kann nur entstehen, wenn man mehr über den anderen weiß. Beim Small talk merken Sie, ob es sinnvoll ist, diesen Kontakt fortzuführen. Wenn Sie beispielsweise erfahren, daß Ihr Gegenüber politisch oder religiös völlig anders denkt als Sie, werden Sie möglicherweise einen anderen Gesprächspartner suchen wollen. Kennenlernen braucht Zeit.

Ständiges Kreisen um sich selbst. Das hindert Sie daran, sich natürlich zu benehmen und Ihrem Gegenüber Ihr wahres Gesicht zu zeigen. Ein Collegestudent klagte: »Ich fühle mich schrecklich, wenn auf einer Party jemand in fünf Minuten oder weniger abzuschätzen versucht, ob ich ein lohnender Neuzugang für seinen Bekanntenkreis bin.« Er glaubt, daß alle nur auf ihn achten und ihm obendrein nicht wohlwollen.

Wenn Sie ständig um sich kreisen, denken Sie vielleicht, jeder müsse merken, daß Sie einen Kontakt knüpfen oder jemanden näher kennenlernen wollen. Sie werden noch verlegener, weil Sie das Gefühl haben, auf einer Bühne zu stehen. Den Raum zu durchqueren und jemanden zum Tanzen aufzufordern ist ein öffentlicher Akt, der ziemlich viel Mut verlangt, und wenn Sie abgewiesen werden, liegt der Gedanke nahe, daß andere Sie negativer beurteilen, als es tatsächlich der Fall ist. Aber falls sie überhaupt über Sie nachdenken, werden Sie sie vermutlich nicht als Versager abtun, sondern es gut finden, daß Sie wenigstens den Versuch gewagt haben.

Probleme mit Offenheit über sich. Sie erzählen entweder zu wenig oder zu viel von sich! Wenn Sie nichts von sich preisgeben, wirken Sie verschlossen, distanziert und arrogant. Wenn Sie zu schnell zu viel sagen, kann das Ihr Gegenüber verscheuchen.

Zu kleines soziales Netzwerk. Es ist schwierig, über den Freundeskreis neue Menschen kennenzulernen, wenn man nur wenige Freunde hat. Vielleicht nutzen Sie Ihre sozialen Kontakte nicht optimal – Sie kommen nicht auf den Gedanken, daß Sie eine Kollegin nach Feierabend zum Essen einladen könnten. Ihr mangelndes Selbstwertgefühl oder Ihre eingefahrenen Denkmuster hindern Sie daran, sich den vielen Menschen, die Sie bereits kennen, auf andere Weise zu nähern.

Die Macht des ersten Eindrucks. Sie sehnen sich so sehr danach, gleich akzeptiert zu werden, daß Sie dem ersten Eindruck zu viel Gewicht beimessen und deswegen zu sehr auf alles bauen, was von sozialem Status kündet – Attraktivität, Statussymbole (bestimmte Kleidung oder

teurer Schmuck) und daß Sie einen Gesprächspartner haben. Da Sie das so sehr beschäftigt, denken Sie nicht daran, daß sich Beziehungen über eine längere Zeit entfalten. Sie glauben, wenn Sie einmal abgewiesen wurden, werden Sie sich nie mehr davon erholen.
Aber das ist nur der erste Eindruck. Sorgen Sie sich weniger um diesen ersten Eindruck und mehr darum, sich während Ihrer Aufwärmphase an die neue Umgebung zu gewöhnen, um Sie selbst sein zu können.
Mangelnde Erfahrung mit Verabredungen. Wenn Sie sich zum ersten Mal mit jemandem verabreden, werden Sie schüchtern sein, weil Sie Ihre Schutzzone verlassen. Vielleicht haben Sie als junger Mensch wenig Erfahrungen mit dem anderen Geschlecht gemacht, sind seit kurzem verwitwet oder geschieden oder müssen über das Scheitern einer Beziehung hinwegkommen.
Vielleicht haben Sie Ihre erste und einzige Jugendliebe geheiratet und wissen jetzt, fünfundzwanzig Jahre später, überhaupt nicht, wie man flirtet oder gar eine Beziehung beginnt – wie der kürzlich geschiedene Sid: »Diese ganze Sache bringt mich völlig durcheinander. Ich weiß nicht einmal, in welcher Altersgruppe ich nach einer Frau suchen soll. Man muß so viel bedenken. Ich habe große Hemmungen. Seit ich damals meine Exfrau geheiratet habe, hat sich alles völlig verändert.«

Keine dieser Schwierigkeiten ist unüberwindbar. Außerdem sind Verabredungen mit attraktiven Menschen, die man nicht kennt, einfach für alle Menschen sehr schwierig. Sie erfordern Gelassenheit, Selbstvertrauen und Charme – Eigenschaften, über die Sie im akuten Zustand der Schüchternheit kaum verfügen. Bremsen Sie Ihr Tempo, und machen Sie sich klar, daß die »Risiken«, die Sie eingehen, nicht sehr riskant sind.

Schüchterne Frauen und schüchterne Männer

Wie in der Jugend beeinflußt Schüchternheit auch im Erwachsenenalter die Geschlechter auf unterschiedliche Weise. Diese Unterschiede hängen eng mit den traditionellen Geschlechterrollen zusammen, die natürlich bei der Partnersuche von besonderer Bedeutung sind.

Schüchterne Frauen

Früher war es akzeptabel, ja, es wurde sogar erwartet, daß Frauen passiv, zurückhaltend und still waren. Zudem ging man davon aus, daß Frauen mehr Gefühle zeigen als Männer. Und obwohl es heute akzeptabel und geradezu erstrebenswert ist, daß Frauen selbstbewußt, unabhängig und aktiv sind, flüchten sich manche, wenn sie einen Mann kennenlernen, in die traditionellen Verhaltensklischees.
Schüchterne Frauen entsprechen diesen traditionellen Geschlechterrollen. In ihrem Umgang mit Männern wird eine schüchterne Frau als kokett, feminin, schwer zu erobern und unbedrohlich wahrgenommen. Wenn sie gut aussieht, ist es für sie noch einfacher, in gesellschaftlichen Situationen passiv zu bleiben. Sie kann einfach warten, bis ein Mann sie anspricht. Studien haben gezeigt, daß attraktive Frauen sich schüchterner geben als unattraktive. Letztere gehen häufiger von sich aus auf Männer zu und verhalten sich generell ungezwungener.
Im Small-talk-Zyklus wird die typische schüchterne Frau ein mögliches Thema nach dem anderen abwürgen. Ein Mann, der mit ihr in Kontakt kommen möchte, muß ständig neue Gesprächsvorschläge unterbreiten. Das ist die Aufwärmphase einer schüchternen Frau, in der sie sich an einen unbekannten Mann gewöhnt. Vor allem attraktive Frauen verhalten sich so, weil sie es gewohnt sind, daß Männer sich um sie bemühen, und weil sie nicht belästigt werden möchten.
Männern macht ein solches Verhalten meist nichts aus.

Wenn sie die Frau anziehend finden, stört es sie nicht, daß sie spröde ist. Mehr noch: wenn sie glauben, daß sie sich mit diesem Verhalten nur rar machen will, umwerben sie sie nur noch heftiger. Ein weniger beharrlicher Mann aber fühlt sich durch das schüchterne Verhalten einer Frau eher abgeschreckt. Er hält die ausgedehnte Aufwärmzeit nicht aus und zieht sich zurück.

Diese Art von »Werbungsritualen« ist für schüchterne Frauen allerdings nicht nur angenehm, denn sie begrenzt ihre möglichen Partner. Sie bekommen es oft mit äußerst hartnäckigen Männern zu tun, die überhaupt nicht zu ihnen passen, die dominierend sind oder meinen, sie könnten Frauen kontrollieren. Außerdem überrascht es manche Männer, wenn die schüchterne, zurückhaltende Frau, mit der sie sich verabredet haben, mit größerer Vertrautheit immer selbstsicherer und unabhängiger wird.

Wegen der erforderlichen Hartnäckigkeit wird ein schüchterner Mann selten zu einer schüchternen Frau durchdringen. Er hat zu viel Angst, sich ihr überhaupt zu nähern, oder gibt zu schnell auf. Außerdem signalisiert eine schüchterne Frau einem schüchternen Mann nicht, daß er sich ihr nähern soll, da sie nicht weiß, wie man flirtet oder wie sie ihm zu verstehen geben soll, daß sie sich gern mit ihm unterhielte.

Es wäre also sinnvoll, wenn eine schüchterne Frau lernt, sich einem schüchternen Mann zu nähern oder zumindest weniger abweisend auf ihn zu wirken. Hier einige Ratschläge, wie Sie mit Männern – ob schüchtern oder nicht – Kontakte aufnehmen können:

- Versuchen Sie, beim Small talk nicht so kurz angebunden zu sein, um einen schüchternen Mann nicht zu entmutigen.
- Lächeln Sie, nicken Sie, zeigen Sie sich interessiert. Suchen Sie Blickkontakt, statt auf Ihre Füße oder an Ihrem Gesprächspartner vorbei zu schauen.

- Führen Sie eine Unterhaltung, wenn Sie – ob beruflich oder privat – in einer Gruppensituation sind. Machen Sie Small talk. Signalisieren Sie Ansprechbarkeit.
- Würdigen Sie die Aufmerksamkeit, die Sie bekommen. Antworten Sie, wenn jemand Sie anspricht. Geben Sie sich nicht blasiert.
- Nehmen Sie mit anderen Kontakt auf, indem Sie ihnen eine kleine Gefälligkeit erweisen. Bieten Sie an, etwas zu trinken oder zu essen zu holen oder auf andere Weise behilflich zu sein.
- Laden Sie einen Mann, der Ihnen gefällt, in einen Verein oder eine Gruppe ein, der Sie angehören.
- Wenn ein Mann Sie angesprochen und Sie ihn abgewiesen haben, weil Sie mit der Situation noch nicht warm und deswegen befangen waren, nehmen Sie später, wenn Sie nicht mehr so nervös sind, den Gesprächsfaden mit ihm wieder auf.
- Versuchen Sie, das Gespräch nicht einseitig werden zu lassen. Nähe entsteht nur, wenn zwei Menschen sich kennenlernen. Wenn Sie mehr über ihn erfahren, wird Ihnen die Wahl eines Themas leichter fallen.
- Bleiben Sie nicht passiv. Reden Sie.

Schüchterne Männer

»Ich hatte eine ganz furchtbare Jugend, deren Auswirkungen ich erst jetzt in der Therapie entdecke«, schrieb mir ein vierunddreißigjähriger Musiker. »Auf eine sorglose Kindheit als verwöhntes ›Nesthäkchen‹ der Familie folgte die Quälerei durch einen älteren, gewalttätig veranlagte Bruder, der nicht nur stärker war als ich, sondern der mich vor Gleichaltrigen demütigte und schikanierte, um Mädchen zu imponieren. Ich lernte daraus, daß ich nur überleben kann, wenn ich jeder unheilvoll wirkenden Situation und allen ›Männlichkeitsbeweisen‹ ausweiche – indem ich mich unsichtbar mache.«

Dieser bedauernswerte Mann wurde durch traurige

Erfahrungen schüchtern. Ein anderer wurde fast aus Trotz schüchtern:

> Ich habe in den letzten Jahren viel über meine Schüchternheit nachgedacht und weiß, daß ich seit der Pubertät schüchtern bin. Davor war ich recht gesprächig und in der Schule lebhaft, aber das änderte sich, als ich etwa zwölf Jahre alt war. Ich hörte ständig, meine Einstellung zu Frauen würde sich bald ändern, ich würde mich bald für sie interessieren. Dieser Meinung war ich nicht. Ich war stur genug, lange daran festzuhalten, und war bestimmt schon siebzehn, als ich über all das nochmals nachdachte. Da hatten meine Gleichaltrigen bereits einige Jahre Erfahrung im Umgang mit Mädchen, die mir natürlich fehlten, und die Folge davon war, daß ich mich von Frauen immer fernhielt, weil ich Angst hatte, daß sie merkten, wie unerfahren ich war. Ich wartete, und mit der Zeit wurde die Kluft immer größer.

Dieser Mann leidet darunter, daß seine Entwicklung verzögert verlief, und hat jetzt das Gefühl, den Vorsprung der anderen nie mehr aufholen zu können.
Generell gesprochen ist Schüchternheit für Männer problematischer als für Frauen, die sich, wenn sie unsicher werden, auf die traditionelle weibliche Rolle zurückziehen und dennoch akzeptiert (vielleicht sogar begehrt) werden können. Schüchterne Männer hingegen entsprechen nicht dem gängigen Männlichkeitsideal von Durchsetzungskraft, Selbstsicherheit und dynamischem Tatendrang. Sie nehmen nicht von sich aus Kontakte auf. (Der »große Schweiger« hingegen ist alles andere als schüchtern. Er ist verschlossen, selbstsicher und hat alles im Griff, Wesenszüge, die viele Frauen an Männern schätzen.) Ein schüchterner Mann wird als schwach, feige und neurotisch wahrgenommen. Sieht ein schüchterner Mann

gut aus, werden Frauen seine Nähe suchen, aber er muß sich auch selbst bemühen.
Schüchterne Männer haben oft kein Selbstvertrauen. Nicht nur sind sie in ihrem sozialen Verhalten unsicher, sie halten sich auch für unattraktiv. Es erscheint ihnen als großes Wagnis, eine Frau anzusprechen, und sie erwarten, abgewiesen zu werden.
Der Zyklus mißlungener sozialer Interaktionen beginnt mit den negativen inneren Monologen des Schüchternen (»Mit einer trüben Tasse wie mir redet sie sowieso nicht.«), was den Blickkontakt unstet werden läßt. Dieses nichtverbale Signal empfindet eine Frau als unangenehm, es macht sie verlegen und führt dazu, daß sie sich zurückzieht. Dann finden beide negative Erklärungen. (Er: »Das ist alles meine Schuld. Ich kann nicht mit Frauen reden.« Sie: »Er interessiert sich nicht für mich. Er sieht mich nicht einmal an – er guckt, was hier sonst noch los ist.«) Das führt zu einer unnatürlichen Interaktion, zu noch mehr Vermeidung, noch mehr Pausen und einem wachsenden Zwiespalt zwischen Bleiben und Gehen. Die Unterhaltung rettet sich auf das thematische Niveau des Gesprächseinstiegs. Schließlich wird die negative Selbsteinschätzung des schüchternen Mannes von der Wirklichkeit eingeholt – die Frau hat keine Lust, sich mit ihm zu unterhalten.
Nicht nur entsprechen schüchterne Männer *nicht* den traditionellen Rollenvorstellungen, ihre Befangenheit wirkt zudem auf Frauen verunsichernd und abstoßend. Am Anfang eines Gespräches zappeln schüchterne Männer herum, wenden sich nicht mit dem Körper zu ihrem Gegenüber hin, meiden Blickkontakt und lassen peinlich lange Pausen entstehen. (Wenn Frauen sich so verhalten, stört das Männer nicht.) Sie vermitteln der Frau kein Gefühl von Zugewandtheit. Der Mann fühlt sich fraglos unwohl, aber er macht damit auch seine Gesprächspartnerin nervös. Schweigen und ein Gefühl von Peinlichkeit

nehmen überhand, das Gespräch wird gezwungen und hölzern und kommt schließlich völlig zum Erliegen.

Schüchterne Männer fürchten sich davor, mit Frauen, die sie nicht kennen, ein Gespräch führen zu müssen, und sie sorgen sich sehr, worüber sie bei einer Verabredung sprechen sollen: »Ich weiß nie, was ich sagen soll. Wenn ich viele Fragen stelle, fragt sie, ob ich sie verhören will. Wenn ich keine Fragen stelle, sagt sie, daß ich mich nicht für sie interessiere. Wenn ich viel rede, Geschichten erzähle und so weiter, denkt sie, daß es mich nicht interessiert, was sie zu sagen hat. Wenn ich wenig rede, sagt sie, daß ich langweilig bin – was soll ich also tun?« Andere werden hochnervös, wenn die Unterhaltung nicht richtig in Gang kommt. Ein Student sagt: »Nach einiger Zeit ist man mit den Themen Wetter, Seminare und Professoren durch. Wenn einem dann nichts mehr einfällt, wird es grauenvoll.« Dieser junge Mann hat nicht gelernt, wie er vom Gesprächseinstieg zu den Sondierungsfragen und von dort zu einem lebhafteren Gedankenaustausch kommt.

Auch wenn es paradox wirkt: Frauen, die mit schüchternen Männern ausgehen, sind häufig unerwünschten sexuellen Avancen ausgesetzt. Offenbar glauben diese Männer, weil sie zu schüchtern sind, um etwas zu sagen, müßten sie sich der Frau irgendwie anders nähern. Sie begreifen nicht, daß eine Frau, die sich mit ihnen unwohl fühlt und nicht vernünftig unterhalten kann, auch keine intime Beziehung zu ihnen aufnehmen möchte.

Läßt eine Frau einem Mann bei einem solchen Treffen genug Zeit, um sich zu entspannen, und ermuntert sie ihn, etwas zu sagen, kann die Verbindung unter Umständen weitergehen. Aber Sie müssen lernen, sich einer Frau zu nähern, um nicht zu sehr auf deren Entgegenkommen angewiesen zu sein. Wenn weder er noch sie es wagt, den ersten Schritt zu tun, werden sich zwei Schüchterne kaum kennenlernen können. Das führt zu vielen verpaßten Chancen und zu unerwiderter Liebe, außerdem bestätigt es Ihre schlimmsten Gedanken über sich selbst, nämlich, daß Sie nicht liebenswert sind, nichts wert und zu einem Leben in Einsamkeit verdammt.

Brian Gilmartin von der Montana University hat Männer studiert, die in ihrem ganzen Leben noch nie mit einer Frau ausgegangen waren. Diese einsamen Menschen haben keine engen Verbindungen zu anderen Männern und hatten in ihrer Kindheit und Jugend praktisch keine Kontakte zu Frauen. Sie haben keine Schwestern, keine weiblichen Bekannten, keine enge Beziehung zu ihrer Mutter oder anderen weiblichen Verwandten. Daher haben sie nie gelernt, wie man mit Frauen eine platonische oder romantisch gefärbte Beziehung eingeht. Als Erwachsene wissen sie überhaupt nicht, wie sie mit Frauen umgehen sollen, aber sie phantasieren viel und haben völlig unrealistische Vorstellungen davon, wie Frauen sind. Ihr Erfahrungsschatz auf den Gebieten Partnerschaft, Sexualität und Liebe hinkt extrem weit hinter dem ihrer Altersgenossen hinterher.

Wenn das Sie oder Ihre Erfahrungen beschreibt, sollten Sie die Hoffnung nicht aufgeben. Sie können viel tun, um Ihre Angst vor Zurückweisung abzubauen:

Suchen Sie die Gesellschaft von Frauen. Fangen Sie an, sich überhaupt mit Frauen zu unterhalten. Das wird Ihnen die dringend nötige Übung geben, ohne solche Gespräche mit einer Frau »probieren« zu müssen, an der Ihnen wirklich liegt. So können Sie sich an den Umgang mit Frauen gewöhnen, ohne den furchtbaren Druck, unbedingt einen guten Eindruck machen zu müssen.

Schaffen Sie den Rahmen für ein persönlicheres Gespräch. Wer etwas will, muß etwas wagen. Dabei ist es wichtig, Ihren Wunsch nach einem persönlicheren Gespräch zu signalisieren und zugleich die Gefahr einer Zurückweisung so gering wie möglich zu halten. Sie zeigen Ihre Gefühle, indem Sie den Grad der Nähe lenken.

Sagen Sie auf einer Party: »Können wir uns irgendwo unterhalten, wo es nicht so laut ist?« Fragen Sie bei einer Fachkonferenz: »Können wir uns irgendwo treffen, wo es weniger förmlich zugeht?« Sagen Sie beim Treffen Ihrer Greenpeace-Gruppe: »Vielleicht können wir uns nach dem Infostand am nächsten Samstag noch auf einen Kaffee treffen?« oder, »Vielleicht hast du heute nach dem Treffen noch Zeit, mit in die Eckkneipe zu gehen?«

Seien Sie beharrlich. Sie brauchen Ihre Aufwärmphase, aber das gilt auch für die Frau.

Machen Sie kurze Pausen, um Ihrer Gesprächspartnerin eine Gefälligkeit zu erweisen. Das läßt Sie fürsorglich erscheinen und hat außerdem den Vorteil, daß Sie beide sich in der Zeit, die Sie brauchen, um Getränke, Erdnüsse und ähnliches zu holen, entspannen und sammeln können. Der Kontakt muß kontinuierlich sein, nicht ununterbrochen.

Wiederholen Sie Ihre Annäherungen. Machen Sie nicht Ihr ganzes Selbstwertgefühl vom Erfolg oder Mißerfolg einer einzigen Begegnung abhängig. Wenn Sie jemanden regelmäßig sehen – im Seminar, an Ihrer Arbeitsstelle, in Ihrer Freizeit, im Bus –, die Sie gern kennenlernen würden, sollten Sie sie regelmäßig grüßen und ein paar Sätze mit ihr wechseln. Das erlaubt Ihnen beiden, sich ein wenig aneinander zu gewöhnen. Diese Wiederholung und Kontinuität schafft Vertrautheit. Sie müssen nicht all Ihre Karten auf eine einzige Begegnung setzen. Das entschärft den Annäherungskonflikt, das Risiko ist geringer.

Sehen Sie »Zurückweisungen« in einem anderen Licht. Sehen Sie Ihre ersten Annäherungsversuche als Einübung. Sie müssen nicht gleich beim ersten Mal oder der ersten Frau Erfolg haben. Wenn sie nicht interessiert ist, können Sie aus dieser Erfahrung für Ihren nächsten Versuch lernen. Werten Sie eine Abfuhr nicht als persönliches Versagen oder beabsichtigte Kränkung, sondern als Anregung, Feedback und Informationsquelle.

Überlegen Sie, was Sie getan und gesagt haben. Haben Sie zu schnell zu viel von sich erzählt? Haben Sie Blickkontakt gehalten? Haben Sie offene Fragen gestellt? Haben Sie die Unterhaltung mit Ihrem Lieblingsthema erstickt? War sie in Eile, oder wollte sie sich mit jemand anderem unterhalten? Das ist ihre Entscheidung. Haben andere Faktoren (wie der Ort der Begegnung) eine Rolle gespielt? Erwägen Sie diese und weitere Möglichkeiten in Ihrem Schüchternheits-Tagebuch.

Denken Sie nur an Ihre Erfolge. Schüchterne neigen dazu, ihre Erfolge zu mißachten und ihre Niederlagen groß zu schreiben. Merken Sie sich, wenn etwas gut klappt – was Sie gesagt oder getan haben, um die Frau an einem Gespräch zu interessieren. Haben Sie vielleicht etwas gefragt, was Sie beide interessiert (Pläne für Infostände, Aufzeichnungen des letzten Seminars), haben Sie mehrere Anläufe gemacht, bevor Sie ein längeres Gespräch anfingen, haben Sie einen Witz erzählt oder eine besonders auffallende Krawatte getragen? Haben Sie morgens die Nachrichten gehört und hatten daher etwas zu sagen?

Verabreden Sie sich mit mehreren Frauen. Das macht die einzelne Verabredung weniger wichtig. Wenn es nicht gut läuft, sind Sie nicht am Boden zerstört. Es gibt immer noch andere.

Sprechen Sie mit Männern und Frauen. Wenn Sie bei einer Party, einer Veranstaltung oder ähnlichem Ihre Gesprächspartner wechseln, fühlen Sie sich sicherer. Es entlastet sowohl Sie als auch die Frau, wenn Sie sich auch mit Männern unterhalten, weil das dem Gespräch einen unverbindlicheren (statt allzu persönlichen) Charakter gibt. Zudem wird es für Sie und die anderen Anwesenden weniger intensiv, weil Sie nicht die ganze Zeit »unter Strom« stehen.

Beherzigen Sie den Rat, Ihre Offenheit zu dosieren. Wenn Ihre Gesprächspartnerin zögert, stottert oder deutlich

abkühlt, ist sie möglicherweise beunruhigt. Das kann bedeuten, daß Sie zu stürmisch vorgehen.
Sagen Sie es anderen. Erzählen Sie Ihren Freunden und Bekannten, daß Sie gern neue Leute kennenlernen möchten.
Es hat viele Vorteile, ein erfolgreich schüchterner Mann zu sein. Wenn Sie eine Partnerin gefunden haben, haben Sie viel zu bieten: Sie sind aufmerksamer, loyaler und können zuhören. Sie nehmen Beziehungen ernst und sind rücksichtsvoll.

Wie man mögliche Partner kennenlernt

Viele Schüchterne wissen nicht, wie und wo sie mögliche Partner kennenlernen können. Am üblichsten ist der Versuch, jemanden in einem Lokal oder einer Diskothek kennenzulernen. Aber weil es Schüchternen so schwerfällt, Fremde anzusprechen, sind gerade diese »Szenen« besonders schwierig für sie. Wie Sid sagt: »Ich kann doch nicht einfach in einem Lokal auf eine Frau zugehen und anfangen, mit ihr zu reden.« Und eine öffentliche Zurückweisung schmerzt besonders.
Um das zu umgehen, versuchen viele Schüchterne es mit Bekanntschaftsanzeigen, Chatrooms im Internet und mit Single-Clubs. Alle drei Wege sind sinnvoll, weil sie Männer und Frauen, die als Partner nicht in Frage kommen, gleich aussortieren, aber sie haben auch ihre Schattenseiten.

Anonyme Arten des Kennenlernens

Zu den Arten anonymer Kontaktaufnahme zählen Chatrooms im Internet, Bekanntschaftsanzeigen sowie Vermittlungsversuche durch Computer, Video oder Heiratsinstitute, sie alle sind vermittelt und relativ sicher, da das

Risiko minimal ist und sie wenig Mühe kosten. Diese Wege haben einige Vorteile: Sie eröffnen Ihnen ein größeres Spektrum an Alternativen, helfen Ihnen, Kontakte zu knüpfen, sparen Zeit und liefern Ihnen eine gute Erklärung für Mißerfolge, denn wenn das Treffen mit einem möglichen Kandidaten schlecht läuft, können Sie immer sagen, das Institut habe sie schlecht vermittelt.

Anonyme Wege könnten Ihnen gefallen, weil sie Ihnen die Schwierigkeiten der ersten Kontaktaufnahme ersparen. Bei E-mails oder Bekanntschaftsanzeigen müssen Sie nicht spontan sein oder Gespräche führen, sondern Sie können Ihren Text ausfeilen. Wenn Sie mit Ihrem Aussehen oder Ihren sozialen Talenten nicht zufrieden sind, können Sie sich völlig neu erfinden. Bei einem Heiratsinstitut können Sie den idealen Partner verlangen, und andere können Sie glauben machen, die Frau (oder der Mann) Ihrer Träume zu sein.

Bei Chatrooms und Bekanntschaftsanzeigen lassen sich ungeeignet wirkende Kandidaten leicht aussortieren. Da Chatrooms nach Interessen organisiert sind, können Sie sich des langen und breiten über Ihr Lieblingsthema auslassen und werden vermutlich mit Leuten in Kontakt kommen, die dieses Thema ebenso faszinierend finden wie Sie. Bei dem Studium von Bekanntschaftsanzeigen bekommen Sie einen ersten Eindruck von der anderen Person. Die Begegnung findet nur in Ihrer Vorstellung statt, körperliche, psychische und soziale Aspekte einer Beziehung spielen (zumindest zunächst) keine Rolle. In gewisser Weise verkürzt das Ihre Aufwärmphase, weil es Sie weniger ängstigt, eine E-mail oder einen normalen Brief zu schreiben.

Diese anonymen Anknüpfungsarten sind als Einstieg durchaus akzeptabel, aber nur so können Sie einen Lebenspartner nicht kennenlernen. Früher oder später muß es zu einem persönlichen Treffen kommen, und wenn Sie schüchtern sind, kann das schwierig werden.

Eine Gefahr ist, daß Sie allzu hohe Erwartungen an Ihren neuen Bekannten haben (was Ihnen angst macht), die andere, daß Sie selbst nicht dem Bild entsprechen, das Sie von sich gezeichnet haben (was noch mehr angst macht). Das endet für beide mit einer Enttäuschung.
Sie mögen Bekanntschafts- und Heiratsinstitute für risikolos halten, weil alle Beteiligten unverheiratet und bindungswillig sind und das Institut sie füreinander ausgesucht hat. Aber auch hier lauern viele versteckte Fallen. Heiratsinstitute können Ihnen zwar bei der Suche nach einem passenden Partner helfen, nicht aber dabei, mit ihm ein Gespräch zu führen und eine Beziehung einzugehen. Das bleibt problematisch – die Erfolgsrate liegt bei mageren zehn Prozent.
Warum nur zehn Prozent? Zunächst einmal ist niemand zur Ehrlichkeit verpflichtet. Kunden können sich selbst darstellen, wie sie es wollen, und der mögliche Partner hat das Bild von sich möglicherweise ebenso »geschönt« wie Sie selbst. Wenn Sie zudem sehr genaue Vorstellungen davon haben, wen Sie suchen, werden Sie viele Kandidaten sofort ablehnen, was dem Sinn und Zweck eines Bekanntschaftsinstituts zuwiderläuft. Seien Sie offener. Vielleicht werden Sie angenehm überrascht.
Denkbar ist auch, daß Sie sich bei einem Institut anmelden, ohne zu wissen oder formulieren zu können, was Sie von einem Partner erwarten. (Oder Sie belügen sich und andere, indem Sie sagen, das Aussehen spiele keine Rolle, obwohl Sie darauf in Wirklichkeit sehr viel Wert legen.) Vielleicht haben Sie unrealistische Erwartungen und geben zu schnell auf, weil es ja immer noch andere Kandidaten gibt. Sie könnten versucht sein, sich eine »Marktübersicht« zu verschaffen, und dabei auf ein Angebot warten, das alle bisherigen übertrifft. Das ist vor allem bei Menschen problematisch, die nur langsam auftauen und sowieso dazu neigen, schnell einen Rückzieher zu machen.

Kein Heiratsinstitut dieser Welt kann Ihre Nervosität besänftigen, wenn Sie den möglichen Kandidaten zum ersten Mal treffen. Solche Verabredungen finden meist in einer sehr gesprächszentrierten Atmosphäre statt – einfacher gesagt: zwei Leute sitzen sich an einem Tisch gegenüber. (Nicht gesprächszentriert sind beispielsweise Kinobesuche.) Die von Ihnen erwartete Offenheit und Ihre Nervosität bereiten Ihnen vermutlich Probleme, vielleicht überstürzen Sie die Sache, weil Sie ungeduldig sind, oder Sie treiben sie nicht voran, weil Sie Angst haben.
Heirats- und Bekanntschaftsinstitute bieten Ihnen die Gelegenheit, Menschen kennenzulernen, nicht mehr und nicht weniger. Es liegt an Ihnen, eine solche Verabredung zu einem Rendezvous zu machen, indem Sie Nähe herstellen und ausbauen. Heiratsinstitute arbeiten effizient und nach festen Regeln, aber leider gibt es keine Zauberformel für eine gute Beziehung, nicht einmal dafür, wie Sie einen Menschen finden, der gut zu Ihnen paßt. Untersuchungen zeigen immer wieder, daß die meisten Menschen nach Äußerlichkeiten urteilen und nicht auf wichtige, aber weniger offensichtliche Dinge wie Religion, Einkommensverhältnisse, Schichtzugehörigkeit, Rasse und sexuelle Wünsche achten.
Wenn Sie die Dienste eines solchen Instituts in Anspruch nehmen wollen, sollten Sie auf folgendes achten:

- Ehrlichkeit ist die beste Strategie. Sie können sich in Ihrer Selbstbeschreibung so perfekt machen, wie Sie wollen, aber was geschieht, wenn Sie wirklich jemanden treffen?
- Überlegen Sie gut, wie allgemein und wie spezifisch Sie in Ihrer Selbstbeschreibung sein sollten. Die Informationen des Instituts sind vermutlich unzureichend, es sind erste Anhaltspunkte, die überprüft werden müssen. Wenn jemand schreibt: »Ich bin gern in der Natur«, denkt er dabei vielleicht an einen halbstündi-

gen Waldspaziergang, Sie hingegen an Bergwandern und Ferien auf dem Fahrrad. Wenn jemand Ihre Liebe zum Theater teilt, kann er in religiösen, weltanschaulichen oder politischen Fragen völlig anderer Ansicht sein als Sie. Das alles erfahren Sie erst, wenn Sie den Menschen näher kennenlernen. Seien Sie realistisch.

- Seien Sie sich darüber im klaren, wen Sie suchen. Wenn das Aussehen für Sie wichtig ist, stehen Sie dazu. Aber wenn Sie eine dauerhafte Beziehung suchen, sind andere Faktoren auf lange Sicht vielleicht wichtiger.
- Rechnen Sie mit Überraschungen. Menschen beschreiben sich oft falsch oder sehr geschönt. Ein Treffen mit ihnen kann Sie sehr verblüffen.
- Gestalten Sie Ihre Selbstdarstellung etwas persönlich. Erwähnen Sie Dinge, die Ihnen wichtig sind. Sagen Sie, daß Sie Vegetarierin sind oder Ihren Beruf lieben. Wenn Sie über etwas reden, was Sie gern tun, werden Sie lebendiger, und Ihre Persönlichkeit gewinnt an Kontur. Wenn Sie Witz haben, arbeiten Sie eine lustige Selbstdarstellung aus.
- Sprechen Sie »wichtige« Themen beizeiten an. Religion, gesellschaftlicher Status, Ausbildungsstand und dergleichen können von ausschlaggebender Bedeutung sein.
- Seien Sie realistisch. Denken Sie daran, daß nur jeder Zehnte auf diesem Weg eine dauerhafte Beziehung findet. Institute sind gut, um viele mögliche Partner kennenzulernen, aber bei den Verabredungen sind Sie wieder auf sich gestellt.
- Nehmen Sie Zurückweisungen nicht persönlich. Manche Menschen urteilen schnell und gehen zum nächsten Kandidaten über. Sie hatten vielleicht nicht genug Zeit, um einen guten Eindruck zu machen.

Nutzen Sie Heirats- und Bekanntschaftsinstitute zusätzlich zu anderen Wegen, einen Lebenspartner kennenzulernen. Laden Sie Menschen aus Ihrem »normalen« Leben zum Abendessen, ins Kino, zu einem Besuch des Botanischen Gartens ein. Erzählen Sie in Ihrem Bekanntenkreis, daß Sie sich gern verlieben würden. Feilen Sie an Ihren sozialen Fertigkeiten.

Halb-anonyme Arten des Kennenlernens

Hierzu gehören Single-Clubs, Single-Parties und so weiter. Sie lernen viele Menschen persönlich kennen, werden aber keinem »zugewiesen«. Ziel ist es, sich in lockerer Atmosphäre kennenzulernen.

Bei den halb-anonymen Arten des Kennenlernens können Sie Ihre sozialen Fertigkeiten üben und Menschen persönlich (statt per Brief oder Computer) kennenlernen. Oft sind solche Gruppen um gemeinsame Interessen organisiert. Aber es genügt nicht, zu den Veranstaltungen einfach nur hinzugehen, Sie müssen auch mit Leuten in Kontakt treten. Und leider werden derartige Veranstaltungen leicht zur »Fleisch-Schau« – wer charmant und selbstsicher ist, lernt Leute kennen, die Schüchternen gehen leer aus. Und wenn das Geschlechterverhältnis unausgeglichen ist, wird es den Schüchternen des zahlenmäßig überlegenen Geschlechts schwerfallen, bemerkt zu werden oder zum Zuge zu kommen.

Joan Goldstein ist die Gründerin und Leiterin der Conscious Singles Connection in Manhattan. Sie organisiert Single-Veranstaltungen für Menschen, die an persönlichem Wachstum und einer gesunden Lebensführung interessiert sind, und hat Erfahrungen mit Hunderten von Singles. Sie sagt, daß Schüchterne dazu tendieren, bei Gruppentreffen an der Wand oder am Rand der Gruppe zu stehen und darauf zu warten, daß jemand sie anspricht – obwohl der erklärte Zweck solcher Treffen ist, andere Singles kennenzulernen und obwohl alle Anwesenden Eintritt bezahlt haben. Sie hat einige Ratschläge, wie man bei solchen Treffen gelassen bleibt:

Stellen Sie sich eine Aufgabe. Nehmen Sie sich vor: »Ich rede mit drei Menschen, die ich nicht kenne, sie müssen nicht einmal dem anderen Geschlecht angehören.« Wenn Sie die Treffen als Hausaufgabe und nicht als Versuch sehen, die Liebe Ihres Lebens kennenzulernen, fallen sie Ihnen leichter.

Benutzen Sie einen ›Aufhänger‹. Sie sollten immer einen ›Aufhänger‹ haben und bei anderen danach Ausschau halten: das ist ein außergewöhnliches Schmuck- oder Kleidungsstück, ein Buch, irgend etwas, das auffällig genug ist, um daran einen ersten kleinen Kommentar »aufhängen« zu können, ohne allzu persönlich werden zu müssen. Ein Aufhänger gibt jemandem die Möglichkeit zu sagen: »Oh. Das ist aber eine tolle Krawatte!« Und Sie können antworten: »Danke, ich habe sie in Venedig gekauft.« Das ist ein guter Anknüpfungspunkt für ein längeres Gespräch.

Sie können auch, falls Sie zur Schüchternheit neigen und nach einem Gesprächsthema suchen, jemanden auf seinen (oder ihren) Aufhänger ansprechen: »Das ist ein schöner Pullover. Ist er handgestrickt?« oder: »Ein wunderbares Buch! Ich habe es richtig bedauert, als ich auf der letzten Seite war!«

Beteiligen Sie sich am Geschehen. Das ist eine hervorragende Strategie für Schüchterne. Wenn Sie bei solchen Treffen eine Aufgabe übernehmen, zum Beispiel Getränke ausschenken, Broschüren verteilen oder die Teilnehmerlisten für die geplanten Aktivitäten führen, lernen Sie viel leichter Menschen kennen. In dieser Rolle sind nicht wirklich *Sie* es, die mit Fremden spricht. Sie haben einen Job übernommen, und zu dem gehört, daß Sie mit Unbekannten sprechen.

Persönliche Arten des Kennenlernens

Der erfolgversprechendste Weg, jemanden kennenzulernen, sind gemeinsame Freunde. Sid sagte: »Wenn ich bei Freunden eine Frau kennenlerne, fühle ich mich wohl.

Das Eis ist schon gebrochen, weil wir gemeinsame Freunde haben, und ich werde auch nicht nervös, weil wir ja mit anderen zusammen sind, die ich schon kenne.«

Das persönliche Kennenlernen gehört aber auch zu den riskantesten Methoden. Wenn Sie mit jemandem ein Gespräch beginnen, sei es bei Freunden, bei einer Veranstaltung oder im Beruf, wird der erste Kontakt nicht durch eine Organisation oder einen Vermittler erleichtert.

Sid gesteht: »Ich brauche sehr viel Mut, um eine Frau anzurufen, die ich irgendwo kennengelernt habe und wiedersehen möchte.«

Die Vorteile sind, daß Sie die Situation unter Kontrolle haben und Erfolge wirklich für sich allein verbuchen können. Das fördert Ihr Selbstbewußtsein, erleichtert weitere Begegnungen und erweitert Ihre Schutzzone. Der Nachteil ist natürlich, daß Sie auch persönlich abgewiesen werden können. Obwohl das im Grunde nicht tragisch ist, könnte es Sie sehr deprimieren.

Es ist wichtig, die Vor- und Nachteile dieser drei Arten des Kennenlernens zu sehen. Anonyme Wege sind kein Ersatz für eine tatsächliche Verabredung, die Sie auf Dauer sowieso nicht vermeiden können. Aus dem mittelbaren muß mit der Zeit ein realer, unmittelbarer Kontakt werden. Der Vorteil halbanonymer Wege ist, daß Sie den Kreis der »Kandidaten« eingrenzen und langsam warm werden können, aber damit ist es nicht getan – Sie müssen sich dennoch selbst engagieren. Die persönlichen Wege sind am effektivsten, aber auch am riskantesten, Sie müssen also lernen, wie Sie Ihr Risiko möglichst gering halten.

Aber wie Sie auch den Einstieg wählen: Irgendwann müssen Sie Farbe bekennen und sich mit dem Menschen, der Ihnen gefällt, allein verabreden.

Die Kunst der Verabredung ist ebenso erlernbar wie Tennisspielen oder Radfahren, und je häufiger Sie üben, um so besser werden Sie sie beherrschen. Hier einige Grundregeln:

1. *Fragen Sie nach der Telefonnummer.* Das ist die einzige Möglichkeit, den Kontakt weiterzuführen. Es genügt ein einfacher Satz wie: »Ich fand unser Gespräch sehr interessant. Darf ich Sie bei Gelegenheit einmal anrufen?«
Aber es fällt Ihnen vielleicht sehr schwer, die Sache so direkt anzugehen. Sie fürchten, daß eine solche Frage geradezu unverschämt wirken könnte, oder Sie bezweifeln, daß Ihr Gegenüber Sie wiedersehen möchte. (Was Sie natürlich nie erfahren werden, wenn Sie nicht fragen.)
Was also passiert, wenn Ihr Gesprächspartner das wirklich ablehnt? Sie können Ihre Würde wahren, indem Sie sagen: »Gut. Aber ich gebe Ihnen meine Telefonnummer, falls Sie es sich doch noch anders überlegen.« Oder Sie sagen: »Schade. Unser Gespräch hat mir trotzdem gut gefallen.«
Später sollten Sie darüber nachdenken, warum Sie eine Absage erhalten haben. Es kann viele Gründe geben, und die meisten haben vermutlich nichts mit Ihnen zu tun. Überprüfen Sie dennoch Ihr eigenes Verhalten. Haben Sie mit Small talk begonnen, um etwas über Ihre Gesprächspartnerin zu erfahren? Haben Sie auf nonverbale Signale geachtet, um sicher zu sein, daß sie sich während der Unterhaltung wohl gefühlt hat? Haben Sie das Gespräch mit Monologen über Ihre beruflichen Heldentaten an sich gerissen? Was können Sie aus dieser Zurückweisung lernen?
2. *Rufen Sie an.* Oft lassen Schüchterne sich die Telefonnummer von jemandem geben, der/die ihnen gefällt,

rufen dann aber nicht an. Selbstzweifel befallen sie, und sie fragen sich, ob er/sie wirklich interessiert oder nur höflich war. Sie haben nichts zu verlieren, wenn Sie anrufen, aber viel, wenn Sie es nicht tun. Gehen Sie davon aus, daß Ihr Gesprächspartner wirklich interessiert ist.

Nennen Sie Ihren Namen, wenn Sie anrufen, erinnern Sie an das letzte Gespräch, und knüpfen Sie an die angenehme Stimmung an. Fassen Sie sich kurz. Sagen Sie, »Hallo, ist da Anne? Hier ist Hans Braun. Wir haben uns letzte Woche bei Klaus und Maria kennengelernt. Ich bin der mit der grün-lila Krawatte.«

3. Verabreden Sie sich. Der Sinn eines ersten Treffens ist Small talk, Sie gewöhnen sich ein wenig aneinander, erweitern Ihre Schutzzonen und machen weitere Verabredungen möglich.

Um eine erste Verabredung nicht mit Erwartungen zu überfrachten und für beide leichter zu machen, sollten Sie sich weder zu einem gemeinsamen Abendessen noch zu einem Zoobesuch oder sonst etwas verabreden, was mehr als eine halbe Stunde in Anspruch nimmt. Verabreden Sie sich auf einen Kaffee, und lassen Sie Ihr Gegenüber den Ort wählen, damit sie/er sich wohl fühlt. Es sollte allerdings unbedingt ein öffentlicher Ort sein, damit Sie sich, falls die Begegnung schlecht läuft, rasch wieder trennen können.

4. Beenden Sie das Gespräch. Der Satz: »Dann sehen wir uns also nächsten Dienstag. Ich freue mich schon darauf« reicht völlig.

Die Selbstzweifel vor dem ersten Treffen

Möglicherweise überfällt Sie Panik, kaum daß Sie den Hörer aufgelegt haben. Ihnen fällt alles ein, was schiefgehen kann. Sie sorgen sich, daß Sie gerade einen großen

Fehler begangen haben. Worüber werden Sie reden? Was werden Sie anziehen? Hier sollten Sie Ihre Erwartungen herunterschrauben. Sie treffen sich, um sich ein bißchen besser kennenzulernen, nicht, um einen Heiratsantrag zu machen.

Recherchieren Sie. Gehen Sie ein paar Tage vorher in das vereinbarte Café, und sehen Sie sich um. Wenn Sie die Umgebung kennen, sind Sie entspannter und selbstsicherer und können sich besser auf das Gespräch konzentrieren. Sehen Sie sich die Speisekarte an, wenn Ihnen das hilft. Bestellen Sie etwas, damit Sie während des Small talks sagen können: »Ich habe hier letztens den Sumatrakaffee probiert, der war sehr gut.« Achten Sie darauf, was die anderen Gäste anhaben und was sie bestellen. Gut ist alles, was Ihre Anfangsnervosität dämpft.

Wenn Sie wissen, welche Lokale Ihr Gegenüber mag, wissen Sie schon etwas mehr über sie oder ihn. Außerdem werden Sie dank Ihrer sozialen Recherche beim Betreten des Cafés souverän wirken, das erweitert Ihre Schutzzone, verringert Ihre Aufwärmphase und somit Ihre Unsicherheiten und Verlegenheit.

Erhöhen Sie die Wahrscheinlichkeit eines erfolgreichen Gesprächs, indem Sie sich mögliche Themen überlegen. Notieren Sie sich, worüber Sie bei Ihrer ersten Begegnung gesprochen haben. Denken Sie ein wenig darüber nach, vielleicht fallen Ihnen Fragen ein, die Sie dazu stellen könnten. Selbst wenn Sie diese Themenliste bei dem Treffen nicht benutzen, wird sie Ihnen Sicherheit geben.

Widmen Sie sich nun ein wenig Ihrer eigenen psychischen Verfassung. Reden Sie sich nicht ein, daß der/die andere sich nur aus Mitleid mit Ihnen trifft. Im schlimmsten Fall wird es die erste und letzte Verabredung sein. Sehen Sie das Treffen als Übung, damit es nicht so furchtbar bedeutsam scheint. Achten Sie mehr darauf, ob Sie diesen Menschen mögen und gern näher kennenlernen würden.

Wenn Sie es sind, der/die angerufen und eingeladen wird,

sollten Sie Ihrem Gegenüber immer eine Chance geben, selbst wenn Sie zu diesem Menschen keinen sofortigen Draht verspüren. Denken Sie daran, daß ein solcher Telefonanruf viel Mut erfordert. Wenn Sie die erste Verabredung kurz halten, bedeutet das kein großes Opfer. Außerdem kann es sein, daß Sie beim ersten Kennenlernen einen unzutreffenden Eindruck von diesem Menschen bekommen haben und ihn bei einem zweiten Treffen viel interessanter finden.

Während der Verabredung

Kommen Sie eine Viertelstunde vor der verabredeten Zeit, damit Sie sich akklimatisieren und an die Umgebung gewöhnen können. (Wenn Sie beide schüchtern sind, kommen Sie möglicherweise beide fünfzehn Minuten zu früh! Dann hätten Sie gleich etwas, worüber Sie sprechen können.) Bringen Sie sich für die Wartezeit etwas zu lesen mit. Das kann auch als Aufhänger dienen. Überlegen Sie sich eine Begrüßung, damit gleich ein Gespräch in Gang kommt. (»Wie schön, daß Sie kommen konnten. Ich fand unser Gespräch letzthin wirklich sehr interessant.«)
Erinnern Sie sich an die Small-talk-Regeln aus dem 12. Kapitel. Beginnen Sie mit dem Gesprächseinstieg. Versuchen Sie, Gemeinsamkeiten zu finden, indem Sie Fragen stellen und aufmerksam zuhören. Stellen Sie offene Fragen, erinnern Sie sich, falls nötig, an Ihre Themenliste, und haben Sie keine Angst vor Gesprächspausen – sie sind nie so lang, wie sie scheinen. Erzählen Sie auch etwas von sich, damit Ihr Gegenüber nicht das Gefühl bekommt, daß Sie sie oder ihn aushorchen oder gar verhören wollen.
Glauben Sie nie, daß Sie negativ bewertet werden. Denken Sie immer daran, daß Ihr Gegenüber ebenfalls nervös

sein könnte. Sie sind hier, um herauszufinden, ob Sie diesen Menschen mögen. Bleiben Sie mit Ihren Erwartungen realistisch. Versuchen Sie nicht, sie/ihn für sich einzunehmen – trinken Sie Kaffee miteinander, und unterhalten Sie sich ein bißchen.

Eine Verabredung beenden, eine weitere treffen

Die ursprüngliche Verabredung zu einem Glas Wein oder einer Tasse Kaffee auszudehnen, um beispielsweise im Anschluß mitcinander zu Abend zu essen, ist ein schwieriger Übergang, den beide zusammen bewerkstelligen müssen. Sie können die Stimmung sondieren, indem Sie fragen, ob sie/er eine zweite Tasse Kaffee haben möchte. Wenn sie/er das bejaht oder mit dem Zusatz ablehnt, Sie könnten sich jedoch gern noch eine bestellen, fühlt sie/er sich mit Ihnen wohl.

Von hier zu einem gemeinsamen Abendessen ist nur ein kleiner Schritt. Den tun Sie mit einem Satz wie: »Müssen Sie jetzt gehen? Wenn nicht, könnten wir vielleicht noch eine Kleinigkeit miteinander essen gehen.«

Wenn Ihr Gegenüber ablehnt, bedeutet das nicht, daß sie/er nicht interessiert ist. Sagen Sie, daß Sie gern wieder anrufen würden, und nennen Sie einen genauen Zeitpunkt. Wenn der/die andere Ihnen sagt, das sei kein guter Zeitpunkt, weil er/sie dann nicht da sei, zeigt das Interesse. Falls Ihr Gegenüber einwilligt, rufen Sie wie verabredet an. Ein solches Arrangement erlaubt es Ihnen beiden, das Gesicht zu wahren.

Wenn Sie mit ihr/ihm telefonieren, sollten Sie sagen, daß Ihnen das Treffen sehr gut gefallen hat, und dabei einiges aus Ihrer Unterhaltung einfließen lassen. Erneuern Sie Ihren Kontakt, indem Sie sie/ihn zu etwas einladen, was Sie beide interessiert – einen Science-fiction-Film, Inline-

skating am Fluß oder ein Abendessen in einem indischen Restaurant.
Sollte das erste Treffen völlig unbefriedigend verlaufen sein und der/die andere Sie nicht wiedersehen wollen, sagen Sie sich, daß Sie beide zu wenig Gemeinsamkeiten haben oder daß Sie keine Beziehung suchen. Falls Sie aber nicht sicher sind, sollten Sie ihr/ihn und sich nochmals eine Chance geben und eine zweite Verabredung treffen.

Einige Grundregeln

Wenn Sie sich einen Lebenspartner wünschen, müssen Sie aktiv werden. Hier einige Ratschläge, die Ihnen das erleichtern sollen:

- Bleiben Sie realistisch. Erwarten Sie nicht, sich bei der ersten Verabredung zu verlieben oder Ihren Traumpartner zu finden.
- Seien Sie geduldig und ausdauernd. Interessieren Sie sich für Ihren Gesprächspartner. Stellen Sie Fragen. Geben Sie nicht gleich auf. Es braucht Zeit, einen Menschen kennenzulernen – vor allem, wenn man ihn attraktiv findet.
- Passen Sie Ihren Grad an Vertrautheit dem Ihres Gegenübers an. Gehen Sie auf das ein, was er sagt. Wenn er sich mit Ihnen wohl fühlt, werden auch Sie sich wohler fühlen.
- Achten Sie auf Körpersprache. Man kommuniziert nicht nur mit Worten. Blickkontakt ist sehr wichtig. Er signalisiert Interesse und Nähe.
  Angemessene Berührungen (ein wiederholtes, leichtes Streifen mit der Hand) ist eine Form der Ausdrucks. Wenn Ihr Gegenüber solche Berührung zuläßt, ohne abzurücken, können Sie mit solchen Gesten Interesse

und den Wunsch nach Nähe kommunizieren. Es zeigt, daß sich der Kontakt intensiviert, das gilt auch, wenn sich der Abstand zwischen Ihnen verringert. Wenn Sie sich zu jemandem hinbeugen und diese Person rückt ab, haben Sie deren Schutzzone verletzt. Rückt Ihr Gegenüber hingegen näher zu Ihnen hin, sucht er Nähe. Das heißt jedoch nicht, daß ein Wunsch nach Intimität besteht, sondern lediglich, daß die bestehende Beziehung sich festigt.

- Achten Sie auf positive verbale Signale. Erwähnt sie/er frühere Beziehungen (kein gutes Zeichen, sie/er ist über diese Beziehung möglicherweise noch nicht hinweg)? Spricht sie/er über die Gegenwart, über Dinge, die nur Sie betreffen, und stellt sie/er Ihnen Fragen (»Was meinen Sie dazu?«, »Wie geht es Dir dabei?«, »Was machst Du beruflich?«), dann zeigt das, daß sie/er sich auf Sie bezieht und die Unterhaltung gut läuft. Vergessen Sie nicht, daß sich eine natürliche Unterhaltung durch wenige, kurze Pausen sowie sich ergänzende Gesprächsbeiträge auszeichnet.
- Achten Sie auf Ihre eigenen Gedanken! Ihre negativen Gedanken und Erklärungsversuche lenken Ihre eigene Realität und die Ihres Gegenübers.
- Die Männer sind hierbei mehr gefordert als die Frauen – zumindest anfangs. Aber Frauen können schüchternen Männern helfen, indem sie im Gespräch aktiver werden und nach Gemeinsamkeiten Ausschau halten.

Schüchternheit in intimen Beziehungen

Wenn Schüchterne einen Partner gefunden haben, stellt ihre Schüchternheit meist kein Problem mehr für die Beziehung dar. Gleichwohl bleiben einige mögliche Schwierigkeiten.

Sie und Ihr Partner können unterschiedlich stark schüchtern sein. Eine achtzehnjährige Collegestudentin berichtet: »Mein Freund ist sehr freundlich, wird aber immer sauer, wenn ich nicht mit ihm auf ein Fest gehen möchte. Er kennt viele Leute und denkt, daß ich mich auch mit ihnen unterhalten sollte! Es ärgert mich, daß er mich ändern will, aber ich ärgere mich auch über mich selbst. Ich kann einfach kein Gespräch mit jemandem anfangen. Das bedrückt mich, weil ich nicht für arrogant gehalten werden will, aber ich weiß einfach nicht, was ich sagen soll. Manchmal will ich überhaupt nicht ausgehen und mit anderen zusammensein.«

Auch eine sechsundfünfzigjährige Hausfrau kämpft mit diesem Problem: »Wir führen ein sehr eingeschränktes soziales Leben, vor allem, weil ich so gehemmt und unsicher bin. In den meisten Beziehungen ist die Ehefrau für die Außenkontakte zuständig, und hier liegen unsere Schwierigkeiten, denn ich kann diese Rolle nicht erfüllen. Ich habe keine Freunde außer meiner Schwester und ihrem Mann. Mein Mann gibt sich die größte Mühe, mich zu all den Sachen mitzuschleppen, die ihn interessieren.«

Es ist ganz natürlich, daß ein Partner schüchterner ist als der andere. Wer hätte den ersten Schritt tun sollen, wenn beide gleich schüchtern wären? Und viele Schüchterne gehen gern mit Menschen aus, die offener und geselliger sind als sie, weil sie diesen Charakterzug bewundern – so wären sie gern selbst.

Doch solche Unterschiede können auch Reibungen verursachen. Wie die zitierte Collegestudentin mögen Sie die geselligeren Bekannten Ihres Partners vielleicht nicht, fühlen sich in deren Gesellschaft unwohl oder haben andere Vorstellungen von einer gelungenen Freizeitbeschäftigung als sie. Oder Sie verstecken sich wie die Hausfrau hinter Ihrem Partner und unternehmen selbst keine sozialen Schritte. Ihr Partner könnte Sie als Last empfinden, weil Sie nicht gern mit anderen zusammen sind.

Wenn Sie keine gemeinsamen Interessen haben oder Sie sich immer denen Ihres Partners unterordnen, kann das zu Unzufriedenheit, Groll und Abhängigkeit führen.

Bei sehr persönlichen Themen kann auch die erforderliche Offenheit problematisch werden. Selbst sprachlich begabte Menschen finden es schwierig, über Gefühlsdinge oder Details aus ihrem Leben zu sprechen. Die Gefahr, Ihren Partner zu verletzen oder von ihm zurückgewiesen zu werden, ist groß. Es ist nicht klar, welche Reaktionen Sätze wie »Ich liebe dich«, »Ich wäre gern mehr mit dir zusammen« oder »Es macht mich wahnsinnig, wenn du das Haus in einen solchen Saustall verwandelst« auslösen können. Sie denken vielleicht, es sei am klügsten, wenn Sie Ihre Gedanken für sich behalten, aber das würde das Maß an Intimität in Ihrer Beziehung schmälern.

Schließlich kann Schüchternheit in einer Beziehung auch zu Abhängigkeit führen. Es mag Ihnen schwerfallen, über Ihre sexuellen Wünsche zu sprechen, vielleicht verlassen Sie sich zu sehr darauf, daß Ihr Partner die Entscheidungen über Empfängnisverhütung und Sexualpraktiken fällt. Und wenn Sie zulassen, daß Ihr Partner immer für Sie spricht oder die meisten Entscheidungen fällt, werden Sie auf Dauer das Vertrauen in Ihre eigenen sozialen Fertigkeiten verlieren (das gilt besonders für die Konstellation forscher Mann/scheue Frau).

Das Thema Abhängigkeit wird besonders deutlich, wenn Menschen nach einer Scheidung oder dem Ende einer langjährigen Beziehung einen neuen Partner suchen. Sie müssen sich nicht nur darauf besinnen, wie das Spiel der Geschlechter eigentlich gespielt wurde, sie müssen auch neue Regeln lernen und eine neue, unabhängige Identität aufbauen. Unterhielten sie in der vorherigen Beziehung selbst gute Kontakte zu anderen Menschen als ihrem Partner, wird das nicht allzu schwierig sein, aber wenn sie darin von ihrem Partner abhängig gewesen waren, kann ihnen das große Probleme bereiten.

Kapitel 14
Erfolg im Beruf

Wir sehen Arbeit oft als Mittel zum Zweck – und der Zweck ist Geld verdienen. Aber ein Beruf bedeutet mehr als nur Geld. Er gibt Ihnen Selbstwertgefühl, fördert Ihr persönliches Wachstum, erweitert Ihr soziales Netz und ist die Anerkennung Ihrer Talente und Ihres Könnens, er kann Sie bestätigen und stolz machen.

Da man in vielen Berufen nicht nur sein Metier beherrschen, sondern auch soziale Talente haben muß, kann sich Ihre Schüchternheit als ernstes Hemmnis für Sie erweisen. Dabei geht es nicht um Ihre berufliche Kompetenz, sondern um Ihre Schwierigkeiten im Umgang mit Menschen. Gerade dieser ist für Ihren Erfolg sehr wichtig. Viele Menschen haben mir erzählt, wie Ihre Schüchternheit Ihren beruflichen Erfolg behindert. Allens Geschichte verdeutlicht die Probleme besonders gut.

Er ist Ingenieur, 31 Jahre alt, und weiß, wie sehr Schüchternheit ihn im Beruf belastet: »An meiner letzten Arbeitsstelle hat meine Schüchternheit mich dermaßen behindert, daß ich mich kaum traute, mit jemandem zu sprechen – selbst mit Kollegen nicht, die ich gut kannte. Ich hatte überhaupt keinen Umgang mehr mit ihnen. Ich aß nicht mit ihnen zu Mittag, ich ging ihnen auf dem Flur aus dem Weg. Ich hatte Angst, etwas zu sagen, wenn ich mit meinem Vorgesetzten oder der Geschäftsleitung zusammen war. Ich war ständig verzweifelt.«

Allens Probleme mit Autoritätsfiguren bereiteten ihm große Schwierigkeiten. »Einmal mußte ich mit einem sehr einschüchternden Kollegen ein wichtiges Projekt ausarbeiten. Ich sollte ihm die fertigen Pläne um fünf Uhr nachmittags bringen. Ich hatte sie fertig, aber sagte es ihm nicht, weil ich Angst hatte, ihn anzusprechen. Am nächsten Tag gab es eine große Auseinandersetzung, weil er dachte, ich hätte die Sachen nicht fertig gemacht. Meine Schüchternheit behindert mich beruflich sehr.«

Man spricht selten darüber, welche Auswirkungen Schüchternheit am Arbeitsplatz haben kann, weil es scheint, als sei sie für die intellektuellen und technischen Aspekte der Arbeit unerheblich. Aber das ist falsch. Denken Sie einen Moment darüber nach, welche Fähigkeiten man heute auf dem Arbeitsmarkt braucht. Angestellte sollen optimistisch und selbstbewußt sein. Sie sollen gut mit anderen Menschen umgehen, verhandeln, reden können. Wer die sozialen Aspekte seines Berufs am besten beherrscht – die gewandten Verkäufer, Manager und höheren Beamten –, hat die besten Karriereaussichten. Wer sich gut auszudrücken versteht, gilt als kompetent und als gute Führungspersönlichkeit und steht selbst dann noch im Rampenlicht, *wenn seine Leistungen mittelmäßig sind.*

»Ich habe meine Arbeit gut gemacht, und das wurde auch anerkannt«, erzählt Allen weiter, »aber befördert wurden die Kollegen, die offen, redegewandt und gesellig waren. Das verletzte mich, denn ich bin nicht so. Ich galt in meiner Firma als gute Arbeitskraft und nicht als jemand, der das Zeug zu einer Führungsposition hat.«

Eine Sachbearbeiterin hatte das gleiche Problem. Sie schrieb: »Ich habe berufliche Nachteile, weil ich mich nicht selbst loben oder meiner Chefin Probleme vortragen kann. Ich kann soviel arbeiten, wie ich will, meine Kollegen finden mich immer distanziert, desinteressiert, ja sogar arrogant.« Vielleicht merken auch Sie, wie es Ihnen schadet, daß Sie die sozialen Seiten Ihres Berufs meiden. Sie machen nicht auf Ihre Leistungen aufmerksam, und

andere finden, daß Sie sich für Teamarbeit nicht eignen. Das kann zu der irrigen Meinung führen, daß Sie sich für Ihre Arbeit und Ihre Kollegen nicht interessieren.
Schüchternheit kann Sie auch daran hindern, neue Aufgaben zu übernehmen oder sich für andere einzusetzen. Sie scheuen Präsentationen und alles andere, was außerhalb Ihrer Schutzzone und Ihrer Stellenbeschreibung liegt, Sie bemühen sich nicht um gute Kontakte zu Ihrem Chef, Ihren Kollegen oder Mitarbeitern, was deren Loyalität zu Ihnen untergräbt.
Ziel dieses Kapitels ist es, Ihnen zu zeigen, auf welche Weise Schüchternheit Ihren beruflichen Erfolg, Ihren Arbeitsalltag und Ihre Beziehungen zu Ihren Kollegen beeinflußt und wie Sie diese negativen Auswirkungen verhindern können.

Ein steiniger Berufsweg

Untersuchungen haben gezeigt, daß schüchterne Männer ihre berufliche Laufbahn später als andere beginnen. Das kann bereits vor dem eigentlichen Arbeitsmarkt, nämlich im College, anfangen. Schüchterne Schüler bemühen sich nicht um die Informationen, die für eine kluge Berufswahl erforderlich wären. Sie fragen nicht Lehrer oder Berufsberater um Rat, vielleicht, weil sie dabei die Initiative ergreifen und sich selbst in gutem Licht darstellen müßten. Sie erleben mit den Menschen, die ihnen helfen könnten, einen Annäherungskonflikt.
Häufig haben sie auch keine Vorstellungen davon, was sie mit ihrem Leben anfangen wollen. Das fehlende »berufliche Selbstbild« hängt eng mit einem geringen Selbstbewußtsein zusammen und kann die Folge einer versäumten Identitätsfindung in der Pubertät sein.
Viele dieser Schüler informieren sich nicht genug über

mögliche Berufe oder nutzen nicht die angebotenen Aufgaben und Gelegenheiten, mit denen sie herausfinden könnten, wo ihre Stärken und Talente liegen. Sie sind unentschlossen und hinken hinter ihren Altersgenossen her, weil sie sich scheuen, die Schutzzone der Schule zu verlassen und den nächsten Schritt zu tun. Sie hängen an der vertrauten Welt der Schule und wollen nicht erwachsen werden.

Daher treten Schüchterne ihre erste Stelle meist später an als ihre Altersgenossen. Als Spätzünder sind sie mit ihrer Arbeit oft unzufrieden. Hinzu kommt, daß sie verglichen mit »normalen« Gleichaltrigen als weniger kompetent, durchsetzungsfähig, ehrgeizig oder intelligent eingestuft werden. Sie gelten als weniger gute Vorgesetzte und Führungspersönlichkeiten.

Wenn sie ins Berufsleben eingetreten sind, kommen schüchterne Männer oft nur langsam voran. Sie bleiben in sicheren, aber wenig anspruchsvollen Jobs, weil sie sich da unbedroht fühlen (und in ihren Schutzzonen bleiben können), und scheuen Bewerbungsgespräche (wegen des Annäherungskonflikts). Weil sie so unauffällig sind, werden sie bei Beförderungen oft einfach übersehen.

Es ist anzunehmen, daß das auch auf berufstätige Frauen zutrifft, wie die Erfahrung dieser jungen Frau zeigt: »Ich habe im Mai die Schule abgeschlossen und jetzt große Angst vor der ›richtigen Welt da draußen‹. Ich finde alles furchtbar: mir eine Stelle suchen zu müssen, die ersten Monate mit einer neuen Arbeit, von der ich keine Ahnung habe. Und ich weiß ja gar nicht, wie ich mich dort benehmen soll.«

Das alles beeinträchtigt die Lebensqualität. Unzufriedenheit, Zweifel an den eigenen Fähigkeiten, mangelnde Selbstverwirklichung und der berufliche Abstand zu Freunden können dazu führen, daß schüchterne Berufstätige sich selbst nicht achten. Es frustriert sie, wenn sie, wie Allen, ihre Arbeit gut machen, aber dafür keine Anerkennung bekommen. Sie sehen Gleichaltrige die Karriereleiter erklimmen und fühlen sich abgehängt. Sie zweifeln an ihren Fähigkeiten, fühlen sich hilflos und verzweifelt. Da ist es nur ein kleiner Schritt zum Burnout, zu sozialem Rückzug, persönlichen Problemen oder Schwierigkeiten mit dem Partner – Beispiele sind Alkoholismus, ein völliger Zusammenbruch der Kommunikation, Ehescheidung, Angstanfälle und eine beginnende Depression.

Fügt man das Schreckgespenst des Arbeitsplatzabbaus hinzu, werden die Folgen von Schüchternheit im Arbeitsleben katastrophal. Manche Schüchterne kommen nach einer Kündigung nur schwer wieder auf die Füße, weil sie pessimistisch denken, nur wenige Bekannte haben (über die sie von offenen Stellen erfahren könnten), bei Bewerbungsgesprächen schlecht abschneiden und ganz allgemein versuchen, neuen Anforderungen im Leben aus dem Weg zu gehen.

Die folgenden Ratschläge sollen Ihnen helfen, Schüchternheit als Hindernis in Ihrem Berufsleben zu überwinden:

Überlegen Sie, was Sie wollen, und nicht nur, was Sie nicht wollen. Das erreichen Sie am besten mit einem Volontariat oder einem Praktikum, bei dem Sie Erfahrungen sammeln können, ohne sich festlegen zu müssen. Falls Sie bereits eine Ganztagsstelle haben, sollten Sie versuchen, abends, an Wochenenden oder in den Ferien Erfahrung in anderen Berufsfeldern zu sammeln. Das klingt anstrengend, ist aber besser, als immer weiter eine Arbeit zu machen, die Ihnen nicht gefällt, weil Sie nicht wissen, was Sie sonst tun könnten.

Suchen Sie professionellen Rat. Ein Berufsberater, ein Headhunter oder das Arbeitsamt können mit Ihnen und für Sie Ihre Talente, Chancen, Fortbildungsmöglichkeiten, mögliche andere Stellen oder sogar Berufe erkunden.

Verbessern Sie Ihre persönlichen Kontakte. Erzählen Sie anderen, daß Sie eine neue Stelle suchen, besuchen Sie Konferenzen in Ihrem Bereich, treten Sie einem Berufsverband oder einer Studentenorganisation bei, und unterhalten Sie sich mit Kollegen oder Menschen aus angrenzenden Bereichen.

Trennen Sie Privates und Berufliches. Lassen Sie nicht zu, daß Privates wie Ihre Schüchternheit Ihr Berufsleben beeinträchtigt. Fragen Sie sich, ob Sie eine neue Aufgabe nicht übernehmen wollen, weil Sie mit Ihrer gegenwärtigen Stelle zufrieden sind oder weil Sie sich nicht trauen, Ihre Schutzzone zu verlassen und aus dem Annäherungskonflikt auszubrechen.

Gehen Sie kalkulierte Risiken ein. Versuchen Sie, durch soziale Recherche und über Ihr soziales Netz mehr über eine freie Stelle zu erfahren, die Sie interessiert.

Überprüfen Sie Ihre Einstellung zu Selbstlob. Was ist dagegen einzuwenden, solange das, was Sie über sich sagen, stimmt? Wenn Sie sich nicht verkaufen, wird es niemand tun. Vertrauen Sie auf Ihre Fähigkeiten.

Denken Sie daran, daß soziale Fertigkeiten Ihren Wert steigern. Sie helfen Ihnen nicht nur, eine Stelle zu bekommen, sie verbessern auch Ihre Führungsqualitäten und Ihre Aufstiegschancen.

Keine Angst vor Bewerbungsgesprächen

Schüchterne steigen vielleicht auch deswegen später ins Berufsleben ein als andere, weil sie bei Bewerbungsgesprächen zu passiv sind. Sie denken: »Wenn ich pünktlich zum Termin erscheine und gute Zeugnisse vorweisen kann, muß ich nicht mehr viel tun.« Sie reden kaum und warten darauf, daß der Personalchef ihnen Fragen stellt, statt sich selbst in ein gutes Licht zu rücken. Der Grund dafür mag Angst oder ein schüchterner Narzißmus sein, eine Haltung, die sich mit dem Satz beschreiben ließe: »Ich bin hier. Das reicht doch wohl.«

Sie irren sich natürlich. Eine schüchterne Buchhalterin schrieb mir: »Ich habe nie eine Stelle in einem großen internationalen Unternehmen bekommen. Warum? Mein Auftreten wirkte wohl nicht aggressiv genug, selbstsicher genug, entschlossen genug, clever genug.« Wer um eine Stelle, die er haben will, kämpft, hat bessere Chancen.

Diese Passivität kann durchaus Angst sein. Die meisten Schüchternen fürchten Bewerbungsgespräche, weil sie so viele Alarmglocken gleichzeitig schrillen lassen. Viele behaupten sogar, in ihrem Beruf nur deswegen nicht weiterzukommen, weil sie diese Situation nicht ertragen. So auch diese Fünfundzwanzigjährige: »Diese Vermeidungsstrategie hat mich viele berufliche Chancen gekostet. Ich verschob Anrufe, mit denen ich einen Vorstellungstermin hätte ausmachen sollen, und wenn ich mich dann irgendwann doch durchrang, hieß es, ›Die Stelle ist leider schon vergeben‹. Diesen Satz habe ich viel zu oft gehört, und ich weiß, daß es ganz allein meine Schuld ist, weil ich meiner Schüchternheit und meinen Ängsten kampflos nachgebe.«

Bewerbungsgespräche schüchtern jeden ein. Sie verstärken alle Gefühle von Unsicherheit, die entstehen, wenn man sich einer Bewertung unterziehen und im Mittelpunkt der Aufmerksamkeit stehen muß – es geht nur um Sie, um Ihre Geschichte und darum, was Sie der Firma zu bieten haben.

In einem Bewerbungsgespräch werden alle negativen Begleiterscheinungen Ihrer Schüchternheit besonders eklatant, und Ihre Neigung zu Selbstkritik hat freies Feld. Plötzlich müssen Sie mit all Ihren Dämonen kämpfen: Ihrer entfremdeten Selbst-Wahrnehmung, Ihren pessimistischen Erklärungen der Situation, Ihrem Narzißmus und Ihren unfairen Vergleichen; der Annäherungskonflikt spielt eine Rolle, Sie müssen sich darstellen und selbst loben, fürchten sich aber davor, bewertet zu werden. Sie müssen frühere Erfolge in ein positives Licht stellen, was schwierig werden kann, wenn Sie sich selbst mit destruktiven Selbstgesprächen dazwischenfunken. Sie sind zu zurückhaltend, zensieren sich, sind furchtbar verlegen und können sich deswegen nicht überzeugend verkaufen. Und genau das müßten Sie in dieser Situation tun.

Ein Bewerbungsgespräch kann Ihnen auch ein Interaktionstempo aufzwingen, mit dem Sie schlecht zurechtkommen. Sie haben keine Zeit, um sich mit der Situation vertraut zu machen – Sie müssen sofort 100 Prozent da sein. Wenn Sie zu sehr auf Ihr eigenes Verhalten achten oder sich ständig fragen, was der Personalchef von Ihnen hält, können Sie sich nicht auf die Situation konzentrieren. Ihre Aufregung kostet Sie Energien und beeinträchtigt Ihr Denkvermögen.

Sie nehmen sich eine Absage vielleicht sehr zu Herzen, ohne sich zu fragen, ob diese Stelle überhaupt zu Ihnen gepaßt hätte oder ob Sie über die Fähigkeiten verfügen, die die Firma suchte. Ihre Nervosität und Angst können so groß sein, daß Sie glauben, eine solche Situation sei von Ihnen nicht zu bewältigen.

Aber wenn Sie sich nicht bewerben, sind Sie noch frustrierter und verschleudern Ihre Talente. Finden Sie sich nicht mit einem unbefriedigenden Berufsleben ab, nur weil Sie fürchten, ein Bewerbungsgespräch nicht erfolgreich bestreiten zu können.

- Niemand mag Bewerbungsgespräche, vor allem, wenn man die Stelle haben möchte und sich bemüht, einen besonders guten Eindruck zu machen.
- Antworten Sie zur Übung auf Stellenangebote, die Sie im Grunde nicht interessieren. Sie können sich mit dem Bewerbungsverfahren vertraut machen und etwas lernen, ohne eine wichtige berufliche Chance aufs Spiel zu

setzen. Je häufiger Sie sich vorgestellt haben, um so einfacher wird es.

- Besuchen Sie Kurse, oder machen Sie einen Termin mit einem Berufsberater, um zu lernen, wie Sie sich optimal präsentieren können.
- Überlassen Sie nichts dem Zufall. Informieren Sie sich eingehend über die Firma. Versuchen Sie, den letzten Jahresbericht in die Hand zu bekommen, durchforsten Sie Zeitungsarchive, schauen Sie nach, ob sie eine Internetseite hat. Fragen Sie Bekannte, die in einer ähnlichen Branche arbeiten, was sie über diese Firma wissen. Was stellt die Firma her, wer sind ihre Kunden? All das wird Ihnen helfen, bei einem Vorstellungsgespräch als kompetenter und ernsthaft interessierter Bewerber aufzutreten.
- Bereiten Sie sich auf mögliche Fragen vor. Notieren Sie Ihre Antworten, und üben Sie mit einem Freund. Rechnen Sie nicht nur mit beruflichen, sondern auch persönlichen Fragen wie: »Was wollen Sie in den nächsten fünf Jahren erreichen?« oder »Wo sehen Sie Ihre Schwächen?«
- Denken Sie darüber nach, welche Fragen Sie zu der Firma und der angebotenen Stelle haben. Fragen Sie sich, ob Sie mit dieser Arbeit wirklich zufrieden sein werden, statt einfach jede Stelle zu nehmen, die man Ihnen anbietet.
- Überlegen Sie und erwähnen Sie dann auch, was Sie von anderen Bewerbern unterscheidet – ehrenamtliche Arbeit, Seminare und Fernkurse zur beruflichen Weiterbildung, herausragende Verkaufszahlen.
- Konzentrieren Sie sich während des Gesprächs auf die Stelle, nicht auf sich selbst.
- Sprechen Sie einerseits darüber, welche besonderen Fertigkeiten Sie für die Stelle mitbringen, andererseits darüber, warum die fragliche Stelle Sie nicht nur beruflich, sondern auch persönlich weiterbringen wird.

- Erwähnen Sie am Gesprächsende noch Dinge, die Ihnen zu Ihrer Person wichtig erscheinen, falls der Personalchef Sie nicht danach gefragt hat.
- Bleiben Sie nach dem Vorstellungsgespräch mit der Firma in Verbindung. Schreiben Sie, wie gut Ihnen das Gespräch gefallen hat und daß Sie nach wie vor an der Stelle interessiert sind. Oder rufen Sie an, um weitere Fragen zu stellen oder Informationen zu Ihrer Person nachzureichen, die Sie während des Gesprächs vergessen haben. Fragen Sie in Abständen nach, wie der Stand des Bewerbungsverfahrens ist.
- Bereiten Sie sich nicht auf ein, sondern auf mehrere Gespräche vor. Wenn Sie das erste erfolgreich überstanden haben, kennen Sie die Situation bereits, deswegen sind die weiteren einfacher. Nehmen Sie die Einladung zu einem zweiten Gespräch unbedingt an.
- Bleiben Sie realistisch. Man wird Sie vermutlich nicht vom Fleck weg einstellen, und Sie werden auch nicht von jeder Firma ein Angebot erhalten.
- Bitten Sie, wenn irgend möglich, Ihren Gesprächspartner um Feedback, vor allem, wenn Sie die Stelle nicht bekommen. Fragen Sie, warum Sie nicht genommen wurden und was Sie tun können, um Ihre Chancen auf eine ähnliche Stelle künftig zu verbessern.
- Denken Sie daran, daß nur ein Bewerber keine Absage erhält. Nehmen Sie das nicht persönlich.

Die Berufswahl

»Mein Berufsleben hat sehr unter meinem mangelnden Selbstvertrauen gelitten«, erzählte mir eine Frau aus Wyoming. »Obwohl ich nach meiner Heirat arbeiten wollte und mußte, kam ich mit dem Gedanken an Konkurrenz nicht zurecht. Ich konnte nur eine Teilzeitstelle finden und mache jetzt Telefoninterviews für eine Marktforschungsfirma. Die Fragen sind genau vorgegeben.«

Studien haben ergeben, daß Schüchterne eher technische Berufe einschlagen und Berufe meiden, in denen der Umgang mit Menschen wichtig ist. Zum Glück wächst die Zahl solcher Stellen im Informationszeitalter. Aber in vielen Technologie-Jobs herrscht ein äußerst harter Konkurrenzkampf, und um erfolgreich zu sein, müssen Angestellte fast immer gut mit Menschen umgehen können, sei es, daß sie Kunden werben, sei es, daß sie im Dienstleistungsbereich arbeiten und Computer installieren, sie reparieren, Internetseiten entwerfen oder Ähnliches.

Stellen Sie sich der Frage, warum Sie nicht erwägen, im Verkauf, im Management oder anderen Bereichen zu arbeiten, zu denen der Umgang mit Menschen gehört. Glauben Sie, daß Ihnen diese Art von Arbeit nicht liegt? Ist diese Einschätzung realistisch oder nur die Folge von negativen Selbstgesprächen und pessimistischen Erklärungsmustern? Sie legen sich große Beschränkungen auf, wenn Sie für sich nur ein einziges Berufsfeld sehen können. Als erfolgreich schüchterner Berufstätiger wird es Ihnen gelingen, Ihre Schutzzone zu erweitern und über berufliche Alternativen nachzudenken.

Selbst wenn Sie in einem technischen Beruf arbeiten, brauchen Sie soziale Fertigkeiten. Diese Kombination hat einen Namen, man nennt sie »technosoziale Fertigkeiten« – die Fähigkeit, technisches Wissen auf menschlicher Ebene zu vermitteln (Dinge benutzerfreundlich zu machen). Viele Technologie-Firmen sind groß, Sie müssen also auch mit Kollegen und einer Firmenhierarchie fertig werden. Wenn Sie selbständig sind, riskieren Sie entweder eine völlig Isolation (und lassen Ihre sozialen Fertigkeiten verkümmern), oder Sie müssen gut mit Menschen umgehen können, um Ihren Kundenkreis zu erweitern. Wie wollen Sie sich und Ihrer Firma einen Namen machen, wenn Sie Ihre Kunden nicht umwerben und deren Wünsche nicht erfüllen wollen? Kommunikation ist unabdingbar.

Der Glaube, Sie könnten ohne jeden Kontakt zu anderen arbeiten, ist unrealistisch. Computer sind kein Ersatz für die altmodische Art des Geschäftemachens – indem man miteinander spricht. Auch wenn Sie Ingenieur/in, Programmierer/in, Laborassistent oder Telefoninterviewerin bei einer Marktforschungsgesellschaft sind, Sie müssen lernen, mit anderen zusammenzuarbeiten.

Angesichts Ihrer Probleme könnten Sie nun fragen: »Warum kann ich nicht diesen ganzen sozialen Kram einfach bleiben lassen und einen Telearbeitsplatz zu Hause haben?« Das scheint ein einfacher Ausweg zu sein, ist es aber nicht. Sie irren, wenn Sie glauben, der Computer werde das Reden für Sie übernehmen – im Gegenteil, die moderne Technologie macht das persönliche Gespräch noch wichtiger. Wenn Sie zu Hause arbeiten, können Sie vereinsamen. Sie haben wenige direkte Kontakte und müssen andere Orte finden, wo Sie Menschen treffen können. Je verstreuter das Team, mit dem Sie arbeiten, um so mehr fehlt Ihnen die Unterstützung, die Sie brauchen, um schwierige Zeiten zu überstehen und die Motivation nicht zu verlieren.

Die Vorgesetzten von Telearbeitern müssen sich einiges einfallen lassen, damit ihre Angestellten ein Gefühl von Gemeinschaft und Betreuung haben – wöchentliche Konferenzschaltungen, regelmäßige Besprechungen in der Firma, Mitarbeiterzeitschriften und so weiter. In Firmen, die keinen gemeinsamen Arbeitsplatz mehr haben, sind solche Zeitschriften wichtiger und häufiger geworden. Wenn Sie freiberuflich arbeiten, sollten Sie überlegen, ob Sie sich einer Bürogemeinschaft anschließen, damit Sie jeden Tag dieselben Leute sehen.

Sie müssen mit anderen Menschen Umgang haben. Ob Sie für eine große Firma arbeiten oder selbständig sind, soziale Fertigkeiten sind für Ihr berufliches Weiterkommen sehr wichtig.

Das Gespräch mit Kollegen am Arbeitsplatz

Nun haben Sie also Ihren Traumjob bekommen. Aber um akzeptiert zu werden, Hilfe zu bekommen und beruflich weiterzukommen, müssen Sie wissen, wie Sie Ihre Kollegen ansprechen und wie Sie eine Unterhaltung führen. Viele wichtige Informationen über anstehende Projekte und offene Stellen laufen über inoffizielle Kanäle – Gespräche an der Kaffeemaschine, am Fotokopierer, kurz vor oder nach Besprechungen –, von denen Sie nichts erfahren, wenn Sie sich nicht am Büro-Small-talk beteiligen. Und da heute die Arbeitsplätze nicht mehr sicher sind, können Kollegen auch zu Konkurrenten werden. Ihr Chef wird eher jemanden entlassen, der nicht wirklich engagiert wirkt.

Ein Mann schrieb mir: »Ich gehe auf keine Parties mehr, auch nicht zu Bürofeiern. Ich kann zwar in der Arbeitszeit über meine Arbeit sprechen, suche aber selten private Kontakte (wie jemanden nach Hause einladen, ich gehe nicht einmal mit den Kollegen zum Mittagessen). Bei Konferenzen stelle ich mich anderen nicht vor und gehe nicht zu den Empfängen, sondern verschanze mich hinter einer Zeitung. Wenn ich versuche, mich mit meinem Chef oder einem Kollegen über etwas anderes zu unterhalten als die Arbeit, bleibe ich stehen, breche meist in Schweiß aus, fasse mich kurz und verlasse ihr Büro deprimiert, unbeholfen und enttäuscht.«

Vielleicht brauchen Sie Hilfe, um mit der sozialen Seite Ihres Arbeitslebens zurechtzukommen. Sie warten darauf, daß jemand Sie anspricht, Sie suchen nicht die Gesellschaft oder den Rat Ihrer Kollegen. Sie sind nicht Teil des informellen Informationsnetzes, das für Ihre Arbeit so wichtig ist, Sie fühlen sich isoliert und empfinden Kollegen, die Sie täglich sehen, als Fremde. Sie fühlen sich außerstande, über persönliche oder berufliche Sorgen zu sprechen, worunter Ihre Arbeit ebenso wie Ihre Zufriedenheit mit der Arbeit leiden können.

Persönliche Gespräche empfinden Sie als schwierig, Sie schreiben lieber E-mails oder Aktennotizen, als sich mit Ihren Kollegen zusammenzusetzen, und wenn Sie es doch tun, sagen Sie nichts von Bedeutung. Aber je abhängiger Sie von E-mails werden, um so frustrierter werden Sie sein, denn die neuen Technologien können Sie noch weiter in die soziale Isolation treiben.

Alles in allem fühlen Sie sich an Ihrem Arbeitsplatz vielleicht als Außenseiter. Aber Ihre Kollegen sind mehr als nur Angestellte – sie sind eine Familie, und Sie brauchen ihre Unterstützung, vor allem, wenn Ihr sonstiges soziales Netzwerk nicht sehr groß ist. Kommunizieren Sie mit Ihren Kollegen:

- Führen Sie in privaten Momenten ein kurzes Gespräch mit ihnen: wenn sie morgens kommen, in den Pausen, nach Feierabend.
- Beherzigen Sie die Regeln für Small talk (12. Kapitel), passen Sie sich dem in der Abteilung üblichen Maß an Offenheit an, und werden Sie nicht zu persönlich, diese Beziehungen sind trotz alledem in erster Linie beruflich.
- Suchen Sie mit Ihren Kollegen Gemeinsamkeiten über die Arbeit hinaus. Sie sind beide Fußballfans, haben Kinder, leben im gleichen Stadtteil, bevorzugen die gleiche Automarke, laufen Ski. Bauen Sie solche Verbindungen aus.
- Jammern Sie nicht über die Schattenseiten des Jobs. Seien Sie positiv, und fragen Sie, falls Sie Rat brauchen, wie Sie etwas anders machen können.

- Schätzen Sie Ihre Kollegen als Leute, die Ihnen helfen. Sie sind bekannte Gesichter und tragen jeden Tag die gleiche Last wie Sie. Wenn Sie sich Zeit lassen und Geduld haben, werden Sie mit ihnen warm werden.

Der Umgang mit Autoritätsfiguren

Allen schrieb: »Aus irgendeinem Grund bin ich vor allem im Umgang mit Autoritätsfiguren gehemmt. Vermutlich fürchte ich, daß sie mich bewerten und Macht über mich und meine Zukunft haben.« Wenn Ihnen der Umgang mit Autoritätsfiguren grundsätzlich schwerfällt, sind Gespräche mit Ihrem direkten Vorgesetzten oder Ihrem Chef vermutlich problematisch für Sie. Die Ursache ist natürlich die Angst, nicht bestehen zu können. Abteilungsleiter haben die Macht – und oft die Pflicht –, ihre Angestellten einzuschätzen, und weil Sie zu Pessimismus neigen, rechnen Sie gleich mit dem Schlimmsten.

Sie fühlen sich eingeschüchtert und suchen das Gespräch mit Ihrem Vorgesetzten nur, wenn es gar nicht mehr anders geht. Ihr Annäherungskonflikt tritt nie so eklatant zutage wie in solchen Situationen. Sie denken vielleicht: »Meine Chefin denkt bestimmt, daß ich dumm bin oder ihre Zeit verschwende, wenn ich sie etwas frage. Wie kann ich um ein Gespräch über meine Arbeit, um Gehaltserhöhung oder eine Beförderung bitten? Wie kann ich zeigen, daß ich gut arbeite, ohne daß sie glaubt, ich hätte es auf ihren Job abgesehen?«

Sie wollen vermutlich keine Aufmerksamkeit auf sich lenken, aber wenn Sie mit Ihrer Vorgesetzten keinen regelmäßigen Kontakt halten, wird sie Sie bei der nächsten Beförderung möglicherweise übersehen. Vielleicht spielen Sie den Wert Ihrer Arbeit sogar herunter, so, wie Sie Ihre sozialen Erfolge herunterspielen. Aber Sie müssen mit

Ihren Vorgesetzten im Gespräch bleiben, damit sie wissen, daß Sie Ihre Arbeit gut machen und sich für die Firma einsetzen.

- Lassen Sie sich von Kritik an Ihren Ideen nicht einschüchtern, vor allem, wenn andere sofort mit einem Urteil bei der Hand sind.
- Bieten Sie Ihre Mitarbeit an, wenn Ihr Vorgesetzter oder ein Kollege Hilfe braucht. Beteiligen Sie sich auf so vielen Ebenen wie möglich.
- Übernehmen Sie wann immer möglich eine leitende Funktion.
- Führen Sie Buch über Ihre Fortschritte, und halten Sie Ihre Chefin/Ihren Chef darüber auf dem laufenden. Weisen Sie darauf hin, daß und wie die Firma von Ihren Anstrengungen profitiert.
- Bereiten Sie sich auf Besprechungen vor, indem Sie vorher die Tagesordnung lesen. So können Sie sich kompetent zu den anstehenden Fragen äußern.
- Spielen Sie das Machtgefälle und das Negative nicht so hoch. Ihr Chef wird zu einem Menschen und die Situation weniger bedrohlich, wenn Sie sich vor Augen halten, daß nicht nur Sie in dieser Situation sind. Ihr Vorgesetzter erlebt möglicherweise die gleichen Gefühle, wenn er mit seinem Vorgesetzten spricht. Und Ihre Mitarbeiter haben vielleicht Angst vor Ihnen.
- Achten Sie, wenn Sie mit Vorgesetzten sprechen, auf den Inhalt des Gesprächs und nicht darauf, daß Ihre Stimme zittert. Das geht vorbei.

Wie man um Hilfe bittet

Es gibt viele Gründe, warum Sie Vorgesetzte oder Kollegen um Rat und Hilfe bitten sollten. Sie erhalten auf diesem Weg wichtige Informationen, stärken Ihre Selbstsicherheit und erweitern Ihre Schutzzone, verringern Ihre nervöse Angespanntheit, stellen den Kontakt zu Kollegen her, beginnen oder pflegen so eine Beziehung zu ihnen und verhindern, daß später größere Probleme auf Sie zurollen. Wenn Sie nicht wissen, wie man richtig um Hilfe bittet, und daher keine bekommen, werden Sie sich enttäuscht, einsam, isoliert, nicht unterstützt fühlen und anderen zunehmend mißtrauen.

Aber es fällt Schüchternen oft schwer, um Hilfe zu bitten – vor allem ihre Vorgesetzten. Allen sagte: »Ich denke immer, daß andere auf mich herabsehen, wenn ich um Hilfe bitte, als könnte ich meine Arbeit nicht machen. Anerkennung ist mir sehr wichtig.« Außerdem möchten Sie vielleicht Ihren Vorgesetzten nicht stören, weil er so beschäftigt wirkt. Oder Sie halten Ihre eigenen Bedürfnisse und Fragen für unwichtig.

Sie können Ihren beschäftigten Chef (oder Kollegen) mit den Worten ansprechen: »Können wir einmal über den Krauss-Auftrag reden?« oder »Hätten Sie zwei Minuten Zeit – jetzt oder später?« Sie können auch Ihre Frage schriftlich formulieren und um Antwort bitten. E-mail oder eine Nachricht auf dem Anrufbeantworter eignen sich für einfache Fragen gut. Formulieren Sie genau, was Sie wissen müssen. Fragen sind kein Zeichen von Schwäche, sondern sie helfen, Schwierigkeiten zu verhindern. In manchen Situationen können Sie sogar Ihre Stelle (oder gar die Ihres Vorgesetzten) retten, wenn Sie auf potentielle Probleme hinweisen. In vielen Fällen liegt es nicht an Ihnen, wenn Sie nicht wissen, was Sie tun sollen. (Hüten Sie sich vor destruktiven Erklärungen!) Es kann durchaus sein, daß die Aufgabe falsch gestellt ist.

Achten Sie auf Ihre Angst, unternehmen Sie etwas dagegen. Sagen Sie sich, daß Sie mit der Kontaktaufnahme Probleme haben, und gehen Sie sie darum sofort an. Je länger Sie zögern, um so größer wird Ihre Angst. Autoritätsfiguren schüchtern Menschen immer ein.

Wenn es darum geht, Rat einzuholen, verhalten schüchterne Männer und Frauen sich interessanterweise unterschiedlich. Den Männern fällt es besonders schwer, Frauen um Rat zu bitten, bei den Frauen ist es umgekehrt. Schüchterne Frauen fragen ihre männlichen Vorgesetzten viel seltener um Rat als ihre sorgloseren Kolleginnen. Das kann sich auf die Leistungen und das berufliche Fortkommen schüchterner Frauen negativ auswirken, und die kontaktfreudigen Kolleginnen können aus diesen Hemmungen Vorteile ziehen, indem sie mit dem männlichen Chef engere Verbindungen knüpfen.

Schüchterne Männer bitten Frauen nicht um Rat, besonders dann nicht, wenn noch eine weitere Frau im Raum ist. Arbeitet ein schüchterner Mann in einem Büro mit vielen Frauen zusammen, besteht die Gefahr, daß er sich isoliert und überhaupt keine Fragen stellt. Warum? Vermutlich liegt es an den tradierten Geschlechterrollen: Er will nicht zugeben, daß er die Hilfe einer Frau braucht, möchte nicht dumm wirken oder das Gesicht verlieren. Er denkt, es werde einen schlechten Eindruck machen, wenn er zugibt, daß er etwas nicht weiß. Und er müßte diese Kommunikation selbst initiieren, was, wie er fürchtet, seine Unsicherheiten und Selbstzweifel für alle sichtbar macht.

Aber wer nicht um Rat und Hilfe bittet, macht seine Arbeit schlechter, neigt dazu, Anstehendes zu vermeiden und aufzuschieben, und gerät deswegen zunehmend unter Streß. Damit nicht genug, beraubt ein schüchterner Mann sich auch noch der Möglichkeit, mit dem anderen Geschlecht in Kontakt zu kommen. Wer fragt, initiiert eine Beziehung oder führt sie fort und zeigt dem anderen, daß er ihn schätzt.

Der Umgang mit Lob und Kritik

Wer konstruktiv mit Lob und Kritik umgehen kann, gewinnt Kompetenz und Selbstvertrauen. Auf diese Weise erfahren Sie am besten, wie andere (vor allem Ihr Vorgesetzter) Sie sehen. Je häufiger Ihre Leistungen bewertet werden, um so besser ist das für Ihre Karriere.

Natürlich ist Lob angenehm. Akzeptieren Sie es, und fragen Sie, wo Sie sich noch verbessern können. Bestätigen Sie den Eindruck Ihres Vorgesetzten, indem Sie beispielsweise sagen: »Es freut mich, daß Ihnen die Folien gefallen haben. Ich habe mir große Mühe gegeben, meine Präsentation damit anschaulicher zu machen, und mir extra dafür ein neues Grafikprogramm für meinen privaten Computer gekauft.«
Kritik ist nie einfach, aber reagieren Sie darauf nicht mit Rechtfertigungen und Verteidigung. Sie brauchen auch keine Erklärungen abzugeben. Schreiben Sie die Kritikpunkte mit, damit Ihr Abteilungsleiter sieht, daß Sie ihn ernst nehmen. Bitten Sie um weitere Erläuterungen und konkrete Details wie: »Was war an meinen Empfehlungen zu vage? Waren sie am Schluß zu vorsichtig formuliert? Ich denke, Sie haben recht, ich sehe jetzt auch, daß die Argumentation nicht schlüssig war.« Zeigen Sie Ihrem Vorgesetzten, daß Sie keine Angst davor haben, über Fehler zu diskutieren. Bitten Sie darum, daß Ihre Arbeit auch künftig bewertet wird.
Nehmen Sie Kritik nicht persönlich – Ihre Leistungen werden beurteilt, nicht Sie als Mensch, selbst wenn Ihr Chef diese Grenze nicht respektieren sollte. Sehen Sie die Kritik als Ansporn, sich Alternativen zu überlegen. »Das nächste Mal werde ich ...« Danken Sie Ihrem Vorgesetzten für seine Offenheit, und sagen Sie, daß Sie vielleicht später noch Fragen haben könnten. Bitten Sie um die Chance, ihm zu beweisen, daß Sie seine Kritik beherzigen werden.
Lassen Sie nicht zu, daß Ihre Arbeit unter Ihrer persönlichen Unsicherheit leidet. Vermeiden Sie Generalisierungen wie »Ich bin eine Niete«, »Ich kann einfach keine Präsentationen machen« oder »In solchen Situationen fange ich immer an zu stottern, das ist einfach so.« Fürchten Sie sich nicht vor Kritik, sondern nur davor, den gleichen Fehler zu wiederholen.

Präsentationen machen

Nicht nur Schüchterne grausen sich davor, eine Rede zu halten – das tun fast alle. Wenn Vorträge nicht fester Bestandteil Ihres Berufes sind, ist ein Vortrag vor Publikum eine Situation weit außerhalb Ihrer Schutzzone. Typisch ist, daß wir uns erst entspannen, wenn die Rede schon fast vorbei ist (die lange Aufwärmphase), daß wir es furchtbar finden, der Mittelpunkt der Aufmerksamkeit zu sein (entfremdete Selbst-Wahrnehmung), und daß wir auf Anerkennung unserer Arbeit hoffen und die Blamage fürchten (der Annäherungskonflikt). Noch nervöser macht es, daß solche Präsentationen oft in Anwesenheit von Autoritätsfiguren stattfinden. Wir werden nervös und ängstlich, schieben die Vorbereitungen immer wieder auf und bereiten uns nicht gründlich genug vor.

Die Angst vor öffentlichem Reden erfaßt Ihre ganze Person. Sie sind körperlich erregt, mit allen Unannehmlichkeiten, die dazugehören, und wenn es Ihnen dann die Sprache verschlägt, werden Sie nicht besonders mitreißend reden können.

Auf der kognitiven Ebene sind Sie von dieser Aufgabe so beunruhigt, daß Sie das Schlimmste erwarten. Diese Gedanken haben Sie völlig in der Gewalt, daher können Sie nicht in Ruhe durchdenken, was Sie sagen wollen.

Da Emotionen sich in kognitiven und körperlichen Reaktionen äußern, sind Sie während des Vortrages äußerst aufgeregt – Sie können das panische Angst nennen oder, freundlicher, Erregung und eine neue Herausforderung.

Für Ihr Verhalten spielt es aber durchaus eine Rolle, welchen Namen Sie Ihren Gefühlen geben. Haben Sie Angst, kann Ihre Präsentation zerfahren werden, Sie reden abgehackt, meiden Blickkontakt, überspringen versehentlich einen Teil des Materials. Benennen Sie Ihre Gefühle hingegen positiv, werden Sie ausdrucksstark, informativ und mitreißend sein.

Die naheliegende Lösung für Ihr Dilemma ist eine gründliche Vorbereitung. Überlassen Sie so wenig wie möglich dem Zufall, schreiben Sie den Vortrag völlig aus, und halten Sie ihn laut – sei es vor Familienangehörigen, sei es auf Band. Achten Sie auf den Inhalt, nicht auf sich. Als Experte fühlen Sie sich sicherer und müssen nicht mehr befürchten, daß die anschließenden Fragen Sie aus der Fassung bringen könnten. Wenn Sie Ihre Sicht der Dinge mit ganzer Konzentration plausibel darzustellen versuchen, denken Sie weniger an Ihre zitternden Hände und mehr an Ihren Text.

Improvisieren und freies Sprechen hingegen sind die denkbar schlechtesten Strategien für Schüchterne. Der Besitzer eines Tabakladens erzählte mir: »Vor einiger Zeit sollte ich einigen Leuten, die ich alle kannte, etwas über das Pfeiferauchen erzählen. Ich war wie gelähmt, weil ich nicht vorbereitet war. Ich dachte, ich überlege mir, was ich sage, wenn ich da stehe. Aber obwohl ich mich mit dem Thema gut auskenne, war ich wie gelähmt. Inzwischen schreibe ich Vorträge zwar nicht immer auf, aber ich überlege mir vorher gut, was ich sagen werde.«

Viele halten es für besser, ihre Rede zu improvisieren, weil sie dann nicht an den bevorstehenden Vortrag denken und sich ihrem Lampenfieber stellen müssen. Das kann leicht zum Eigentor werden, denn wenn Sie sich nicht vorbereitet oder den Text geübt haben, haben Sie nichts zu sagen und können nicht gut sein. In der Situation überfällt Sie dann entfremdete Selbst-Wahrnehmung, Sie stottern und stammeln und bringen, wie der Besitzer des Tabakladens, kein vernünftiges Wort hervor. Selbst berühmte Stars und Komödianten, die in Talk-Shows auftreten, kennen vorher die Fragen des Moderators und bereiten ihre Witze vor. Sie wissen, wie schwierig es ist, in einer angespannten Situation zu improvisieren, und wollen nicht wie »normale Leute« wirken, die vor der Kamera stottern und nervös sind.

Hier einige Ratschläge, die Sie beherzigen sollten, um Ihre Angst vor öffentlichen Auftritten zu verlieren:

Nutzen Sie jede sich bietende Gelegenheit. Sprechen Sie bei Familienfeiern, Kegelausflügen und allen anderen möglichen Gelegenheiten, damit eine Rede nichts Besonderes mehr ist. Erheben Sie bei einer Einladung zum Abendessen Ihr Glas auf die Gastgeberin, führen Sie bei einer Konferenz die Vortragenden ein, leiten Sie eine Besprechung Ihrer Abteilung – das alles muß nicht lang dauern, es ist vermutlich sogar besser, wenn Sie sich kurz fassen.

Seien Sie besser vorbereitet als nötig. Wenn Sie sehr viel über Ihr Thema wissen, sind Sie nicht so leicht aus der Ruhe zu bringen. Sie sind der Experte.

Recherchieren Sie vorher. Erkundigen Sie sich so umfassend wie möglich: »Wer ist das Publikum? Kann ich Hilfsmittel benutzen? Wieviel Redezeit habe ich? Wieviel Zeit steht hinterher noch für Fragen und Diskussion zur Verfügung?«

Begrüßen Sie die Anwesenden. Wenn irgend möglich, sollten Sie versuchen, vor dem Vortrag einige Ihrer Zuhörer kurz kennenzulernen. Damit verkürzen Sie Ihre Aufwärmphase, und Sie sehen im Publikum bekannte Gesichter, mit denen Sie während des Vortrags Blickkontakt aufnehmen können.

Schaffen Sie Kontakt zum Publikum. Es gelten die gleichen Regeln wie beim Small talk: Auf den Gesprächseinstieg folgt die Sondierungsphase. Sagen Sie etwas, das allen geläufig ist – machen Sie einen Scherz, oder erinnern Sie an eine lustige Begebenheit bei der letzten Konferenz. Lächeln Sie, und eröffnen Sie Ihren Vortrag mit Humor. Das lockert alle, auch Sie, und wenn Ihr Publikum lacht, stärkt das Ihr Selbstbewußtsein.

Ignorieren Sie Ihre Nervosität nicht völlig. Wenn Sie spüren, wie aufgeregt Sie sind, und Ihre Stimme zittern hören, denken Sie daran, daß Sie in der Aufwärmphase sind, sich aber bald fangen werden. Machen Sie eine kleine Pause, trinken Sie einen Schluck Wasser, um die Fassung wiederzuerlangen, atmen Sie tief durch und fahren Sie fort. Sie können sogar sagen, daß Sie nervös sind, oder einen Witz darüber machen. Das Publikum wird Sie verstehen, und Ihnen wird es helfen.

Benutzen Sie Hilfsmittel. Dias, Overheadprojektoren oder Flip-Charts lenken die Aufmerksamkeit von Ihnen ab. Solange Sie die visuellen Hilfsmittel erläutern, müssen Sie nicht Blickkontakt mit dem Publikum halten. Wenn Sie vorbereitetes Material lesen, folgen Sie dem geplanten Redeverlauf. Eine Frau schreibt sich »Spickzettel« auf die Rückseite ihrer Flip-Charts. Obwohl sie diese im wesentlichen abliest, wirken ihre Vorträge ausgesprochen spontan. Hilfsmittel schaffen mehr Interaktivität, denn das Publikum hört nicht nur, es sieht auch, und manche Menschen können Informationen so besser aufnehmen.

Teilnahme an Besprechungen

»Der wunde Punkt meines Berufslebens sind Teambesprechungen«, schrieb mir eine junge Frau. »Ich fühle mich unsicher und dumm. Ich zwinge mich, entspannt und aufgeschlossen zu wirken, aber innerlich krampft sich alles zusammen.«

Schüchternheit erschwert die aktive Teilnahme an Gruppendiskussionen. Sie denken vielleicht, Sie hätten nichts beizutragen, oder glauben, andere könnten Ihre Fragen als dumm oder als Zeitverschwendung empfinden, weswegen Sie sie gar nicht erst stellen. Wenn die Besprechung von einer Autoritätsfigur geleitet wird, kann das Ihre Ängste verstärken, besonders wenn Sie befürchten, beurteilt zu werden. Außerdem sind Sitzungen oft der Schau-

platz starker Konkurrenz, weil viele sich mit ihren Vorschlägen profilieren wollen.
Aber Ihr Schweigen kann als Desinteresse oder mangelndes Engagement gedeutet werden und zu sozialer Isolierung führen. Denken Sie daran, daß ein Treffen mit Kollegen etwas einfacher ist als mit völlig fremden Menschen, weil Sie über ein gemeinsames Wissen verfügen und sich gegenseitig einschätzen können.
Um erfolgreich an Besprechungen teilzunehmen, müssen Sie Fragen stellen oder qualifizierte Kommentare beisteuern. Ziehen Sie Verbindungen zwischen dem gerade Gesagten und anderen Aspekten Ihrer Firma. Fragen Sie beispielsweise: »Sie sagten, eine geänderte Teamaufteilung sei besser für das Unternehmen. Gilt das nur für unsere Abteilung oder auch für andere?« Das zeigt, daß Sie Ihren Kollegen zuhören, und Sie geben ihnen die Möglichkeit, ihre Gedanken auszuführen und zu konkretisieren. Wie bei den Kindern auf dem Spielplatz tragen Sie so zum Gelingen des Ganzen bei.
Vor allem die Besprechungen mit Brainstorming mögen Ihnen Probleme bereiten. Sie fürchten sich vor Kritik und äußern daher Ihre Gedanken nur zögernd. Aber nicht jede Ihrer Ideen muß brillant sein, auch andere werden Unrealisierbares vorschlagen. Genau darum geht es beim Brainstorming: So viele Ideen wie möglich zu sammeln.
Beim Brainstorming müssen alle mitdenken und mitreden. Weil so viel gemeinsam und gleichzeitig geschieht, gibt es in solchen Situationen sogar weniger Kritik und weniger Gründe, Angst zu haben. Diese Treffen funktionieren am besten, wenn alle (ob schüchtern oder nicht), folgende Regeln beachten:

1. Ideen werden weder bewertet noch kritisiert.
2. Ideen werden von anderen Gruppenmitgliedern entwickelt und fortgeführt.
3. Ideen werden mit den Ideen anderer verknüpft.

Falls Sie eine Brainstorming-Sitzung leiten, sollten Sie als erstes die Prinzipien erläutern, damit alle in der Gruppe wagen, sich wirklich spontan zu äußern. Qualität und Quantität der Ideen sinken, wenn schon früh bewertet wird, lassen Sie also Kritik erst in der anschließenden Auswertungsphase zu. Und sorgen Sie dafür, daß nicht ein einzelner, sondern die Gruppe die Lorbeeren erntet. Eigentum an Ideen schürt die Konkurrenz und blockiert Kooperation und Kreativität. Dabei gewinnt niemand.

Networking

Geselligkeit gehört untrennbar zur Geschäftswelt; sie bietet die wichtige Gelegenheit, in entspannter Atmosphäre berufliche Kontakte zu pflegen, und sie hilft Ihnen, den Namen, mit denen Sie es täglich zu tun haben, ein Gesicht zu geben. Das wichtigste Merkmal solcher sozialen Anlässe ist ihre Uneindeutigkeit: Es handelt sich um halbprivate Situationen – sie sind weder ganz privat noch ganz beruflich. Die Regeln sind vage. Eine Anwesenheit ist nicht immer ausdrücklich gefordert, es macht aber einen schlechten Eindruck, wenn man nicht kommt.
Es wird niemanden überraschen, daß Betriebsfeiern oder auch nur ein kurzer »Umtrunk« für Schüchterne ein Alptraum sein können: ein Raum voller Fremder, jede Menge Small talk, offene oder versteckte Konkurrenz um Pöstchen und obendrein viele, viele Chefs und Vorgesetzte, die hier die Möglichkeit haben, nicht Ihre Arbeit, sondern Sie als Menschen zu beurteilen. Die Gespräche sind oft wertend und oberflächlich. Wenn es nur ein kurzes Treffen ist, brauchen Sie zu lange, um sich in die Situation einzufinden und mit Ihrem Annäherungskonflikt zurechtzukommen, so daß Sie kaum jemanden kennenlernen. Außerdem finden solche Veranstaltungen oft nach Feierabend statt, wenn

man schon etwas erschöpft ist. Es wird Alkohol getrunken, so daß es schwierig ist abzuschätzen, was überhaupt passiert. Sie sind angestrengt, weil Sie sich wie auf einer Bühne fühlen. Viele Menschen mögen diesen Aspekt ihres Berufslebens nicht, kommen aber nicht darum herum.

Um sich erfolgreich in solchen Situationen zu behaupten, braucht man eine Mischung aus Charme, Selbstbewußtsein und Taktgefühl, und sie verlangen von Ihnen, daß Sie Ihre Schutzzone von einem sozialen auf ein berufliches Terrain ausweiten. Das alles ähnelt dem Rendezvous und dem Vorstellungsgespräch – Situationen, mit denen Sie bereits vertraut sind. Sie können also auch bei solchen Betriebsfeiern gut bestehen, und in dem Maße, wie Sie sozial aufgeschlossener werden, fallen Ihnen diese Begleiterscheinungen Ihrer Arbeit leichter. In einem Raum voller Menschen gibt es viele Wege, etwas zu erreichen: Kommen Sie mit einem Kollegen nicht richtig ins Gespräch, kann es mit anderen klappen.

Folgenden Strategien können Ihnen bei dieser schwierigen Aufgabe helfen:

Reden Sie sich nicht heraus. Ihr Chef bemerkt, wer kommt und wer bereit ist, Freizeit zu opfern, um zum Team zu gehören.

Unterschätzen Sie die Bedeutung des Small talks nicht. Sie werden vielleicht keinen Small talk machen wollen, weil Sie glauben, ihn nicht zu beherrschen, aber er ist nötig, um einen guten Eindruck zu machen und erste Kontakte zu knüpfen. Denken Sie an die Regeln des Small talks, und suchen Sie nach Gemeinsamkeiten mit anderen. Übernehmen Sie die Gastgeberrolle, und beziehen Sie andere in die Unterhaltung ein. Verabschieden Sie sich mit einem höflichen Satz wie »Das war ein sehr interessantes Gespräch.«

Ziehen Sie vorher Erkundigungen ein. Firmenfeiern verlieren etwas von ihrem Schrecken, wenn Sie wissen, was

Sie erwartet. Bringen Sie in Erfahrung, wer da sein wird, und suchen Sie sich einige aus, mit denen Sie sich unterhalten wollen. Überlegen Sie sich Fragen, Themen und Anekdoten. Nehmen Sie Ihre Visitenkarten und einen oder zwei »Aufhänger« mit.

Festigen Sie bereits geknüpfte Kontakte. Versuchen Sie nicht, sich mit einem Anwesenden den ganzen Abend lang zu unterhalten oder an Ort und Stelle ein Geschäft abzuschließen. Nehmen Sie den Faden am folgenden Tag auf eine Ihnen angenehme Weise wieder auf: per Telefon, E-mail oder mit einem kurzen Brief.

Trinken Sie keinen Alkohol. In beliebiger Menge ausgeschenkter Alkohol ist verführerisch, aber es macht einen denkbar schlechten Eindruck, wenn Sie beispielsweise bei einem Geschäftsessen die Kontrolle über sich verlieren. Alkohol behindert das klare Denken.

Gehen Sie umher. Sich den ganzen Abend mit nur einer Person zu unterhalten, läuft dem Sinn einer solchen Veranstaltung zuwider. Gehen Sie, nachdem Sie mit jemandem Kontakt aufgenommen haben, zum nächsten weiter.

Setzen Sie sich ein Zeitlimit. Die Veranstaltung wird Sie weniger einschüchtern, wenn Sie sich nur für eine Stunde Ihres Lebens verpflichten. Eine zeitliche Begrenzung hilft Ihnen auch bei der Entscheidung, mit wem Sie unbedingt reden sollten. Wenn Sie sich wohl fühlen, können Sie immer noch länger bleiben.

Konzentrieren Sie sich auf Ihre sozialen Erfolge. Notieren Sie in Ihrem Schüchternheits-Tagebuch, womit Sie Erfolg hatten. Dies wird Ihnen bei künftigen Gelegenheiten helfen.

Schaffen Sie sich eine Schutzzone. Kommen Sie zusammen mit einem Kollegen, wenn Sie das beruhigt. Treten Sie einem Berufsverband bei, besuchen Sie Vorträge und Seminare, um sich mit solchen Situationen vertraut zu machen.

Werden Sie ein erfolgreich schüchterner Vorgesetzter

Als Vorgesetzter müssen Sie ein Gespür für Menschen haben und zugleich Autorität ausstrahlen. Der Dreh- und Angelpunkt eines gelungenen Führungsstils ist Kommunikation, mit der Sie auf konstruktive Weise Informationen austauschen. Sie bekommen von Ihren Mitarbeitern, was Sie brauchen, erklären ihnen, was Sie möchten und wie die Ziele Ihrer Firma erreicht werden können. Diese Fähigkeiten helfen Ihnen, Feedback zu geben und anzunehmen, Aufgaben zu delegieren, erfolgreich mit Autoritätsfiguren umzugehen, Streitigkeiten zu schlichten und unter Ihren Untergebenen eine Atmosphäre von Kreativität zu fördern.

Aufgrund Ihrer Position stehen Sie zwischen Vorgesetzten und Untergebenen. Sie müssen denen, die in der Hierarchie über Ihnen sind, sagen, was Sie möchten und brauchen, um von ihnen die Mittel zu bekommen, die Sie zur Erledigung Ihrer Aufgaben benötigen. Darüber hinaus müssen Sie Lob und Kritik auf angemessene Weise geben und nehmen können. Und Sie müssen es schaffen, Mitarbeiter, die in der Hierarchie unter Ihnen stehen, um etwas zu bitten, Ihnen Aufträge zu erteilen, Sie müssen Autorität vermitteln, selbstbewußt auftreten, loben, kritisieren und ein Gefühl der Kollegialität aufbauen. Sie müssen ständig mit Ihren Angestellten in Kontakt sein, um sicherzustellen, daß sie ihre Arbeit richtig machen und motiviert bleiben. Für Schüchterne sind das große Aufgaben.

Eine Position als Vorgesetzter gehört zum Schwierigsten, was ein schüchterner Arbeitnehmer auf sich nehmen kann. Ihre unzureichend entwickelten sozialen Fertigkeiten beeinträchtigen die Leistung und den Teamgeist Ihrer Mitarbeiter und fördern eine Atmosphäre des Schweigens in Ihrer Abteilung, was für Ihre Angestellten ein verhängnisvolles Vorbild sein könnte – wenn Sie ihnen nicht die Möglichkeit zum Gespräch geben, sinkt die Arbeitsmoral. Möglicherweise haben Sie auch mit Verhandlungen und taktvollem Benehmen Schwierigkeiten. Wenn Sie destruktiv um sich selbst kreisen, fällt es Ihnen schwer, für die Lage und die Gefühle anderer empfänglich zu bleiben – das aber ist für ein erfolgreiches Management unabdingbar.

Wenn Sie dazu neigen, sich in Ihrem Büro zu verschanzen, werden Ihre Angestellten schlechter arbeiten, weil Sie desinteressiert und unerreichbar wirken. Sie erfahren nicht, was in Ihrer Abteilung vorgeht (weder das Gute noch das Schlechte), kennen die Stärken und Schwächen Ihrer Angestellten nicht, und andere empfinden Sie möglicherweise als schroff. Es mag Ihnen schwerfallen, Projekte zu Ende zu bringen, sei es, weil Sie nicht delegieren können, sei es, weil Ihre Angestellten Sie mit Versprechungen hinhalten, denn sie haben keine Lust, sich für jemanden ins Zeug zu legen, der weder mit ihnen redet noch an ihnen und ihrer Arbeit Interesse zeigt.

Weil Sie so voller Selbstzweifel, destruktiver Selbstkritik und Unsicherheiten stecken, ist es Ihnen kaum möglich, für andere eine Autoritätsfigur zu sein. Vielleicht sorgen Sie sich zu viel um die Gefühle Ihrer Untergebenen und zu wenig um die anstehenden Aufgaben. Sie möchten sie mit Ihrer Kritik nicht kränken oder beleidigen, weil Sie selbst wissen, wie sehr das schmerzt, aber wenn Sie sich unterwürfig verhalten, kann es leicht passieren, daß man Sie ausnutzt.

Als guter Vorgesetzter müssen Sie sich nicht nur mit Bilanzen, sondern mit dem Arbeitsklima in Ihrer Abteilung befassen. Sie finden vielleicht, daß es völlig ausreicht, wenn Sie per E-mail kommunizieren, aber Ihre Mitarbeiter brauchen den persönlichen Kontakt. Arrangieren Sie Treffen nach der Arbeitszeit, Betriebsfeiern und Workshops. Nutzen Sie bei solchen Gelegenheiten unbedingt Ihre Small-talk-Fertigkeiten. Denken Sie an firmeninterne Weiterbildungsveranstaltungen, die Sie selbst leiten oder besser noch von wechselnden Mitarbeitern organisieren lassen, damit jeder die Möglichkeit hat, unterschiedliche Funktionen in einer Gruppe zu übernehmen. Bewerten Sie die geleistete Arbeit in regelmäßigen Abständen – einmal monatlich ist empfehlenswerter als halbjährlich. So lernt man sich besser kennen, und es gibt Ihren Mitarbeitern die Möglichkeit, Kritik leichter anzunehmen, weil sie daran gewöhnt sind. Regelmäßige Bewertungen sind auch kürzer und somit für Sie einfacher.

Allen erlebte wegen einer Führungsposition einen gravierenden Annäherungskonflikt. »Ich wollte die Abteilung leiten und wollte es auch nicht, weil ich die Gefühle nicht wollte, die dazugehören würden – wenn ich schüchtern werde, bin ich wie gelähmt und kann nicht gut reden; ich stottere. Ich wollte den Job und bin ihm doch aus dem Weg gegangen. Es war ein innerer Kampf.« Vielleicht hilft Ihnen der Gedanke, daß sich die Stelle eines Vorgesetzten von Ihrer bisherigen Arbeit lediglich durch einige zusätzliche Verantwortlichkeiten unterscheidet.

Um etwas bitten

Nur wenige Schüchterne glauben, daß sie andere um etwas bitten können und diese das dann auch tun werden. Sie äußern jede Bitte mit Unbehagen und der Annahme, daß sie abgelehnt werden wird, sie ernten oft Versprechungen, die dann nicht eingelöst werden. Das kann natürlich dazu führen, daß ein schüchterner Vorgesetzter chronisch frustriert und enttäuscht ist. Wenn es Ihnen schwerfällt, jemanden um etwas zu bitten oder ihm eine Aufgabe zu übertragen, kann das die Realität prägen – was Sie denken und glauben, hat einen Einfluß auf das, was Sie (und andere) tun.

Aber es gibt effektive Arten, Ihre Mitarbeiter um etwas zu bitten. Wenn Sie jemandem eine Arbeit übertragen, müssen Sie das klug formulieren. Denken Sie dabei mehr an das Ziel als an eine »Zumutung«, und vermeiden Sie unter allen Umständen den Eindruck von Arroganz. Hier einige Ratschläge:

- Üben Sie laut oder in Gedanken, damit Sie flüssig sprechen.
- Seien Sie konkret. Sagen Sie Ihren Mitarbeitern, was Sie wollen und wie es gemacht werden soll. (Das ist vor allem bei Angestellten wichtig, die zu schüchtern sind, um nachzufragen.)
- Geben Sie einen Termin oder einen anderen Rahmen vor, und achten Sie auf Einhaltung. Sagen Sie dem Mitarbeiter deutlich, welche Konsequenzen eine Verspätung haben wird, und setzen Sie diese, falls nötig, auch durch.
- Erläutern Sie, warum die Aufgabe gemacht werden muß und welchen Beitrag der Mitarbeiter dabei leistet.
- Erläutern Sie, in welchem größeren Zusammenhang diese Aufgabe steht, damit die damit betrauten Mitarbeiter den Sinn ihrer Arbeit verstehen und auftretende Problem selbst lösen können.
- Unterteilen Sie die Aufgabe in kleinere Arbeitsschritte.
- Setzen Sie fest, zu welchen Zeiten Sie für Fragen zur Verfügung stehen, erwähnen Sie aber auch, daß Sie sich in Abständen selbst über den Fortgang informieren werden.
- Bitten Sie, falls nötig, um Zwischenberichte, und erinnern Sie an Abgabefristen.
- Nutzen Sie informelle Situationen, um sich kurz nach dem Stand der Arbeit zu erkundigen – morgens vor Arbeitsbeginn, direkt vor oder nach der Mittagspause, im Aufzug nach Feierabend.
- Zeigen Sie Ihren Mitarbeitern, daß Sie ihre Arbeit schätzen, und danken Sie ihnen, wenn möglich, schriftlich.

Es kann nicht nur schwierig sein, kritisiert zu werden, sondern auch, selbst zu kritisieren. Um sicherzugehen, daß Ihr Mitarbeiter Ihre Kritik auch verstehen kann, sollten Sie ihm den Gesprächstermin rechtzeitig mitteilen und sich selbst auf das Gespräch vorbereiten. Äußern Sie konkret, was Sie wollen und was Ihr Mitarbeiter tun kann, um dem zu entsprechen. Machen Sie einen Zeitplan. Halten Sie das Besprochene in einem Gesprächsprotokoll fest, und bitten Sie Ihren Mitarbeiter, es gegenzuzeichnen. Je konkreter Sie sind, um so einfacher wird der Ablauf. Äußern Sie Kritik an der Sache und nicht an der Person. Sagen Sie nicht, »Sie arbeiten schlampig« oder »Sie haben konfus geschwafelt«, sondern »Sie brauchen für diesen Kunden eine klarere Strategie« und »Ihr Vortrag wird überschaubarer, wenn Sie mit visuellen Präsentationshilfen arbeiten und eine Zusammenfassung der wichtigsten Punkte verteilen«. Erwähnen Sie nicht nur, was der Mitarbeiter falsch gemacht hat, sondern auch, wie er die Arbeit künftig besser machen kann. So kritisieren Sie nicht nur, sondern bekommen bessere Ergebnisse. Skizzieren Sie alternative Strategien, damit Ihre Angestellten etwas haben, woran Sie sich orientieren können. Mildern Sie Kritik mit Lob. Geben Sie Ihren Angestellten die Chance, sich zu verbessern, und halten Sie Ihre Tür für Gespräche immer offen.

Der Umgang mit einem schüchternen Mitarbeiter

Wenn Sie selbst schüchtern sind, werden Sie einen schüchternen Mitarbeiter vermutlich gleich erkennen. Bedenken Sie, mit welchen Schwierigkeiten er zu kämpfen hat. Aufgrund des Annäherungskonflikts wird er vermutlich Probleme damit haben, sich mit Ihnen zu unterhalten oder bei einer Besprechung etwas zu sagen. Er braucht vielleicht Rat, bittet aber nicht darum. So können Sie ihm helfen:

- Bitten Sie schweigsame Mitarbeiter um ihre Meinung, zeigen Sie ihnen, daß Sie sie schätzen und daß sie Ihnen vertrauen können.
- Beschreiten Sie unterschiedliche Kommunikationswege. Belassen Sie es nicht nur bei schriftlicher Kommunikation, nutzen Sie E-mail, das Telefon und Hausmitteilungen, aber arrangieren Sie für Ihre schüchternen Mitarbeiter auch Möglichkeiten zum persönlichen Gespräch. Wählen Sie unterschiedliche Orte – Ihr Büro, seinen/ihren Arbeitsplatz, die Kantine, damit er/sie sieht, daß Sie jederzeit und unter fast allen Umständen bereit sind, mit ihm/ihr zu sprechen. Lassen Sie einem persönlichen Gespräch eine schriftliche oder elektronische Mitteilung, einer schriftlichen Mitteilung einen Anruf oder ein persönliches Gespräch folgen. Das hindert den schüchternen Mitarbeiter daran, seine Kommunikation immer mehr auf E-mail zu beschränken.
- Denken Sie an die Aufwärmphase. Schüchterne Mitarbeiter neigen dazu, sich zunächst gegen jede Veränderung zu sperren. Lassen Sie nicht locker, und geben Sie ihnen Zeit zur Anpassung.
- Halten Sie die Kommunikationswege offen. Ermuntern Sie Ihre schüchternen Mitarbeiter, Ihnen zu sagen, was sie brauchen.
- Seien Sie ein Mentor – nehmen Sie einen schüchternen Mitarbeiter zu Kundenbesuchen mit, damit er sich an Ihrem Vorbild orientieren kann.
- Halten Sie sich vor Augen, welche Auswirkungen Schüchternheit auf die Leistungen Ihres Mitarbeiters haben kann. Möglicherweise fehlt es ihm nicht an beruflichen, sondern an sozialen Fertigkeiten.

Ein abschließendes Wort über Schüchternheit im Berufsleben

Interaktionen im Beruf unterscheiden sich nicht von den Interaktionen in anderen Bereichen Ihres Lebens. Es gelten die gleichen Regeln. In dem Maße, wie Ihr soziales Leben einfacher wird, werden Sie auch mit den Anforderungen Ihres Berufslebens leichter umgehen können. Falls Sie im Freundes- und Familienkreis aufgeschlossen und locker, am Arbeitsplatz aber scheu sind, sollten Sie sich mit Ihren Kollegen und Kolleginnen anfreunden. Umgekehrt können Sie natürlich alles, was Sie an Ihrem Arbeitsplatz lernen, für Ihr Privatleben nutzen. Wenn Sie im Beruf, nicht aber auf einer Party selbstsicher sind, dann sollten Sie sich die Party als eine berufliche Aufgabe vorstellen. Informieren Sie sich darüber, was erwartet wird, bereiten Sie sich vor, stellen Sie Fragen, knüpfen Sie Kontakte.

Allen hat die Schüchternheit an seinem Arbeitsplatz überwunden. Er hat mit Hilfe eines Psychologen gelernt, seine Gedanken zu beobachten und anders mit ihnen umzugehen: »Er hat gesagt, ich solle jeden negativen Gedanken sofort notieren und ihm einen positiven Gedanken entgegensetzen. Anfangs klappte das gar nicht gut – na ja, vielleicht hätte es geklappt, aber ich habe es nicht regelmäßig gemacht. Dann habe ich es mir zur Gewohnheit gemacht, und schließlich funktionierte es. Ich zwang mich, Dinge zu tun, die ich nie zuvor getan hatte, das wurde mit jedem Mal einfacher, und es stärkte auch mein Selbstbewußtsein.«

Inzwischen ist Allen Verkaufsleiter seiner Firma: »Ich muß nicht nur neue Kunden gewinnen, ich muß auch die Kontakte zu allen anderen pflegen.« Das bedarf sozialer Fertigkeiten, die Allen inzwischen beherrscht.

»Viele Menschen glauben, daß gegen Schüchternheit kein Kraut gewachsen ist«, sagte er. »Die meisten sehen nicht, daß der Kampf dagegen einfach nur lange dauert. Schüchternheit und Angst sind über Jahre entstanden und haben sich verfestigt. Das kann man nicht über Nacht rückgängig machen, das Umlernen kann Jahre dauern. Ich bin stolz, daß ich es so weit gebracht habe.«

Kapitel 15
Erfolg in einer sich wandelnden Welt

Jonathan ist selbständig und hat sein Büro zu Hause. Er arbeitet in der Export-Import-Branche, handelt mit Asien und erledigt seine Geschäfte im wesentlichen per Telefon, Fax und Computer.
Kevin setzt sich freitags abends nach der Arbeit mit einem Bier vor den Computer und klickt sich ins Internet ein. Er verbringt den überwiegenden Teil seiner Freizeit damit, im Internet von einem Chatroom zum nächsten zu surfen.
Karen fährt in die Auffahrt ihres Apartmentwohnhauses, öffnet, ohne den Wagen zu verlassen, die Garage mit der Fernbedienung, geht in ihre Wohnung, schiebt eine Tiefkühlpizza in den Backofen, schaltet den Fernseher an und verbringt einen langen Abend zu Hause, ohne mit einer Menschenseele ein Wort zu wechseln.
Diese Menschen leben einsam, weil sie schüchtern sind. An ihren Erfahrungen sehen wir nicht nur, wie Schüchternheit unser persönliches Verhalten beeinflußt, wir lernen daraus auch etwas über Schüchternheit in unserer Gesellschaft. In diesem Kapitel wird es darum gehen, wie die westliche Zivilisation durch ständig zunehmende Isolierung und die Verbreitung von Technologien eine solche Einsamkeit verstärkt und vergrößert.

Die Rolle der Technologie

Kaum jemand sieht eine Verbindung zwischen Schüchternheit und Technologie, aber es gibt sie. Stellen Sie sich vor, wie ich in der Abgeschiedenheit dieses Buch schreibe. Ich sitze in der kleinen Schutzzone meines Arbeitszimmers, im Pyjama und mit meiner Lieblingsmusik im Hintergrund, habe einen Computer, ein Faxgerät, Telefon und E-mail – alles, was ich brauche. Genauer gesagt: Alles, außer dem Kontakt zu Menschen. Wenn ich in dieser isolierten Welt einen Anruf bekomme, der nichts mit meiner Arbeit zu tun hat, freue ich mich darüber. Ich rede über alles mögliche, auch wenn es für die zu erledigende Aufgabe unwichtig ist. Je mehr ich darüber nachdenke und je mehr ich über den technischen Fortschritt lese, um so klarer sehe ich, daß unsere Gesellschaft Schüchternheit fördert und verstärkt.

Je mehr unsere Gesellschaft uns isoliert und je weniger sie unserer natürlichen Neigung zur Geselligkeit entspricht, um so größer wird das Mißtrauen. Wir konkurrieren stärker miteinander und interessieren uns immer weniger für unsere Mitmenschen. Als Folge verbringen wir immer mehr Zeit damit, elektronische Kontakte zu knüpfen – ein scheinbar sicherer Ausweg.

Die Anonymität, die Möglichkeiten, mehr Leute »kennenzulernen«, persönliche Kontakte im Internet zu begrenzen und zu kontrollieren, das offensichtliche Fehlen von peinlichen und verlegen machenden Situationen erleichtert es Schüchternen scheinbar, soziale Kontakte zu knüpfen. Da Sie niemandem »persönlich« entgegentreten müssen, ersparen Sie sich die Angst vor Zurückweisung und den Annäherungskonflikt. Wenn Sie sich nur langsam an neue Situationen gewöhnen, können Sie sich lange in Chatrooms aufhalten, ohne aktiv an den Gesprächen teilzunehmen, und dennoch das Gefühl haben, mit anderen Verbindung aufgenommen zu haben. Sie können auch über das Internet Kontakte knüpfen, eine persönliche Begegnung aber aufschieben. Sie können bestimmen, mit wem Sie sich unterhalten, und Sie können sich in dem von Ihnen gewählten Chatroom auf Ihr Lieblingsthema beschränken, so daß Sie Ihre Schutzzone nicht verlassen müssen. Aber die neuen Technologien sind für Schüchterne kein Allheilmittel, sondern ein ausgesprochen zweischneidiges Schwert. Man kann das Internet leicht als Vorwand benutzen, um keine »echten« Verabredungen zu treffen. Wenn Sie so leben, leiden Ihre sozialen Fertigkeiten, und persönliche Kontakte werden immer schwieriger. Wer sich auf die Technologie verläßt, kappt seine mitmenschlichen Kontakte, was unserer Gesellschaft noch mehr schadet, denn es entpersönlicht, ja kann sogar die Feindseligkeit steigern. Computerbenutzer sind online oft sehr wortgewandt und verlieren mit allen, die langsamer sind, rasch die Geduld. Es ist leicht, jemanden brüsk zu übergehen oder lächerlich zu machen, wenn man nicht weiß, wer er ist.

Noch furchtbarer finde ich das, was ich als »elektronische Säuberung« bezeichne. Im Internet können Sie alle, deren Beiträge Sie nicht mögen oder die anders sind als Sie, vernichten, löschen oder schlicht ignorieren. Das ist sehr leicht, für Sie sind sie ja bloß ein E-mail-Name. Das aber vermindert auf Dauer Ihre Toleranz allen anderen gegenüber. Ähnlich wie eine ethnische Säuberung schafft auch die elektronische Säuberung eine Welt, in der Menschen, die anders sind, keinen Platz haben. Man muß nicht mehr verhandeln oder Kompromisse machen. Es ist immer einfacher, die Schutzzone einzuengen statt sie auszuweiten, etwas zu meiden statt sich ihm zu nähern. Aber nur ein Annähern, ein Aushandeln sowie ein Ausweiten der Schutzzone schaffen Höflichkeit und Gemeinschaft.

Die neuen Technologien sind akzeptabel, wenn Sie mit ihnen Ihre persönlichen Kontakte *ergänzen*. Sie sind keine Krücken und dürfen für Sie niemals wichtiger werden, als das Haus zu verlassen, um andere Menschen zu treffen.

Denken Sie daran, daß ein erfolgreicher Umgang mit Schüchternheit nicht nur bedeutet, sich mit Unbekannten unterhalten zu können. Es heißt auch, daß Sie enge Freundschaften und Beziehungen eingehen und pflegen können – und das geht nur im persönlichen Kontakt.
Der Einfluß der Technologie kann sich auf dreierlei Weise zeigen: im Einigeln, der Telearbeit und den Flirt- und Kontaktchatlines. Wir werden sie uns der Reihe nach ansehen.

Sich einigeln

Als »einigeln« bezeichne ich ein Verhalten, bei dem Sie die meisten Ihrer persönlichen Bedürfnisse zu Hause befriedigen: Sie haben ein großes Fernsehgerät, leihen sich Videos, lassen sich Ihr Abendessen vom Pizzadienst liefern, surfen und chatten im Internet und erledigen auch immer mehr Einkäufe hierüber.
Wenn Sie so leben, verlieren Sie leider immer mehr die Spontaneität sozialer Kontakte. Ihre sozialen Fertigkeiten lassen nach, Ihre Frustrationstoleranz sinkt. Sie behandeln Kellnerinnen unhöflich, schwatzen im Kino oder werden äußerst ungeduldig, wenn Sie irgendwo anstehen müssen. Sie denken nicht mehr an die Bedürfnisse anderer Menschen.
Weil Sie sowieso dazu neigen, soziale Situationen zu meiden, halten Sie einen solchen Rückzug vielleicht für eine vertretbare Lösung Ihrer Probleme. Aber es gibt überhaupt keinen Ersatz für menschliche Kontakte. Sie sehnen sich trotzdem nach der Gesellschaft anderer, doch je mehr Menschen sich in ihr Heim zurückziehen, um so weniger Gelegenheiten zu sozialen Begegnungen werden Sie haben. Wenn Sie den ganzen Tag isoliert leben (weil Sie allein zu Hause sind oder mit schweigsamen Kollegen arbeiten), bietet Ihnen das Einigeln keine Erholung vom Alltagstrott. Sie brauchen einen Ausgleich.
Als vorübergehender Rückzug von den Anforderungen

der Welt ist ein solcher Rückzug natürlich sinnvoll. Wir müssen eine Balance zwischen innen und außen, Introversion und Extraversion finden. Wenn Sie den ganzen Tag allein gearbeitet haben, brauchen Sie als Gegengewicht die Gesellschaft anderer. Arbeiten Sie hingegen den ganzen Tag mit vielen Menschen, müssen Sie abends vielleicht allein sein.

Wenn andere ungeduldiger geworden sind, weil auch sie immer mehr zu Hause bleiben, gestehen sie Ihnen vielleicht nicht mehr die Zeit zu, die Sie zum Eingewöhnen brauchen. Die Aufmerksamkeitsspannen werden kürzer, weil wir uns daran gewöhnen, unsere Wünsche sofort zu befriedigen.

Die offensichtliche Lösung ist, den Computer abzuschalten. Bemühen Sie sich um ein Gleichgewicht in Ihrem Leben – ein Abend pro Woche allein zu Hause ist völlig genug, weiten Sie das Einigeln nicht auf sechs oder gar sieben Abende aus. Bleiben Sie zu Hause, wenn Sie dort etwas Konstruktives tun wollen, sich mit Ihrer Familie unterhalten, Freunde anrufen oder lesen, aber Abend für Abend stundenlang fernsehen oder im Internet surfen fördert Ihre Passivität und verhindert soziale Kontakte.

Wenn Sie nicht genau wissen, ob Sie sich bereits zu tief in Ihrem Schneckenhaus verkrochen haben, beantworten Sie folgende Fragen:

- Kaufen Sie Dinge im Internet, weil Sie nicht gern in überfüllte Geschäfte gehen?
- Haben Sie mehr mediale Kontakte (Fernsehen, surfen im Netz, E-mail-Korrespondenz) als persönliche Kontakte?
- Wann haben Sie zum letzten Mal nach dem Abendessen einen Spaziergang gemacht, statt sich vor den Fernseher zu setzen?
- Wissen Sie über das Leben einiger Stars besser Bescheid als über das Ihrer Familienangehörigen?

- Warten Sie lieber, bis ein Film auf Video herauskommt, statt ihn sich im Kino anzusehen?
- Hören Sie erst, wer auf den Anrufbeantworter spricht, bevor Sie selbst drangehen?
- Lassen Sie sich lieber Essen ins Haus liefern, als ins Restaurant zu gehen?
- Finden Sie Verabredungen mit anderen eher anstrengend als erfreulich?

Je mehr Fragen Sie bejaht haben, um so stärker isolieren Sie sich. Es könnte an der Zeit sein, dem ein Ende zu setzen.

Telearbeit

Echte Telearbeiter arbeiten allein zu Hause und kommunizieren mit anderen hauptsächlich per Telefon, E-mail oder Fax. Sie bestimmen ihre Arbeitszeiten selbst und gehen nur ins Büro, wenn das wegen einer wichtigen Konferenz, einer Krise oder eines Betriebsfestes sein muß. Andere arbeiten in einem Büro, bearbeiten aber ihre Projekte praktisch allein oder mit Menschen, die körperlich abwesend sind.

Telearbeit wirkt bequem, hat aber für Schüchterne viele Nachteile. Wenn Sie sich bereits isolieren oder Sozialkontakte meiden, kann sie Sie die wenigen kostbaren menschlichen Kontakte kosten, die Sie täglich haben. Wenn Ihre Schutzzone auf ein kleines Viereck rund um Ihren häuslichen Schreibtisch zusammengeschnurrt ist, kann jede Begegnung mit Menschen für Sie bedrohlich werden. Falls Sie nur mit Menschen zusammenkommen, wenn es sich gar nicht vermeiden läßt, fehlt Ihnen die Aufwärmphase, was eine bereits belastende Situation noch schlimmer machen kann. Telearbeitern fehlt oft das Gefühl von Kollegialität und Gemeinschaft, und wenn etwas schiefgeht, ist niemand da, der einspringen könnte. Und es fällt Ihrem Chef leichter, die Leute zu entlassen, die er kaum kennt.

Wie das Einigeln ist auch Telearbeit für Schüchterne keine gute Lösung. Ihre sozialen Fertigkeiten verkümmern, wenn Sie zu anderen Menschen keine Verbindung mehr haben. Bei Konferenzen mit Ihren »Kollegen« müssen Sie außerordentlich aggressiv auftreten, um Ihre Bedürfnisse durchzusetzen. Je weniger Zeit Sie mit anderen verbringen, um so unsicherer werden Sie, und desto wichtiger wäre es, mit anderen zusammenzusein. Das kann so weit gehen, daß Sie sich in die Telearbeit regelrecht hineinsteigern, bis Sie das Interesse an Ihrem sozialen Leben und allen aushäusigen Aktivitäten verlieren. Anzeichen hierfür sind:

- Unterschwellige Depression. Ihnen »ist nicht danach«, mit anderen auszugehen oder auf Ihr Äußeres zu achten. Leistungsfähigkeit, persönliche Hygiene, ja sogar die Gesundheit leiden.
- Widerwillen, etwas Neues auszuprobieren. Sie bleiben lieber vor Ihrem Fernseher, als ein neues Restaurant auszuprobieren oder ins Theater zu gehen.
- Konzentrationsverlust und schlechte Zeitplanung. Wenn Sie keine festen Arbeitszeiten haben, wenn Sie Ihre Arbeit immer wieder aufschieben oder kurz vor einem Abgabetermin stehen, dehnt sich Ihre Arbeitszeit in die Abendstunden und auf das Wochenende aus.
- Einsamkeit. Sie isolieren sich, wenn Sie niemanden kennen, der wie Sie arbeitet.
- Beeinträchtigung Ihrer sozialen Fertigkeiten. Eine Unterhaltung mit anderen fällt Ihnen schwer, wenn Sie den ganzen Tag allein verbracht haben, insbesondere, wenn Sie soziale Kontakte sowieso schwierig und aufreibend finden, oder wenn andere nicht verstehen, was Sie den ganzen Tag allein tun. Es gibt keinen Büroschwatz.
- Ungepflegtes Äußeres. Warum sollen Sie sich Mühe geben, wenn niemand Sie sieht?

- Weniger Sozialkontakte in der Freizeit. Sie sehen mehr fern, surfen mehr im Internet und so weiter.
- Trinken. Sie greifen zu Alkohol, um Ihre Einsamkeit und Langweile zu betäuben oder Ihre unterschwellige Depression zu bekämpfen.

Diese möglichen Begleiterscheinungen von Telearbeit belasten vor allem Schüchterne, denen es sowieso schwerfällt, nach außen zu gehen und die nötigen Kontakte zu knüpfen. Teilzeit-Telearbeit könnte das Problem lösen. Dabei gehen Sie regelmäßig, beispielsweise einmal in der Woche, ins Büro und sind dort mit Ihren Kollegen und Kolleginnen zusammen. Das hat sich bewährt, denn Menschen, die zu Hause arbeiten, vereinsamen oft.
Hier noch einige Ratschläge, falls Sie einen Telearbeitsplatz haben:

- Gehen Sie einmal am Tag unter Menschen. Achten Sie darauf, das Haus zu verlassen. Gehen Sie zum Mittagessen in ein Restaurant, besuchen Sie einen Kurs, gehen Sie auf den Markt oder zur Bank, treffen Sie abends Freunde.
- Treten Sie einem Berufsverband bei. Das kann Ihnen persönlich und beruflich nutzen, weil es Ihre beruflichen Kontakte ebenso erweitert wie Ihre Schutzzone.
- Treffen Sie Ihren Vorgesetzten oder Ihre Kunden sooft wie möglich. Es reicht nicht, sich nur E-mails zu schicken oder zu telefonieren.
- Wenn Sie als Vorgesetzter Mitarbeiter haben, die zu Hause arbeiten, sollten Sie auf regelmäßige persönliche Treffen achten. Planen Sie wöchentliche Konferenzen, rufen Sie häufig an, veröffentlichen Sie eine Betriebszeitung, und organisieren Sie für Ihre Mitarbeiter Feste, Ausflüge und so weiter.

Teledating und Telefreundschaften sind zwischenmenschliche Kontakte, die durch Chatrooms im Internet, durch E-mail-Kontakte, zufälliges Netz-Surfen oder interaktive Rollenspiele entstehen und dort geführt werden.
Die Vorteile sind, daß diese Wege Ihnen Mut machen können, mit Menschen zu kommunizieren, da Sie sich über Ihre sozialen Fertigkeiten oder Ihre Wirkung auf andere keine Gedanken machen müssen. Sie können leichter Menschen kennenlernen, die gleiche Interessen haben wie Sie. Sie können Menschen nach Ihren eigenen Lieblingsthemen aussortieren oder auf eine Partnervermittlung durch Computer vertrauen. Sie können in den E-mails Ihre Gedanken sorgfältig aus- und umformulieren, so daß Sie wirklich sagen, was Sie sagen wollen.
Der Nachteil ist, daß Chatrooms elektronische Menschenmärkte sein können, ganz ähnlich wie Singlebars. Und die Chance, daß es jemandem gelingt, Sie zu betrügen, sind online viel größer als bei einer persönlichen Begegnung. (Männer können sich als Frauen ausgeben und umgekehrt, man kann das Alter fälschen und so weiter.) Wenn Sie Ihr Bedürfnis nach Sozialkontakten mit solchen »Beziehungen« befriedigen, können Sie den Fehler begehen, sie für echte Freundschaften zu halten. In der Realität aber sind Internet-Freunde keine Kumpel, die mit Ihnen ein Bier trinken gehen. Wenn Sie den Computer ausschalten, sind Sie wieder allein.
Für einen realen, lebenden Gesprächspartner gibt es keinen Ersatz. Und wenn Sie jemanden persönlich treffen, den Sie bislang nur online kannten, kann Ihre Schüchternheit wiederkommen. Auch bei solchen Treffen müssen Sie Ihren Annäherungskonflikt und Ihre Aufwärmphase meistern.
Schüchterne können sogar im Internet schüchtern sein. Sie können in Chatrooms *»herumlungern«* und lesen, was

andere schreiben, ohne selbst etwas beizutragen. Das entspricht dem schüchternen Verhalten im wirklichen Leben: Warten und zusehen, sich eingewöhnen, Annäherung/Vermeidung, passive Beobachtung, soziale Vergleiche. Oft dominieren einige wenige die Konversation, und andere müssen kämpfen, um ihre Sätze loszuwerden.
Warum bleiben Leute in Chatrooms passiv? Ich vermute, aus den gleichen Gründen, warum sie auch sonst schüchtern sind. In Chatrooms muß man sich sehr schnell in eine Diskussion einschalten, bevor sie zum nächsten Thema wechselt. Sie glauben vielleicht, Sie müßten besonders witzig oder klug sein, weil Sie fürchten, zurückgewiesen zu werden, daher müssen Sie sehr schnell denken. Andere bringen nur wenig Toleranz für die auf, die nicht schnell schreiben, sie denken sich nichts dabei, jemanden auszugrenzen, da keine persönlichen Interessen auf dem Spiel stehen. Und man kann einen Chatroom problemlos verlassen, wenn man an dem Thema nicht interessiert ist oder es zu mühevoll findet, sich einzuschalten. Wenn es keinen Grund gibt, dazubleiben und sich einzugewöhnen, tut man einfach selbst nichts, sondern »hängt nur weiter so rum«. Außerdem ist der Wechsel von einem Chatroom zum nächsten eine Sache von Sekunden.
Menschen sind Menschen, egal in welchem Medium. Es gibt immer Small talk und Bewertung. Andere können hemmungslos lügen, weil sie unter einem Pseudonym auftreten. Sie können sich in der Anonymität des Cyberspace verlieren. Sie können den Fehler begehen, diese Beziehungen ernst zu nehmen, weil Ihre Internet-Freunde realer wirken als Ihre Freunde im wahren Leben. Und wenn Sie sehr viel Zeit vor dem Computer und mit Surfen verbringen, kann es sein, daß Sie damit Ihren wirklichen Lebensgefährten »betrügen« und ihm Zeit und Zuneigung entziehen.
Behalten Sie bei Ihren Online-Freundschaften das rechte Maß. Es ist wenig wahrscheinlich, daß Sie auf diesem

Weg dauerhafte Beziehungen knüpfen werden. Sie finden vielleicht jemanden, mit dem Sie eine nette Unterhaltung führen können oder die Antwort auf ein Problem, aber nicht mehr. Verwenden Sie Ihre Kraft darauf, Verbindungen zu jenen Menschen zu pflegen, mit denen Sie täglich zusammen sind.

Gemeinschaftsgefühl entwickeln

Cyberspace, E-mail, Internet – all das wird immer alltäglicher. Wie wird sich die neue Generation – die seit ihren Kindertagen mit diesen Technologien aufwächst – verhalten? Wie wird sie soziale Fertigkeiten erwerben, wenn sie so viel Zeit allein verbringt? Was wird aus ihnen, wenn sie nicht erleben, was es heißt, vor einem Bankschalter Schlange zu stehen oder mit einer Gruppe von Kollegen in einem Büro zu arbeiten?

Ihnen werden die sozialen Fertigkeiten der älteren Generation fehlen, und sie werden mit allen, die langsamer sind, ungeduldig sein – und das sind die Schüchternen. Ihnen wird das Gefühl fehlen, einer größeren Gemeinschaft anzugehören, und sie werden viel Zeit mit einsamen Hobbys wie Computerspielen oder Tamagotchis verbringen. Sie werden glauben, daß Internet-Freunde Menschen sind, auf die sie sich verlassen können.

Die Lösung besteht darin, ein Gemeinschaftsgefühl zu schaffen – ein gesundes Ich-Gefühl dadurch zu entwickeln, daß man anderen Menschen hilft und mit ihnen verbunden ist. Wenn Sie sich engagieren, helfen Sie nicht nur sich selbst, weil Sie damit Ihrem ständigen Grübeln über eigene Probleme entfliehen, Sie stellen sich auch den Bedürfnissen anderer Menschen.

Wenn die ältere Generation vorlebt, wie wichtig zwischenmenschliche Kontakte sind, werden unsere Kinder von diesem Vorbild profitieren. Großzügigkeit durch Gemeinschaftsgefühl hilft den Menschen, mit denen wir zusammenleben, ebenso wie unseren Kindern.

Erfolg in einer sich wandelnden Welt

Wenn sich jemand unter Menschen einer anderen Kultur oder anderen Hautfarbe wiederfindet, hat er schnell das Gefühl, hervorzustechen. Dies macht ihn verlegen, er verhält sich vorsichtiger und reservierter. Die Mehrheit beobachtet ihn aufmerksam bei allem, was er tut, und lastet es ihm stärker an, wenn er seine Sache schlecht macht. Menschen, ob schüchtern oder nicht, werden normalerweise situativ schüchtern, sobald sie sich als Teil einer Minorität erleben. Sie sind außerhalb ihrer Schutzzone und deswegen beunruhigt.
Daran mußte ich kürzlich denken, als eine Freundin namens Louise mir von einem Erlebnis erzählte, das sie in einem Kosmetiksalon in Los Angeles hatte. Dort arbeiteten nur junge Vietnamesinnen, und während Louise und eine weitere Kundin, die Louise nicht kannte, darauf warteten, dranzukommen, unterhielten sich die sechs Kosmetikerinnen aufgeregt in ihrer Sprache. Sie wirkten entspannt und vergnügt in ihrer kleinen Enklave. Die andere Kundin wandte sich zu Louise und flüsterte: »Ich komme mir vor wie in einem fremden Land.« Ihr war offensichtlich unbehaglich. Mit einer Handbewegung zu den Asiatinnen hin antwortete Louise: »Ich nehme an, so fühlen sie sich hier ständig.«
Das Verständnis, wie Menschen anderer Kulturen interagieren, wird um so wichtiger, je mehr wir mit Menschen aus anderen Ländern in Verbindung kommen. Aber um das zu verstehen, brauchen wir gar nicht so weit zu suchen: Wenn Sie die einzige Ingenieurin in einem Büro

voller Ingenieure sind, der einzige Behinderte in einem Raum voller Nicht-Behinderter, der einzige schwarze Amerikaner in einem Restaurant voller hispanischer oder weißer Amerikaner, der einzige Teenager inmitten der Freunde Ihrer Großeltern, werden auch Sie sich unwohl fühlen und situativ schüchtern sein. Sie werden, möglicherweise zu Recht, denken, daß alle Augen auf Sie gerichtet sind, und Sie werden darauf reagieren, indem Sie verlegen, selbstkritisch und vorsichtig werden. Das liegt in der Natur des Menschen, aber das sind auch die Eigenschaften eines Schüchternen.

Die Sozialpsychologin Kay Deaux hat herausgefunden, daß Menschen in solchen Lebenssituationen etwas praktizieren, was sie »Wiederverankerung« nennt – sie tun sich mit Gleichgesinnten zusammen und schaffen so eine neue Schutzzone. Ein amerikanischer Student mexikanischer Herkunft, der ein überwiegend weißes College besucht, schließt sich einem Latino-Club an. Ein Angestellter, der in eine andere Stadt versetzt wird, tritt einer Kirche seiner Glaubensrichtung oder einem Sportclub bei. Neue Einwanderer suchen fern von ihrem Heimatland die Nähe zueinander und bilden ethnische Inseln – allein in Manhattan gibt es Little Italy, Chinatown, Germantown, Little Saigon und das jüdische Viertel der Lower East Side.

Solche Gruppierungen sind kein Selbstzweck und nicht das letzte Ziel, sondern ein erster Schritt auf dem Weg der Anpassung, der schließlich in einer völligen Assimilierung mündet. Sie helfen dem einzelnen beim Übergang in eine andere Kultur und verkürzen die Aufwärmphase. Wer schon länger da ist, erläutert den Neuankömmlingen die Regeln der dominanten Kultur und zeigt ihnen Wege, sich zurechtzufinden, so daß die Einwanderer schon bald ihren Platz finden. Der Student im Latino-Club beispielsweise wird sich früher oder später so sicher fühlen, daß er einer nicht-ethnisch orientierten politischen oder kulturellen Gruppierung beitreten kann.

Diese interkulturellen Abläufe – das Bedürfnis, sich in einer ungewohnten, einschüchternden Umgebung heimisch zu machen – zeigen deutlich, warum Menschen ihre Schutzzone eingrenzen und sich zu Gruppen und Grüppchen zusammenschließen. Wir sollten nicht vergessen, daß dies eine allgemeine menschliche Neigung ist. Bleiben Sie, falls Sie der Mehrheit angehören, empfänglich für das Unbehagen anderer. Und geben Sie sich, falls Sie einer Minderheit angehören, ausreichend Zeit zum Eingewöhnen. Ein erfolgreich schüchterner, weltgewandter Mensch, der das bedenkt, wird sich relativ mühelos von einem kulturellen Kontext zum nächsten bewegen können.

Je schneller die Welt wird, um so stärker versuchen die Menschen, sich zurückzuziehen und zu meiden. Aber als Schüchterner, der in der Welt Erfolg hat, werden Sie das vielleicht nicht tun wollen. Weil Sie die wesentlichen Merkmale Ihrer Schüchternheit verstehen und berücksichtigen – Annäherung/Vermeidung, Schutzzone und verlängerte Aufwärmphase –, ist Ihre Ausgangsposition, diese Veränderung auf persönlicher wie auf gesellschaftlicher Ebene gut zu bewältigen, besser als die der meisten.

Epilog

Dieses Buch handelt nicht nur von Schüchternheit, es handelt davon, ein erfolgreiches und erfülltes Leben zu führen, voller Selbstbewußtsein, Selbstachtung und Selbstsicherheit. Es war nicht mein Ziel, Sie in einen extravertierten Menschen zu verwandeln, ich wünsche mir aber, daß die dunklen Seiten Ihrer Schüchternheit Ihre Handlungsmöglichkeiten nicht mehr einschränken werden. Treffen Sie bessere Entscheidungen, die Ihr Leben vielfältiger und reicher machen.

Ein erfolgreich schüchternes Leben ist nicht anders als das Leben anderer. Alles, wovon wir sprachen – das schüchterne Denken, der schüchterne Körper und Schüchternheit als Etikett für den ganzen Menschen; die ausgedehnte Aufwärmphase, die eingeschränkte Schutzzone und der Annäherungskonflikt –, ist der menschlichen Natur eigen. Es ist für Schüchterne offenbar nur wichtiger.

Diese Prozesse sind fließend und dynamisch. Sie tauchen in Ihnen und Ihrer Welt in ständig neuer Form auf, aber weil Sie jetzt die Grundprinzipien der Schüchternheit verstehen, sind Sie auf diese Veränderungen vorbereitet.

Mehr noch: Mit Ihrem Selbstbewußtsein, Ihrer Selbstachtung und Selbstsicherheit sind Sie vielleicht in einer besseren Position als mancher Nicht-Schüchterne, dem diese Stärken fehlen.

In diesem Buch habe ich *Sie* angesprochen, aber Sie

können das Wort »Sie« auch durch die Worte *Freund, Kollege, Ehepartner, Kind, Nachbar, Klassenkameradin, Verwandte* ersetzen. Durch die Lektüre dieses Buches haben Sie sich selbst in die Lage versetzt, nicht nur sich und Ihren schüchternen Verwandten und Freunden, sondern auch anderen Menschen zu helfen.
Eine erfolgreich schüchterne Frau schrieb mir:

> Ich finde, die beste Art, Schüchternheit zu überwinden, ist, mutig den ersten Schritt zu machen und sich der Furcht zu stellen, die Schüchternheit auslöst. Das ist nicht einfach; mein Herz rast dabei immer noch wie verrückt und pocht so laut, daß ich manchmal glaube, daß der Mensch neben mir es bestimmt schlagen hört.
> Ich melde mich für Vorträge und engagiere mich bei Projekten, die mir Spaß machen. Interessanterweise habe ich festgestellt, daß ich in meinem ehrenamtlichen Job bei der Fußballweltmeisterschaft gar nicht schüchtern war. Ich glaube, der Grund war, daß ich etwas tat, was mir wirklich am Herzen lag. Vielleicht ist der Ausweg aus der Schüchternheit wirklich einfach, daß man tut, was man gern tut, dann wird sich die Schüchternheit einfach langsam auflösen.

Ein wahrlich kluger Rat.
Ich hoffe, dieses Buch ermöglicht es Ihnen, ein Leben nach Ihren eigenen Bedingungen zu führen. Die Bedeutung von sozialen Fertigkeiten, Gefälligkeiten und Small talk kann ich gar nicht genug betonen. Sie helfen Ihnen, mit anderen leichter Kontakt aufzunehmen, aber sie tragen auch dazu bei, daß die Gesellschaft als Ganzes geschmeidiger funktioniert. Sie helfen, daß Menschen sich wohler fühlen, denn wenn sie nicht ängstlich oder angespannt sind, können sie eher spontan anstatt nur reaktiv handeln. Ein erfolgreich schüchternes Leben zu

führen ist gut für Sie und auch für alle, die um Sie herum sind.
Es macht die Welt zu einem besseren Ort.

Mit den besten Grüßen
Dr. Bernardo J. Carducci, Director
The Shy Life Enrichment Institute
P. O. Box 8064
New Albany, IN 47151-8064
www.carducci.com/shylife

Danksagung

Neben den vielen tausend Menschen, die mir in den vergangenen zwanzig Jahren in Gesprächen oder Briefen von ihrer Schüchternheit erzählt haben, möchte ich einigen Menschen danken, die dieses Buch überhaupt erst möglich machten: Marie Benz, Jan Carducci, Rozana Carducci, die Familie Carducci, Jane Clark, Sue Campo, Mark Clark, Melissa Clark, Kathie Festo, Kimberly Gonzales, Joan Goldstein, Robin T. Marks, Nicole Moodie, Neil Pergament, Andrew Riconda, Michelle Wendy Vorob, Sara Whitely, Gayle »Kremer« Sallee, Melvyn M. Koby, J. David Lynch, Nancy Gores, Lauren Kennedy, die Familie Kaiser, The Writer's Room, Vito Scalfani, Lateefah Torrence, Bernard Dunleary, John Burke, die Familie Wheatly, Nancy Totten sowie Hillary J. Epstein. Unbedingt dazu gehört auch meine Forschungsassistentin Lisa Kaiser, die »beste Freundin« dieses Buches. Sie hat wesentlich zu seiner Strukturierung beigetragen und stellte außerdem immer wieder kluge Fragen, die mich zwangen, meine Gedanken neu zu ordnen. Sie hat am Exposé des Buches ebenso mitgearbeitet wie an der ersten Fassung, und das fertige Buch verdankt ihr stilistisch ebenso wie inhaltlich unendlich viel. Schüchterne werden noch lange von Lisas kreativer und einfühlsamer Arbeit an *Erfolgreich schüchtern* profitieren.

Seit ich mit der Arbeit an *Erfolgreich schüchtern* begann, sind zwei weitere, wirklich außergewöhnliche Menschen Teil meines Lebens geworden. Meine Agentin Elyse

Cheney war es, die mir ein Buch zu diesem Thema überhaupt vorschlug und mir mit Rat und Tat zur Seite stand, damit dieses Buch überhaupt realisiert werden konnte. Tief zu Dank verpflichtet bin ich meiner Lektorin Megan Newman bei Harper Collins für ihre Unterstützung, konstruktive Kritik und für das Vertrauen, das jeder Autor von seiner Lektorin erhofft, aber nur von wahren Freunden erwartet. Megan hat während der Arbeit an diesem Buch nicht nur meine Erwartungen an eine Lektorin weit übertroffen, sie ist auch zu einer Freundin geworden. Die Arbeit mit ihr war ein Vergnügen.
Sie alle haben auf eigene, unverwechselbare Art zu diesem Buch beigetragen, und ich sage zu ihnen allen: Danke, ohne Euch hätte ich es nicht geschafft.

BJC

Ausgewählte Bibliographie

Adamec, R. E., »Role of the amygdala and medial hypothalamus in spontaneous feline aggression and defense« in: *Aggressive Behavior* 16 (1990), S. 207–222.

Adamec, R. E., Morgan, H. D., »The effect of kindling of different nuclei in the left and right amygdala on anxiety in the rat« in: *Physiology and Behavior* 55 (1994), S. 1–12.

Alderman, M. B., Ahuvia, A. C., »Mediated channels for mate seeking: A solution to involuntary singlehood« in: *Critical Studies in Mass Communication* 8 (1991), S. 273–289.

Alfano, M. S., Joiner, T. E., Jr., Perry, M., »Attributional style: A mediator of the shyness-depression relationship« in: *Journal of Research in Personality* 28 (1994), S. 287–300.

Allen, O., Page, R. M., Moore, L., Hewitt, C., »Gender differences in selected psychosocial characteristics of adolescent smokers and nonsmokers« in: *Health Values* 18 (1994), S. 34–39.

Arcus, D., Kagan, J., »Temperament and craniofacial variation in the first two years« in: *Child Development* 66 (1995), S. 1529–1540.

Asendorpf, J. B., »Beyond social withdrawal: Shyness, unsociability, and peer avoidance« in: *Human Development* 33 (1990), S. 250–259.

Asendorpf, J. B., »Abnormal shyness in children« in: *Journal of Child Psychology and Psychiatry* 34 (1993), 1069–1081.

Bell, I. R., »Allergens, physical irritants, depression, and shyness« in: *Journal of Applied Developmental Psychology* 13 (1992), S. 125–133.

Bell, I. R., Jasnoski, M. L., Kagan, J., King, D. S., »Is allergic rhinitis more frequent in young adults with extreme shyness? A preliminary survey« in: *Psychosomatic Medicine* 52 (1990), S. 517–525.

Briggs, S. R., »Shyness: Introversion or neuroticism?« in: *Journal of Research in Personality* 22 (1988), S. 290–307.

Bruch, M. A., Heimberg, R. G., Harvey, C., McCann, M., Mahone, M., Slavkin, S. L., »Shyness, alcohol expectancies, and alcohol use« in: *Journal of Research in Personality* 26 (1992), S. 137–149.

Bruch, M. A., Pearl, L., »Attributional style and symptoms of shyness in heterosexual interaction« in: *Cognitive Therapy and Research* 19 (1995), S. 91–107.

Calkins, S. D., Fox, N. A., Marshall, T. R., »Behavioral and physiological antecedents of inhibited and uninhibited behavior« in: *Child Development* 67 (1996), 523–540.

Carducci, B. J., *Psychology of personality: Viewpoints, research, and applications.* Pacific Grove, CA (Brooks/Cole) 1998.

Carducci, B. J., Clark, D. L., *The personal and situational pervasiveness of shyness: A replication and extension of the Stanford Survey on Shyness 20 years later.* Indiana University Southeast Shyness Research Institute, New Albany, IN. 1997.

Carducci, B. J., Marion, C. R., Lynch, D., Dosch, M. M., Boley, A. L., *What shy individuals try to do to overcome their shyness.* Vortrag vor der International Conference on Shyness and Self-Consciousness, Cardiff, U. K. 1997.

Carducci, B. J., Ragains, K. D., Kee, K. L., Johnson, M. R., Duncan, H. R., *What shy individuals say about the pains and problems of shyness.* Vortrag vor der International Conference on Shyness and Self-Consciousness, Cardiff, U.K. 1997.

Carducci, B. J., Zimbardo, P. G., »Are you shy?« in: *Psychology Today* (Nov./Dez. 1995), S. 34–41.

Carey, W. B., McDevitt, S. C., *Coping with children's temperament. A guide for professionals.* New York (Basic Books) 1995.

Caspi, A., Bem, D. J., Elder, G. H., Jr., »Continuities and consequences of interactional styles across the life course« in: *Journal of Personality* 57 (1989), S. 375–406.

Caspi, A., Elder, G. H., Bem, D. J. »Moving away from the world: Life-course patterns of shy children« in: *Developmental Psychology* 24 (1988), S. 824–831.

Cheek, J. M., Melchior, L. A., *Are shy people narcissistic?* Vortrag vor der American Psychological Association, Los Angeles, CA (August 1985).

Cherny, S. S., Fulker, R. P., Corley, R. P., Plomin, R., DeFries, J. C., »Continuity and change in infant shyness from 14 to 20 months« in: *Behavior Genetics* 24 (1994), S. 365–379.

Chess, S., Thomas, A., *Temperament in clinical practice.* New York (Guilford) 1995.

Davis, M., »The role of the amygdala in fear-potentiated startle: Implications for animal models of anxiety« in: *Pharmacological Sciences* 13 (1992), S. 35–41.

Davis, M., »The role of the amygdala in emotional learning« in: *International Review of Neurobiology* 36 (1994), S. 225–266.

Davis, M., »Differential roles of the amygdala and bed nucleus of the stria terminalis in conditioned fear and startled enhanced by corticotropin-releasing hormone« in: T. Ono, B. A. McNaughton, S. Molotchnikoff, E. T. Rolls, H. Nishijo (Hg.), *Perceptions, memory, and emotion. Frontiers in neuroscience,* S. 525–548. Oxford, U. K. (Pergamon) 1996.

DePaulo, B. M., Dull, W. R., Greenberg, J. M., Swaim, G.W., »Are shy people reluctant to ask for help?« in: *Journal of Personality and Social Psychology* 56 (1989), S. 834–844.

DiLalla, L., Kagan, J., Reznick, J. S., »Genetic etiology of behavioral inhibi-

tion among 2-year-old children« in: *Infant Behavior and Development* 17 (1994), S. 405–412.
Dodge, K. A., Schlundt, D. C., Schocken, I., Delugach, J. D., »Social competence and children's sociometric status: The role of peer group entry strategies« in: *Merrill-Palmer Quarterly* 29 (1983), S. 309–336.
Eisenberg, N., Fabes, R. A., Murphy, B. C., »Relations of shyness and low sociability to regulation and emotionality« in: *Journal of Personality and Social Psychology* 68 (1995), S. 505–517.
Fox, N. A., »Psychophysiological correlates of emotional reactivity during the first year of life« in: Developmental Psychology 25 (1989), S. 364–372.
Fox, N. A., »If it's not left, it's right« in: *American Psychologist* 46 (1991), S. 863–872.
Fox, N. A., Rubin, K. H., Calkins, S. D., Marshall, T. R., Coplan, R. J., Porges, S. W., Long, J. M., Stewart, S., »Frontal activation asymmetry and social competence at four years of age« in: *Child Development* 66 (1995), S. 1170–1784.
Garcia, S., Stinson, L., Ickes, W., Bissonnette, V., »Shyness and physical attractiveness in mixed-sex dyads« in: *Journal of Personality and Social Psychology* 61 (1991), S. 35–49.
Gilmartin, B. G., *The shy-man syndrome. Why men become love shy and how they can overcome it.* Lanham, MD (Madison Books) 1989.
Hendin, H. M., Cheek, J. M., *Shyness, hypersensitivity, narcissism, and shame.* Vortrag vor der Paper International Conference on Shyness and Self-Consciousness, Cardiff, U.K. (1997).
Herberner, E. S., Kagan, J., Cohen, M., »Shyness and olfactory threshold« in: *Personality and Individual Differences* 10 (1989), S. 1159–1163.
Hill, G. J., »An unwillingness to act. Behavioral appropriateness, situational constraint, and self-efficacy in shyness« in: *Journal of Personality* 57 (1989), S. 871–890.
Jasnoski, M. B., Bell, I. R., Peterson, R., »What connections exist between panic symptoms, shyness, Type I hypersensitivity, anxiety, and anxiety sensitivity?« in: *Anxiety, Stress, and Coping* 7 (1994), S. 19–34.
Jones, W. H., Cheek, J. M., Briggs, S. R. (Hg.), *Shyness. Perspectives on research and treatment.* New York (Plenum) 1986.
Kagan, J., *Galen's prophecy. Temperament in human nature.* New York (Westview Press) 1994.
Kagan, J., Arcus, D., Snidman, N., Feng, W. Y., Hendler, J., Greene, S., »Reactivity in infants. A cross-national comparison« in: *Developmental Psychology* 30 (1994), S. 342–345.
Kagan, J., Arcus, D., Snidman, N., Rimm, S. E., »Asymmetry of forehead temperature and cardiac activity« in: *Neuropsychology* 9 (1995), S. 47–51.
Kagan, J., Gortmaker, S. L., »Day length during pregnancy and shyness in children. Results from Northern and Southern hemispheres« in: *Developmental Psychobiology* 31 (1997), S. 107–114.
Lewis, M., Sullivan, M. W., Stranger, C., Weiss, M., »Self-development and self-conscious emotions« in: *Child Development* 60 (1989), S. 146–156.
Manning, P., Ray, G., »Shyness, self-confidence, and social interaction« in: *Social Psychology Quarterly* 56 (1993), S. 178–192.

Melchior, L. A., Cheek J. M., »Shyness and anxious self-preoccupation during social interaction« in: *Journal of Social Behaviour and Personality* 5 (1990), S. 117–130.

Miller, R. S., »On the nature of embarrassability. Shyness, social evaluation, and social skill« in: *Journal of Personality* 63 (1995), S. 315–339.

Montgomery, R. L., Haemmerlie, F. M., »Self-perception theory and the reduction of heterosocial anxiety« in: *Journal of Social and Clinical Psychology* 4 (1986), S. 503–512.

Montgomery, R. L., Haemmerlie, F. M., Edwards, M., »Social, personal, and interpersonal deficits in socially anxious people« in: *Journal of Social Behaviour and Personality* 6 (1991), S. 859–872.

Page, R. M., »Shyness and sociability: A dangerous combination for illicit substance use in adolescence males?« in: *Adolescence* 25 (1990), S. 803–806.

Page, R. M., Hammermeister, J., »Shyness and loneliness: Relationship to the exercise frequency of college students« in: *Psychological Reports* 76 (1995), S. 395–398.

Parks, M. R., Roberts, L. D., »Making friends in cyberspace« in: *Journal of Communication* 46 (1996), S. 80–97.

Phillips, S. D., Bruch, M. A., »Shyness and dysfunction in career development« in: *Journal of Counseling Psychology* 2 (1988), S. 159–165.

Pilkonis, P. A., »Shyness, public and private, and its relationship to other measures of social behavior« in: *Journal of Personality* 45 (1977), S. 585–595.

Reznick, J. S. (Hg.), *Perpectives on behavioral inhibition.* Chicago (The University of Chicago Press) 1989.

Roberts, P., »Father's time« in: *Psychology Today* (Mai/Juni 1995), S. 48–55.

Rosenberg, A., Kagan, J., »Iris pigmentation and behavioral inhibition« in: *Developmental Psychobiology* 20 (1987), S. 377–392.

Rubin, K. H., »Nonsocial play in preschoolers. Necessary evil?« in: *Child Development* 53 (1982), S. 651–657.

Rubin, K. H., Asendorpf, J. B. (Hg.), *Social withdrawal, inhibition, and shyness in childhood.* Hillsdale, NJ (Erlbaum) 1993.

Scharlott, B. W., Christ, W. G., »Overcoming relationship-inhibition barriers. The impact of a computer-dating system on sex role, shyness, and appearance inhibitions« in: *Computers in Human Behavior* 11 (1995), S. 191–204.

Schmidt, L. A., Fox, N. A., »Patterns of cortical electrophysiology and autonomic activity in adults' shyness and sociability« in: *Biological Psychology* 38 (1994), S. 183–198.

Schmidt, L. A., Fox, N. A., »Individual differences in young adults' shyness and sociability. Personality and health correlates« in: *Personality and Individual Differences* 19 (1995), S. 455–462.

Tangney, J. P., Fisher, J. P. (Hg.), *Self-conscious emotions. The psychology of shame, guilt, embarrassment and pride.* New York (Guilford) 1995.

Triandis, H. C., *Culture and social behavior.* New York (McGraw-Hill) 1994.

Turner, S. M., Beidel, D. C., Townsley, R. M., »Social phobia. Relationship to shyness« in: *Behavior Research Therapy* 28 (1990), S. 497–505.

Wakshlak, A., Weinstock, M., »Neonatal handling reverses behavioral abnormalities induced in rats by prenatal stress« in: *Physiology and Behaviour* 48 (1990), S. 289–292.

Zimbardo, P. G., *Nicht so schüchtern! So helfen Sie sich aus Ihrer Verlegenheit.* München (mvg) 1994, 8. Aufl.